從城市國家到中華

殷商與春秋戰國時代

都市国家から中華へ 殷周 春秋戰国

李彥樺——譯

第四章 戰國諸國各自論述的夏商周三代……136

第十章

經過重新比對與考證的春秋時代及夏商周三代形象……387

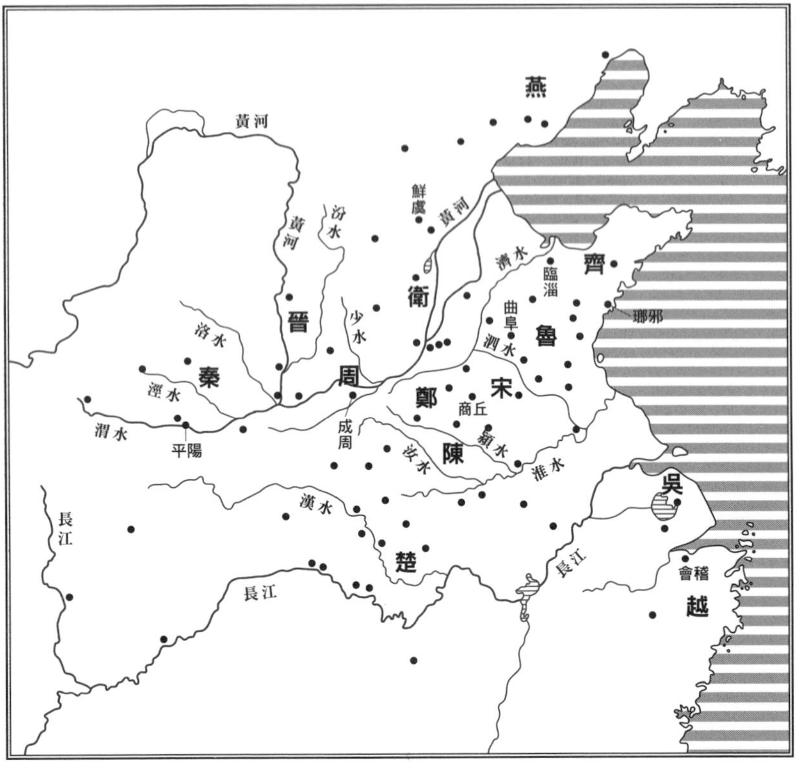
燕
黃河
鮮虞
黃河
汾水
黃河
濟水
齊
臨淄
衛
晉
少水
曲阜
瑯邪
魯
洛水
泗水
秦
周
鄭
宋
涇水
商丘
渭水
平陽
成周
潁水
陳
汝水
淮水
吳
漢水
長江
楚
長江
會稽
長江
越

春秋列國圖

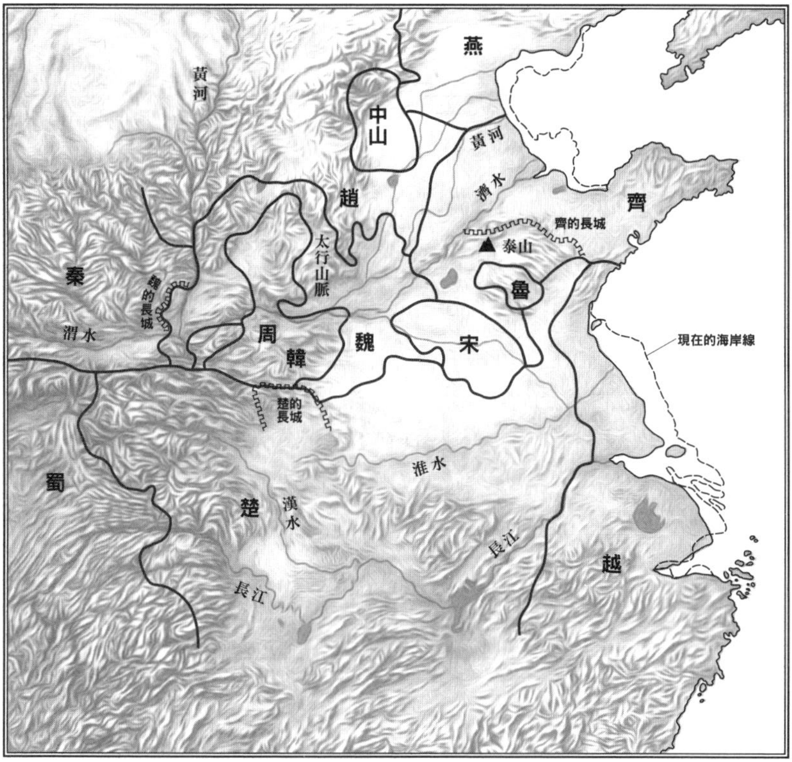
燕
中山
黃河
黃河
濟水
齊
齊的長城
泰山
趙
太行山脈
秦
魏的長城
渭水
魯
周
韓
魏
宋
現在的海岸線
楚的長城
淮水
蜀
楚
漢水
長江
越
長江

戰國諸國圖

導讀　平勢隆郎先生之《從城市國家到中華：殷商與春秋戰國時代》

淡江大學歷史學系副教授　高上雯

一

歷史是一門求真的學問，史學著作的精神是根據史料來撰寫。二十世紀初，顧頡剛提出中國古史是「層累地造成的」，「時代愈後，傳說的古史期愈長。」[1]此說對傳統史學產生極大的衝擊，疑古惑經，否定上古，引發一場古史論戰。中國傳統的古史系統遭受到疑古派的破壞，考古學為重建中國古史帶來一道曙光，然而，古史研究錯綜複雜，諸多議題至今仍無定論。

中國上古史研究有三大特徵：年代最久、材料最多、方法最需要科際整合。[2]由於古史研究牽涉的專業太廣，包括文獻學、考古學、人類學、文字學等，對於史學工作者是極大的挑戰，尤其是大規模的綜合性著作並不多見。平勢隆郎先生的大作《從城市國家到中華》對中國上古史提出綜合性的研究，實屬不易。

二

殷商史在中國上古史具有重要的地位，子曰：

> 殷因於夏禮，所損益，可知也；周因於殷禮，所損益，可知也。其或繼周者，雖百世可知也。[3]

夏商周三代在文化上是一脈相承的關係，而殷商史在上古史研究中具有承先啟後的地位。二十世紀殷商史的研究歸功於甲骨文的發現，甲骨文的出土，是近代中國學術史上的重大發現之一。王懿榮是認識甲骨文的第一人，劉鶚著錄書籍《鐵雲藏龜》，孫詒讓考釋文字，此後羅振玉（雪堂）、王國維（觀堂）、董作賓（彥堂）與郭沫若（鼎堂），他們的研究奠定百年來甲骨學研究的基礎，號稱「甲骨四堂」。早期學者在甲骨文方面的研究，不僅證明文獻史料的正確，也糾正文獻記載的訛

1 顧頡剛，〈與錢玄同先生論古史書〉，《古史辨》第一冊，（上海：上海書店，1930），頁60。

2 王仲孚，〈試論中國上古史的特徵與教學的困難〉，收入邵台新主編，《中國上古秦漢教學研討會論文集》（新莊：輔仁大學歷史學系出版，1994），頁11-14。

3 《論語》，〈為政〉第二，（劉寶楠，《論語正義》，收入《諸子集成》（一）），北京：中華書局，1996，頁39。

誤，對殷商史的研究有重大的貢獻。王國維先生在疑古派否定殷商歷史的時候，提出「二重證據法」[4]，主張以地下材料（甲文、金文）印證紙上材料，並撰成〈殷卜辭中所見先公先王考〉、〈續考〉[5]，因此，《史記．殷本紀》帝王譜系得到印證，殷商時代成為中國的信史。根據甲骨文自上甲以後的世系應為：

上甲→報乙→報丙→報丁→示壬→示癸→成湯

上甲以來的商王世系得到文獻與考古雙重證據的印證，殷商為信史的觀念，可以確定始自商湯之前上甲六示先公先王的時代。

殷商史的研究有許多重大的問題，除了書中提及商王田獵或戰國人眼中的商代之外，應再擴大認識殷商史問題的視野。例如，安陽殷墟考古發掘成果豐碩，分為兩階段：第一階段自一九二八年至一九三七年進行了十五次的發掘，包括大量的甲骨出土，在甲骨學研究上有重要的學術價值；殷代的夯土建築基址的發現，為商王宮殿宗廟遺址提供考古史料；以及侯家莊王陵的發掘，發現大規模的墓葬布局與貴重精美的玉器、青銅器等文化遺物，皆豐富殷商史研究的內容。第二階段是一九五〇年至八〇年代的發掘工作，重大發現如武官大墓與祭祀坑的發掘、鑄銅遺址、制骨作坊遺址、后崗墓葬、房屋基址、婦好墓等，對商朝王都的範圍和布局有了基本的認識。[6]學者們也深入探討殷商時代在祭祀、曆法、農業、方國、古代神話、社會性質等方面的議題，使得殷商史的研究成為二十世紀研究的顯學。

再者，文獻記載商族起源的「鳥生傳說」[7]，可以通過民族學的理解，更清楚商民族起源的問題是中國古代鳥圖騰信仰的痕跡。商代青銅器「玄鳥婦壺」有「玄鳥婦」三個字合書的銘文，也保留了商人圖騰的珍貴史料。[8]文獻記載湯都亳的地方有不同的說法，河南鄭州商城發掘早商時代的大型城址，後來偃師二里頭遺址的附近也發現一座商代城址，皆為商族屢遷與都城等問題提供新的材料。關於商族的起源、遷徙、覆亡等問題，都是學者們關注的重要議題，近現代學者已展開許多的研究，且殷商史長達六百餘年，其文化發展很高，在中國古代文化中占有重要的地位，也是值得留意的主題。

4 王國維，〈古史新證〉，《王國維考古學文輯》（南京：鳳凰出版社，2008），頁25。

5 王國維，〈殷卜辭中所見先公先王考〉、〈殷卜辭中所見先公先王續考〉，收入《觀堂集林》第二冊（北京：中華書局，1999），卷九，頁425-427、437-440。

6 中國社會科學院考古研究所編著，《殷墟的發掘與研究》（北京：科學出版社，1994），頁x-xxvii。

7 文獻史料記載商族的起源與玄鳥有著密切的關係，過去被認為神話，《詩經》卷二十之三，〈商頌・玄鳥〉：「天命玄鳥，降而生商。」（宋本毛詩注疏本，臺北：藝文印書館，1996），頁793。《史記》卷三・〈殷本紀第三〉記載：「商契，母曰簡狄，有娀氏之女，為帝嚳次妃。三人行浴，見玄鳥墮其卵，簡狄取吞之，因孕生契。」（臺北：鼎文出版社，1995），頁91。

8 于省吾，〈略論圖騰與宗教起源和夏商圖騰〉，《歷史研究》1959年第11期，頁66-67。

三

周代歷史的史料更為豐富，中國歷史上有明確紀年的時間是西周共和元年（西元前八四一年），在此之前的重要年代便是武王克商之年，這是商、周的分界點，直接影響西周列王年數的估算，可惜關鍵的年代至今仍未得到定論。董作賓先生最早注意到武王克商之年對古史研究的重要性，並提出西元前一一一一年的說法。《從城市國家到中華》一書根據《逸周書》、《竹書紀年》等古籍，考慮周王在位年分、月相及日干支，重建西周曆法，主張武王克商之年是西元前一〇二三年，也提出西周諸王在位之年分，是少數對東周年代有研究且提出看法的專著。

一九九五年，中國學界啟動「夏商周斷代工程」的研究計畫，結合文獻學、天文學、考古學、古文字學和科技測年等學科，提出九大課題：①有關夏商周年代、天象及都城文獻的整理及可信性研究、②夏商周天文年代學綜合性問題研究、③夏代年代學的研究、④商前期年代學的研究、⑤商後期年代學的研究、⑥武王克商之年、⑦西周諸王在位年數、⑧碳十四測年技術的改進與研究、⑨夏商周年代研究的綜合和總結。上述議題是上古史研究的重大問題，在學術界應予重視。

「夏商周斷代工程」一方面透過關鍵性考古遺址碳十四測年、甲骨文日月食以及文獻記載的綜合研究，縮小武王克商年的範圍；另一方面在以上範圍內，通過金文的排譜和對武王克商的天文學推算，尋求克商的可能年代。此計畫出版之《武王克商之年研究》[9]一書，收錄五十七篇代表作，共有四十四種「武王克商之年」的說法。「夏商周斷代工程」最後加以整合，選定最佳年代，以西元前一〇四六年作為武王克商的首選之年。[10]這項計畫嘗試解決夏商周三代關於年代學的難題，呈現二十世紀在這些議題上的研究成果，不論如何都極具參考價值。

青銅器是商周時代最具代表性的器物，而青銅器上的銘文是研究商周史的第一手史料，特別是西周時代的青銅器銘文文字變多，有的青銅銘文比一篇《尚書》的文字還多。茲舉數件青銅器為例，分述如下：

1. 利簋：出土於陝西省臨潼縣，銘文有三十二個字。利簋記載「武王克商，唯甲子朝」，辛未那天（克商後八天），武王賞賜青銅給利，利作成一件祭祀其祖先檀公的寶器。這段銘文印證了《尚書．牧誓》、《逸周書．世俘》及《史記．殷本紀》等文獻中關於武王克商在甲子日，又恰逢歲星當空的記載，是不可忽視的史料。

2. 衛盉：出土於陝西省岐山縣董家村，衛盉的蓋內銘文有一百三十二個字之多。衛盉記載西周時期矩伯與裘衛進行玉器、毛皮與土地的交換情況，裘衛向伯邑父等人報告，並設宴款待參與土

---

9 北京師範大學國學研究所主編，《武王克商之年研究》（北京：北京師範大學出版社，1997）。

10 夏商周斷代工程專家組，《夏商周斷代工程 1996-2000年階段成果報告．簡本》（北京：世界圖書出版公司北京公司，2000），頁38-49。

地交割的人，為研究西周土地經濟問題提供了極有價值的直接史料。

3. 小盂鼎：出土於陝西省岐山縣禮村，僅存銘文拓片留傳。小盂鼎的銘文多達四百字，記載盂率領軍隊討伐鬼方，大獲全勝，獻俘、獲馘者眾，可見戰爭規模龐大，戰爭之後在宗廟殺俘獻祭，並歡慶宴飲，這段銘文對於研究西周外患的問題，提供極為寶貴的史料。

4. 逨鼎：周宣王四十二年逨鼎的銘文有二百八十個字，記載逨率領軍隊討伐玁狁，獲勝之後受到周宣王賞賜的事跡。這件青銅器出自陝西省眉縣楊家村的窖藏，窖內出土二十七件青銅器，是周宣王時代的標準器，對西周年代學與月相等問題具有重要意義。

5. 毛公鼎：出土於陝西省岐山縣董家村，毛公鼎的腹內刻有銘文有五百字，是目前出土青銅器之中字數最多的，毛公受到周宣王的冊命，統領朝廷百官，負責周王政令的布達，周王給予豐盛的賞賜，包括玉禮器、佩飾、官服、車飾、馬飾等。毛公鑄鼎記事，成為研究周代冊命職官的重要史料。

上述青銅銘文提供西周史研究的重要史料，且銘文在文字學研究方面也占有重要的地位，在理解漢字演變過程中具有不可忽視的地位。

關於「西周封建」的問題，錢穆先生在《國史大綱》中指出：

> 西周的封建，乃是一種侵略性的武裝移民，與軍事占領。[11]

武王克商之後，採用封建的方式，分封諸侯至各地建立起周人的勢力，最初以河南、山西等地為主要的分封地區，至周公東征，再逐步往黃河下流與江漢淮水流域推進。傅斯年先生探討燕、齊、魯三國的始封地，最初在河南，之後才往河北、山東發展。[12]因此，燕、齊、魯三國是周人採取分封、向外擴張，並經營當地的例子。《史記．齊太公世家》記載姜太公至營丘時，「萊侯來伐，與之爭營丘」，「太公至國，脩政，因其俗，簡其禮，通商工之業，便魚鹽之利，而人民多歸齊，齊為大國。」[13]姜太公以營丘為據點，因應當地風俗，簡化禮法，發展經濟優勢，將齊國發展成大國。

《從城市國家到中華》一書是通史著作中的第二冊，範圍是殷商至戰國時代，本書主張三代至戰國時代的領土國家，都是奠基在新石器時代的文化圈上。此一觀點值得思考二個問題：第一，從西周初年的分封來看，燕、齊、魯三國的分封是新的外來勢力進入河北與山東，並帶著周人的政治與文化，或是適應當地民情風俗發展而成的諸侯國。第二，從目前商周考古的史料來看，並無法證明新石器時代的文化圈與該地各諸侯國的直接關聯，甚至也無法探討文化圈延續至戰國時代的具體內容。作者的主張固然有個人的創意，但尚未能得到考古界的支持。

11 錢穆，《國史大綱》（臺北：臺灣商務印書館，1991），頁30。

12 傅斯年，〈大東小東說—大東小東說--兼論魯燕齊初封在成周東南後乃東遷〉，《中央研究院史語所集刊》第二本第一分，（1930年5月），頁101-109。

13 司馬遷，《史記》卷三十二，〈齊太公世家第二〉，頁1480。

周初分封的諸侯國，是因為周天子的分封才到當地發展起來的國家，並非自新石器時代以來一直沿續發展而來的國家；至於某些已經存在的諸侯國，如秦、楚等國，是否直接是新石器時代的文化圈發展而來，亦有待更多的地下史料與發掘方能證明。商周時代可以根據史料來論述的史實多得不勝枚舉，若是以新石器時代文化圈的概念讓既有的史料無法適時闡明已知的殷商與西周史，中國通史將失去「貫通」的概念。

《從城市國家到中華》一書基於「以新石器時代成立的文化圈為疆域的戰國諸國，致力於謀求文化圈內的歷史傳承地位」之主張，提出以下論點：①《春秋》原本是戰國時代齊國的編年體史書，製作《春秋》的兩個主要人物是「齊國田氏」與「孔子」，到了漢代以後，齊國田氏的部分逐漸遭到忽視，大家只認為是孔子所作；②《公羊傳》強調齊國田氏的正統性，而《左傳》則另執一詞，改為強調韓氏的正統性；③《穀梁傳》是由中山國所編纂的史書。史學研究雖然可以運用想像力，但要捨棄傳統的說法，則需要更強而有力的證據，傳統的說法仍有參考的價值，不可盡棄。

四

平勢隆郎先生的《從城市國家到中華》自成一說，徵引書目豐富，大多引用日本學者的研究成果，此書呈現日本學者的觀點，極具日本學界的特色。中國傳統古史在二十世紀初遭到疑古派的破壞之後，考古學一度成為學者熱烈期待解決古史的方法，儘管重建古史之路至今仍充滿挑戰，但重建古史仍有繼續努力的必要。中國上古史的議題千頭萬緒，史料既多且廣，各家學者提出的看法難有定論，對於上古史的事實與解釋應綜合運用文獻、考古、民族學、文字學等資料再加以檢討與深入討論，方能一窺上古史的全貌。本文僅就個人所知，期能對讀者閱讀本書提供一點淺見。

序言　文化圈的歷史特徵

在閱讀本書之前，有一點必須提醒讀者，那就是本書中所敘述之中國歷史，與一般歷史書的中國歷史在觀點上略有不同。

成立於新石器時代的文化圈

本書將分析的重點，放在新石器時代成立的文化圈（參照三七頁圖）上。

新石器時代的文化圈本身雖廣為人知，但少有人注意到各文化圈所帶有的歷史特徵。不管是真假難辨的夏朝，還是殷商朝、周朝，以至於戰國時代的領土國家，都是奠基於這些新石器時代的文化圈上。

在一般人的觀念中，神祕的夏朝及殷商朝、周朝都是疆域廣及「天下」的朝代。所謂的「天下」，指的是將數個成立於新石器時代的文化圈加以合併之後的稱呼（參照三七頁圖、一四〇頁圖）。然而實際上夏朝、殷商朝及周朝的勢力範圍基本上只在某個特定文化圈之內。雖然亦有藉由副都將勢力延伸至其他文化圈的例子，但基本上還是僅以支配一個文化圈為前提。

正因如此，戰國時代的領土國家以文化圈為基本疆域，亦可解釋為建立在具有歷史淵源的範圍之內。這可說是相當合情合理的結果。

戰國時代的領土國家各有其中央政府，對其統治下的地區實行官吏統治。官吏統治的核心概念為文書行政統治，而文書行政統治的基礎則是名為「律令」的法律制度。律令會隨著歷史而不斷獲得改進。秦始皇將秦律（秦的律令）頒布至全天下，推行唯一皇帝、唯一中央政府的官吏統治。但是關於秦始皇的統一天下與文化圈的關聯性，卻少有人注意。

長期漠視的結果，造成了長期的歷史觀扭曲。

殷商朝及周朝的統治方式，是由大國殷商或周統率其他小國。而戰國時代以後的國家體制，卻是將小國消滅後納入國土為縣，由中央派遣官吏進行統治。前者與後者在本質上大相逕庭，這已是眾所皆知的事實。

但是若針對大國統率小國的勢力範圍深入調查，會發現新石器時代成立的文化圈具有舉足輕重的影響力，其範圍並不像秦始皇所統一的天下那麼廣大。

戰國時代的諸國在論述夏、殷商及周時，便是基於這樣的歷史背景。戰國時代諸王朝對夏、殷商及周進行論述時，內容皆侷限在其所統治的（沿襲自新石器時代的）文化圈之內。只要閱讀戰國時代的史書，這樣的「史實」在字裡行間可說是昭然若揭。這雖然是無庸置疑的「史實」，但知道的人卻是意外地少。

當一般人在說起夏、殷商及周時，腦中所想的都是統治天下的朝代。而這個天下，其實是直到西元前二二一年才由秦始皇統一的疆域。一般人會產生這樣的觀念，是因為在秦朝之後的漢朝出現了《史記》，而《史記》將夏、殷商及周描述成了範圍廣及天下的朝代。若以《史記》來看，這也是「史實」，但是《史記》的「史實」與戰國時代史書的「史實」有著明顯差異，這點卻鮮少有人知道。

所謂的天下，包含了數個沿襲自新石器時代的文化圈。每個文化圈的範圍會因時代不同而擴大或縮小，但基本上不會有太大變化。而且更重要的一點，是這些文化圈若以面積來看，都相當於現在的日本國土，即使只看直線距離，也大多超過日本關東地區到九州地區的距離（或是三七頁圖）。

基於這個緣故，自新石器時代到戰國時代的歷史演進，與日本的歷史演進有幾分相似，大致可分為四個時期：

（1）區域內存在數個農村的時期。
（2）開始出現城郭都市（小國）統率周邊農村的時期。
（3）開始出現大國統率周邊小國的時期。
（4）大國中央政權消滅小國並派遣官吏進行文書行政統治的時期。

經過這些時期後，秦始皇吞併各國，統一了天下。所謂的天下統一，意味著由唯一的中央政權，統治數個面積相當於日本國土的文化圈。當時秦始皇所統治的天下，幅員可與現代的歐盟相提並論。

論述統一後歷史的書籍相當多，而在這樣的歷史之中，沿襲自新石器時代的文化圈亦在軍事區域與監察區域的劃分上發揮了一定的效用。秦始皇將天下劃分為三十六個郡，郡的底下又設置了許多縣，這些縣的前身就是從前的小國。正如同戰國時代將天下分為七雄（七大強國）一樣，秦朝也是藉由郡將沿襲自新石器時代的文化圈（其後的軍事區域或監察區域）進行分割後實施統治。

郡下所設置的縣，都是由其前身小國所建立的都市，大約相當於日本江戶時代的「藩」或律令時代的「國」及「郡」。每個縣的大小，約在半徑二〇公里左右。日本雖沒有城郭都市，但曾有凝聚多數部落所形成的國家，而且有學者提出國家的核心單位為「環濠集落」的看法，因此正適合當作比較的對象。【譯註：「環濠集落」指以濠溝圍住部落周邊以抵禦外敵的居住形式，在日本最早出現於彌生時代（約西元前三世紀起）。】

本書所介紹的時代，相當於前述的（3）及（4）的時期。若以日本的時代來比喻，彌生時代的邪馬台國或古墳時代的大和朝廷統率諸國的時代相當於（3），而制定出獨創律令的時代則相當於（4）。在閱讀本書的過程中，若能以日本的時代為比較的對象，相信能夠幫助理解。

殷商至周的時代，是政權中心開始使用漢字的時代。關於這個時期的偏遠國家，雖然尚無足夠的佐證，但可以想見漢字在殷商或周之外的區域應該還稱不上普及。

日本律令時代誕生的古籍，敘述的總是前朝的事情。同樣的狀況也可以套用在中國上。戰國時代諸國所寫的古籍，談論的主題也是前朝。談論前朝時的態度及立場，會因古籍問世的時空背景而不同。不僅對事實會有所保留，而且還會加油添醋。到底哪些敘述是事實，那些敘述是後代的加油添醋，往往難以判斷。

在這個時期，原本口耳相傳的簡單故事開始被人以漢字記錄下來。但是這些紀錄之中，當然也有加油添醋的部分。到底哪些是經過加油添醋的簡單故事，哪些是連簡單故事都不曾存在的純虛構情節，同樣難以查證。

在日本歷史的研究上，中國史書發揮了相當大的功用。透過對照中國史書，學者可以更進一步驗證日本傳承事蹟的可靠性。但是在中國歷史的研究上，當要研究傳承事蹟不見得可靠的時代，沒有任何外國史書能夠當作佐證。

在研究史書中記載的「史實」具有多少可靠性時，利用更早時期的外國史書當作證據，這是日本歷史學家慣用的研究手法。但研究中國的歷史，沒辦法採用相同手法。

站在懷疑角度分析史書的研究手法，在中國同樣擁有悠久的歷史傳統。但是透過這樣的手法並將重點放在沿襲自新石器時代的文化圈上的研究，至少在戰國時代以前的分析研究上，可說是尚無前者。

本書正是試圖將重點放在沿襲自新石器時代的文化圈上，對秦始皇以前的中國歷史進行分析。日本的歷史中曾出現複數勢力互相抗衡的時代，同樣的道理，中國（3）與（4）的時期也曾出現同一文化圈內複數勢力互相對峙的情形。反過來說，也有像（3）時期的周朝一樣，由單一王朝支配數個文化圈的例子。

由大國所建立的都市，在其統治的疆域中有著特殊的地位。包含這種特殊都市在內的周邊特定區域，在文化圈內便形成核心地區。倘若在同一文化圈內有數個大國互相對峙，核心地區當然也不會只有一個。

戰國時代史書中的「史實」

本書在敘述上，採用的是自古籍中節錄「原文」後依需要將部份轉換成現代文的呈現方式。一般非翻譯類的歷史書（譯註：此處指原始語言為日文的歷史書）多不節錄古籍中的「原文」，而是透過解釋與說明讓讀者理解。然而本書的內容若只使用這樣的方法，往往無法讓讀者理解過去的歷史描述到底有何問題。

記錄秦始皇統一天下以前事蹟的古籍，其原始資料（原文）的可信度是一大問題。這些古籍之中，有些成立於統一天下前的戰國時代，有些則成立於後世的漢朝。過去的歷史概論書籍，都是以後者，也就是漢朝以後經過整理的內容為基礎進行歷史描述。相較之下，本書嘗試以前者，也就是戰國時代古籍的彙整資料為基礎進行說明。由於做法不同，敘述的「史實」當然也不是過去歷史概論書籍賴以為根基的「史實」。既然有所差異，為了避免造成讀者的誤解，有必要提出明確的證據。

然而將「原文」轉換成現代文時，文章的好壞也是一大問題。對於模稜兩可的詞句，尤其需要特別小心在意。要提高正確性，只能請讀者在必要的時候參照原文。但是關於這個部分，還是有必要在此先對讀者做一番解釋。

在介紹「原文」的時候，筆者會以自己的話加以補充說明。站在協助讀者理解的立場上，這樣的做法當然有其必要。有時甚至只要讀了筆者的補充說明，就算不讀「原文」也能充分理解其意思，因此可能有讀者會認為根本不需要放「原文」。但是不放「原文」的話，讀者將無法明白過去歷史書的概述內容，為何可以被扭轉成本書中所說的內容。何況既然需要筆者的補充說明，表示該部分「原文」往往艱澀難懂。基於上述理由，本書會盡量呈現原文，而非完全依賴筆者的補充說明。

話雖如此，但本書中介紹的「原文」其實並不多。而且就算只讀補充說明而不讀「原文」，一樣能讀得懂意思。因此倘若採用跳過「原文」的閱讀方式，多少可以省下一些閱讀的時間。然而看慣了傳統歷史書的人，對於本書所寫的內容很可能會產生懷疑。而且就算跳過了「原文」，能節省的時間也相當有限，因此建議讀者在內心產生必然的疑竇之前，花點時間將「原文」讀一遍。

傳統歷史書的概述內容，不同於戰國時代史書中的「史實」，那是因為戰國時代的「史實」長期遭到了漠視。能夠證實這一點的具體例子很多，本書中介紹的只是一小部分而已。藉由與戰國時代史書「原文」的直接接觸，讀者可以親眼見證「書中所寫的史實」與自己理解的「史實」有何不同。

本書中所列舉的「書中所寫的史實」，皆誕生於戰國時代的各領土國家。這些領土國家的疆域正如同前述，是奠基在新石器時代成立的文化圈之上。將這許多文化圈統合起來，就形成了所謂的天下。秦始皇所統一的天下，就是基於這樣的概念。戰國時代的諸觀念，都在這一套更加遼闊的天下觀念中被重新整理與定義。

戰國時代的諸國基於其原本的觀念，對夏朝、殷商朝及周朝進行論述。這些王朝的時代是大國統率小國的時代，但是站在論述立場的戰國時代卻有著大相逕庭的國家體制。戰國時代的國家制度，是將從前的小國改設為縣，派遣官吏，由國家中央政權進行直接統治。因為這樣的差異，戰國時代史書中描述的夏朝、殷商朝及周朝，往往也在不知不覺之中帶著官吏統治制度的色彩。

對後代所作史書的內容囫圇吞棗地信以為真，是相當危險的行為。就好像看了古裝劇，不能因此認定古代就是那個樣子。在閱讀時一定要保持冷靜，才能辨別其真偽。

古裝劇不僅有趣，而且淺顯易懂。這些古裝劇的題材，也是「以文字寫成的紀錄」。很多人喜歡徜徉在那樣的氛圍中，這是無可厚非的事情。正因為多了幻想，所以能夠建立出一個引人入勝的美好世界。人類原本就是一種能夠自由往來於幻想與現實世界的高等生物。

但是我們不能否認，在這世上「因沉迷於電動遊戲的幻想世界而殺了人」的悲劇層出不窮。在建立充滿趣味的幻想世界的同時，我們也要提醒世人不能過度沉溺在這虛構世界當中。

夏朝、殷商朝及周朝合稱為「三代」。在描述這三代的史書中，充塞著後人創作的虛構內容。在閱讀的時候，一定要好好想清楚哪些部分為虛構，以及其背後代表著什麼含意。

「大國」的勢力圈

本書中所介紹的殷商朝（西元前十六世紀至西元前一〇二三年）及周朝（西元前一〇二三年至西元前二五五年）都是在相對較長的歲月中，對周邊都市發揮影響力的「大國」。殷商的勢力範圍以河南為中心，周的勢力範圍則包含首都鎬京所在的陝西一帶，以及副都雒邑所在的河南一帶。多數人都將注意力放在使用漢字的殷商及周上，但是其實在殷商及周的時代，其他文化圈內還是有其他「大國」。判斷的重點不在於是否使用漢字，而在於青銅器文化的發展狀況。

在殷商前的夏朝，目前還沒有發現任何使用漢字的古物。雖然考古學家陸續找到了許多該時期的大都市，但是到底哪一個是夏的首都，目前還沒有決定性的證據。關於夏朝的其他可靠論述，可參考本系列叢書的第一集。本書的讀者只需要知道考古學上已經證實殷商時代之前也有「大國」，但是到底哪個都市是夏的首都，目前還沒有足夠的判斷材料。何況有些都市的遺址可能到現在都還沒有被發現。

周朝在西元前八世紀被迫放棄首都鎬京一帶，原本居於副都地位的雒邑躍升為新的首都。其後一直到秦始皇統一天下（西元前二二一年）的歷史，將分為春秋時代（西元前七七〇年至西元前五世紀）及戰國時代（西元前五世紀至西元前二二一年）進行論述。

「周」在春秋時代依然存在，且是河南地區的大國。但是山西的大國「晉」逐漸將勢力延伸到這塊土地。除此之外，山東有著大國「齊」，陝西有著大國「秦」，長江中游有著大國「楚」，長江下游有著大國「吳」及「越」（參照第十頁「春秋列國圖」）。這些國家都是以沿襲自新石器時代的文化圈為基礎，奠定其大國的地位。

早在春秋時代起，大國便已逐漸開始採用派遣官吏統治其勢力範圍的制度。促成此演變的另一現象，是鐵器的普及。有些都市成為了政權中心，而遭到消滅的都市則淪落為地方，大國開始自政權中心派遣官吏治理地方。到了戰國時代，這個趨勢更加明顯。原本的大國勢力圈，到了戰國時代進一步發展為領土國家。

日本的古墳時代有著許許多多「小國」，這是眾所皆知的事情。這些「小國」在不破壞其勢力結構的前提下合併為「大國」，接著進入由「大國」派遣官吏至「小國」的律令時代。同樣的變化，也曾發生在中國。

戰國時代領土國家史官在描述歷史時，基於其時代背景的自然趨勢，是以新石器時代成立的文化圈，也就是大國發揮影響力的勢力範圍，亦是戰國時代領土國家的基礎疆域為前提往前回溯。從前大國勢力範圍內若出現一個國家，就會跟著出現將其領土抬升至特別地位的觀念；若出現數個國家，也同樣會跟著出現將其複數領土合併成的領域（相當於沿襲自新石器時代的文化圈）抬升至特別地位的觀念。

在這種將沿襲自新石器時代的文化圈抬升至特別地位的觀念中，對於夏、殷商及周這三代該分別給予什麼樣的歷史定位，正是戰國時代各國議論三代歷史的焦點。

學者總是透過考古文物對三代的歷史事實進行驗證。直到現在依然有很多學者在這麼做。關於三代歷史的研究，可說是多得不可勝數。但是這些研究都有個盲點，那就是無法擺脫強調「天下」觀念的史書《史記》的誤導。一旦將焦點完全鎖定在「天下」這個觀念上，視野就會變得模糊，看不清真相。過去的學者，都是在這樣的心態下檢視考古文物。

建議讀者也可以藉由這個機會，省思自己是否也受到了相同的誤導。「史實」是什麼？戰國時代「史書中所寫的史實」是什麼？漢代「史書中所寫的史實」是什麼？就好像高明的賭徒擅長看穿對手的心思一樣，我們必須深入思考每一種古籍的時代背景。這可以讓各位讀者避免「太過沉迷」，可說是守住純淨靈魂的最佳良策。

如果惡魔化身成神的姿態出現在面前，讀者們會如何應對？惡魔最喜歡吃糖果，而神雖然也愛糖果，但拿在手裡的往往是苦口良藥。

辨別是神還是惡魔的方法並不只一種。每件事情都有許多前因後果，不能一概武斷論定。但是在審慎思考的時候，有一點必須特別小心，那就是不能將「重視糖果的場面」與「重視良藥的場面」混為一談。糖果淺顯易懂，但唯有良藥才能讓人冷靜看清事實。筆者認為只有透過這樣的審慎思考，才能擬定辨別的正確策略。筆者沒有神的能力，只能不斷提醒讀者，在確認場面差異的前提下進行審思。

杞憂之舉

所謂的「淺顯易懂」，又是什麼意思呢？倘若依照世人基於常識所建構出的歷史觀，將符合條件的事實一一填入，應該可以獲得一套最淺顯易懂的歷史吧。反過來說，倘若是以不受常識箝制的歷史觀為前提進行論述，一定會出現很多與常識無法相容的衝突點。

讓事實遷就常識，是一種比較（請注意，只是比較）輕鬆的歷史建構方式，也比較容易獲得他人認同。不僅容易找出關鍵字，閱讀起來速度也較快。雖說不能為了輕鬆而得寸進尺，做出刻意扭曲事實的行為，但我們不得不承認，這是一種相當有效的歷史敘述法。

就算是存在著無可否認的「事實」，也可以採取一廂情願地無視該「事實」的論述方式。對著述者而言，這也是比較輕鬆的做法。完全排除互相矛盾的「事實」，只是不斷寫出缺乏根據的「事實」，讀起來或許也是相當輕鬆愜意。然而幻想中的產物雖易於描述，卻有其風險，那就是只要稍加調查，就會立刻找到反證（有憑有據的事實，而非一廂情願的想法）。

相較之下，倘若是基於「事實不能被無視」的前提，將論述方向放在不受常識箝制的歷史觀上，並且以此歷史觀為基礎，慎重地思考該如何表述事實，這樣的做法不僅寫的人很累，讀的人也並不輕鬆。如果想要加快閱讀速度，往往就會因常識妨礙而造成理解錯誤，這樣的錯誤不斷累積之下，事實與事實之間就會開始出現唱反調的情況。如此一來，讀者就會產生「真是艱澀難懂」的想法。

假設有某個人如此主張：「大國統率小國的體制並不是什麼新觀念。二戰結束後不久，就有學者將這些大小都市統稱為『邑』，並以『邑制國家』來形容這樣的體制，不是嗎？殷商及周都是居於邑制國家的頂點，但是其勢力範圍比不上後來的『天下』，這也是我們已經知道的事情。」

但是就算讀者心中已存在像這類的常識，在閱讀本書時，恐怕同樣會感到「艱澀難懂」。理由就在於這樣的常識中往往並不包含「與殷商（或周）對峙的文化圈或大國」的觀念。像這種互相對峙的戰爭紀錄，在許多甲骨文及金文中都看得到，印證了不同文化圈各有其位居頂點的政治統合體。如果沒有將這樣的觀念納入常識之中，恐怕將連「殷商與周乃是建立於不同文化圈」這個事實也不會注意到。像這樣的常識若以歷史研究的成果來看，確實已優於「夏、殷商、周這三代是疆土廣及天下的王朝」這樣的想法，但是對於秦朝統一天下後，為何新石器時代成立的文化圈能夠發揮監察區域與軍事區域的機能，卻沒有辦法提出合理解釋。

在祭祀上具有重大意義且帶有政權維持效果的「威信財」，是考古學上的議題之一。較常受到具體討論的威信財，是青銅器及玉器。具有軍事機能的壁壘聚落是否足以成為對周邊區域進行社會性統合的大國都市，須依其大型建築物的發展狀況及面積大小而定。倘若確實有社會性統合的機能，威信財在此就能發揮功效。統合的範圍會隨著時代而擴大或縮小，規模也各有不同，但基本上是延續新石器時代成立的文化圈。關於這一類政治統合體，目前幾乎沒有任何出土文字足以佐證。在使用漢字的殷商朝及周朝的紀錄中，提到了一些敵對或戰爭的外族，這些外族所存在的區域，肯定也有類似的政治統合體。如果有任何一種邑制國家理論包含以上這些論點，或許可以視為與本書站在相同的出發點上。可惜到目前為止，邑制國家理論不曾有過這方面的探討。

正因為如此，倘若只是知道「殷商與周都是大國統率小國的體制」，卻不知道殷商與周各自位於不同的文化圈內，在閱讀本書時還是會感到「艱澀難懂」。因為本書在談論殷商與周時，只是將這兩者當成許多政治統合體之一，並探討其在政治秩序上的相關議題。此外，漢字本來只是少數都市所使用的文字，後來卻在許多政治統合體之間受到普遍運用，甚至成了維持文書行政統治的工具。其後的政治秩序結構，與殷商、周的政治秩序結構有何差異，也是本書探討的主題之一，而這也成了「艱澀難懂」的原因之一。

話說回來，相信有很多讀者能以極快的速度閱讀，卻依然能正確掌握來龍去脈，並且精確地理解文義。以上的贅述，相信只是筆者的杞人憂天。

在實際閱讀本書時，不知讀者們有何感想？

第一章　本書探討的時代

何謂古代的「史實」

本書中探討的時代，是夏朝、殷商朝及周朝這所謂的「三代」，以及春秋戰國時代。夏朝為存在於西元前十六世紀以前的朝代，殷商朝為承接夏朝的朝代，戰國時代則結束於西元前二二一年秦始皇統一天下。

眾所皆知的「史實」

若依照傳統上大家較熟悉的歷史描述，夏朝、殷商朝及周朝皆創建於聖天子的即位，滅亡於無道天子的出現。西周因無道天子周幽王而亡國後，首都遷至雒邑（現在的洛陽），從此揭開了春秋戰國時代的序幕。所謂的春秋戰國時代，就是周朝權威墜地導致諸侯互相征伐的時代。

在這一套大家熟悉的歷史描述中，夏朝的創建者是禹，這位君王的品德不僅惠澤中華，甚至令周邊蠻邦也稱頌服順。但是這個廣及天下的朝代逐漸衰敗，直到無道君王桀即位後，終於步上滅亡之途。殷商的君王湯消滅了夏桀，建立起新的朝代，其品德不僅惠澤中華，甚至令周邊蠻邦也稱頌服順。但是這個廣及天下的朝代逐漸衰敗，直到無道君王紂即位後，終於步上滅亡之途。夏桀與商紂合稱「桀紂」，如今已是無道君王的代名詞。

周武王消滅了紂王，建立起新的朝代。文王比武王更早獲得天命，兩王的品德不僅惠澤中華，甚至令周邊蠻邦也稱頌服順。但是這個廣及天下的朝代逐漸衰敗，直到無道的幽王即位後，終於步上滅亡之途。

周幽王被殺後，周平王將首都往東遷移。藉由這次遷都，周朝恢復了暫時的安定，卻無法阻止衰敗的趨勢。此時代替周朝統率諸侯的勢力，就是所謂的春秋霸主，也就是鼎鼎大名的齊桓公、晉文公、楚莊王、吳王闔閭及越王句踐等人。這些霸主提倡霸權而不行王道，最後由秦始皇以其霸權統一了天下。

以上的「史實」，相信對許多讀者而言皆是耳熟能詳。但是這樣的說明卻隱含著重大的遺漏。

說明上的遺漏

第一，這些說明並未提及連結中央與地方的文書行政制度的建立，以及作為其基礎的律令制度的成熟。這些現象都發生在戰國時代，在戰國時代之前，中央與地方並無文書行政制度，當然也沒有作為其基礎的律令制度。說故事的人在描述夏、殷商及周朝時，不知不覺在腦中描繪出了有著這些制度的社會，然而這與現實狀況並不相符。

戰國時代出現新的社會型態，理由在於鐵器的普及。鐵器雖然在更早的時代便已出現，但直到戰國時代才受到廣泛運用。不管是出土古物的形狀及都市增加的速度，都可以證明這一點。但是前

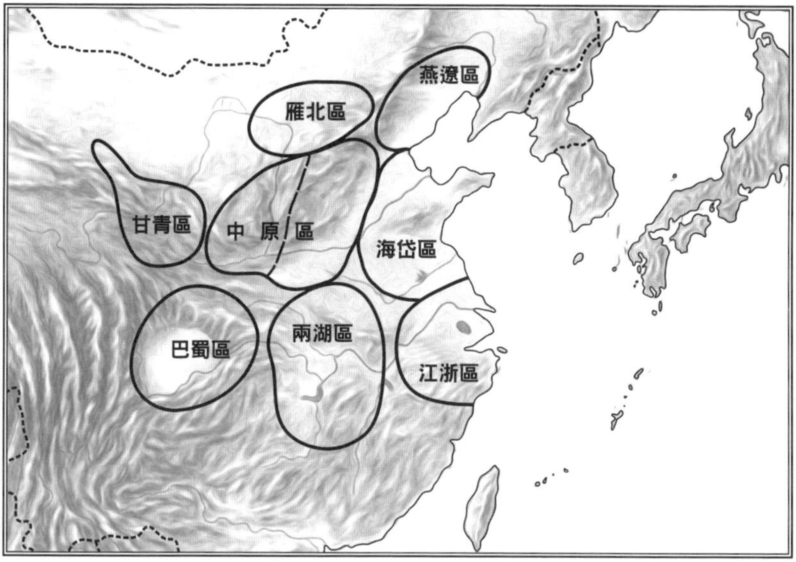

新石器時代的文化圈　各文化圈範圍皆相當於日本、韓國等現代國家的領土。中原區還可細分為東部區及西部區。詳情參照嚴文明《農業發生與文明起源》（科學出版社，2000年）及西江清高《從史前時代到初期王朝時代》（松丸道雄等編《世界歷史大系　中國史1》山川出版社，2003年，第一章）。

述的歷史說明，卻完全沒有提及這一些。

直到春秋時代為止，不管是中央或地方，都是獨立的「國家」（城市國家）。地方小國必須向中央大國繳納龐大稅貢，並派出軍隊與中央大國組成聯合軍。命令都是以口頭的方式傳達，從屬的小國必須發誓效忠。

第二，在戰國時代的「天下」之中，存在著許多中央政權，關於這一點也沒有獲得正確理解。這些中央政權都是以沿襲自新石器時代的文化圈為基礎範圍，每個文化圈的大小都相當於日本。就好比日本也有彌生文化及繩文文化，而且彌生文化跟後繩文文化曾有一段時間同時存在。同樣的道理，每個文化圈都有其範圍及影響力的極限。日本的邪馬台國或大和政權建立起了中央政權的體制，中國的文化圈也是一樣，各以其圈內大

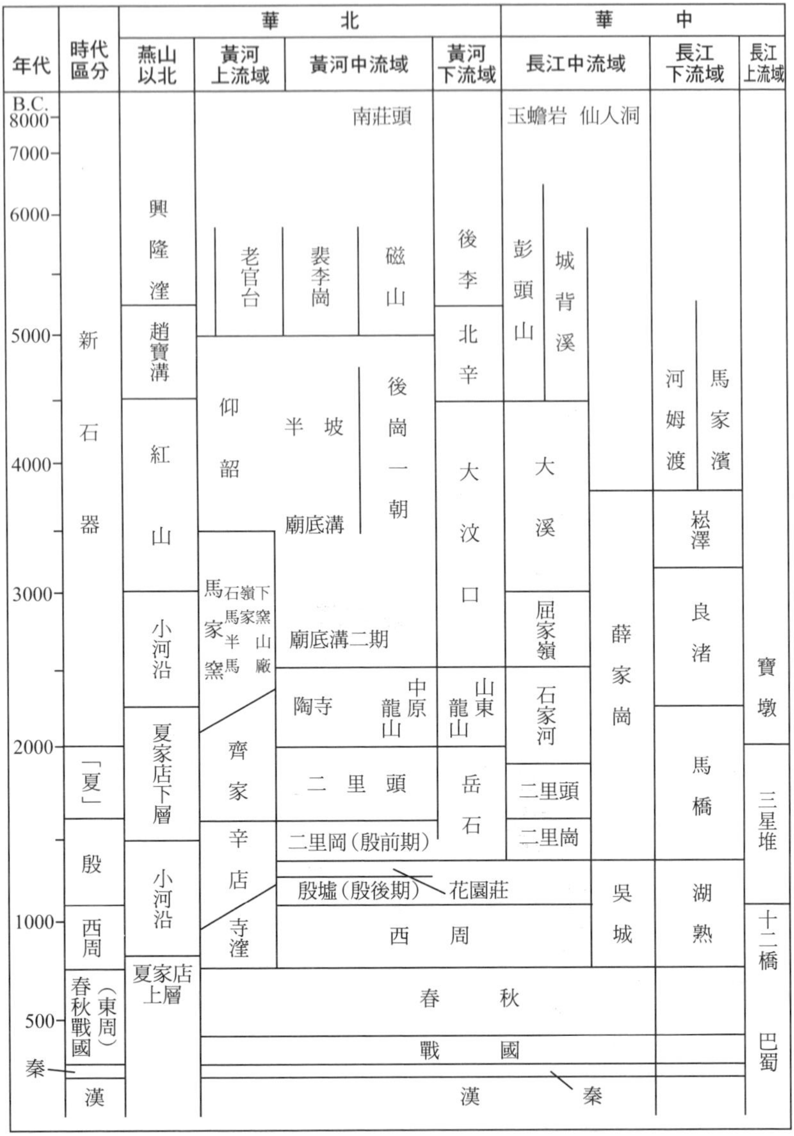

新石器時代諸文化 每個文化圈都有其獨特文化開花結果。本書將說明西周、春秋及戰國部分的實際細節。參照《世界美術大全集》〈東洋篇1〉（小學館，二〇〇〇年）及西江清高《從史前時代到初期王朝時代》（松丸道雄等編《世界歷史大系 中國史1》山川出版社，二〇〇三年，第一章）。

國為首，建立起中央政權體制。不管是殷商或周，都只是其中的大國之一。殷商位在中原區東部文化圈內，周則位在中原區西部文化圈，但其勢力延伸進了相鄰的殷商統治區域。

一般人由於對上述概念沒有正確理解，因此想像中的殷商及周偏離了現實，變成足以與歐盟媲美的巨大王朝。然而現實就如同上述，殷商及周都只是大國，就算包含受其統率的小國在內，也只占「天下」的一小部分，約與日本等現代國家相當（雖說如此，但也相當大了）。

春秋時期的霸主，也都是以新石器時代成立的文化圈為基礎的大國之主。

戰國時代的領土國家，也是建立在這些文化圈之上，將小國改設為縣，實行官吏統治，但規模不像從前的殷商、周等大國所統率的範圍那麼大。

西元前二二一年，秦始皇征服了數個相當於這種規模的文化圈，建立起史上第一個統一的帝國。「皇帝」這個名稱也是在此時出現。

若沒有理解上述概念，就無法明白秦的爵位為何在統治陝西一帶時為十七等爵，在統一天下的過程中卻變更為二十等爵。既然統治領域的規模完全不同，爵位的系統當然也必須跟著調整。

此外，在各國的擴張領土行動及秦始皇的統一戰爭中，約有數十萬人遭到斬首。若未理解文化圈差異造成的激烈抵抗，也會對此感到一頭霧水。

第三，漢字剛開始只是僅限於都市內使用的文字，這點也沒有獲得正確理解。

漢字原本是殷商的文字，後來由周繼承，逐漸滲透至各諸侯國，最後終於普及至全天下。由流傳後世的系譜資料數量及諸國君主在位年代記事等資料來看，漢字圈是在春秋時代一口氣擴張了其

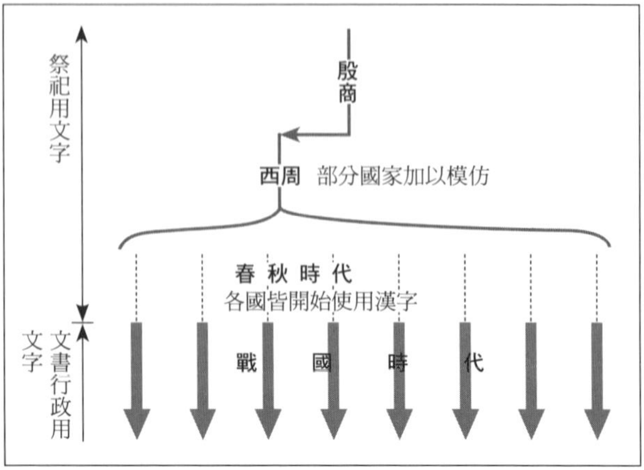

漢字的傳承與普及　目前尚無證據可知漢字發源於何地。殷商後期，漢字被使用在祭祀上。山東等地雖然也曾發現刻著漢字的甲骨，但數量不多，尚無普及的跡象。或許只是殷商在舉行田獵時，隨行祭祀官遭到俘虜，因此將漢字帶往了遠方。周滅殷商後，繼承了漢字。由於周天子將刻了漢字金文的青銅器賜給諸侯，因此諸侯國也逐漸熟悉漢字。西周末期，局勢動盪不安，在青銅器上鑄字的特殊技術流傳至各地，其結果造成春秋時代的漢字圈迅速擴大，涵蓋了黃河流域及長江流域。又過一段時期之後，鐵器逐漸普及，造成農耕地大量增加，都市的數量也跟著暴增。大國開始消滅小國，並改設為縣。到了戰國時代，開始了文書行政制度。諸國各自建立以其君主為頂點的律令法治系統，以因應文書行政制度上的各種難題。

範圍。在西周時代，漢字圈的範圍相當有限，因此除了周以外的系譜資料都嚴重缺乏可知具體年代的記載。

殷商將漢字傳承給了周，同樣的道理，應該也有一個國家將漢字傳承給了殷商。那個國家是否就是夏，目前無可考據。漢字由殷商及周傳播至其他國家的實際情況，目前也還是個謎。

以上這些誤解，會造成誤判前述第一點的文書行政制度的開始時間。大家都以為傳說中的夏朝及殷商朝、周朝都已有文書行政制度，正是有著漢字的使用能在一瞬間傳遍天下的誤解。

第四，戰國時代開始實施文書行政制度之後，漢字的性質有了巨大變化，這點也沒有獲得正確理解。

當漢字只在都市內使用時，原本只是祭祀的工具，但是當文書行政制度開始之後，漢字成了行政作業上的工具。自從漢字成為行政工具後，才開始出現史書。

祭祀只是城市國家內部的事情，但文書行政卻在領土國家發揮了聯絡中央與地方的功效。因此史書中的論述皆帶有領土國家的色彩，卻不具有城市國家的理念。

領土國家的疆域是以沿襲自新石器時代的文化圈為基礎，因此史書在談論天下時，會將該文化圈抬升至特殊的地位。此處的天下，指的是漢字圈。

基於以上概念所論述的歷史，絕對與傳統的歷史觀有所不同。

「可考」的時代與「不可考」的時代

本書中論述的夏、殷商及周的時代為「不可考」的時代。相較之下，後來的春秋時代則是「可考」的時代。

什麼是可考？什麼是不可考？

漢字紀錄的留存狀況

在春秋時代，沿襲自新石器時代的文化圈之中的大國是如何興盛及如何衰亡，都是「可考」的歷史。但是在夏朝、殷商朝及周朝的時代，這些都「不可考」。

可考者為何可考？不可考者又為何不可考？

這與漢字的有無息息相關。殷商使用的漢字，就是甲骨文或殷金文（銘文）。雖然這些漢字有流傳至其他城市國家的跡象，卻沒有落地生根。

到了周朝，周天子雖將刻著西周金文的青銅器賜予諸侯，但是周朝獨占鑄造技術，因此諸侯國無法自行將文章刻在青銅器上。一來諸國不見得對周的文字感興趣，二來就算感興趣，也沒辦法好好加以運用。

有漢字的地方，就會留下漢字的紀錄，沒有漢字的地方，當然就沒有這些東西。因為這個緣故，在殷商及周的時代，只有殷商及周這兩個大國留下了紀錄。

周朝將刻了金文的青銅器送給諸國，金文中提及了諸國情事。因此跟殷商時代比起來，周的時代保留了較多諸國紀錄。但是金文上所刻的諸國情事不僅太過瑣碎，而且是站在周的觀點所寫的。

基於上述理由，在殷商及周的時代裡，除了殷商及周這兩個大國之外的諸國興衰都「不可考」。

既然「不可考」，就不能抱著「可考」的態度加以說明。在《史記》誕生的時代裡，肯定流傳著多於我們目前所知的「史實」，例如自古以來天下大勢的轉變等等，但這些都是捏造出來的「史實」，與「可考」的定義天差地遠。

多虧了對甲骨文及金文的研究，在某些領域上我們對殷商及周的理解甚至超越了《史記》時代的人。但是這些甲骨文及金文都是站在殷商或周的立場寫出的文章。至於殷商及周以外國家的詳細狀況，我們只能站在殷商或周的立場加以推測。加上內容太過瑣碎，絕大部分還是「不可考」的狀態。

至於殷商之前的夏朝，則由於尚未出土任何文字，所以幾乎整個時代都是「不可考」的狀態。

但是到了春秋時代，漢字傳播至各國且向下扎根。因此由漢字發展的觀點來看，春秋時代並非僅是戰禍連年的黑暗時代，反而可以視之為廣大漢字圈開始成形的輝煌時代。

因為這個緣故，春秋時代遺存下了相對較多的各國歷史紀錄，讓春秋各國成為「可考」的狀態。

後面的戰國時代，「可考」的程度甚至更勝春秋。

可考什麼？為何可考？

戰國時代因鐵器的普及，造成了社會結構的變化。以這樣的社會為基礎，官吏制度逐漸發展成熟。每個文化圈裡都出現了一至兩、三個領土國家，這些領土國家的中央政府各自派遣官吏統治從前的「小國」。

文字在此時化身為輔佐官吏制度的工具，支撐制度的法律系統「律令」也漸趨完整。

當時的人藉由文字工具，留下了各式各樣的紀錄。中國史上第一本史書，也是誕生於這個時代。每個領土國家的各種紀錄及史書越來越豐富，因此我們能以各種不同的角度，觀察當時具有各種不同性質的紀錄。因為這個緣故，這個時代成了大小事情都「可考」的時代。

在春秋時代開始普及的漢字，到了戰國時代搖身一變，成為文書行政上的工具，這在漢字發展歷史上也是舉足輕重的大事。因此戰國時代同樣不是單純的「戰禍不斷」的時代。

戰國時代之後，終於進入了帝國時代。若以帝國的觀點來看，自新石器時代起傳承了數千年的文化圈特色，反而成了絆腳石。這些特色經過扭曲，以隱晦不明的方式殘存了下來。《史記》就是

三星堆遺址出土青銅立人像（三星堆博物館藏） 三星堆遺址是三星堆文化最具代表性的遺址。該區域有著風格獨特的青銅器文化。雖然不使用漢字，但是由物資集中狀況，仍可判斷出大國與小國的關係。一般認為該遺址是當時威震蜀地（現今四川省）的大國遺址。

在這樣的立場之下寫成。

但是一般我們常見的歷史概述書，在說明夏、殷商及周這些先秦時期的朝代時，卻是以《史記》的觀點為基礎。原本應該「不可考」的部分，書中卻說得頭頭是道，彷彿「可考」一般。這些內容絕非事實，只是繼承了漢代紀錄的觀點而已。

宛如「可考」般的傳統論述

如同前述，在殷商與周的時代，在各個文化圈裡都有大國。例如在四川省，也有大國發展出了獨特的青銅器文化，三星堆遺址就是其留下的證據之一。關於留下此遺址的大國，由於沒有文字的關係，許多部分還是處於「不可考」的狀態。但是根據具體的古物，我們還是可以看出其都市文化及物資集中狀況。

即使如此，在漢代所描述的歷史中，殷商及周都是統治天下的王朝，建立在遼闊無邊的漢字圈疆域（事實上當時根本不存在）之上。由於前述的四川地區在戰國時代成了天下（漢字圈）的一部分，廣東及福建也被秦始皇收編入天下之中，雖然在西漢的前期還存在著南越、閩越等不同於漢的國家，但這些國家都在漢武帝時遭到消滅。因此在漢武帝之後的人，都是以如此廣大的天下觀念，將殷商、周形容成統治天下的朝代。

將「不可考」的諸國情事以宛如「可考」的態度加以記錄，於是造就出了一幅完全看不到其他國家的殷商朝、周朝時代形象。明明只是「沒有提及」，卻被後人當成了「治理得當」。於是殷商朝、周朝成了「天下太平」的時代。其實在甲骨文及金文中經常可見戰爭的紀錄，但許多人都對這樣的事實視而不見，正是因為這些人在觀看考古文物的時候，都被漢代以後的觀念蒙蔽了雙眼。

春秋時代的戰亂情況，同樣可見於殷商及周的時代。殷商及周都是統率小國的大國，與春秋時代的大國並無不同。但是春秋時代的大國之主只被稱為「霸」，似乎與「王」還有一段差距。仔細想想，實在是很不合理。

不僅如此，而且戰國時代各領土國家所編纂的史書，各秉持著其獨自的立場。其敘述的內容，反映出了文化圈在數千年傳統中孕育出了特色。每個國家的史書，對於歷史各有不同的解讀，對夏、殷商及周的看法也大相逕庭。

只要依循「可考的史實」追究下去，就可以發現其中的差異，這些都是無可否定的鐵證。但是在一般世人的眼中，卻不存在這些差異。這也是因為世人閱讀史書的眼睛，早已受到漢代以後的觀念所蒙蔽。

話雖如此，但戰國時代的史書，也是站在以該史書誕生的文化圈為中心的立場進行論述。雖然已經比漢代之後的史書好得多，但其中描述的「史實」依然不是絕對客觀的史實。

就像這樣，呈現在讀者眼前的紀錄，其實蒙上了層層必須被揭開的面紗。

以下筆者將在盡可能讓讀者容易理解的前提下，加入協助讀者揭去面紗的額外說明。

也因為這個緣故，筆者在談論夏、殷商及周朝時，往往必須提及戰國時代。但正如同筆者提過的，這些史書都是完成於戰國時代，而且抱持的是領土國家的觀念，並非城市國家的觀念。因此在不斷提及戰國時代的同時，筆者還是必須強調，戰國時代的史書中的記載也不見得是可靠的事實。

當然筆者也可以不作這一類說明。但是在本書中，筆者將盡可能加入說明，理由就在於前面提過的，一般人心中根深蒂固的常識會與戰國時代史書中的「史實」互相矛盾，打亂理解的思緒，對進一步闡明事實真相造成不良影響。

《史記》中那些虛構的「史實」，早已深深烙印在一般人的腦海裡，導致一般人常常會陷入「好像可以看得很周全」的錯覺之中。但是實際的真相，卻絕大部分是如墜五里迷霧中的「不可考」。只要是經判斷為虛構的「史實」，本書就不會認定其為史實。真正的史實，必須以縝密的研究分析為前提。因此本書中沒有建立在虛構「史實」上的明確論斷，絕大部分都是含糊不清的內容。沒辦法釐清的事情就是沒辦法釐清，硬要找出答案只會造成誤解，而這是筆者極力想要避免的狀況。

要透過戰國時代的史書回溯歷史，有一點必須特別注意，那就是每一本史書皆反映了編纂出該史書的國家所主張的正統性與領土統治的正當性。

這些戰國時代各國的獨特主張，站在現代人的角度往往難以理解。造成難以理解的元凶正如同前述，是漢代以後出現的史書及注釋。因為現代人的歷史常識，都是以這些元凶為基礎。

舉例來說，當現代人在思考領土統治的正當性問題時，腦中一定會浮現「天下統一」這個字眼。因為大家的心中都有一個觀念，那就是天下從一開始就處於等著被統一的狀態。

自從秦始皇統一天下後，天下在大部分時代都處於統一的局面，因此這樣的歷史解讀倒也不能算是錯。

但是在秦始皇統一天下之前，相當於天下的廣大土地從來不曾受到統一。換句話說，天下絕對不是幾千年來一直處於等著被統一的狀態。

本書所論述的時代，正是秦始皇統一天下前的時代，因此絕不能把統一天下當成前提。

戰國時代的後期，秦國統一天下已是各國可以預見的結果。但是在那之前，還有一段相當漫長的歲月。何況就算是可以預見秦國將統一天下的時期，除了秦國之外的其他國家的人在談論國事時，也不會把天下統一當成前提。

戰國時代疆域統治的正當性主張

戰國時代的諸多領土國家，是建立在沿襲自新石器時代的文化圈基礎之上。因此這些國家在主張領土統治的正當性時，都是以擁有數千年歷史的文化圈為訴求重點。

春秋時代建立了廣大的漢字圈，戰國時代則出現了以沿襲自新石器時代的文化圈為基礎的領土國家。這些領土國家都各自把包含本國領土在內的文化圈當成特別地區，而把天下的其他文化圈當成蠻夷之境。

戰國時代「天下」中的特別地區及歷史上的三代

「中國」或「夏」這類字眼，正是用來代表這些特別地區。

所謂的「中國」，最原始的意思是周朝首都及其附近一帶。但是後來以其他文化圈為特別地區的國家，也開始使用「中國」這個字眼。因此「中國」指的到底是什麼地區，會因國家而不同。

「夏」字最原始的意思是從前的夏朝。到了戰國時代，「夏」所指的具體地區也會因國家而大相逕庭，這造成了後世更加無法得知夏朝的正確位置。

到了現代，「中國」成為中華人民共和國的簡稱。若以歷史角度來看，「中國」更是泛指漢族的居住地。但若將時光回推至戰國時代，「中國」的定義大異其趣，指的只是天下之中的特別地區。

「夏」與「華」的意思可互通，因此「中國」與「夏」湊在一起，就衍生出了「中華」這個詞。但是在本書所探討的時代，「中華」一詞尚未受到廣泛使用。

戰國時代的領土國家在使用「中國」這個詞時，指的是沿襲自新石器時代的文化圈。但這並不意味著各國只將全部注意力放在自己的文化圈內。

正如同周朝藉由消滅殷商朝，將勢力範圍自中原區西部延伸至東部一樣，戰國時代的諸國也對鄰近文化圈抱持著虎視眈眈的態度。

為何戰國時代諸國會如此覬覦鄰近文化圈？那是因為只要將鄰近文化圈納入統治範圍，就能大幅度提升可調度的物資。除了物資利益之外，還有一個國家在諸國眼中散發著漢字傳承的文化魅力，那就是遷都雒邑（洛陽）後的周。漢字是由殷商傳至周，再由周傳至天下諸國。基於這樣的歷史背景，周在遷都至雒邑後，依然保有豐富的文化經驗。而且周所統治的河南地區，也是物資豐饒的區域。這樣的豐富文化經驗及豐饒物資，令周在諸國眼中具有特別的地位。

從前的殷商，是以河南一帶為勢力中心。後來的周，則是以首都鎬京（又名宗周、西安）支配陝西一帶，並以副都雒邑（又名成周、洛陽）支配殷商故地。當時還流傳著殷商消滅了夏的傳說。

文書行政制度在戰國時代漸趨成熟，諸國將實施文書行政制度的廣大領域稱為「天下」，並將包含本國領土的文化圈當成特別地區。而遺存了漢字紀錄的殷商、周及傳說中的夏，在諸國的心目中具有特別的意義。

基於這個緣故，戰國時代的諸國在強調包含本國領土的文化圈為特別地區時，會想盡辦法跟夏、殷商、周這三代扯上歷史性的關聯。

假如包含本國領土的文化圈內有著夏或殷商的故地，國家就會一邊強調三代的歷史地位，一邊強調本國在特別地區內的統治正當性。如果是鄰近區域有著夏或殷商的故地，國家就會想辦法將該區域納入包含本國領土的特別地區內。如果是文化上有著顯著差異的國家，則會把包含本國領土的特別地區列為最高等，而把夏或殷商的故地當成次一等的地區。例如楚國，對於夏、殷商、周這三代的歷史定位就較為負面。

橫跨多文化圈的漢字圈的出現

此節筆者想稍微深入探討漢字傳播的問題。

之前筆者已提過，漢字並非從一開始就受到廣泛使用。剛開始的時候，只有少數都市使用漢字。不過這並非漢字傳播上的特有現象。除了漢字之外，考古學家還找到了一些其他的原始文字。這些文字都已遭到遺忘，唯獨漢字留存了下來，一直被人使用到現在。

祭祀用文字的傳播

而且漢字在傳承的過程中，用途變得更加廣泛了。

目前尚無任何證據可證明最初的漢字誕生於哪個城市，也不清楚該都市的文字是如何被傳承下來。但是藉由大量出土的甲骨文，我們知道殷商自某個時期開始使用漢字。

考古學家在殷商後期（此處指將殷商分為前、中、後的後期，也就是西元前十四世紀至西元前一〇二三年）的遺跡中，發現了大量的刻字甲骨。經過研究之後，學者們發現這些刻字是漢字的前身，而且由其特徵還可分為五期。除此之外，學者們還靠著這些刻字復原了殷商君王的系譜，並確認這跟《史記》上的記載大致相同。

這套漢字由周繼承，並由周傳至其勢力範圍內的諸侯國，後來又傳至長江流域上的諸國。正式開始快速傳播的時期，大致上而言是在春秋時代（西元前七七〇年至西元前五世紀）之後。

就在這個時期，天下（也就是漢字圈）開始有了雛形。這個天下的觀念雖然誕生於春秋時代，但是直到進入了戰國時代，各國開始派遣官吏至偏遠地方實施文書行政統治之後，天下才具有特別的意義。

在戰國時代的人心中，「天下」的地位雖不若以新石器時代文化圈為基礎的特別地區那麼崇高，但還是具有特別意義的區域。

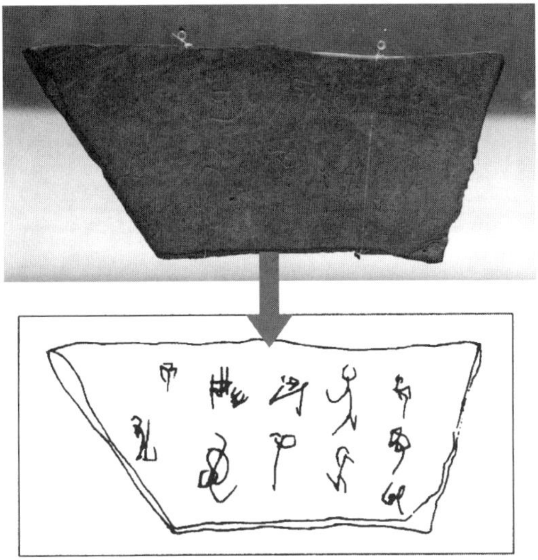

漢字出現前的文字之一例　名為「丁公陶文」的刻文（由松丸道雄臨摹，錄自松丸道雄《漢字起源問題的新發展》）。一種不同於漢字系統的文字。此文字已非各自單獨使用的符號階段，而是進入了複數文字並排使用的文字階段。

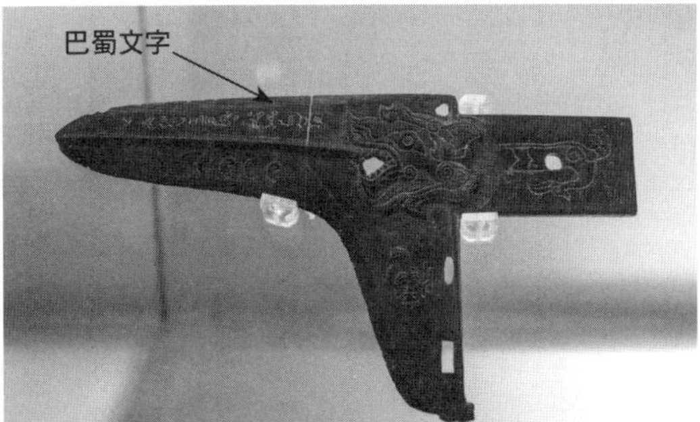

刻有巴蜀文字的虎紋銅戈（部分特寫，郫縣獨柏樹戰國土坑出土，四川省博物館藏）　戰國時代遭秦征服的四川地區原本有著兩大勢力，一是鄰近秦的蜀，一是鄰近楚的巴，兩者合稱為巴蜀文化。巴蜀亦使用符號，雖然絕大部分是以單獨的方式使用，但圖中的符號組成了句子，可見得這些符號在當地已發展為文字。

在春秋時代，各城市國家（也就是周的諸侯國）依然與周維持著政治上的合作關係，但與其對抗的勢力也發展出了類似的體制。各勢力的基本疆域，是沿襲自新石器時代的文化圈。各文化圈內皆有不同的大國，這些大國在其文化圈內稱霸一方。

漢字首先傳入周的勢力範圍，接著又自周向外傳播。在春秋時代，各國只將漢字使用在祭祀上。這時還沒有出現官吏統治制度及文書行政制度。漢字原本只是城市國家內使用的文字。但由於各國皆使用漢字，因此漢字逐漸被使用在宣示國與國之間關係的文書上。

在漫長的歲月裡，國與國之間的關係原本是透過祭祀行為進行確認。由於沒有文字，雙方只能藉由向神祈禱的行為確認相互關係，並防止對方做出背信行徑。這種確認互相關係的行為，就是所謂的「盟誓」。因此我們能將盟誓視為祭祀行為的一部分。在沒有文字的時代裡，只有盟誓的行為，卻沒有記錄盟誓內容的盟書。

然而自從各國將漢字使用在祭祀之上後，由於盟誓也是祭祀的一部分，因此漢字也被使用在盟誓上。雙方會留下記錄盟誓內容的文書，以作為證據。這意味著國與國之間已會利用漢字來建立關係。這個漢字的運用方式繼續發展下去，就出現了中央對偏遠地方下達的文書命令，這就是文書行政制度的濫觴，也是以官吏治理地方的起步。

在出現文書行政制度之前，文字只被使用在城市國家之內，因此春秋時代的文章內容，都是站在都市的立場為出發點。相較之下，戰國時代則出現了以新石器時代文化圈為基礎疆域的領土國家，各都市必須服從中央政權的命令，而維持其運作的制度正是文書行政。因為這個緣故，戰國時代的文章出發點，變成了各自的領土國家。

春秋時代的文章是站在都市的角度評論外界，而戰國時代的文章是站在領土國家的角度評論外界。

字同義不同

戰國時代的典籍，都是以特別地區與其外的廣大天下為訴求對象。因此戰國時代典籍內的天下觀，不能直接套用在春秋時代上。春秋時代的外部世界，只在新石器時代成立的文化圈及其鄰近文化圈之內，比戰國時代的天下要小得多。

儒家的典籍，都是以漢字圈為天下。因此若將這些典籍與廣大漢字圈剛剛成形的春秋時代，甚至是尚未成形的西周、殷商等時代的文章相比，文字的意義勢必有所不同，讀者心中必須先有這樣的概念。

尤其是「天下」這個詞，特別容易造成誤解。在戰國時代，「天下」的意思是廣大的漢字圈，一直到了漢代，這個意思基本上還是沒有改變。在戰國時代，「天下」之中有著數個中央政府，而這些中央政府各有其認定的特別地區。然而到了漢代，世人開始將整個漢字圈都當成了特別地區。至於沿襲自新石器時代的各文化圈的特色，則在這片廣大的特別地區內遭到掩蓋。

戰國時代與其後代之間同字不同義的例子，還有「國」這個字。

若從出土史料中尋找蛛絲馬跡，會發現「國」字在西周時代的寫法是「或（域）」。「或」這個字只要加上國字框，就成了「國」，只要加上土字邊，就成了「域」。因此我們可以說，城市國家時代的「域」，就是領土國家時代的「國」。原本在城市國家時代，「域」的意思是自都市向外界延伸的特定範圍，但是到了以文書行政制度統治都市的領土國家時代，這些「域」也被納入了勢力範圍之內，因此加上一個框，變成了「國」字。

正如同筆者曾經提過的，周朝將其首都及周邊一帶稱為「中或（域）」。到了戰國時代，周將「中國」重新解讀為泛指陝西一帶，但是其他國家也各自將其特定地區稱為「中國」。到了漢代，「中國」的意思已跟「天下」畫上等號。

由此可知同樣的字或詞，其所代表的意義可能完全不同。

以「夷狄」作為毀謗其他「正統」王朝的字眼

不知各位讀者是否曾看過「夷狄」這個詞？閱讀古籍或注釋時，經常會看到這個詞。若以現代人較熟悉的詞來替換，就是「野蠻人」。「夷狄」這個詞很少被單獨提起，通常是用來與「中國」相呼應。文化薈萃之境為「中國」，野蠻之境為「夷狄」。

然而很多人可能並不知道，在戰國時代，「夷狄」之境其實也在「天下」的範圍之內。戰國時代留下很多記錄往來諸國人士事蹟的典籍，例如《戰國策》。在這些典籍中所稱的「天下」，指的是將各霸一方的諸國疆土合併在一起的統稱。

「中國」是文化薈萃的地區，同時也是諸國強調其統治正當性的地區。「夷狄」則是野蠻的地區，是與「中國」相對的地區。而這些「夷狄」地區，指的其實是與本國處於征戰狀態的其他諸國疆土。換句話說，戰國時代的人賦予了漢字圈特別的地位，卻又在漢字圈內定義出野蠻地區。現在還不是本國的領土，但將來一定會變成本國的領土。這就是戰國時代諸國所抱持的統治正當性的立場。戰國時代諸國所設想的特別地區，都是以這種統治正當性立場為前提。因此特別地區的範圍會比實際統治的疆土更大一些。而這樣的觀念，是以沿襲自新石器時代的文化圈為基礎。雖然特別地區與文化圈之間多少會有些誤差，但這些沿襲自新石器時代的文化圈也會隨著歲月而擴大或縮小。

正如同「中國」及「夏」的定義會因國家而不同，「夷狄」所指的區域也會因國家而改變。除了「夷狄」之外，還衍生出「東夷」「狄」「蠻夷」「戎」等各式各樣的類似詞。就算是同樣的漢字，使用的國家不同，所指的對象也天差地遠，必須特別注意。

漢代之後觀點的獨特性

在戰國時代，談論夏、殷商、周這三代的史料，會因史料誕生的國家不同，內容也大異其趣。

以下筆者先整理出漢代以後的認知。一般人的常識，都是由這些認知發展而成，但其中還包含了一些鮮為人知的「史實」。

天下統一與典籍內容的矛盾

秦始皇吞併所有敵對國家，於西元前二二一年達成了「天下統一」的壯舉。秦派遣官吏至天下每個角落，秦的律令及曆法成了天下的律令及曆法，整個天下都是特別地區。

換句話說，原本單指天下之中某些特定地區的「中國」及「夏」，在這個時期已與「天下」畫上等號。由於敵對國家都滅亡了，從前那些認定天下之中某些地區為「夷狄」的典籍，在秦統一天下後的時代已變得不知所云。

但是在新的「中國」之外，當然還是存在著不能納入「中國」的區域，這些區域同樣住著「野蠻人」。

這讓新的時代陷入了不重新定義「天下」「中國」「夏」與「夷狄」的關係，就無法繼續使用這些古代典籍的窘境。而且這個窘境持續了好一段時期。

「天下」「中國」「夏」與「夷狄」的關係重新獲得完整的定義，讓古代典籍重新能夠使用，是在西漢末年的王莽時期（或可視之為東漢）。不過這超出了本書的探討範圍，所以筆者在此只是概略帶過。自這個時期之後，世人開始使用儒家典籍內的解釋，以儒家理論說明「中國（＝天下）這個特別地區」與「其外的野蠻人居住地區」之間的關係。「中國」（這個詞自這個時期起成為主流）被定義為漢族的居住地，在以中國皇帝為頂點的體制之下，世人開始能夠基於其理念，對「中國」及其外區域的關係進行認定。這就是「東亞冊封體制」的起源，首先提出此論點的是西嶋定生。

重新定義的行動，終於圓滿落幕。但是在成功的背後，憑藉的是兩樣工具。其一是為典籍加入注釋，其二是寫出新的典籍。儒家將典籍稱為「經」，但「經」這個字的原意是直線，另有一字

「緯」的意思是橫線，所以才跟著出現了「經緯」這個詞。既然有經，就該有緯。基於這個道理，漢代出現的大量新典籍，被統稱為「緯書」。在重新定義「天下」「中國」「夷狄」等詞的運動中，這些「緯書」發揮了相當大的功效。

等到新的定義深植在世人心中之後，「緯書」完成了其使命，世人不再需要這些「緯書」。而且緯書的內容都是順應漢代的局勢，並不見得符合後代諸朝的要求，有時甚至還會帶來危險。因為一旦認定漢代為「是」，就等於承認其他朝代為「非」。基於這些種種原因，緯書在漢代之後逐漸式微。但經由這些緯書而留在注釋內的新解釋，其後逐漸成為定論。

在新的定義之中，「天下」的意思刻意遭到了模糊化。那是因為原本「中國」在「天下」之中，但若依這個意思，「天下」不僅包含皇帝統治的國家，還包含其外部的廣大區域。如此一來「統一天下」將變得難以實現，只能稱之為「統一中國」。

為了避免這個矛盾，另外還有一種定義方式，就是將「天下」認定為應該被統一的區域。但這個定義的前提是天下正處於分裂的狀態，才能夠針對「統一天下」進行論述。

世人逐漸學會了視情況區分這些定義。

簡言之，當論述的主題是關於「東亞冊封體制」時，採用的就是儒家典籍中定義的「中國」與「夷狄」（中華與夷狄）的關係。

而如果要在排除儒家理論的情況下論述國家關係，則根本不必等到王莽的時期。若比較的基準是軍事上的優劣，初期的漢朝甚至曾跟匈奴建立漢為弟、匈奴為兄的和睦關係。

若將冊封關係套用在春秋時代以前「大國」與「小國」的關係上，同樣行得通。冊封的「封」就是「封建」的「封」，光從這個名稱，就可知冊封制度其實是在模仿從前周朝與諸侯間的關係。「東亞冊封體制」是一種建立在儒家思想上的概念。

「東亞冊封體制」與德化

若將筆者之前提過的內容重新詮釋，漢字的傳播可視為「同化」。漢字所到之處，皆使用相同的表達方式，也就是以漢字寫文章。尤其是在戰國時代，文書行政制度趨於成熟，這種共同表達方式形成了官吏的共同財產。所謂的漢族，就是以漢字漢文為共同財產的民族。漢族的產生，正是成立在這樣的基礎上。

有些都市沒有文字，有些都市使用漢字以外的文字，有些都市使用特殊的符號。這些都市使用的語言肯定各不相同。當大國以軍事力量征服這些都市後，這些都市同在大國的勢力下，能夠出現何種程度的共通語言，我們無從得知。但這些都市都被整合在文書行政制度之下，並由官吏進行統治。在這樣的政治體制中，漢字漢文逐漸成為各都市間共同的財產。

漢代勢力廣及朝鮮及越南，但朝鮮與越南始終拒絕與漢族同化。有些土地拒絕同化，有些土地卻是以同化為前提。像這樣的政治關係是從何時開始成形？要探討這個問題，就必須涉及筆者剛剛提過的「東亞冊封體制」。

由於此體制的時代已超出本書的範圍，因此筆者只就關聯部分簡單介紹。

在重新定義的「模式」之下，皇帝直接統治的「中國」與其外部區域建立起政治關係。當時的人利用儒家經典，對此關係進行闡述。儒家經典內明定出了特別地區與野蠻地區的差別，特別地區由君王治之以德，野蠻地區受德感化而恭順賓服，如此一來特別地區就可以向外擴張。

君王聖德遠播四方，稱為「德化」或「德澤」。這指的是特別地區的統治者以其德感化臣民及野蠻地區。當儒家經典能夠清楚界定廣大特別地區與外部野蠻地區的關係後，「德」的效力可及範圍也隨之擴大。

所謂的「德」，在殷商時代原本指的是佑助征戰的靈力。當大國想要統治小國時，就會出兵征討，而「德」是護佑此行為的靈力。「德化」或「德澤」的「德」，不用動武就可以傳播四方；但是殷商及周的「德」，只能經由戰爭產生。在殷商及周的時代，大國與小國的關係僅止於都市之間的關係，因此大國想要長期控制小國，必須每隔一段日子就出兵征伐。但是到了戰國時代，領土國家之間的小國絕大部分都遭到消滅，成為了縣。中央政權只會派出官吏加以統治，並不會動用武力。因此君王的「德」可以在不發動戰爭的前提下，散播至勢力範圍內的每個角落。至於領土國家之間的互相征戰，通常只會占領一部分都市（從前的小國），不太可能將對方完全消滅。因此在論及敵對國家的百姓時，就跟本國百姓一樣，會以不必動武就能靠著德加以感化為前提。非戰之德的概念就是在這樣的時局下誕生。

這樣的觀念因前述的特別地區擴大現象，甚至推展到了戰國時代典籍所不曾提及的外族地區。

漢族的官吏們心裡都清楚這個新的德化觀念。

沒有受漢族同化的人，則當然無法理解。

儒家經典的本文誕生於下圖A的時代。王及賢人之德廣澤蒼生。經典的注釋則誕生於圖B的時代。東亞冊封體制也是在B的時代出現。在A與B之間的時代，經典的內容受到重新定義。儒家經典描述「德」的影響範圍，在B的觀念的扎根過程中，基於其觀念而向外擴大。隨著官吏型態的改變，賢人的定義也有所不同。

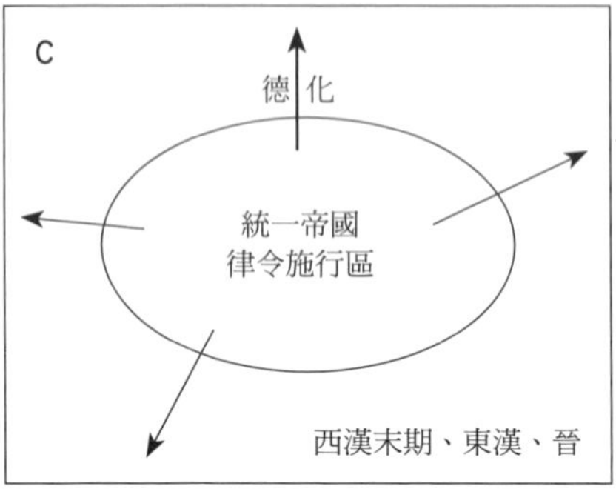

統一帝國時代的「德」　統一帝國時代的人將焦點轉移到了漢字圈內外的問題上。漢字圈內的百姓會自然受到「德」的感化，就連漢字圈外的百姓也會恭順賓服。一般人觀念中的德治，指的就是這個狀態。

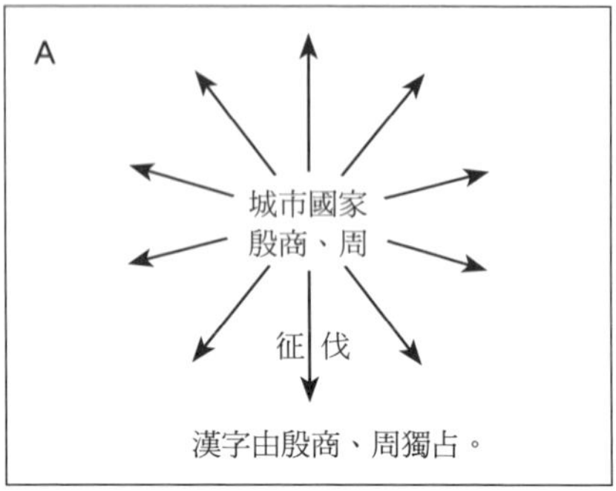

城市國家時代的「德」　在城市國家時代，「德」是護助征伐的靈力。大國征伐的對象只是敵對都市而非領土國家，因此簡單得多。

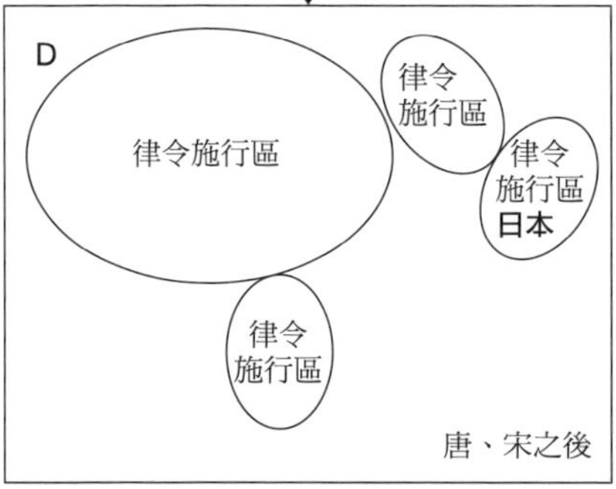

律令時代的「德」　在以皇帝為頂點的體制中，負起維持秩序職責的法律就是律令。當律令制度在周邊國家落地生根後，各國都建立起一套以自己為頂點的體制。每個律令施行區內的人，都是站在己方的立場上論述德治的意義。由於各國的主張都是以自己為頂點，因此各國之間的想法會出現明顯的歧異。在這個時期，與他國書信往來的方式成了兩國關係發展上的阻礙。迴避的技巧之一，是不干涉其他國家的祭祀行為。

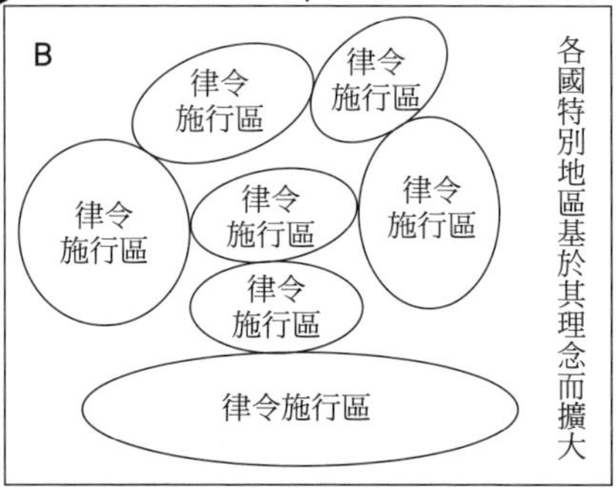

領土國家時代的「德」　領土國家時代的人認為百姓會自然受到「德」的感化，就連其他國家的百姓也會恭順賓服。但這僅侷限在天下（漢字圈）的範圍內。戰爭演變為領土國家對抗領土國家，頂多只能攻下幾座都市，很難將對方的國家完全消滅。因此「德」的含意由「必須征戰」轉化為「不須征戰」。

若將上圖B觀念中的特別地區縮小，就與A各領土國家的觀念並無不同，該特別地區就是將律令施行區的基本觀念加以擴大後的範圍。在圖C之中，漢字圈更加擴大，同時存在著大小不同的領土國家的各自觀念，好比日本也稱自己的律令施行區為「中國」。中國皇帝下令編纂的正史，是將B的觀念套用在A及C之上，將漢族居住的特別地區稱為「中國」，其他地區稱為「外國」。不過關於宗主國及從屬國（被歸類在「外國」之中）的概念，又與上述有著些許不同。

不過有一些人例外，那就是在漢族與異族之間協助溝通的「通譯」（口譯員）。這些「通譯」當然都吸收了漢族文化。但是在未受漢族同化的地區，不理解漢族文化的人還是占了絕大多數。

這個「通譯」是中國皇帝的國家與周邊國家建立關係的重要橋樑。而「東亞冊封體制」正是建立在這樣的狀態之上。

隨著「通譯」制度越來越完善，最後周邊國家會產生屬於自己的律令制度。擔任「通譯」的人，多半是歸化者。這些人是如何滲透入日本、朝鮮半島等地「國家」的祭祀場所，如今不得而知。在中國的春秋時代，由於漢字普及諸國，因此國與國在立盟誓的時候，都會寫下盟書。但是考古學家尚未在日本及朝鮮半島挖出類似的盟書。

日本雖有稻荷山鐵劍的銘文及七支刀的銘文，但其內容只是簡單的系譜等紀錄，與西周金文的內容可說是相去不遠。而且這些刻著銘文的古物或許不是由地方小國所製作，而是來自大和朝廷的賞賜之物。

此外，日本還出土了許多中國製的銅鏡及其仿製品，上頭刻有漢字，但其內容畢竟沒有脫離中國銅鏡銘文的範疇。其中最具代表性的銅鏡，是據說由邪馬台國或大和朝廷下賜給地方小國的三角緣神獸鏡。但其銘文內容，與中國銅鏡並無任何不同。

這樣的環境下，實在不太可能推行文書行政制度。

實施文書行政制度的中國，與尚未實施文書行政制度的周邊諸國建立起「東亞冊封體制」，據推測是在漢代的王莽時期。敘述王莽時期事蹟的古籍，皆出現於東漢時代，因此內容並未提及類似王莽之德澤被蒼生感化蠻地之語。但是在儒家經典成功重新定義的環境下，當時的世人想必曾以儒家經典上的「德澤」等語讚頌王莽。

我們可以說，王莽時期奠定了東亞冊封體制的基礎。而筆者必須再次強調，在周邊國家支撐著這個體制的幕後功臣是「通譯」。雖說周邊諸國皆各自有其主張，但可能只是些隨著時代趨勢而產生的唯我獨尊想法。由於漢字尚不普及，這些國家沒有辦法以這些想法建立起一套自己的觀念體制。

周邊諸國的文字文化

一段時期之後，「東亞冊封體制」有了重大突破。漢字傳入周邊諸國後，這些國家接受了漢字文化，雖然沒有被漢族同化，但開始把漢字當成自己的文字加以運用。

筆者在之前提過，漢字在中國是以青銅器銘文的方式向外傳播，終於在春秋時代造就了廣大的漢字圈。同樣的狀況，也發生在日本。漢字傳播的過程中，銅鏡、鐵劍之類的物品引起了日本人的興趣。這樣的類似性實在耐人尋味。

「使用漢字」這個共通性在春秋時代的人眼裡，並不是什麼值得特別注意的事情。同樣的道理，日本人也沒有理解使用漢字這件事背後所代表的特別意義。

不久之後，日本開始實施文書行政，並採行律令制度。就在這個時期，日本出現了許多能夠理解儒家經典內容的人才。這些人閱讀的都是漢文的經典。如果漢文能發展為當地所有百姓的標準語言，就可以達到同化的效果。不過日本、朝鮮半島及越南都沒有發展至這個境界。

日本先發明了「萬葉假名」，後來又創造出「假名」，並訂出了「訓讀」（以日文的發音為漢字標注）的規則。藉由這套「訓讀」的規則，漢字在漢族以外的民族也開始發揮文字的機能。「訓讀」及「萬葉假名」的雛形發源自朝鮮半島，日本只是模仿了其概念而已。自這個時期之後，日本開始使用「萬葉假名」及「以訓讀的方式讀漢字」，但朝鮮半島的做法卻是「以訓讀表達意義」。其後朝鮮半島又以新的規則創造出朝鮮文字，至於越南則是以名為「字喃」的越南漢字表達一般漢字所無法表達的詞意。

除了上述做法之外，中國的周邊國家還出現了西夏文字、契丹文字等類似漢字的文字，以及演化自梵語的文字。

自從周邊諸國開始將漢字或其他文字當成本國文化文字之後，「東亞冊封體制」可說是邁入了嶄新的時期。各國開始能夠以漢字或是其他文字寫出本國至上的理論觀念。

「東亞冊封體制」的變質

原本「東亞冊封體制」是以中國皇帝為頂點。但是實際以這樣的觀念運作，只在周邊諸國開始以漢字執行文書行政制度之前。在周邊諸國還沒辦法善加運用漢字的時期，由於無法確實理解以漢字寫成的體制理論，當然也沒辦法利用漢字寫出以己國為頂點的文章。等到周邊諸國開始實施文書行政並採行律令制度後，就開始自詡為文化大國，並學會以漢字寫出中國並非獨尊的文章。

所謂的律令制度，是一種在戰國時代以王為尊，到了天下統一後以皇帝為尊的法律系統。周邊諸國開始使用律令，意味著各國都採用了相同的法律系統。正如同筆者曾提過的，以自己為尊的觀念存在於各式各樣的環境中。有的以村落為尊，有的以整合各村落的都市為尊（例如日本古墳時代的小國），也有以整合各都市的領土國家為尊的。律令制度的誕生，為這些觀念提供了一套「模式」。在這套法律系統的「模式」之下，領土國家獲得最崇高的地位，中央政權應派遣官吏治理小國。正是這套法律，支撐著文書行政制度。

雖然大家都知道這個「模式」在日本到後來變得名存實亡，但其概念一直被傳承下來，到了江戶時代更被修正為支撐幕藩體制的「模式」，相信不用筆者在此贅述。

中國的周邊陸續出現律令國家，讓「漢字傳播」開始帶有不同的意義。

在論及「東亞冊封體制」時，「冊封」的有無也是個問題。所謂的冊封，指的是皇帝允許周邊國家加入臣屬國，藉此對尊卑關係進行再次確認的行為。因此理論上而言，只要皇帝沒有執行冊封儀式，就不能算是接受了冊封。但有一點很可能許多人都不曉得，那就是當中國皇帝底下的史官在編纂史書時，所有周邊國家不管有沒有執行過冊封儀式，都會被當成受過冊封。史官會為所有國家排列尊卑順序，並寫出該朝歷史。

例如日本的豐臣秀吉並未受過明朝冊封，但是在《明史》中卻記載著「日本故有王，其下稱關白者最尊」之語。不僅如此，還介紹了織田信長與豐臣秀吉的事蹟。但讀者們想必會發現，書中並沒有介紹「天皇」。按照日本律令所訂下的「模式」，日本是以「天皇」為尊。雖然律令制度已名存實亡，但其「模式」一直傳承了下來。然而《明史》在介紹天皇時，卻只說是「故有王」。就像這樣，史書在記錄冊封關係時，不管有無冊封之實，都會在「模式」下的立場進行敘述。其記錄內容的本質為理念，而非現實。

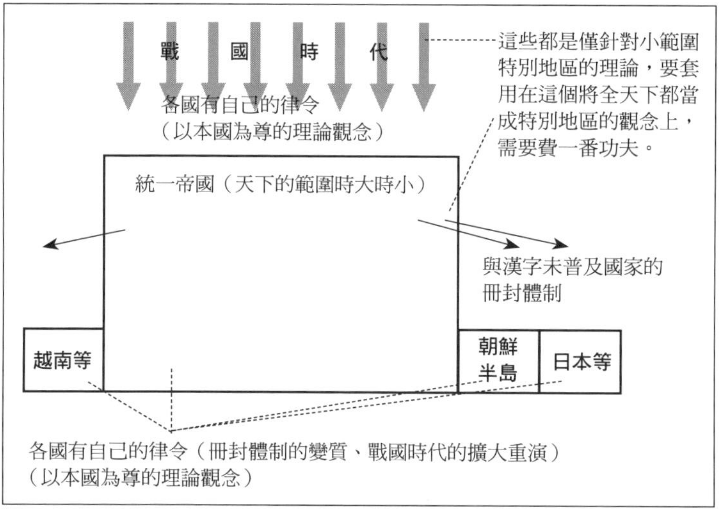

律令施行區的出現與東亞冊封體制　戰國時代出現了許多以新石器時代文化圈為基礎的領土國家，這些國家各自訂出以本國君主為尊的法律系統。將所有律令施行區合在一起，就是漢字圈，也就是所謂的天下。以文化圈為基礎的地區被視為特別地區，其他漢字圈內地區則被視為野蠻地區。這種在漢字圈中區分出特別地區與野蠻地區的觀念，反映在當時的經典上。但是漢字圈獲得統一後，這套觀念不再適用。於是在東漢時期，世人以注釋為經典的內容重新定義，將漢字圈以外的區域當成野蠻地區。在這段時期之中，中國皇帝與周邊諸國便是以此觀念為基礎建立起政治關係。那就是東亞冊封體制。支撐這個體制的支柱，是中國皇帝的官吏組織及周邊諸國的通譯人員。等到周邊諸國接納律令並建立起以本國君主為尊的法律系統後，各國法律系統觀念的歧異在東亞造成了紛爭。

同樣的情況，也發生在中國的戰國時代。各國皆有自己的律令，並將他國視為「夷狄」。

《史記》及《漢書》上都記載了漢朝與南越（秦始皇死後，漢族於廣東地區建立的國家）的往來國書內容。若比較兩者的差異，會發現在《漢書》誕生的東漢時代，獨尊漢帝的國書形式已趨於成熟。但是在《史記》誕生的西漢中期，這套觀念還沒有完全成形。因此《史記》中收錄的國書與《漢書》中收錄的國書明明應該是同一封國書，但是形式及用字遣詞卻截然不同。這當然也與東亞冊封體制的發展程度有關。

在戰國時代，說客將某國的主張傳達至另一國，交付的文書內，會稱提交文書的國家君主為「大王」，並以冠上地區或都市之名的方式稱呼敵對國家的君主，例如「荊王」或「梁王」。在文書內，會提及敵對君主的發言內容。這些發言內容逐漸形成固定的模式，就成了類似《漢書》中的外交文書形式，後來就被定位為「國書」。

由此可知，雖然國書形式部分並不相同，但東亞冊封體制在變質之後，周邊諸國開始以文書行政制度聯繫本國中央及地方，形成了類似從前戰國時代複數中央政權對立的局面，只是以領域擴大的樣態呈現。

關於「戰國時代」這個名稱

因為「戰國時代」這個名稱的誤導，大多數人都會以為殷商及周的時代相當和平。但是就如同筆者曾經提過的，殷商及西周同樣是戰亂的時代。

戰爭大致上可分為兩類，一類是在新石器時代成立的文化圈內發生的戰爭，另一類是文化圈與文化圈之間的戰爭。

前者為城市國家之間的戰爭，後者則兩邊的文化圈至少有一邊是由大國率領小國（都市）集體出戰。

這兩類都是曾經發生過的戰爭，但是在進入戰國時代之後，也就是出現以新石器時代成立的文化圈為基礎的領土國家之後，前者明顯減少，而反映領土國家之間戰爭的後者明顯增加。

即使是出現統一帝國之後的戰爭，如果仔細分析，會發現與戰國時代的戰爭頗有相似之處。雖然是發生在帝國內部，敵對雙方卻往往是各屬於不同的新石器時代文化圈。

秦始皇死後的戰爭是這樣，項羽與劉邦的競爭是這樣，漢代黥布等人的叛亂是這樣，吳楚七王之亂也是這樣。

換句話說，若概觀戰國時代之前與之後的狀況，會發現「戰國時代」這個稱呼實在有些不適當。因為即使到了漢代，還是經常發生類似戰國時代的戰爭；反過來說，戰國時代發生城市國家戰爭的頻率反而減少了。由於中央與地方都市的戰爭會被當成叛亂事件加以記錄及平定，因此我們往往不會察覺那也是戰爭。

「戰國時代」這個名稱的由來，也往往遭人誤解。「春秋時代」的名稱來自典籍《春秋》，這點相當有名，有很多人順理成章地認為「戰國時代」的名稱應該是來自《戰國策》。然而事實上並非如此，一直到《史記》誕生的時代，都還沒出現《戰國策》。或許有很多人不知道，《戰國策》是直到西漢末年才誕生的典籍。

漢代的人稱呼戰國時代為「六國」的時代。在說明歷史的時候，除了將漢擺在頂點之外，還需要誕生第一個皇帝的秦當作配角。漢代的人將這個配角放在周與漢之間，將周認定為正統王朝，並建立起由漢繼承周之正統的「觀念」。除了秦這個特別的配角之外，又挑出六個大國（楚、齊、燕、韓、魏、趙），合稱「六國」，以其時代與秦統一天下後的時代作出區隔。這個「六國」時代的稱呼沿用了非常長的一段歲月。

漢代確實也有「戰國」這種稱呼，《戰國策》這個名稱也是由此而來。《戰國策》是戰國時代以來數種古籍的合稱，原本名為《短長書》，在西漢末年集結成冊，才得到《戰國策》這個書名。此外「戰國」也曾被拿來當作時代的稱呼，但是並沒有成為固定的說法。到了不需要對秦特別重視的時代，世人開始將秦納入「六國」之中，稱為「七國」。「七國」這個稱呼取代了「六國」，成為主流的稱呼法。一直到了清代，世人才固定使用「戰國」一詞來稱呼這個特定的時代。

值得注意的是，後世稱這個時代為「戰國」，是因為站在天下統一的觀點，這是個還沒有被統一的時代。

第二章　周朝的史實

從伐殷到克殷——《逸周書》與《史記》

西元前一〇二三年，陝西大國「周」消滅了鄰近的河南大國「殷商」。《史記》中亦有周滅殷商的記載，但以下要介紹的是更古老的紀錄，那就是誕生於戰國時代的《逸周書》。學者一般認為收錄在《逸周書》中的這段紀錄源自周朝，在春秋時代由晉繼承，到了戰國時代又由魏繼承（與一四九頁提及的《竹書紀年》出土於同一墳墓）。

當我們說到周滅殷商時，多數人都會有一種感覺，好像周是一口氣就將殷商消滅了。然而實際上中間的過程花了一段不算短的時間。從伐殷到克殷，並非一氣呵成。其詳情都記錄在《逸周書》的〈世俘〉之中。

《逸周書・世俘》

首先值得注意的是，文章一開頭出現了「四方」這個字眼，其後接的是「通殷命有國（域）」（通告基於殷商的命令而建立的諸國）。光從這後面接的句意，就可以知道「四方」的意思並非東西南北四個方向。所謂的「四方」，指的其實是對殷商效忠的「方國」（諸侯國）之中，最具代表

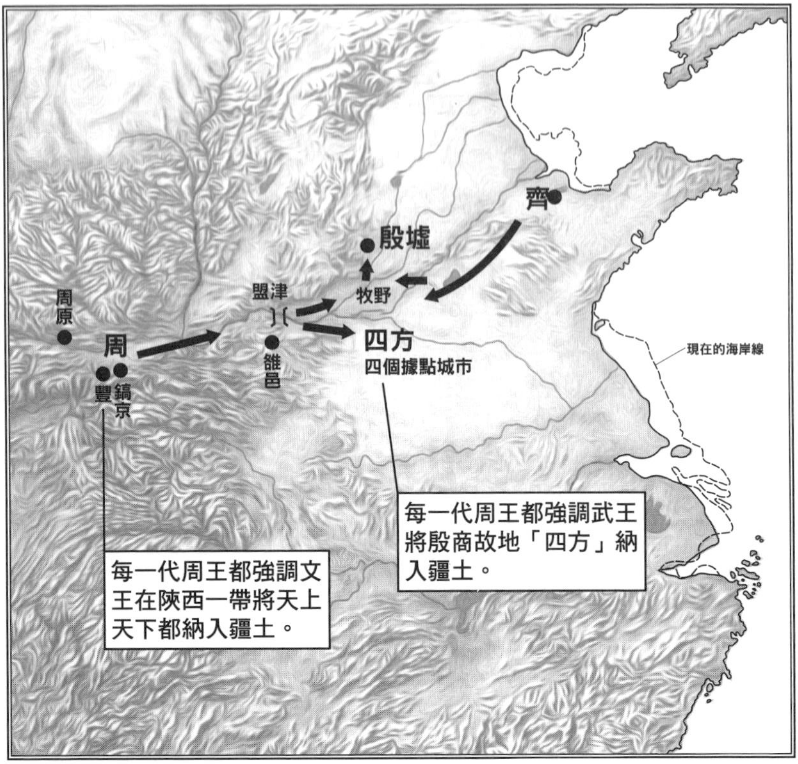

周消滅殷商　殷商擁有四個據點都市，合稱「四方」。周在消滅了殷商並繼承漢字後，代代強調擁有「四方」的統治權。在消滅殷商的時候，周獲得了齊的幫助，自東西兩側夾擊。周軍在雒邑北方的盟津北渡，於牧野擊潰殷商軍。

性的四個國家。在西周時代的青銅器銘文上，也經常提及這場消滅殷商時的「四方」征伐之戰。其他如「率褱不廷方」（讓不曾朝貢的方國〈諸侯國〉變得恭順）、「亦則殷民」（讓殷商的人民歸順）指的其實也是同一件事。

以下節錄的文章雖然有點長，但詞句保有古風，而且描述了周滅殷商的具體事實。文章的開頭是對其所述內容的簡單說明，接著才具體敘述來龍去脈。

維四月乙未日，武王成辟四方通殷命有國。維一月丙辰既生魄，若翼日丁巳，王乃步自于周征伐商王紂。越若來二月既死魄，越五日甲子，朝至接于商，則咸劉商王紂，執矢惡臣百人。

現代文：於武王十二年（西元前一〇二三年）四月乙未之日，武王將（殷商的）「四方」納入統治，通告聽從殷商命令的諸國。原本在武王九年一月丙辰既生魄（既生霸，參照九四頁圖）隔天的丁巳之日，武王自周出發征伐殷商紂王（但一度退回）。武王十一年（西元前一〇二四年）二月既死魄（既死霸，指月亮盈虧中的下弦月之後的狀態）之日（據推算應為庚申）五天後的甲子之日，抵達殷商的勢力範圍，消滅了紂王身邊的一百名惡臣。

太公望命禦方來。丁卯，望至告以馘俘。戊辰，王遂禦循追祀文王。時日王立政。呂他命伐越戲方。壬申，荒新至告以馘俘。侯來命伐靡集于陳。辛巳，至告以馘俘。甲申，百弇以虎賁誓命伐衛。告以馘俘。辛亥，薦俘殷王鼎。武王乃翼矢珪矢宪，告天宗上帝。王不革服格于廟，秉黃鉞語治庶國。籥人九終。王烈祖自太王、太伯、王季、虞公、文王、邑考，以列升維告殷罪。籥人造，王秉黃鉞正域伯。壬子，王服哀衣矢琰格廟。籥人造，王秉黃鉞正邦君。癸丑，薦殷俘王士百人。籥人造，王矢琰秉黃鉞執戈。王奏庸大享一終。王拜手稽首。王定奏庸大享三終。甲寅，謁戎殷于牧野。王佩赤白旂。籥人奏武王入進萬獻明明三終。乙卯，籥人奏崇禹生開三終王定。庚子，陳本命伐磨百韋命伐宣方新荒命伐蜀。乙巳，陳本新荒蜀磨至，告禽霍侯、艾侯，俘佚侯小臣四十有六，禽禦八百，有三百兩，告以馘俘。百韋至，告以禽宣方，禽禦三十兩，告以馘俘。百韋命伐厲，告以馘俘。武王狩。禽虎二十有二，貓二，麋五千二百三十五，犀十有二，氂七百二十有一，熊百五十有一，羆百一十有八，豕三百五十有二，貉十有八，麈十有六，麝五十，麋三十，鹿三千五百有八。武王遂征四方。凡憝國九十有九國，馘磿億有十萬七千七百七十有九，俘人三億萬有二百三十，凡服國六百五十有二。

現代文：太公望（參照四一四頁）在武王指示下抵禦殷商諸侯來犯。丁卯之日，太公望來到，以俘虜為祭品，舉行回報上天的祭祀儀式。戊辰之日，武王進行巡視後追祀文王。該日武王宣布命令。呂他（人名）受命討伐越戲方（殷商諸侯之一）。壬申之日，荒新（諸侯名）來到，以俘虜為祭品，舉行回報上天的祭祀儀式。諸侯受命前來，討伐不參戰者。辛巳之日，（諸侯）來到，以俘虜為祭品，舉行回報上天的祭祀儀式。甲申之日，諸將立誓決一死戰，討伐衛。以俘虜為祭品，舉行回報上天的祭祀儀式。辛亥之日，使用原本為殷商之王所有的鼎，以俘虜為祭品，舉行回報上天的祭祀儀式。武王恭謹地以珪玉及誠懇言詞，向天上宗主的上帝報告。武王沒有更衣，繼續待在廟裡，手持黃鉞（一種斧頭）以言詞祈禱平定疆域。籥人（官職名）進行九次儀式。使用列升之鼎向周朝烈祖太王、太伯、王季、虞公、文王、伯邑考獻上祭品，報告殷商罪狀。籥人走上前來，武王手持黃鉞，舉行「正域伯」的儀式。壬子之日，武王穿上哀衣（喪服）排好珪玉，進入廟內。籥人走上前來，武王手持黃鉞，舉行「正邦君」的儀式。癸丑之日，以俘虜來的一百名殷商王屬下為祭品。籥人走上前來，武王排好珪玉，手持黃鉞及戈。武王舉行一次敲鐘獻爵（一種青銅器）的儀式。武王深深鞠躬，掌心朝上，雙手舉過頭頂。武王接著又舉行三次敲鐘獻爵的儀式。甲寅之日，武王在牧野謁見討伐殷商的軍隊。武王披上紅色及白色旂旗。籥人奏樂，武王舉行三次獻舞及獻器的儀式。乙卯之日，籥人奏《崇禹》《生開》之樂三次，武王的儀式到此便告一段落。庚子之日，武王在軍陣中下令討伐磨、百韋（的軍隊），下令討伐宣方、新荒（的軍隊），下令討伐蜀（的軍隊）。乙巳之日，武王在軍陣中下令，讓新荒、蜀、磨（的軍隊）前來，舉行報告抵達的儀式，抓到霍侯、艾侯，擄獲佚侯國下臣四十六名及其部屬八百名。以俘虜為祭品，舉行回報上天的祭祀儀式，每次使用俘虜三百名，進行了兩次。百韋的軍隊抵達，舉行回報上天的祭祀儀式，擄獲宣方的部屬三十名，以俘虜為祭品，舉行回報上天的祭祀儀式，進行了兩次。下令百韋討伐，獻舞及獻祭品。武王舉行狩獵，禽虎二十二，貓二，麋五千二百三十五，犀十二，氂七百二十一，熊一百五十一，羆一百一十八，豕三百五十二，貉十八，麈十六，麝五十，麋三十，鹿三千五百零八。於是武王征服了（殷商）的四方，征服的國家有九十九國，當成祭品的俘虜有一億十萬七千七百七十九名，擒住的俘虜有三億一萬兩百三十名，歸順地區多達六百五十二國。

時四月既生魄，越六日，庚戌。武王朝至燎于周。維予沖子綏文。武王降自車，乃俾史佚繇書于天號武王乃廢于紂矢惡臣百人。伐右厥甲小子鼎，大師伐厥四十夫家君鼎，帥司徒、司馬初厥于郊號。武王乃夾于南門，用俘皆施佩衣衣先馘入。武王在祀，太師負商王紂懸首白旂，妻二首赤旂，乃以先馘，入燎于周廟。若翼日，辛亥，祀于位用籥于天位。越五日，乙卯，武王乃以庶國祀馘于周廟。翼予沖子，斷牛六，斷羊二。庶國乃竟告于周廟，曰：古朕聞文考脩商人典以斬紂身告于天子稷。用小牲羊犬豕于百神水土于誓社。曰，「維予沖子，綏文考至于沖子，用牛于天于稷五百有四，用小牲羊豕于百神水土社二千七百有一。商王紂于商郊。

現代文：（西元前一〇二四年）四月既生魄（既生霸）六日後的庚戌之日，武王清晨於周進行「燎祭」（祭典的一種）。「我沖子將安文。」（獻詞之語，「予沖子」為武王的自稱）武王下了車後，命令史佚（人名）舉文書向天大喊「武王懲罰了紂王身邊惡臣百人」。討伐右厥甲小子鼎的大軍，討伐四十夫家君鼎及率領司徒、司馬（官名）者，於郊外大聲呼號。武王在宗廟南門道路兩旁排上俘虜，讓他們穿上衣服，當成祭品，然後進入門內。武王舉行祭典，令太師祈禱必將殷商紂王的首級懸吊在白旂旗上，將兩個妻子首級懸吊在紅旂旗上，為此先在周廟以俘虜獻祭，並舉行燎祭。隔天為辛亥之日，祭祀「位」，將籥（音樂）用於「天位」。五天後的乙卯之日，武王為了舉行各種祭祀，命令各地周廟使用祭品。「我沖子將殺六牛二羊。」（獻詞之語）各地都在周廟舉行告祭，祝禱道：「從前我曾聽說文考（周文王）獲得了殷商的典籍。將在這裡斬殺紂王，以回報祖先之神后稷。」在祠社中使用羊、犬、豕等小牲祭祀百神及水土。祝禱道：「我沖子讓文考安心長眠，延續至於沖子。以牛五百零四頭獻給天及土地之神，以小牲之羊、豕兩千七百零一頭獻給祭祀百神及水土的祠社，將殷商的紂王獻於殷商郊外。」

時甲子夕，商王紂取天智玉琰五環身厚以自焚。凡厥有庶告焚玉四千。五日，武王乃俾千人求之，四千庶玉則銷，天智玉五在火中不銷。凡天智玉，武王則寶與同。凡武王俘商舊玉億有百萬。

現代文：〔武王在十一年〈西元前一〇二四年〉十二月戊午之日揮軍自盟津渡黃河，此為其後的西元前一〇二三年〕甲子之日的晚上，紂王取出天智玉琰五環，穿上很厚的衣服，點火自焚。根據當時的報告，共有四千塊玉遭到焚毀。到了第五日，武王命千人尋找這些玉，發現四千塊玉都焚毀了，只有天智五玉完好無缺。武王將這些天智玉當成了珍寶。武王俘虜殷商舊臣，沒收其玉，共得一億一百萬塊。

以上內容有些過於誇大，例如「馘磿億有十萬七千七百七十有九俘，人三億萬有二百三十，凡服國六百五十有二」，或是「玉億有百萬」，數字都大得驚人。

但若忽略這些誇飾的部分，只看基本的時間順序，會發現「甲子之日」出現了兩次。後世每一代都會提及周滅殷商的典故，而且總是會論及「甲子」這個日子。若閱讀《史記》內容，會發現作者似乎認為這單指特定的某一天。然而由上述文章可知，有兩個不同的日子都是「甲子之日」。如果把這兩個日子當成同一天，整個交戰期間就會大幅縮短，彷彿從「伐殷」到「克殷」是一氣呵成。

然而事實上，「甲子之日」有兩天，前者是武王十一年（西元前一〇二四年）三月的甲子之日，後者是銜接在武王十一年十二月戊午之日後面（等於是西元前一〇二三年）的甲子之日。前者的甲子之日，牧野之戰尚未開戰，而且該年四月，武王還在周的領地內。

只要仔細閱讀《史記》的〈周本紀〉，就可以掌握正確的時間順序。《史記》的〈周本紀〉中記載著「武王在十一年〈西元前一〇二四年〉十二月戊午之日揮軍自盟津渡黃河」，也就是說在這個時候，周武王的軍隊尚未攻入殷商的大本營。

《逸周書》之中還有另一篇名為〈克殷〉的文章，其內容與前面介紹的〈世俘〉互相呼應，可以對整場戰爭的來龍去脈有更具體的瞭解，因此節錄如下。

《逸周書．克殷》

周車三百五十乘，陳於牧野，帝辛從。武王使尚父與伯夫致師。王既誓，以虎賁戎車馳商師，商師大崩。商辛奔內，登于鹿臺之上，屏遮而自燔于火。武王乃手太白以麾諸侯，諸侯畢拜，遂揖之。商庶百姓咸俟於郊。群賓僉進曰：「上天降休。」再拜稽首。武王答拜，先入適王所，乃克射之，三發而後，下車，而擊之以輕呂，斬之以黃鉞。折懸諸太白。乃適二女之所，既縊。王又射之三發，乃右擊之以輕呂，斬之以玄鉞。懸諸小白，乃出場於厥軍。及期，百夫荷素質之旗於王前。叔振奏拜假。又陳常車，周公把大鉞，召公把小鉞，以夾王。泰顛、閎夭，皆執輕呂以奏王。王入即位於社，太卒之左。群臣畢從毛叔鄭奉明水，衛叔傅禮。召公奭贊采，師尚父牽牲。尹逸筴曰，殷末孫受德迷先成湯之明，侮滅神祇不祀，昏暴商邑百姓，其章顯聞於昊天上帝。武王再拜稽首乃出，立王子武庚，命管叔相。乃命召公釋箕子之囚，命畢公衛叔出百姓之囚。乃命南宮忽振鹿臺之財、巨橋之粟。乃命南宮百達史佚遷九鼎三巫。乃命閎夭封比干之墓。乃命宗祝崇賓饗禱之於軍，乃班。

現代文：周的戰車三百五十輛在牧野排成了陣勢，帝辛（紂王）也參與了這場戰爭。武王命尚父（太公望）及伯夫領軍出擊。武王立誓完畢，以驍勇的戰車（自盟津渡黃河後）攻向殷商軍隊，殷商大敗。商辛（帝辛）敗逃，登上鹿臺，架起屏風後引火自焚。武王手持太白之旗，向諸侯下達指示。諸侯拜服，聽命而行。殷商的庶民百姓皆到郊外迎接。眾賓客齊聚說道：「這是上天的恩賜。」並且再度稽首拜服。武王回拜後，先進入紂王的居所，以弓箭射向紂王的遺體，射了三箭，接著下了車，又以輕呂（劍名）擊之，並以黃鉞（斧名）斬之，將其首級懸吊在太白之旗上。武王接著又進入二女（據推測應是妲己與另一名寵妾）的居所，二女已上吊身亡。武王又射了三箭，以輕呂擊之，並以玄鉞斬之，將首級懸吊在小白之旗上後，分派軍隊至適當的位置。接著命令百夫扛著素質之旗來到武王前，叔振宣讀上奏之詞，群臣拜服。又排列常車（儀仗車），由周公手持大鉞（斧名），召公手持小鉞（斧名），站在武王兩側。泰顛、閎夭皆手持輕呂向武王上奏。王進入祠社，坐在太卒的左側。群臣皆順從，毛叔鄭奉上「明水」，衛叔輔佐儀禮。召公奭輔佐采事，尚父牽牲口。尹逸筴說：「殷商的末孫承受上天之德卻迷惘，擁有光耀的成湯神明卻侮滅神祇而不祭祀，昏暗的殷商百姓啊，將這昭然若揭的事實告知昊天上帝吧。」武王再拜稽首後離開，立王子武庚，命管叔為相，接著命令召公釋放遭囚的箕子，命令畢公、衛叔釋放遭囚的百姓，命令南宮將鹿臺的財寶及堆積如山的粟分給眾人，命令南宮、百達、史佚將九鼎三巫遷移至周，命令閎夭為王子比干建墓，命令宗祝於軍中以賓客之禮款待並祝禱，接著班師回宗周（鎬京）。

根據〈世俘〉的內容，武王曾在十一年（西元前一〇二四年）視察布陣於牧野的軍隊。其後周軍花了很多時間在鎮壓殷商的四方。這段期間裡，武王曾一度返回首都，〈克殷〉是從武王再度回到牧野的時候開始記錄。

殷商的軍隊在武王第二次親臨時大敗，紂王引火自焚。〈世俘〉中，武王令太師祈禱必將殷商紂王的首級懸吊在白旂旗上，將兩個妻子首級懸吊在紅旂旗上。〈克殷〉中，武王實現了這個心願。

《逸周書・世俘》中「紂王在甲子之夜引火自焚」的橋段，也出現在《史記・周本紀》中。但〈周本紀〉的敘述有著相當容易造成誤解的部分，那就是前述的「甲子之日」的問題。一般多會以〈周本紀〉為〈世俘〉的比較對象，因此節錄如下。

《史記・周本紀》中的克殷（商）記載

①二月甲子昧爽，武王朝至於商郊牧野，乃誓。武王左杖黃鉞，右秉白旄，以麾，曰，遠矣西土之人。武王曰，嗟，我有國冢君，司徒、司馬、司空，亞旅、師氏，千夫長、百夫長，及庸、蜀、羌、髳、微、纑、彭、濮人，稱爾戈，比爾干，立爾矛，予其誓。王曰，古人有言，牝雞無晨。牝雞之晨，惟家之索。今殷王紂維婦人言是用，自棄其先祖肆祀不答，昬棄其家國，遺其王父母弟不用，乃維四方之多罪逋逃是崇是長，是信是使，俾暴虐于百姓，以奸軌于商國。今予發維共行天之罰。今日之事，不過六步七步，乃止齊焉，夫子勉哉。不過於四伐五伐六伐七伐，乃止齊焉，勉哉夫子。尚桓桓，如虎如羆，如豺如離，于商郊，不禦克奔，以役西土，勉哉夫子。爾所不勉，其於爾身有戮。

現代文：二月甲子之日清晨，武王抵達殷商郊外的牧野，在此立誓。武王左杖黃鉞，右持白旄，發號施令，說道：「西土之人啊，我們來到了遙遠的土地。」武王又說：「啊啊，我們有神明塚君、司徒、司馬、司空，亞旅、師氏，千夫長、百夫長，以及庸、蜀、羌、髳、微、纑、彭、濮等軍相助。拿起你們的戈，排列你們的干（武器名），豎立你們的矛吧。我在這裡立誓。」武王又說：「古人說道『雌雞不晨啼。雌雞若晨啼，其家必沒落』，如今殷商紂王聽信婦人之言，棄祖宗代代相傳的祭祀儀式於不顧，摒棄其家與其領地，不用王之父母兄弟，卻對四方的犯罪逃亡者尊崇信任。這是暴虐百姓，讓殷商走上邪道的行徑。如今我要執行天之懲罰。今天的情況，就像是只走了六、七步，如果安於現況，就與先前沒什麼不同，大家要引以為惕。不過四伐、五伐、六伐、七伐，如果安於現況，就與先前沒什麼不同，大家要引以為惕。你們勇猛威武，有如虎羆，有如豺離（螭），倘若任憑殷商軍隊在殷商郊外奔走，必將獲罪於西土，大家要引以為惕。不警惕者，將有殺身之禍。」

②誓已，諸侯兵會者車四千乘，陳師牧野。

現代文：立誓完畢，諸侯會兵共四千車，布陣於牧野。

③帝紂聞武王來，亦發兵七十萬人距武王。武王使師尚父與百夫致師，以大卒馳帝紂師。

現代文：紂王得知武王來到，也發兵七十萬相抗。武王命令師尚父（太公望）及百夫統帥軍隊，將大部隊開拔至紂王軍隊前方。

④紂師雖眾，皆無戰之心，心欲武王亟入。紂師皆倒兵以戰，以開武王。武王馳之，紂兵皆崩畔紂。紂走，反入登于鹿臺之上，蒙衣其殊玉，自燔於火而死。武王持大白旗以麾諸侯，諸侯畢拜

武王，武王乃揖諸侯，諸侯畢從。武王至商國，商國百姓咸待於郊。於是武王使群臣告語商百姓曰，上天降休。商人皆再拜稽首，武王亦答拜。遂入，至紂死所。武王自射之，三發而後下車，以輕劍擊之，以黃鉞斬紂頭，懸大白之旗。已而至紂之嬖妾二女，二女皆經自殺。武王又射三發，擊以劍，斬以玄鉞，懸其頭小白之旗。武王已乃出復軍。

現代文：紂王軍隊雖多，卻無戰意，人人希望武王入城，紂王軍隊皆倒兵以迎武王。武王一到，紂兵潰不成軍，全都背叛了紂王。紂王逃回都城，登上鹿臺，穿上滿飾珠玉的衣物，引火自焚而死。武王持大白旗指揮諸侯，諸侯朝拜武王，武王召集諸侯，諸侯都順從。武王來到殷商的國境內，百姓都在郊外迎接。武王命令群臣告訴百姓：「這是上天的恩賜！」百姓再度拜服，武王也回拜。武王進入城內，來到紂王自殺的地方。武王自行射了三箭，下車以輕劍斬擊，又以玄鉞砍劈，將其首級掛在大白之旗上。接著來到兩名寵妾所在的地方，兩人都已自殺了，武王又射了三箭，以輕劍斬擊，又以玄鉞砍劈，將其首級掛在小白之旗上。接著武王才回到軍隊駐紮處。

上述①及②呼應〈世俘〉，③及④則呼應〈克殷〉。但是④的「武王馳之，紂兵皆崩畔紂」（武王一到，紂兵潰不成軍，全都背叛了紂王），若不仔細分析，會以為與①是同一時間。如此一來，就成了①④呼應〈克殷〉，②③呼應〈世俘〉。

主要的原因，就在於〈周本紀〉的此段記載只提到了一次「甲子」。

《史記》是以漢代的用字遣詞改寫而成，因此比較淺顯易懂。這當然是好事，但就如同上述，裡頭包含了一些若不仔細核對，有可能會搞錯意思的環節。因此我們應該先透過成書早於《史記》的《逸周書》〈世俘〉及〈克殷〉對整場戰役有一定的理解之後，才對照《史記・周本紀》中的記載。

史書的內容往往會受到後世影響而改變，這是個無可避免的問題。因此想要以史書重建歷史事件，必須相當謹慎。但就像這個例子一樣，如果不在讀〈周本紀〉前先讀《逸周書》，就算將〈周本紀〉讀得再謹慎也是會出錯。

值得一提的是，《史記》中使用了《逸周書》〈世俘〉及〈克殷〉皆不曾使用的詞彙，那就是將周的根據地稱為「西土」。然而這其實是周朝東遷（將根據地遷至中原）後的概念。漢代正是繼承了這樣的概念。在周的大軍剛從陝西出發前往消滅殷商的時期，就稱自己位於陝西的根據地為「西土」，實在有些古怪。

此外，《逸周書・世俘》的開頭有著「（武王九年）一月丙辰旁生魄（既生霸）」的句子。其後接著「王乃步自于周征伐商王紂（武王自周出發征伐殷商紂王〈但一度退回〉）」，現代文中的「但一度退回」為原文所無，是筆者額外的補充。關於這個部分，前述的《史記》內容雖然沒有提及，但有另一段略長的段落記載著：「九年，武王上祭于畢。東觀兵，至于盟津。為文王木主，載以車，中軍。（中略）乃還師歸。」在這個段落裡，明確點出了時間為「武王九年」。筆者在前述《逸周書・世俘》現代文中的額外補充，便是參考了這個段落。主要的證據，就在於「一月丙辰旁生魄」這句話。在「王乃步自于周征伐商王紂」之後，接的是武王十一年的紀錄，但是根據筆者推算的天象曆法，武王十一年根本不可能遇上「一月丙辰旁生魄」。筆者往回推算，必須要退到武王九年（西元前一〇二六年），才會遇上「一月丙辰旁生魄」，因此筆者在現代文中加了「（武王九年）」的註記。如此一來，印證了《逸周書・世俘》中「一月丙辰旁生魄」這個句子，其實呼應的是《史記》中「武王九年」的紀錄。關於筆者所知的天象曆法，由於與西周歷代君王的年代有關，將在下節詳細敘述。

就像這樣，《史記》中也存在著可補足《逸周書》不詳盡處的紀錄。由此可知，《史記》的作者並非只參考了《逸周書》而已。換句話說，《史記》依然能為我們提供相當珍貴的線索。然而光看《史記》的內容，往往很難判斷哪些是自古以來的傳承紀錄，哪些是作者自己的額外補充。因此我們需要利用《逸周書》這類更加古老（可由天象曆法及用字遣詞判斷）的典籍，與《史記》進行比對。

關於西周起源與滅亡的傳說

哪些是自古以來的傳承紀錄，哪些是後人的額外補充？在研究周的祖先傳說時，這個問題同樣是一大困擾。

周的祖先傳說

《史記》的〈周本紀〉一開頭就記載了周的祖先傳承。一般人接觸這段文章的機會較多，因此筆者優先加以介紹。

根據記載，殷商的祖先與鳥蛋有關，周的祖先則與巨人有關。以下便是《史記．周本紀》的開頭部分。

周后稷，名棄。其母有邰氏女，曰姜原。姜原為帝嚳元妃。姜原出野，見巨人跡，心忻然說，欲踐之，踐之而身動如孕者。居期而生子，以為不祥，棄之隘巷，馬牛過者皆辟不踐；徙置之林中，適會山林多人，遷之；而棄渠中冰上，飛鳥以其翼覆薦之。姜原以為神，遂收養長之。初欲棄之，因名曰棄。

棄為兒時，屹如巨人之志。其游戲，好種樹麻、菽，麻、菽美。及為成人，遂好耕農，相地之宜，宜穀者稼穡焉，民皆法則之。帝堯聞之，舉棄為農師，天下得其利，有功。帝舜曰：「棄，黎民始饑，爾后稷播時百穀。」封棄於邰，號曰后稷，別姓姬氏。

現代文：周的后稷名叫棄，母親是有邰氏的女兒，名叫姜原。姜原是帝嚳的元妃。姜原到了野外，看見巨人的足跡，一時興起，在上頭踩了一腳。沒想到一踩之後，竟然就懷孕了。一年之後，孩子出生了，姜原認為不吉利，將孩子丟棄在街道上。路過的馬、牛都避開了孩子，不去踐踏他。姜原將孩子丟在樹林裡，剛好樹林裡有很多人，於是姜原將孩子改丟在運河的冰面上。結果竟然有鳥飛了過來，以翅膀為孩子暖身。姜原認為這孩子帶有神性，於是將孩子撿回來扶養。因為剛開始想把孩子丟棄，所以孩子名叫「棄」。

棄從小就有巨人般的志向，遊玩的時候喜歡種植麻、菽（豆類），而且種出來的麻、菽都很漂亮。長大之後，棄對耕種有興趣，他能找出適合播種的地點，在上頭耕種，百姓都倣效他。堯得知這件事，將棄任命為農師，天下人都蒙受其利，功勞很大。舜說：「百姓飢餓的時候，幸好有后稷播種百穀。」於是將邰這個地方封給棄，讓他以后稷為號，別姓姬氏。

在這段文章的最後，記載著「別姓姬氏」這句話。根據研究，直到戰國時代之後，百姓才全都擁有「氏」。在春秋時代，則只有地區首長才擁有「姓」。但由於都市人口遷移頻繁，加上使用漢字的人口增加，到了春秋時代中期之後，才逐漸出現「氏」的制度。周代還沒有「氏」的觀念，由此可知這部分是後人添加的內容。此外，夏朝以前的帝王傳說都出現於戰國時代之後，因此這些帝王事蹟也不是自古以來的傳承。

在此先稍微說明一下「姓」跟「氏」的差別。在漢字尚未完全普及的時代，城市國家的首長都是「侯」，而諸侯各自擁有自己的「姓」。只要是同「姓」的諸侯，就會被當成同族。例如周的同族諸侯都是「姬姓」。其實不見得真的同族，只是擁有相同的「姓」而已。

鐵器的普及，為春秋戰國時代的社會結構帶來了空前的變化。農地與都市快速增加，都市之間的人口移動變得頻繁，因此形成了與傳統人際關係截然不同的新秩序。每個都市內都聚集了來自四面八方的外地人，這些外地人會依其出身地而以不同的「氏」自居，這樣的潮流影響了原本的居民，最後演變成每個人都有「氏」的狀況。

然而原文的說法是「別姓姬氏」，這顯然是已經將「姓」與「氏」混為一談的觀念。這樣的觀念發生在周朝諸侯滅亡之後，據推測應該是在漢代。

若刪去這些後代添加的部分，剩下的只有周朝祖先受精於巨人、帶有與生俱來的神性、掌管農業等等。這些可能就是自古流傳下來的傳承故事。

姜原踏了巨人的足跡，因而生出后稷。后稷的出生，原本被認為是不祥的徵兆。關於不祥徵兆的故事，還牽涉到西周的滅亡。由於這段故事相當膾炙人口，本書在此稍作介紹。

褒姒的傳說

西元前七八一年，西周的幽王即位。幽王寵幸褒姒，生下伯服。幽王打算廢太子而立伯服，因此惹出了紛爭。關於引發紛爭的始作俑者褒姒，卻有著一些傳說。以下節錄《史記・周本紀》的內容。

昔自夏后氏之衰也，有二神龍止於夏帝庭而言曰，余，褒之二君。夏帝卜殺之與去之與止之，莫吉。卜請其漦而藏之，乃吉。於是布幣而策告之，龍亡而漦在，櫝而去之。夏亡，傳此器殷。殷亡，又傳此器周。比三代，莫敢發之，至厲王之末，發而觀之。漦流于庭，不可除。厲王使婦人裸而譟之。漦化為玄黿，以入王後宮。後宮之童妾既齔而遭之，既笄而孕，無夫而生子，懼而棄之。宣王之時童女謠曰，檿弧箕箙，實亡周國。於是宣王聞之，有夫婦賣是器者，宣王使執而戮之。逃於道，而見鄉者後宮童妾所棄妖子出於路者，聞其夜啼，哀而收之，夫婦遂亡，奔於褒。褒人有罪，請入童妾所棄女子者於王以贖罪。棄女子出於褒，是為褒姒。當幽王三年，王之後宮見而愛之，生子伯服。

現代文：從前夏后氏（夏朝君王一族）逐漸衰敗之時，有兩尾神龍停留在夏帝的庭院內，說道：「我倆是褒之二君。」夏帝不知該將這兩尾神龍殺死、趕走還是留下，占卜之後都不吉利，接著又占卜是否該收藏其唾液，才出現吉利的徵兆。於是夏帝準備好幣帛，以策書告知神龍，神龍聽了之後便離開了，只留下其唾液。夏帝命人將唾液放入盒中封存。夏滅亡後，盒子由殷商繼承；殷商滅亡後，盒子又由周繼承。歷經夏、殷商、周這三代，這盒子都沒有被打開。但是到了周厲王的末年，厲王將盒子打開觀看，沒想到唾液竟然流進庭院裡，沒有辦法將之除去。厲王命令婦人脫光衣服喊叫，唾液變成了壁虎，鑽進後宮之內。後宮有名童妾才剛滿七歲，看見了這隻壁虎，竟然轉變為適婚的女人，而且懷孕了。由於是在沒有丈夫的情況下生子，厲王很害怕，將孩子丟棄了。到了宣王的時候，街上的女童唱著這樣的歌謠：「桑木的弓與箕草的弓袋，將使周滅亡。」宣王派人探聽，確實有一對夫妻賣這兩樣東西，宣王下令將這對夫妻抓來殺了，夫妻匆忙逃走，路上剛好看見後宮童妾所丟棄的孩子。那孩子在夜晚的路上哭泣，夫妻覺得她可憐，就將孩子收養了。夫妻帶著孩子逃到了褒國，後來褒國的人得罪了王，於是將這女孩上獻給王。由於這女孩是「姒」姓的褒國人，因此被稱為「褒姒」。到了幽王三年，幽王在後宮看見這女孩，對她相當寵幸，她為幽王生了孩子伯服。

由本文可知，同樣是棄子，后稷成為周朝始祖，褒姒卻成為滅周妖婦。

與此同為美女禍國的傳說，還有殷商的紂王（帝辛）寵幸妲己的故事。《尚書・牧誓》篇中，以「惟婦言是用」指責紂王。《左傳》之中，也有一段晉國叔向欲娶美女而遭勸阻的故事（昭公二十八年）。據說這名美女曾害死三位丈夫、一位國君及一個孩子。雖然以時代區分男女關係並無意義，但男女關係能牽扯到亡國，前提當然是君王的權力夠強大。一般來說，戰國時代比較可能出現這樣的情況。

這意味著褒姒的傳說可能也不算太古老。提到新的傳說，筆者還想談一談關於這個故事裡登場的兩尾神龍。其實龍的傳說，還牽涉到了漢朝的始祖，也就是漢高祖劉邦。在《史記》之中，另外還記載了一名叫劉累的人物與龍之間的關係。而這個劉累，正是劉邦的母親劉媼的祖先（參照二〇八頁）。

上述褒姒典故原文中提到的「漦」，指的是龍的唾液。夏帝將龍的唾液收進盒子裡，蓋上蓋子，傳於後世。到了周朝的厲王時，厲王打開盒蓋，因而出現了異變。這樣的故事出現在漢代典籍裡，暗示著該時代的人認為這個盒子該繼續傳到漢，而不該在周的時代就被打開。只有開創漢朝的劉邦有資格與龍攀上關係，周厲王硬將盒子打開，因此造成了周的衰敗。

周公與共和

理想化的人物與制度

綜觀整個歷史，就算是不同社會結構下的不同朝代，後人也可以將其理想化後善加利用。例如延續至戰國時代的周，在戰國時代的諸國眼中可以是應繼承的權威，也可以是應打倒的權威。

打倒權威的理由很簡單，只要聲稱該權威造成世道敗壞即可。但是要當成應繼承的權威，就得為其權威提出證明。為了達到這個目的而被理想化的人物或制度，出現在周的創始期及中期。這樣的分配，當然是為了說明步向衰亡的周為何一度中興，最後還是一蹶不振。

戰國時代的每個國家都依其不同的目的，為周塑造出不同的形象。有些國家推崇初期，有些國家推崇中興之後。

戰國時代的知識分子特別重視的是周公旦的攝政時期，以及共和體制的攝政時期。當整個社會的基礎結構由「大國統率小國」轉變為「領土國家的中央治理地方」之後，為政者開始建立起「位居頂點的君王並非只靠血緣關係而即位」的觀念。由於大多數戰國時代的君王在春秋時代依然是他國之臣，因此為政者需要一套革命性的理論。所謂的「攝政」，原本指的是某個集團首長基於王族血脈勢力的授命，在君王身邊輔佐君王及其王族勢力。但是在革命性理論之下，攝政者肩負起了評斷新即位的君王是否具有品德的職責。換句話說，新君王之所以即位，是因為擁有崇高品德，與血緣無關。

同樣的情況也發生在漢代。由於漢高祖劉邦是庶民出身，因此更是需要利用這一套攝政理論。根據《史記・周本紀》的記載，周武王去世時，由於成王年幼，因此周公旦開始攝政，並且鎮壓了一場捲入殷商殘餘勢力的叛亂。成王長大後，周公將政權歸還成王。在成王年幼之時，周公旦與召公奭同為成王的輔佐。

其後傳到了周厲王的時代，由於厲王殘虐不仁，群臣流放厲王，以其子為太子，並由召公（召公奭的子孫）及周公（周公旦的子孫）擔任輔佐。《史記・周本紀》中記載，由於是召公與周公共同執政，因此以「共和」為號。

以上就是漢代的解釋。就如同筆者之前的描述，這些內容包含許多並非現實的加油添醋，然而最大的問題還不在此。

事實上，關於「共和」的意義，《史記》中的解釋與戰國時代史書截然不同。根據戰國時代魏國的編年體史書《竹書紀年》的記載，「共和」一詞源自人名「共伯和」，這個人才是厲王遭流放後掌理政權的人物。

在西周時代的青銅器銘文，也就是「金文」之中，同樣能找到這個人的名字。共伯和在金文中稱為「子龢父」（龢＝和）。換句話說，《史記》的解釋為訛誤，《竹書紀年》的解釋才是正確的。

戰國時代的紀錄雖然瑣碎，但從某些制度的利用情況可以看出，周宣王的時代特別受到推崇。若刪去這些理想化的部分，就會剩下「曾有個名叫共伯和的人」這個事實。

經由金文的研究，我們發現共伯和掌權的年代只有「元年」而已。不久之後，周朝重新開始使用遭流放的厲王紀年。或許在這段時期之間，宣王逐漸長大，而厲王處於退隱狀態，只有紀年恢復了原制。

周武王過世後，周公旦成為攝政，是因為受了周朝統治者一族的請託。共伯和擔任攝政，則是因為周厲王遭流放。但是這兩人成為攝政的原因，都被後人解釋成為了養育年幼之王及判斷其品德。

後世推崇的攝政時期象徵字「成」與「宣」

戰國時代諸國君王證明其正統性的「典範」，便成立於這個解釋之中。這樣的結果，想必就連周人也始料未及。

然而因為這個「典範」，周公旦成了聖人，共伯和的時代也為後人稱道。重要的並非這是否符合現實，而是其在戰國時代理論觀念中所占的重要性。

戰國時代首先稱王的國家是魏，做法正是模倣了成王在周公旦的輔佐下即位。現代人取名經常會取與偉人有關的名字，戰國時代當然也一樣。在戰國時代知識分子眼中，消滅殷商的周武王、奠定基礎的武王之父周文王、讓周維持安定的周公旦、以及受周公養育長大的成王，都具有特別意義。例如以魏來說，為了仿照文王、武王、成王、周公的模式，因此有了魏文侯、魏武侯、惠成王（魏惠王）的稱呼。

文侯、武侯的稱呼只是單純模仿周的始祖文王、武王的稱呼而已。但是後來的魏侯在以侯的身分即位後，便開始刻意模仿上述文王、武王、成王的「典範」了。當時的周王及諸侯都有許多王號，例如既是惠侯又是成侯，就合稱為惠成侯。只要挑出數個王號中的「成」字，再套上「受養育後成為王」的「典範」，就可以讓一個以侯的身分即位的人物搖身一變成為「王」，那就是惠成王（既是惠王又是成王）。

仿照這個「典範」的用意，就在於強調「成王」繼承了「文王」及「武王」的權威。如此一來，魏的惠成王也可以順理成章地繼承周的權威。

繼魏之後稱王的國家是齊。桓武厲公（既是桓公又是武公又是厲公）之後繼位的是威宣王（既是威王又是宣王），同樣類似周厲王之後由周宣王繼位的情況。

最完美的「典範」已被魏用掉了，齊只好勉強用次等的「典範」與魏互別苗頭。先抬高春秋時代霸主齊桓公的地位，接著將戰國時代的桓公（桓武厲公）形容成霸主再世，其子以侯（公）的身分即位後，便以「宣王」自稱，這就是齊所採用的模式。

繼魏、齊之後，諸國第一代稱王者也多使用「成」或「宣」為王號。除此之外，也有一些王模仿「文王」或「武王」，使用「文」或「武」字。

戰國時代的諸國基於上述理由，紛紛擅自用起了周的王名。其結果導致周的史實變得曖昧不清之後，產生了「周公旦的子孫周公與召公奭的子孫召公共為攝政，故號共和」這種說法。《史記》中的記載即是由此而來。

明明不是史實，卻堂而皇之地成了中國歷史的重要基礎常識。近代的翻譯用語「共和國」也是由此而來。在這個語詞之中，隱含著代代知識分子對周這個朝代所懷抱的理想。

從金文看西周時代

西周時代的真正歷史，不同於戰國時代至漢代建立的「典範」，是無庸置疑的事情。

西周金文的月相

要揭開這些不為人知的歷史，就得仰賴珍貴的線索來源「金文」（青銅器銘文）。只要利用金文中的特殊紀錄模式，就可以確認西周每一代君王的年代。曆法會隨著時代的進展而從簡陋逐漸變得精確。具體上而言，西周時代的曆法已算相當精確，但跟後來的曆法相比，當然還是算簡陋。

二十四節氣是季節變遷的重要指標，這是眾所皆知的事情。冬至、立春之類的語詞，現代人也經常提及。倘若月亮的十二次圓缺循環剛好等於太陽曆的一年，則一年為十二個月當然沒有任何問題，但事實上並沒有那麼單純。十二次月亮的圓缺循環，跟太陽曆比起來還少了大約十一天。正因如此，陰曆（以月亮圓缺輪迴為基準的曆法）一月一日等於太陽曆的幾月幾日，每年都不一樣。

由於每年都不一樣，我們不能以陰曆的每年幾月幾日來規定代表季節遷移的二十四節氣。然而從冬至開始的二十四節氣，將太陽曆的一年分成了二十四等分。因此只要知道節氣，就算不知道陰曆是幾月幾日，還是能夠以每年相同的基準得知季節變化。

這套二十四節氣的制度，開始於戰國時代。

在這之前的時代，使用的是「近似」二十四節氣的制度。由於只是近似，一旦出現估算季節更加精確的二十四節氣制度之後，舊的制度當然就退出了歷史舞臺。

這套舊的制度，是將月亮的一次圓缺定義為一個月，然後將一個月分成四等分，每一等分約七～八天。只要計算這七～八天的區塊有幾個，就可以推估出季節的變遷。早在新石器時代，古人已能推算出冬至，也就是太陽出現在正南方最低點的日子。以冬至為起點，計算將一個月分成七～八天的區塊數量（例如幾個月又幾個區塊），就可以知道季節。

這些將一個月分成七～八天的區塊，總共有四種稱呼，分別意味著月亮的各種狀態。從朔到第一個半月是「初吉」，接著是「既生霸」，接著是「既望」，最後是「既死霸」。這些合稱為「月相」。

關於西周時代的「月相」，有學者抱持不同於上述的理論。但其他理論無法解釋月相存在的理由，也無法解釋為何二十四節氣出現後月相制度就消失了（筆者指的是現在無法解釋，未來能不能發展出解釋就不得而知了）。

此外，在西周之前的殷商末期帝乙、帝辛的時代，遺留了許多祭祀紀錄，對於復原該時代曆法有相當大的助益。若網羅這些祭祀紀錄並依實際曆法排列，接著再網羅西周時代月相紀錄並依實際曆法排列，前者與後者當然必須能夠完美銜接才行。那些與本書所述理論不同的其他理論，沒有辦法做到這樣的相互銜接（未來能不能做到，不得而知），也沒有辦法將殷商末期的紀錄依曆法排列（這部分也是，未來能不能做到不得而知）。基於這些理由，以下在針對月相進行論述時，將不包

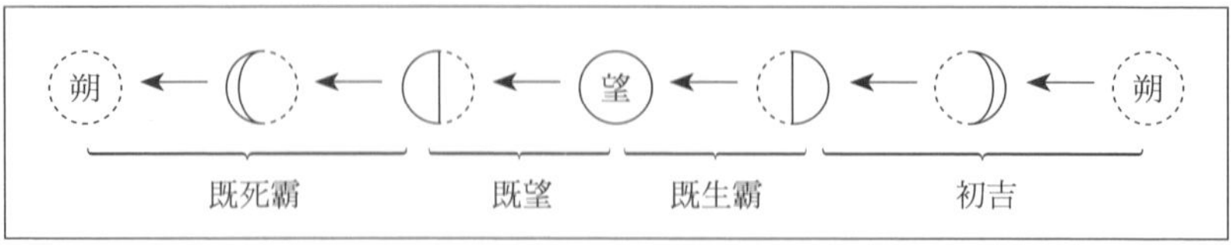

將月亮圓缺分成四等分　月亮的十二次圓缺循環大約相當於一年（從冬至到冬至），但正確來說還少了約十一天。這個差距讓月亮的圓缺循環會跟季節的變遷產生誤差。周朝的做法是將一個月分成四等分，以每一等分的七～八天為一區塊，只要計算月數及區塊數就可以得知季節變遷。從朔（初一）到下一個朔，分成初吉、既生霸、既望及既死霸。這個制度的主要目的在於掌握季節，因此等到更加精確的二十四節氣出現後，就從歷史舞臺上消失了。但朔、望（滿月）等語指的是特定日子（定點），因此後代還是持續使用。

含那些其他理論。

周王的在位年分

月相制度之中，有些語詞指的是滿月、弦月之類特定月亮形狀（定點），但「初吉」「既生霸」「既望」及「既死霸」並非定點，只是各代表一個月的四分之一而已。因此「初吉」「既生霸」「既望」及「既死霸」等月相（將一個月分成四等分）與望（滿月）、朔（新月）等定點（專指特定月亮形狀）各發揮了不同的功用。

筆者想再強調一次，「初吉」「既生霸」「既望」及「既死霸」這些詞的主要用意並非描述月亮形狀，而是將一個月分成四等分以推算季節。相較之下，望（滿月）、朏（弦月）、朔（新月）等代表定點的語詞，是以描述月亮形狀為主要用意。

因為這個緣故，當推算季節更加精確的「二十四節氣」問世後，「初吉」「既生霸」「既望」及「既死霸」就消失了，但功用不同的望（滿月）、朏（弦月）、朔（新月）等代表定點的語詞依然為後人所使用。

如同筆者之前的說明，月亮的圓缺週期與太陽曆一年的相對關係每年都不一樣。只要利用這一點，正確排列周王的在位年分、月相及日干支，就可以重建西周曆法，正確推算出西周時代的諸王在位年分為西元前幾年。

相對關係每年都不同，而且要同時顧及在位年分、月相及日干支，條件可說是相當嚴苛，半點也不能馬虎。實際嘗試過就會發現，如果抱著隨便的心態，馬上就會亂成一團。

幸好筆者利用目前可知的所有文獻資料，成功推算出了西周時代諸王的在位年分。目前只有筆者所算出的結果，能套用在所有可知的文獻資料上。

近來考古學不斷有重大進展，周朝君王等級的墳墓也一一出土。自筆者發表這套推算以來，這十年間筆者不斷吸收新發現，讓這套推算精益求精。在學界分析新發現的過程中，筆者的推算是將成為定論，還是會遭到小部分修改，甚至是遭到大刀闊斧的修正，有待時間的考驗。

經過筆者的推算之後，西周諸王及東遷後的攜王、平王的西元前在位年分表列如下：

文王（西元前一〇五八—西元前一〇三四年）
武王（西元前一〇三四—西元前一〇二二年）
周公（西元前一〇二二—西元前一〇一〇年）
成王（西元前一〇〇九—西元前一〇〇二年）
康王（西元前一〇〇二—西元前九九三年）
昭王（西元前九九三—西元前九八五年）
穆王（西元前九八五—西元前九四〇年）

共王（西元前九四〇—西元前九〇三年）
懿王（西元前九〇三—西元前八七六年）
孝王（西元前八七六—西元前八六三年）
夷王（西元前八六三—西元前八五四年）
厲王（西元前八五四—西元前八二七年）
共伯和元年（西元前八四一年）
宣王（西元前八二六—西元前七八一年）
幽王（西元前七八一—西元前七七二年）
攜王（西元前七七二—西元前七五九年）
平王（西元前七七〇—西元前七二〇年）

這個推算表可符合後述（二二六頁）《逸周書・小開》中文王三十五年正月丙子的滿月記載。《逸周書》中，〈世俘〉、〈克殷〉所記載的曆法日期，也可以推算為西元前一〇二六年、西元前一〇二四年及西元前一〇二三年。

此外，在西周之前的殷商末期帝乙、帝辛的時代，遺留了許多對復原曆法有所幫助的祭祀紀錄。筆者不僅成功網羅所有殷商末期的文獻紀錄，將其排列在現實曆法上，而且與上述列表也成功銜接。關於這個部分，將於本書二二三頁深入說明。

前文已提過周幽王之后褒姒被形容為導致西周敗亡的妖婦。關於這個女人，除了前述的傳說之外，《史記・周本紀》內還有這麼一段記載。

西周的滅亡

> 幽王二年，西周三川皆震。伯陽甫曰：「周將亡矣。（略）」是歲也，三川竭，岐山崩。三年，幽王嬖愛褒姒。褒姒生子伯服，幽王欲廢太子。（略）以伯服為太子。（略）褒姒不好笑（略）幽王為烽燧大鼓，有寇至則舉烽火。諸侯悉至，至而無寇，褒姒乃大笑。幽王說之，為數舉烽火。其後不信，諸侯益亦不至。（略）又廢申后，去太子也。申侯怒，與繒、西夷犬戎攻幽王。幽王舉烽火徵兵，兵莫至。遂殺幽王驪山下，虜褒姒，盡取周賂而去。於是諸侯乃即申侯而共立故幽王太子宜臼，是為平王，以奉周祀。平王立，東遷于雒邑，辟戎寇。

現代文：周幽王二年，周所支配的地區發生大地震，伯陽甫說：「周要滅亡了。」這一年，三條大河乾涸，岐山崩塌。

幽王三年時，幽王寵愛褒姒，褒姒生了兒子伯服，幽王於是想要廢掉原本的太子。在大家都說周將滅亡的局勢下，幽王終於廢了原本的太子，改立伯服為太子。

褒姒這個人很少笑，有次周誤舉烽火，諸侯都趕到了卻發現什麼事也沒有，褒姒哈哈大笑。幽王很高興，為了褒姒數次點燃烽火，終於失去了諸侯的信任。

由於幽王廢了申后及原本的太子，申侯非常生氣，聯合繒侯及西方異族犬戎攻打幽王。幽王數次點燃烽火，卻沒有諸侯趕來幫忙。最後幽王在驪山被殺死，褒姒遭俘虜，叛軍把周的財物都取走了。於是諸侯跟著申侯擁立原本的太子宜臼，以延續周的宗祀，這就是平王。平王即位後，周為了躲避戎寇的侵擾而東遷至成周（雒邑，即洛陽）。

雖然故事這麼描述，但諸侯實在不太可能單純到受這種無聊把戲欺騙，甚至是為此動怒。顯然這段故事的出現只是為了詆毀周朝。

要知道實際真相，可參考另一古籍，那就是前面提過的《竹書紀年》。這本編年體史書上的紀錄，與金文上記載的周王在位年分、月相、日干支等曆法紀錄完全吻合，就連日蝕的紀錄也毫無誤差。可見得這是一本相當值得信賴的文獻資料。

《竹書紀年》中與褒姒有關的段落，包含以褒姒為后的幽王遭殺害，以及平王於洛陽即位的來龍去脈等等，可以彙整成以下的內容。

周幽王遭到殺害，褒姒的兒子伯服（伯盤）也遭到殺害。攜王於西元前七七二年即位，反對攜王的諸侯擁立王子宜臼（平王），移往東方避難，於西元前七七〇年讓王子即位，是為平王。於是周形成了西有攜王、東有平王的二王並立局面。

《史記》中記載的是「東遷于雒邑」，也就是將首都遷移到東邊的雒邑（洛陽），然而事實上卻是首都鎬京的攜王與雒邑的平王形成了東西對立的狀況。

攜王的紀年以西元前七七二年為元年，平王的紀年則以西元前七七〇年為元年。在金文的日期紀錄之中，可以看到這兩種紀年。只要加以利用，就能更加具體地瞭解這個分裂時期的歷史演變。

以東遷為名的分裂時期歷史發展

在名為「兮甲盤」的青銅器上，記載的日期是「隹五年三月既死霸庚申」，依推算為西元前七六六年的平王五年。

此段銘文記載的是平王勢力為了對抗西邊的攜王勢力，需要大量物資，於是派人到淮夷一帶徵調，並要求諸侯提供協助。

隹五年三月既死霸庚寅，王初各伐玁狁于，兮甲從王，折首執訊，休亡敃，王易兮甲馬四匹、駒車。王令甲政司成周四方積，至于南淮夷。淮夷舊我帛畮人，毋敢不出其帛、其積。其進人其賈毋敢不即次即市。敢不用命，則即刑撲伐。其隹我諸侯百姓厥賈毋不即市，毋敢或入蠻宄賈，則亦刑。兮伯吉父作盤，其眉壽萬年無疆，子子孫孫永寶用。

現代文：平王五年三月既死霸庚寅之日，王首先於啚盧討伐玁狁，兮甲亦遵從王命。獵獲敵人首級及擒獲俘虜等上天賜予之物極多。王賜給兮甲四匹馬及駒車。王命令兮甲自成周四方蒐集納貢之物，遠及南淮夷。王之政詞如下。「淮夷本是向周納貢的地區。立即納貢並派出人力、交出實物，遵從軍隊及王的命令。若不遵從者將受刑罰。我的諸侯及百姓啊，納貢並遵從軍隊指示吧。絕對不能

兮甲盤

向蠻夷納貢，否則將受刑罰。」兮伯吉父（兮甲）為了將此功勞傳於後世而製作此盤。其眉毛的靈力永無止境。子子孫孫永遠以此為寶。

另外尚有一件青銅器「虢季氏子組盤」，使用的是這個時期與東邊平王敵對的西邊攜王的紀年，其銘文如下。

隹十又一年正月初吉乙亥，虢季子組乍寶盤。子子孫孫萬年無疆。

現代文：攜王十一年正月初吉乙亥之日（西元前七六二年二月七日癸酉朔月第三日），虢季氏的子組製作此盤。子子孫孫永遠以此為寶。

內容相當簡單，只是說明了誰製作此青銅器而已。但是若將此銘文與另一件青銅器的銘文放在一起看，將發現有趣的事實。該青銅器名叫「虢季子白盤」，其銘文如下。

隹十又二年正月初吉丁亥，虢季子白乍寶盤。不顯子白，壯武于戎工，經維四方，博伐玁狁，於洛之陽，折首五百，執訊五十，是以先行。超超子白，獻馘于王。王孔加子白義。王各周廟，宣榭爰卿。王曰：「白父，孔顯又光。」王賜乘馬，是用左王。賜用弓，彤矢其央。賜用戉，用政蠻方。子子孫孫，萬年無疆。

現代文：平王十二年正月初吉丁亥之日（西元前七五九年二月三日乙酉朔月第三日），虢季子白製作此寶盤。顯赫的子白，在戰爭中驍勇善戰，平定四方，討伐玁狁（原指蠻族，此處指攜王勢力）。於洛水以北斬殺敵人首級五百，擒獲俘虜五十，先以此回報戰功。威武的子白割下敵人的

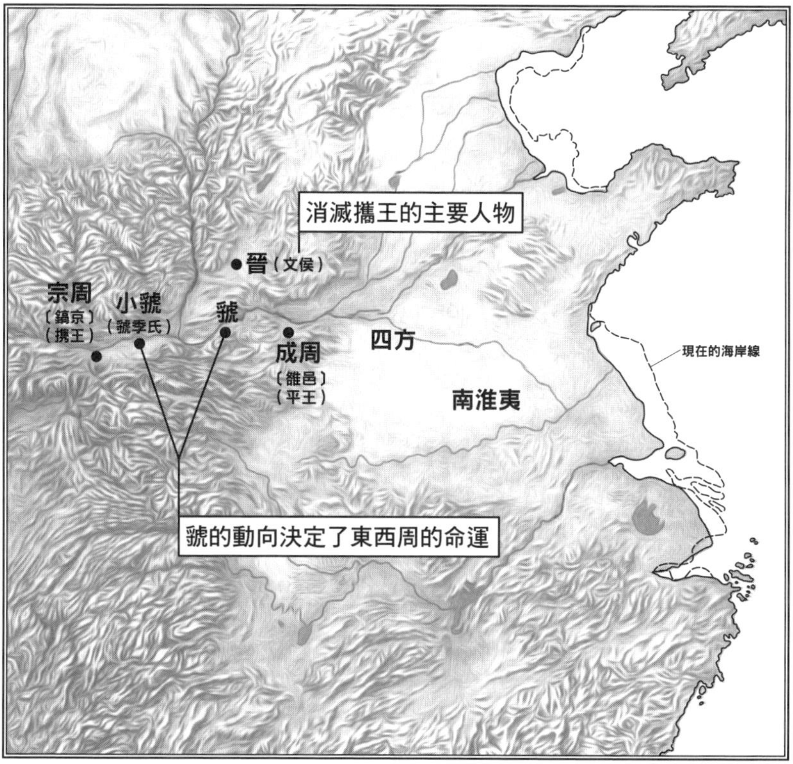

周的分裂——「東遷」的歷史演變　西元前七七二年，攜王於首都鎬京即位，反對攜王的諸侯在西元前七七〇年於副都雒邑擁立平王。雙方對峙之下，虢族成了決定成王敗寇的關鍵角色。虢族中的虢季氏原本擁護攜王，但後來倒戈協助平王，令平王處於壓倒性優勢，終於消滅了攜王。在兮甲盤中，記載著平王為了對抗攜王，下令徵調戰爭物資。成周（雒邑）的「四方」之外有著南淮夷。這個「四方」便是自殷商時代便存在的「四方」（由四個都市組成的地區）。

手，作為證據獻給王，王賞賜了子白。王來到周廟，在宣榭大宴群臣。王說：「白父啊，你戰功顯赫。」王賜乘馬，命子白以此助王。王賜了弓、箭及旗幟。王又賜了斧，命子白以此平定蠻方。子子孫孫，萬年無疆。

以攜王十一年（西元前七六二年）記錄銘文的虢季氏子組，及以平王十二年（西元前七五九年）

記錄銘文的虢季（氏）子白，都是虢季族的人。根據文獻記載，虢族包含宗家及旁支。在文獻上，旁支被稱為「小虢」。虢季氏子組盤及虢季子白盤上的「虢季」一詞，指的就是文獻中所說的「小虢」。

如一〇一圖所示，虢族的宗家及旁支剛好位於西邊的宗周（鎬京）與東邊的成周（雒邑）之間，發揮了牽制的功效。

根據《竹書紀年》的記載，擁戴平王的是申侯、魯侯及許文公，擁戴攜王的則是虢公翰。西元前七六二年的虢季氏子組盤上記錄的是攜王的紀年，正是這個緣故。但是到了西元前七五九年，虢季子白盤上使用的是平王的「十二年」，這意味著虢季族已背叛了攜王。

就在這平王十二年（西元前七五九年），東周平王消滅了西周攜王。從一〇一頁地圖可以看得出來，一旦虢陣前倒戈，西周可說是只能束手待斃。攜王是因為有虢這個後盾，才能夠安心稱王。少了虢的擁護之後，註定將步上毀滅一途。

後人必須將兮甲盤、虢季氏子組盤及虢季子白盤依上述順序排列，並且明白平王與攜王之間的關係，才能夠看清這個史實。

如果只看《史記》，永遠無法明白周朝東西分裂的具體詳情。而且過去上述青銅器排列順序有誤，被歸入了其他年代，導致一直以來沒有人發現其中的關聯性。

以上所論述的西周形象，與《史記》中的描述截然不同。同樣的謬誤，當然也發生在遭西周消滅的殷商上。

除此之外，在《史記》之中，還有著如今依然成謎的夏朝紀錄。殷商及周有著甲骨文、金文（青銅器銘文）等同時代史料可供佐證，但以現況看來，對夏恐怕難以抱這種指望。我們只能從《史記》之類的史書中挖掘歷史的真相，但其中包含著重重陷阱。進入下一章節之前，讀者們恐怕必須做好心理準備。

第三章 「華夏」源流與夏商周三代

韓的神話

戰國時代的中原至山西地區有著三個國家，分別為韓、趙、魏。這三個國家都是分裂自春秋時代的晉，在戰國時代各自擴張領土，於該文化圈一帶形成三國鼎立的狀態（參照十、十一頁的春秋列國圖及戰國諸國圖）。

文化圈中的夏商周三代

春秋時代的晉是位於山西汾水流域的大國，其勢力延伸至河南大國周的附近。戰國時代的韓國領土正是環繞著周。

中原是自新石器時代便發展出共同文化的地區。在這個文化圈之中，有著夏朝傳統、殷商朝傳統，以及來自鄰近的陝西地區的周朝傳統。韓、趙、魏這三個國家，各自想要在歷史上與這些傳統扯上關係。

這就跟漢代的史書努力想要讓漢與「天下的朝代」夏、殷商、周扯上關係，是一樣的道理。以新石器時代成立的文化圈為疆域基礎的戰國時代諸國，致力於謀求文化圈內的歷史傳承地位；疆土廣及天下的漢朝，同樣致力於謀求疆土廣及天下的諸前朝的歷史傳承地位。

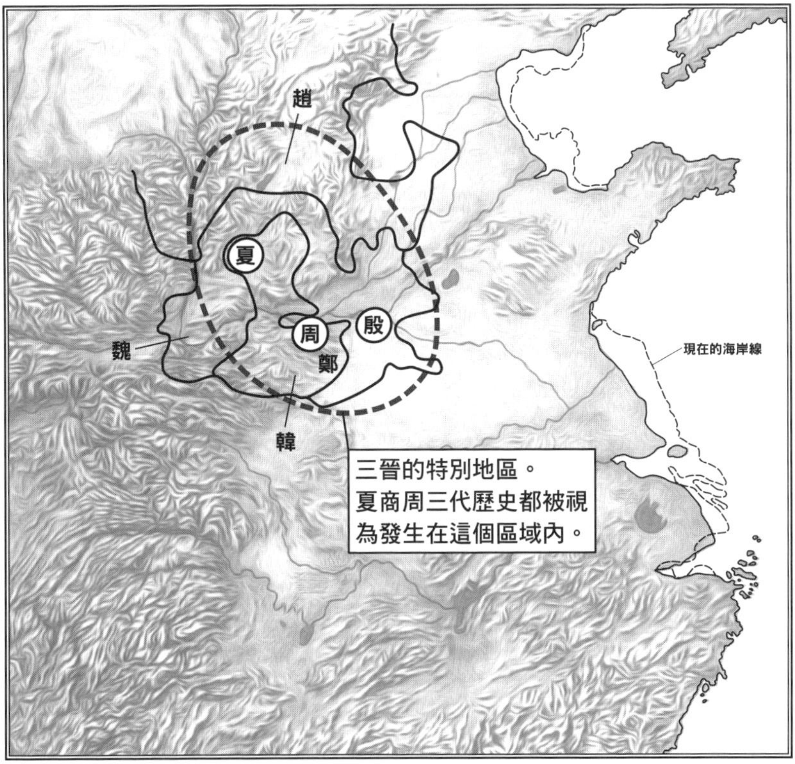

夏商周三代與三晉　三晉（韓、趙、魏）是由春秋時代的晉國分裂而成。圖中國境線參考譚其驤主編《中國歷史地圖集》第一冊，為西元前三五〇年左右的局勢。三晉以春秋時代晉國的勢力範圍為特別地區，各自為此地區內夏、殷商、周的歷史定位做出解釋。

相信許多讀者都閱讀過現代文版本的《史記》。因為《史記》是本歷史書，所以理所當然地認為其內容都是史實。沒錯，《史記》中確實記載著許多「史實」，然而這些史實都經過層層包裝，其內容與戰國時代的史書記載可說是截然不同。

筆者在此想談點或許有些岔題的事。日本有一本名為《古事記》的書，還有一本名為《日本書紀》的書。前者收錄了神話傳說，後者雖為史書體裁，但同樣介紹了日本自神代以來的各種神祇。由於這兩本書都誕生於日本的律令時代，相當於城市國家的諸「國」所信仰的神祇，都經過改頭換面，被編入了這兩本書之中。這些神祇原本都只是專屬於諸「國」的守護之神。

同樣的情況，也發生在中國。名為《山海經》的古籍之中，記載著各種模樣古怪的神祇，存在於各處的山中。這本古籍誕生於戰國時代。這些神祇所守護的，是那些自新石器時代就誕生於該神祇所在地區的城市國家。

到了戰國時代，文書行政制度將各都市緊密地連接在一起，於是跟著出現了統管各都市神祇的中央之神。倘若以中央之神為主軸寫出一本關於各種神祇的書，想必會跟《古事記》大同小異。戰國時代每個領土國家的面積都相當於日本或韓國，就算排除戰爭時向外延伸的輸送路線，也還有日本的一半。這些領土國家都創造出了專屬於自己的神話。

戰國時代的古籍有些在領土國家遭消滅時佚失，有些遭秦始皇焚毀，有些在項羽滅秦時付之一炬。各種歷史事件，讓殘存的古籍相當有限。就連類似《古事記》的神話，也變得殘缺不全。但是只要細心蒐集，還是可以在各種古籍上發現其蹤跡。

例如在《左傳》中，就記載著韓的神話。

韓統治三晉之地的正當性

在意圖將「天下」概念納入書中的漢代，《左傳》被當成了《春秋》的「傳」。所謂的《春秋》，原本是戰國時代齊國的編年體史書。其內容以魯國、齊國的紀錄為主，並加入了其他小國的紀錄。剛成書不久，便有人說此書是孔子受齊國田氏的委託而作。為了加以解釋，因而出現了輔助性的書籍《公羊傳》。由於《春秋》的內文太簡單扼要，後人難以依自己的意思穿鑿附會，而且寫得太精簡，反而不易讀懂。因此要動手腳，只好挑輔助性書籍下手，而非《春秋》本身。而且到了漢代之後，製作《春秋》的兩個主要人物「齊國田氏」與「孔子」之中，齊國田氏的部分逐漸遭到忽視，大家只認為《春秋》是孔子所作。這樣的概念，代代傳承了下去。原本孔子在戰國時代只是齊國等少數國家眼中的賢人，其他國家則對孔子有褒有貶。但是到了漢代，孔子卻成了澤被天下的偉大聖賢。

在戰國時代，齊國的做法引起了韓國的不滿。為了對抗齊國「《春秋》配《公羊傳》」的策略，並且順便強調韓國的正統性，於是韓國也寫出了一本典籍，那就是《左傳》。但是到了漢代，知識分子不斷在《左傳》內加入新的解釋，將證明韓國正統性的部分加以模糊化。在這過程中，《左傳》逐漸被當成了《春秋》的「傳」。所謂的「傳」，指的是專門為了註解艱深經典內容而寫出的文章。

《公羊傳》強調齊國田氏的正統性，而《左傳》則另執一詞，改為強調韓氏的正統性。這種強調韓氏正統性的相關話題，在《左傳》之中比比皆是。這些都是「被刻意寫入書中」的「史實」。以下所要介紹的韓國神話，正是其中一例（請注意，只是眾多例子之一而已）。

韓氏在春秋時代原本是山西大國晉的國君族人。正如同前文的描述，韓氏試圖抬高晉的地位，藉由說明自神話傳說時代以來的淵源，強調其統治三晉之地的正當性。而這些內容都記載在《左傳》之中。首先必須介紹的，是「昭公元年」的一段紀錄。

《左傳》的做法是針對《春秋》中的瑣碎年代紀錄，進一步具體描述其來龍去脈。在其敘述之中，引用了許多在當時四處流傳的傳說故事。以下節錄的就是傳說故事的部分。

實沈與大夏、臺駘與汾水

在《左傳》「昭公元年」的一節之中，提及晉侯生了病，並論述其理由。

晉侯有疾，鄭伯使公孫僑如晉聘，且問疾，叔向問焉，曰，寡君之疾病，卜人曰，實沈臺駘為祟，史莫之知，敢問此何神也。

現代文：晉侯生了病，鄭伯派遣公孫僑到晉探視。叔向問：「寡君生的病已命人占卜過，說是實沈、臺駘作祟，但史官（負責文字紀錄的祭祀官）之中沒有人知道具體理由。請問那到底是什麼樣的神祇？」

接著是鄭的子產（公孫僑）回答，古代聖人高辛氏（帝嚳）的兒子閼伯遷居商丘（戰國時代宋國首都），因此殷商之人以心宿（天蠍座的一部分）為自己的星宿。

子產曰，昔高辛氏有二子，伯曰閼伯，季曰實沈，居于曠林，不相能也，日尋干戈，以相征討，后帝不臧，遷閼伯于商丘，主辰，商人是因，故辰為商星。

現代文：子產的回答是這樣的。從前高辛氏有兩個孩子，哥哥叫閼伯，弟弟叫實沈，居住在曠林（詳細地理位置不明）。兄弟感情不睦，終於拿起武器互相征討。后帝認為不妥，於是命令閼伯遷居至商丘，掌管作為辰（天象基準）的心宿。因為這個緣故，商（殷商）人將心宿當成了商星。

接著高辛氏的另一個孩子，也就是與閼伯不睦的弟弟實沈，也被命令遷居至大夏（此文中未明示其具體位置），以參宿（獵戶座的一部分）為主星。文中接著又敘述，周朝初期的唐叔虞獲得了唐（春秋時代晉國首都），自然而然地將參宿當成了自己的星宿。

遷實沈于大夏，主參。

唐人是因，以服事夏商，其季世曰唐叔虞。

當武王邑姜，方震大叔，夢帝謂已，余命而子曰虞，將與之唐，屬諸參而蕃育其子孫，及生有文在其手，曰虞，遂以命之，及成王滅唐而封大叔焉，故參為晉星，由是觀之，則實沈，參神也。

現代文：另一方面，命令實沈遷居至大夏，掌管參宿。

唐的人侍奉夏、殷商兩朝，最後進入了唐叔虞的時代。

周武王之后邑姜懷了大叔（唐叔虞）的時候，夢見祖帝站在枕邊，下令將生下的孩子取名為虞，賜予唐的土地，在各地歸屬的眾星宿之中，使他歸屬於參宿並讓他繁衍後代。大叔一生下來，手上果然寫著「虞」字，於是便以此為他的名字。周成王滅了唐國後，就將這塊土地封給大叔。因此參宿就成了大叔統治之國「晉」的星宿。如此說下來，實沈是參宿之神。

文章中子產接著提到聖人金天氏（少昊）的子孫臺駘治汾水及洮水有功，周的后稷於是將汾水流域封給他，並由沈、姒、蓐、黃等諸國守護其祭祀。

昔金天氏有裔子曰昧，為玄冥師，生允格、臺駘，臺駘能業其官，宣汾洮，障大澤，以處大原，帝用嘉之，封諸汾川，沈、姒、蓐、黃，實守其祀。今晉主汾而滅之矣，由是觀之，則臺駘，汾神也。

現代文：從前金天氏有個後代稱作昧，身分是玄冥（水官）之長，他有兩個孩子，名為允格、臺駘。臺駘任官頗有建樹，疏通了汾水及洮水，堰止了大澤，居住在大原（高平）之地。祖帝為了嘉獎臺駘，將汾川流域封給他，並命令沈、姒、蓐、黃等諸國守護其祭祀。現在汾水流域由晉統治，臺駘的勢力早就被消滅了。如此說下來，臺駘是汾水之神。

文章中接著指出，晉侯的疾病與實沈、臺駘毫無關聯。

抑此二者，不及君身，山川之神，則水旱癘疫之災，於是乎禜之，日月星辰之神，則雪霜風雨之不時，於是乎禜之，若君身，則亦出入飲食哀樂之事也，山川星辰之神，又何為焉，僑聞之，君子有四時，朝以聽政，晝以訪問，夕以脩令，夜以安身，於是乎節宣其氣，勿使有所壅閉湫底，以露其體，茲心不爽，而昏亂百度，今無乃壹之，則生疾矣，僑又聞之，內官不及同姓，其生不殖，美先盡矣，則相生疾，君子是以惡之，故志曰，買妾不知其姓，則卜之。違此二者，古之所慎也，男女辨姓，禮之大司也，今君內實有四姬焉，其無乃是也乎，若由是二者，弗可為也已，四姬有省，猶可無則，必生疾矣。

現代文：事實上這兩者（參宿之神實沈與汾水之神臺駘）都與國君的疾病無關。臺駘這種山川之神，是在發生洪水、旱災、傳染病的時候祭祀；實沈這種日月星辰之神，則是在發生氣候異常的霜雪或風雨災害時祭祀。像國君這樣的疾病，乃是起因於氣的出入、飲食及喜怒哀樂，與山川、星辰之神毫無關聯。我（子產）聽說君子有四時，清晨應聽政，中午應拜訪，傍晚應下政令，晚上應安靜休息。節制並調整氣的狀態，不讓氣混濁，流露至體外。一旦內心淤塞，百事就會昏亂。如今國君把全部的氣都集中在一起，所以才會生病。我又聽說，女官應該避免同姓，否則子孫不會繁榮。如果把心思都放在美女上，當然就會生病。正因為如此，君子非常厭惡娶同姓的女子。因此古書上說，納妾時如果不知其姓，就應該事先占卜。一來晝夜作息不亂，二來不娶同姓，古人都不敢違背這兩個規矩。不論男女都要注重姓，這是相當重要的禮儀。今天國君身邊有四名姬姓的妾，這實在不是一件好事。只要不遵守剛剛說的兩個規矩，就無法將病治好。若不讓這四名妾離開，一定會久病纏身。

韓的神話背後隱含的意義

《左傳》中提到的典故多成立於戰國時代。戰國時代的人相當注重天上繁星中一些特別閃亮的星宿，進而建立起了一套星宿與土地的關係。地上的每塊土地，都歸屬於天上的某星宿。在種種星宿之中，心宿（天蠍座的一部分）及參宿（獵戶座的一部分）都可作為天象基準。每個星宿都相當於天空的一小部分，因此要將土地與星宿搭配，意味著土地也必須進行相同的分割。

也正因為如此，殷商所歸屬的星宿與夏所歸屬的星宿不同，正暗示著這兩股勢力在地面上的支配區域不同。

以天蠍座及獵戶座的相對位置來看，前者出現在東方的時候，後者已經即將沉入西方的地平線

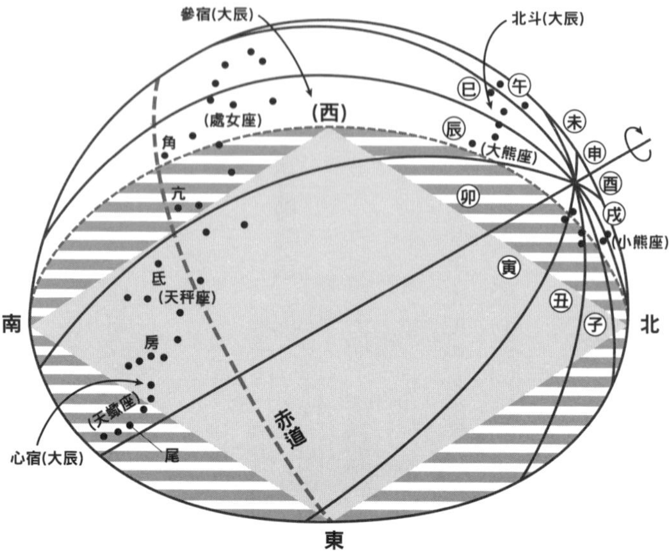

西元前三五〇年左右的冬至凌晨前的天空　接近西方地平線的位置可看見參宿（獵戶座的一部分，夏的星宿），接近東方地平線的位置可看見心宿（天蠍座的一部分，殷商的星宿）。北斗則位於天頂。這三者都被當時的人認為是天象的基準（大辰）。

了。當時的星座位置與現在略有不同，看見兩者同時出現在天上的時間較長。尤其是冬至前後的天亮前的天空，正是這樣的相對關係。心宿位於東方，參宿位於西方，隨著黎明的到來，心宿會上升，參宿會下降。自東方上升的心宿是殷商的歸屬星宿，自西方下墜的參宿則是夏的歸屬星宿，這樣的現象也暗示著殷商消滅了夏。

在殷商、夏的星宿之中，連結汾水上游的唐與夏朝古都大夏的參宿成了晉的歸屬星宿，而此星宿接著又由韓氏繼承。

這意味著夏朝故地原本就是由晉代代傳承，如今韓氏當然擁有統治的正當性。此處所說的夏朝故地，指的是有著晉的治水傳說的汾水一帶。不過雖然《左傳》上如此記載，但這只是韓人的認定。

韓宣子與夏、殷商

在上述的傳說故事中，提到周成王消滅了唐國，將其土地封給同族的大叔，並且在星宿的分配上使其歸屬於參宿。然而只看這個部分，還是無法明白韓氏為何能主張夏朝故地的統治正當性。要搞清楚這個環節，就必須繼續閱讀《左傳》「昭公七年」的以下段落。

韓宣子與夏的祭祀

在這個段落裡，依然是由鄭的賢人子產洋洋灑灑地陳述歷史及世間道理。韓宣子聽了他的建議，在夏朝郊外舉行祭祀，晉侯的病就痊癒了。

韓氏在《左傳》中特別受到眷顧。對於晉的世族代表人物，《左傳》會稱呼其為「某子」。因此以下段落出現「韓子」這樣的稱呼，代表著《左傳》認定韓宣子為春秋時代的韓氏代表。讀者們在閱讀前，應先建立此觀念。

鄭子產聘于晉，晉侯疾，韓宣子逆客，私焉，曰，寡君寢疾，於今三月矣，並走群望，有加而無瘳，今夢黃熊入于寢門，其何厲鬼也。對曰，以君之明，子為大政，其何厲之有，昔堯殛鯀于羽山，其神化為黃熊，以入于羽淵，實為夏郊，三代祀之，晉為盟主，其或者未之祀也乎，韓子祀夏郊，晉侯有間，賜子產莒之二方鼎。

現代文：鄭國的子產出使晉國。晉侯生了病，由韓宣子迎接。韓宣子偷偷向子產說：「寡君（晉侯）生病至今已三個月了，不管再怎麼祭拜山川神祇，病情還是沒有好轉，聽說不久前還夢見黃色的熊闖入寢室。到底是什麼樣的惡鬼在作怪？」子產回答：「以國君之明，由你掌管大政，哪會有什麼惡鬼？從前堯於羽山誅殺鯀，鯀幻化為黃色的熊，遁入了羽淵。那個地方其實就是夏郊，三代皆於此地祭祀。如今晉成為盟主之後，一次都還沒有祭祀過。」於是「韓子」在夏郊舉行祭祀，晉侯的病就痊癒了。晉侯賜給子產兩座莒的方鼎。

傳說中，鯀是夏朝第一位君王禹的父親，因此三代（夏、殷商、周）都祭祀他。根據上述的內容，韓宣子同樣在此地祭祀，晉侯的病就痊癒了。

晉侯的病，早在前述的「昭公元年」中便已提及。子產說原因並非山川、星辰的神祇作祟。又說君子應該節制並養氣，如果氣變得汙濁，身體就會虛弱。晉侯就是把氣太過集中在一起，所以才會生病。此外子產還說，挑選女官應該避免同姓，而晉侯竟然有四名同姓的妻妾。然而晉侯明明有這麼多亡國之兆，夏郊的祭祀竟然不是由他親自舉行，而是由旁系的韓宣子代為執行。而且祭祀之後，晉侯的病就痊癒了。

韓宣子祭祀夏朝的行為，正暗示著未來韓氏將復興夏朝。如此一來，就印證了晉所得到的汾水流域一帶土地，韓氏擁有統治的正當性。

正如同筆者之前所提的，這些內容中夾帶著關於夏朝所在地的線索。雖然這只是戰國時代《左傳》的主張，而且並沒有清楚描述，但至少提供了一些蛛絲馬跡。

《左傳》中還曾提及「夏墟」這個詞（定公四年）。據說這是晉的第一位君主唐叔虞的受封之地，而且是夏朝古都。如今透過甲骨文，我們已證實河南省安陽為「商墟」。雖然我們沒辦法以類似的證據確認「夏墟」的位置，但《左傳》已給了我們一些方向。

「夏墟」位於晉所繼承的汾水、洮水流域一帶，而且是唐叔虞受封之地。晉的出現及繼承夏朝故地，在歷史上留下了紀錄。

值得一提的是，有學者認為唐叔虞受封之地是現在的太原一帶，理由是前面介紹的「昭公元年」的段落中有「大原」二字，若將此當成地名，則可能就是山西的「太原」（《左傳》中稱之為「晉陽」）。

然而西周時代的晉國君主之墓出土於現在的山西省曲村，因此太原的推論顯得有些牽強。《左傳》中的故事傳說，應該是將「夏墟」的位置認定為晉侯墓出土的曲村，或是晉後來遷都的侯馬附近（《左傳》中稱之為「絳」）。

在《左傳》「昭公元年」的記載中，「夏郊」（夏朝的郊外）是個關鍵字。根據文中的描述，「夏」的根據地在山西一帶，而其郊外（夏郊）應該是在春秋時代韓氏統治的地區內。正因如此，韓宣子才能迅速採取行動，在「夏郊」舉行祭祀儀式。

在接下來的論述中，我們會發現戰國時代的秦也以「夏」自稱。然而當時的人在談論「夏郊」時，提到的是春秋時代晉國首都或韓氏領土，可想而知秦並不在從前「夏」的勢力範圍內。這牽涉到另一個問題，那就是剛稱王的秦並不認為「夏」位於中原一帶（詳見本書一三七頁）。

除了夏的問題之外，《左傳》還在意另一個問題，那就是殷商故地該由誰繼承。就跟論述夏的立場一樣，答案早已呼之欲出。主角同樣是以韓宣子為代表的韓氏。

韓宣子受鄭國諸氏尊崇

戰國時代的史書有個共通的「模式」，那就是明確點出一個位居政治中心的人物，以及輔佐該人物的賢人。不僅如此，而且在大量史實事件中，肩負輔佐任務的人物必須不斷說出重要的論述。在《左傳》裡，位居政治中心的人物就是之前提過的韓宣子。韓宣子的子孫後來也稱了王，是為「宣惠王」，冠上了跟韓宣子相同的「宣」字。在「宣」字的使用上，當時的人可是相當講究的。

讀者們從前文節錄的《左傳》內文應該就可以看出，在《左傳》中負責輔佐韓宣子的賢人，就是鄭國的子產。

春秋時代的鄭與春秋時代的晉，是兩個不同的國家。因此若以史實的角度來看，身為晉臣的韓宣子與身為鄭臣的子產，除非曾有「同舟共濟的機緣」（例如兩人同時被派到周朝為官，因此有深厚的交情），要不然就是有親戚關係，否則實在不太可能出現像《左傳》中那樣的互動。然而外人所推敲的兩人關係，卻沒有那麼緊密。

讀了《左傳》之後，會發現子產到處發表人物評論，而且言詞鋒利嚴苛，卻不知為何對韓宣子特別寬大包容。就如同筆者前面提過的，《左傳》透過各種「模式」將韓宣子拱上特別地位，因此子產對韓宣子的另眼相看，也是《左傳》建立起的「模式」之一。子產在書中對韓宣子的評價，其實是《左傳》編纂者對韓宣子的評價，並非史實。

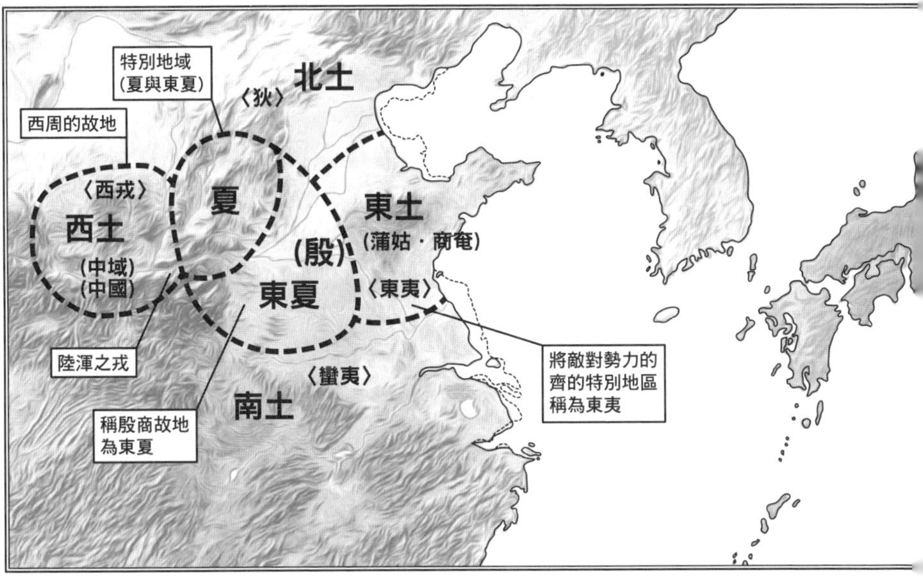

韓於《左傳》內的特別地區「夏」「東夏」及野蠻之地　《左傳》為戰國時代韓人所作。由圖上可看出，春秋時代的韓人認為西周故地「中國」（中域）受戎所支配。《公羊傳》中的「中國」，在《左傳》內稱為「東土」，被視為東夷之地。周朝的諸侯統治夏朝遺民與殷商朝遺民。晉朝所得到的夏朝故地及藉由神話攀上關係的殷商故地，由具有特別地位的大夫韓氏所繼承。

子產是春秋時代的鄭國人。鄭國與晉國在春秋時代為不同國家，但是到了戰國時代，鄭國卻成為韓國的首都。在春秋時代，韓氏、趙氏及魏氏分別在晉國占有一席之地。到了戰國時代，形成三家分晉的局面，韓、趙、魏各自成為領土國家。其中的韓國消滅了鄭國，並以此為首都。

在上述故事的劇情設定裡，由於將來鄭會成為韓的首都，因此具有先見之明的賢人子產對於韓王的祖先韓宣子另眼相看。這就是《左傳》所建立的「模式」。

在《左傳》的安排之下，韓王祖先韓宣子與鄭的子產所交談的對話隱含很多預兆，而歷史便是依著這些預兆而演變。如此一來，任誰都看得出韓王的出現絕對具有至高無上的正統性。

至於殷商故地該由誰繼承的問題，《左傳》同樣利用了韓宣子與子產一搭一唱的「模式」。

在以下《左傳》「昭公十六年」的這一節中，提到了鄭的大夫們都對韓宣子特別敬重。內容大致上可分為三個段落。

在第一個段落中，韓宣子以晉國使者的身分來到鄭國。特別需要注意的點，就在於平常愛批評人的子產，竟然在此時對韓宣子表達了敬意。

《左傳》「昭公十六年」的一節

三月，晉韓起聘于鄭，鄭伯享之，子產戒曰，苟有位於朝，無有不共恪，孔張後至，立於客間，執政禦之，適客後，又禦之，適縣間，客從而笑之，事畢，富子諫，曰，夫大國之人，不可不慎也，幾為之笑，而不陵我，我皆有禮，夫猶鄙我，國而無禮，何以求榮，孔張失位，吾子之恥也。子產怒曰，發命之不衷，出令之不信，刑之頗類，獄之放紛，會朝之不敬，使命之不聽，取陵於大國，罷民而無功，罪及而弗知，僑之恥也。子張，君之昆孫，子孔之後也，執政之嗣也，為嗣大夫，承命以使，周於諸侯，國人所尊，諸侯所知，立於朝而祀於家，有祿於國，有賦於軍，喪祭有職，受脤歸脤，其祭在廟，已有著位，在位數世，世守其業，而忘其所，僑焉得恥之，辟邪之人，而皆及執政，是先王無刑罰也，子寧以他規我。

現代文：三月，晉的韓起（韓宣子）出使鄭國，鄭伯（鄭的君主）設宴款待，子產提醒：「對方在朝廷有官位，千萬不能失了禮數。」鄭的孔張晚到，站在宴客廳裡，禮儀官制止了他。孔張於是走到客人的後面，禮儀官又制止了他。孔張最後走到掛編鐘的地方。客人見了孔張的舉動，呵呵笑了起來。筵席結束後，富子提醒：「對於大國的人一定要特別謹慎才行。他笑我們，等於是在侮辱我們。我們對他盡了禮數，他卻還把我們看成鄉巴佬。如果國家失去禮數，要怎麼追求榮耀？孔張搞錯自己的位置，是你的恥辱。」子產氣沖沖地說：「倘若發命不適當、下令不受信任、用刑有所偏頗、牢獄沒有管理、朝會時失了敬意、命令無法推行、受大國侮辱、徒勞民而無建樹、獲了罪而不自知，這些都是僑（我）的恥辱。但是子張（孔張）是國君的兄弟子孔的後代，禮儀官的繼承者，身為嗣大夫，接受命令出使各諸侯，受到國人敬重，諸侯也知道他的名字。在朝廷已有地位，家裡也有祭祀的場所，於國家有俸祿，向軍隊納賦，喪禮及祭典都有職司，曾接受祭肉也曾繳納祭肉，在宗廟的祭祀也有相當的地位。這個身分已傳承了數代，一直守護著家業的人，竟然會忘了自己該在什麼位置，這可不是我的恥辱。如果每個想要避惡的人都把責任推到禮儀官頭上，還需要先王傳下來的刑罰做什麼？你還是找其他事情自我警惕吧。

在第二個段落裡，提及了韓宣子的玉環。不知為何韓宣子擁有一個玉環，而與其成對的另一個玉環在殷商（文中的「商」為殷商人的自稱，「殷」則是周人對殷商人的稱呼）遺民的手中。韓宣子想要將玉環湊成一對，但子產的結論是時機未到。

宣子有環，其一在鄭商，宣子謁諸鄭伯，子產弗與，曰，非官府之守器也，寡君不知。子大叔、子羽謂子產曰，韓子亦無幾求，晉國亦未可以貳。晉國韓子，不可偷也。若屬有讒人，交鬥其間，鬼神而助之，以興其凶怒，悔之何及？吾子何愛於一環，其以取憎於大國也，盍求而與之？子產曰，吾非偷晉而有二心，將終事之，是以弗與，忠信故也。僑聞君子非無賄之難，立而無令名之患。僑聞為國非不能事大字小之難，無禮以定其位之患，夫大國之人，令於小國，而皆獲其求，將何以給之？一共一否，為罪滋大，大國之求，無禮以斥之，何饜之有？吾且為鄙邑，則失位矣，若韓子奉命以使而求玉焉，貪淫甚矣，獨非罪乎？出一玉以起二罪，吾又失位，韓子成貪，將焉用之？且吾以玉賈罪，不亦銳乎？韓子買諸賈人，既成賈矣，商人曰，必告君大夫。韓子請諸子產，曰，日起請夫環，執政弗義，弗敢復也，今買諸商人，商人曰，必以聞，敢以為請。子產對曰，昔我先君桓公，與商人皆出自周，庸次比耦，以艾殺此地，斬之蓬蒿藜藋而共處之。世有盟誓，以相信也，曰，爾無我叛，我無強賈，毋或匄奪。爾有利市寶賄，我勿與知。恃此質誓，故能相保，以至于今。今吾子以好來辱，而謂敝邑強奪商人，是教敝邑背盟誓也，毋乃不可乎。吾子得玉而失諸侯，必不為也，若大國令，而共無藝，鄭鄙邑也，亦弗為也。僑若獻玉，不知所成，敢私布之。韓子辭玉，曰，起不敏，敢求玉以徼二罪？敢辭之。

現代文：韓宣子擁有玉環，與其成對的另一玉環在鄭的商人（殷商遺民）手中。韓宣子向鄭伯索求，子產不肯給，說道：「這不是公家府庫保管的器物，寡君（國君）不清楚。」子大叔與子羽勸子產說道：「『韓子』的要求並不算多，我們不能與晉國交惡，不應該對晉國及『韓子』如此失禮。否則的話，假如有讒言之人從中挑撥離間，加上鬼神相助，激起了他的怒火，我們可就後悔莫及了。『吾子』（你）何必為了區區一個玉環而惹惱大國？何不乾脆向商人買了之後送給他？」子產回答：「我並不是要怠慢晉國，也並非想與之交惡。正因為以後還想恭順於晉，所以才不能交出玉環。我這麼做完全是基於忠信之心。我曾聽說君子不以無財為憂，而以有其地位而無美好名聲為憂。我又聽說為政的技巧是侍奉大國而居於小國，並且以沒有禮儀以安定其地位為憂。如果大國的人向小國提出要求，小國無論如何都必須答應，哪裡能有這麼多東西提供給他們？倘若一次答應一次拒絕，背負的罪名反而更大。大國的要求如果不合於禮，就要嚴詞拒絕，否則將會沒完沒了。我們如果被當成了鄙邑（偏僻的都市），就失去地位了。『韓子』（韓宣子）奉君命而來使，卻索求玉環，如此貪婪的行為，又是一條罪狀。一旦給了玉環，等於同時犯了不應給予的罪名及給了之後衍生的罪名。不僅同時有了這兩個罪名，而且我將失去地位，『韓子』也將背負貪婪的惡名，我們怎麼能做這種事？何況就算我因不給玉環而獲罪，也不過是一樁小事而已。」韓子於是直接向商人買玉環，原本快要成交了，商人卻說：「必須先告知君大夫（子產）。」於是韓子對子產說：「先前我向你們要這玉環，你不給，我不敢再要。現在我直接向商人買，商人卻說一定要先告訴你，於是我來向你知會一聲。」子產回答：「從前先君桓公與商人（殷商遺民）一同自周出發，同心協力開墾土地，剷除野草及雜樹，過著比鄰而居的生活。我們與商人世世代代立下誓約，一直互相信賴。『你們不背叛，我們就不強買或搶奪你們的寶物，就算你們有什麼利益或財寶，我們也不會干涉。』這就是我們所立的誓約。憑藉著這個誓約，我們跟商人才能互相扶持。如今『吾子』（你）為了建立友好關係而來到鄭，卻要敝邑（我國）搶奪商人的東西，等於是叫敝邑違背誓約。這樣的行為，實在不太好吧？就算得到玉環，卻失去諸侯，相信『吾子』（你）一定不會這麼做才對。如果大國一下令，我們就必須全部答應，雖然我們只是偏僻小國，也是不肯配合的。我若交出玉環，結果可不知有多麼糟糕，因此我才偷偷對你說這些話。」「韓子」於是退回了玉環，說道：「我雖然智識淺薄，還不至於為了玉而連犯兩罪，請讓我將玉環歸還吧」。

在第三個段落裡，鄭國的賢人們都對韓宣子讚不絕口。鄭國的賢人們向來言辭辛辣，唯獨對韓宣子例外。

夏四月，鄭六卿餞宣子於郊。宣子曰，二三君子請皆賦，起亦以知鄭志。子齹賦《野有蔓草》。宣子曰，孺子善哉，吾有望矣。子產賦鄭之《羔裘》。宣子曰，起不堪也。子大叔賦《褰裳》。宣子曰，起在此，敢勤子至於他人乎？子大叔拜。宣子曰，善哉，子之言是，不有是事，其能終乎？子游賦《風雨》。子旗賦《有女同車》。子柳賦《蘀兮》。宣子喜曰，鄭其庶乎，二三君子，以君命貺起，賦不出鄭志，皆昵燕好也。二三君子，數世之主也，可以無懼矣。宣子皆獻馬焉，而賦《我將》。子產拜，使五卿皆拜，曰，吾子靖亂，敢不拜德。宣子私覲於子產，以玉與馬，曰，子命起舍夫玉，是賜我玉而免吾死也，敢藉手以拜？

現代文：夏四月，鄭的六卿於鄭的郊外設宴為韓宣子餞行。韓宣子說：「六位君子啊，請各吟一首詩歌吧，讓我明白鄭的志節。」子齹吟了《野有蔓草》（涵意為樂於與你相見），韓宣子說：「你雖然年輕，但吟得很好，未來真令人期待。」子產吟了鄭風的《羔裘》（涵意為讚頌韓宣子是光明正大的人），韓宣子說：「我承受不起你的讚美。」子大叔吟了《褰裳》（涵義為詢問韓宣子是否關懷自己），韓宣子說：「只要我在這裡，就不會將你派往他處。」子大叔拜謝了韓宣子的好意。韓宣子說：「很好，你吟得非常好。若不照你吟的內容這樣互相警惕，友情怎麼會長久？」子游吟了《風雨》（涵義為韓宣子的到來讓自己感到安心），子旗吟了《有女同車》（涵義為讚揚韓宣子的高風亮節），子柳（印段之子，又名印癸）吟了《蘀兮》（涵義為只要韓宣子先唱，自己就會隨聲附和）。韓宣子非常開心，說道：「鄭國一定會變得昌隆。六位君子依著國君的命令為我祝賀，所吟的都是鄭的志節（鄭風）。這些賦中充滿了友好的意味。六位君子都擁有傳承數代的地位，有了各位的善意，我還有什麼好怕的？」韓宣子送了馬給六人，並且吟了《我將》（涵義為安定四方而不懈怠，並懾服於天的威令）。子產拜謝，其餘五人也跟著拜謝，說道：「『吾子』為我們鎮壓了亂事，我們都感謝你的恩德。」韓宣子私下見了子產，贈予玉及馬匹，說道：「你要我放棄那玉，就像是贈予我玉言，讓我免於一死，請讓我以手邊的東西答謝你」。

殷商故地的繼承問題

統治殷商故地的正當性

在第一段中，子產對韓宣子表達了相當大的敬意。在第二段中，提及了一對玉環，韓宣子擁有其中一枚，而殷商遺民擁有另外一枚。這暗示著兩枚玉環遲早將湊在一起，只是子產認為時機尚未成熟。背後的含意，當然是鄭遲早會成為韓的首都，只要等到那時候就行了。一旦鄭成為韓的首都，殷商遺民所擁有的玉環當然也成了囊中之物。這個故事的用意，就在於透過鄭國繼承的殷商遺民，強調其後的韓統治殷商故地的正當性。

暗示殷商故地統治正當性的橋段，還可見於《左傳》的其他章節之中，但本書節錄的段落，是最淺顯易懂的一段。

第三個段落的內容，則是鄭的六名賢人異口同聲地稱讚韓宣子。文中從《詩經》的各國國風之中挑選了六首「鄭風」，由六人分別吟唱。但只有子產的部分才直接寫明為「鄭風」，其他則統一稱為「鄭的志節」。六人唱這些詩歌，都只是為了讚頌韓宣子。

在第一段款待韓宣子的宴會中，鄭國有了失禮的行為，但韓宣子表現出了寬宏大量的氣度。在第二段的玉環事件中，子產對韓宣子諄諄勸諫，韓宣子向子產道謝。韓宣子在這裡被稱為「韓子」，這是《左傳》對韓宣子的特別稱呼。「韓子」意味著韓宣子是歷代韓氏宗主的代表人物，並且接受了賢人子產的教誨。這種「韓子」在賢人子產的教誨下不斷精進的「模式」，模仿的是周朝初期周成王接受周公旦教誨的典故。

向「韓子」吟唱帶有期待意味的詩歌的六名鄭人，韓宣子稱他們是「君子」。《左傳》中曾經提過，「君子」的意思是能洞悉未來、高瞻遠矚的人物。這些人都對韓宣子讚譽有加。

筆者在前文已經提過，子產及其他「君子」在談論諸氏族時非常刻薄，唯獨對韓宣子例外。在《左傳》所建立的「模式」中，這些人極少稱讚人，就算偶而說一句讚美的話，最後還是會以批評結尾。

例如在《左傳》同一年的段落裡，還有著這樣的記載。

九月，大雩，旱也。鄭大旱，使屠擊、祝款、豎柎，有事於桑山，斬其木，不雨。子產曰，有事於山，蓺山林也，而斬其木，其罪大矣。奪之官邑。

現代文：九月，舉行了祈雨的大型祭典，因為發生旱災的關係。鄭國的旱災相當嚴重，屠擊、祝款、豎柎三人受到指示，在桑山舉行祭典。他們砍了山上的樹木，依然不見下雨。子產說：「在山上舉行祭典，就是為了使山林繁茂，這三人竟然使用錯誤的方法，砍了山上的樹木，這個罪相當大。」於是剝奪了此三人的官邑。

值得一提的是，這三個遭到懲罰的人都對韓宣子做出了失禮的行徑。

此處需要注意的一點，是《左傳》中認定「殷商故地」是包含鄭國在內的某個範圍有限的特定地區。筆者之前也提過，殷商所歸屬的星宿是「心宿」，只占了天空的一小部分，可見得配對到地表上，也只是某個範圍有限的地區而已。

鄭與宋、陳屬於「大火」的範圍

關於殷商故地的議題，還不止這些。

以下節錄的傳說，是關於一顆星星，那就是殷商所歸屬的星宿「心宿」的中央主星「心宿二」（天蠍座α星）。

「心宿二」是一顆又紅又亮的星星，其顏色容易讓人聯想到「火」，因此在當時被稱為「大火」。也因為這樣的稱呼，被引申為「重大的火災」。換句話說，「大火」這顆星星會引發重大的火災，波及歸屬於「大火」的諸國。這些國家所在的地區，就是當時的人眼中的「殷商故地」，也就是韓國未來將統治的地區。

在《左傳》「昭公十七年」，有著這樣一段內容。宋、衛、陳、鄭（參照三九六頁地圖）出現了發生火災的徵兆。隨著其中的論述，會牽扯出一個相當重要的話題，那就是宋、陳、鄭在星宿上都是歸屬於「大火」，而衛則歸屬於「大水」，也就是「營室宿」。

「大火」（心宿二）是「心宿」（天蠍座的一部分）的中央主星。筆者在之前已提過，「心宿」是殷商所歸屬的星宿。讀者們在閱讀之前，請先將這一點放在心中。

冬，有星孛于大辰，西及漢。申須曰，彗所以除舊布新也。天事恆象，今除於火，火出必布焉。諸侯其有火災乎。梓慎曰，往年吾見之，是其徵也，火出而見。今茲火出而章，必火入而伏。其居火也久矣，其與不然乎。火出，於夏為三月，於商為四月，於周為五月。夏數得天。若火作，其四國當之，在宋、衛、陳、鄭乎。宋，大辰之虛也。陳，大皞之虛也。鄭，祝融之虛也。皆火房也。星孛天漢，漢，水祥也。衛，顓頊之虛也，故為帝丘，其星為大水，水火之牡也。其以丙子若，壬午作乎，水火所以合也。若火入而伏，必以壬午，不過其見之月。鄭裨竈言於子產曰，宋、衛、陳、鄭，將同日火，若我用瓘斝玉瓚，鄭必不火。子產弗與。

現代文：冬天，彗星出現在作為大辰（基準星宿）的心宿區域，彗星的尾端遠及銀河。申須說：「彗星具有除舊布新的意義，這原本是很正常的天象，但如今起了異常變化，彗星竟然掩蓋了

『大火』。等到『大火』再次出現的時候，必定會降下災厄。恐怕將有諸侯遭遇火災。」梓慎說：「去年我就曾見過，當時已有徵兆了。原本是『大火』出現後，彗星才跟著出現，但現在變成彗星亮得掩蓋了『大火』的光芒，而且彗星一直留在天空上，直到『大火』在就寢前的天空上消失，彗星才會跟著消失。彗星整整兩年都出現在『大火』附近，恐怕申須說得沒錯。在傍晚開始可以看見『大火』，以夏的曆法來看是在三月，以殷商的曆法來看是在四月，以周的曆法來看是在五月（若以冬至為第一個月，則全都在第五個月。夏朝以第三個月為正月，殷商朝以第二個月為正月，周朝以第一個月為正月。以上是戰國中期世人的想像）。如今夏的數字正得天時（暗示到了戰國時代會以夏朝曆法『夏正』為君王的正式曆法）。若發生火災，會有『四國』受到波及，那就是宋、衛、陳、鄭。宋位於大辰『心宿』之墟（參照子產談論晉之衰亡的《左傳》昭公元年段落，本書一〇八頁），陳位於大皞（風姓諸侯之祖）之墟，鄭位於祝融（帝嚳高辛氏時代的火正之官）之墟。這宋、陳、鄭在星宿上都歸屬於『大火』。彗星的尾端遠及『漢』（銀河），『漢』是水聚集處，也就是一條河。衛位於顓頊（五帝之一）之墟，此地原本被稱為『帝丘』，其星宿為『大水』（營室宿）。水火既然成對，應該是在丙子之日（十干中的『丙』象徵火，十二支中的『子』象徵水），或是在壬午之日（十干中的『壬』象徵水，十二支中的『午』象徵火），因為水火交合。這個秋天，若彗星一直留在天空上，直到『大火』在就寢前的天空上消失，彗星才跟著消失，則當『大火』再次出現時，應該會在壬午之日發生火災，但是不會持續到『大火』出現的下個月。」鄭的裨竈對子產說：「宋、衛、陳、鄭將在同一天發生火災，若讓我用玉斝及玉勺做法祈禱，就可以免去鄭的火災。」子產不答應。

在先前關於韓宣子的節錄內容中，提到了鄭國與殷商遺民的關係，並暗示韓宣子想獲得殷商傳承的玉環但時機未到。殷商故地的位置，與星宿中以大火為中央主星的心宿相呼應，而此文中點出了位於該地的國家包含宋、陳、鄭這三國。

當時的人認為只有這個地區才能稱為殷商故地。

宋是殷商後裔受周王封贈而建立的國家，鄭與宋歸屬於相同的星宿，而鄭在戰國時代成為韓的首都。此文中又說鄭的位置在祝融（帝嚳高辛氏時代的火正之官）之墟，隱隱暗示在宋、陳、鄭這歸屬於大火的三國之中，又以鄭居於領導地位。

戰國時代，田氏在山東地區建立了領土國家齊國，而田氏是陳氏的分支。《左傳》在此處想要強調的，就是鄭國有資格領導大火諸國，而陳國沒有。覬覦這塊歸大火地區的國家並非只有韓國而已，旁邊的諸國都各自蠢蠢欲動。齊國也藉由其與陳國的淵源，想要在這塊地區分一杯羹，因此韓國必須站在正統性的立場強調齊國沒有資格統治這塊土地。

前面提到的諸國之中，只有衛不屬於大火地區，而是屬於大水地區（營室宿）。關於這一點，也有一段跟殷商有關的傳說。

殷商遭到消滅後，奉命治理殷商首都的國家就是衛。在之前介紹的《左傳》「昭公元年」中，提到水官昧是金天氏的後代，而昧的兒子臺駘疏通了汾水，成為山川之神（參照本書一〇九頁）。

既然汾水流域由晉統治，因此在與「水」有關的神話之中，衛也與晉扯上了關係。

簡單來說，包含殷商後裔宋國在內的地區，該由鄭國統治；而殷墟（從前殷商的首都）也基於水官傳說，而有了統治的正當性。無論如何，殷商故地遲早註定要落入韓國的手中。

如同上述，《左傳》一邊談論夏及消滅了夏的殷商，一邊藉此強調統治的正當性。

與周的關聯性

只要仔細觀察《左傳》中的故事，會發現其中完全沒有提及周。

筆者之前曾說過，夏歸屬於參宿，殷商歸屬於心宿，這兩者都是可作為基準的星宿（大辰）。眼尖的讀者，應該已猜到「北斗七星」，也就是「北辰」（位於北方的基準星宿，亦可稱為「大辰」）應該就是周的星宿。但是在《左傳》之中，完全沒有提及「北辰」。事實上在其他古籍之中，載明了「大辰」為心宿、參宿及北辰三者。但是在《左傳》之中，只明確將心宿稱為「大辰」。換句話說，在作為天象基準的「大辰」的說明上，《左傳》對殷商的評價高於夏。但是對於周的評價，《左傳》卻沒有明確表示。

戰國時代是承接周朝的時代，《左傳》是由當時的韓國人所作。以下敘述的觀點，將放在《左傳》為周賦予的特別意義，以及為了超越周的權威所建立的「模式」上。

首先在《左傳》「昭公九年」中，周的詹桓伯提到了「天下」這個詞。所謂的「天下」，指的是實施文書行政制度的範圍，同時也是漢字圈的範圍。這種基於文書行政制度意義上的「天下」，是戰國時代之後才產生的觀念。在春秋時代，廣大的漢字圈演變成了「天下」的範圍。但是《左傳》中所形容的天下，其實是以戰國時代領土國家的概念為基礎，並非春秋時代的實際狀況。

我自夏以后稷（從夏到周的祖先后稷），魏、駘、芮、岐、畢，吾西土也。及武王克商，蒲姑、商奄，吾東土也。巴、濮、楚、鄧，吾南土也。肅慎、燕、亳，吾北土也。

此處所說的西土、東土、南土及北土，都是以戰國時代的「天下」觀念為基礎。在戰國時代，西土由秦統治，南土由楚統治，北土由燕統治，東土由齊統治（參照一一七頁圖）。

受到西土的「魏、駘、芮、岐、畢」，東土的「蒲姑（齊）、商奄（魯）」，南土的「巴、濮、楚、鄧」，北土的「燕、亳」等地所圍繞的中央地區，在《左傳》的其他段落中稱為「夏」及「東夏」。

《左傳》在「昭公元年」及「昭公十五年」具體點出了「東夏」的位置。首先在元年，提到「（韓宣子成為晉的宰相，而晉成為盟主）服齊狄，寧東夏，平秦亂，城淳于」，到了十五年，又提到「（霸主晉文公）以有南陽之田，撫征東夏」。此處所說的「東夏」，就是筆者之前提過的「殷商之四方」，而「殷墟」就在這個區域（參見定公四年）。此外，關於「夏」，在《左傳》定公四年記載著「（將晉的唐叔）封於夏虛」。筆者之前也提過，唐叔虞的受封之地在山西，可見得《左傳》認為該地就是「夏墟」。「夏」及「東夏」合起來的區域，由西土、東土、南土及北土自四個方向團團包圍。

周原本是以陝西省為根據地的大國，消滅了河南大國殷商之後，將其疆域納入版圖。《左傳》

便是以此歷史為基礎，認為周的勢力來自於與自己不同的地區。換句話說，等於是將周當成了「外來者」。

身為「外來者」的「諸姬」一族，卻想要復興夏朝。這個乍看之下相當矛盾的觀念，就是韓氏建立的理論。外來的「諸姬」（姬姓諸侯）統治殷商遺民及夏朝遺民，是不變的立場。此時殷商遺民及夏朝遺民的地位，早已在「大夫」以下。而「大夫」取代諸侯的下剋上觀念，也成了不變的真理。但是「大夫」指的是特定的「大夫」，而特定的「大夫」誕生自「諸姬」一族。

特定的「大夫」也是「諸姬」的族人，將取代本家「諸姬」的諸侯地位，掌握政權。這樣的「模式」雖然帶有濃厚的「下剋上」色彩，但也可以解釋為「諸姬」內部的傳承。因此《左傳》在「下剋上」這一點上並不刻意著墨。然而接下來要介紹的齊國的《公羊傳》則剛好相反，對「下剋上」的行為相當重視。

即使韓氏身為特定的「大夫」，畢竟還是「諸姬」，也就是「外來者」。因此要主張統治殷商遺民及夏朝遺民的正當性，只能從神話下手。

依照《左傳》的理論，韓氏雖是「外來者」，卻擁有特別的地位，因此韓宣子一到夏郊祭祀，晉侯的病就痊癒了。晉跟夏朝不僅有著神話時代的淵源，而且在夏朝滅亡後，繼承了為夏朝舉行相關祭祀活動的地區。而這些地區，後來由晉的族人中的韓氏所繼承。這套理論雖然在書中是以暗喻的方式呈現，但其中卻隱含著編纂者心中所期望的「史實」。

此處需要特別一提的，是關於周的位置。

《左傳》「昭公九年」中，周的詹桓伯在說了上述那段話之後，接著又說了這麼一段話。

統治夏朝故地與殷商故地

伯父惠公歸自秦，而誘以來，使逼我諸姬，入我郊甸，則戎焉取之。戎有中國，誰之咎也？后稷封殖天下，今戎制之，不亦難乎？

現代文：晉惠公自秦歸來，引誘陸渾之戎入侵之後，戎不斷滋擾我們諸姬，進入我們的領土郊外，占領了這些地方。中國（域）遭戎占據，是誰的過錯？從前后稷在天下廣封諸侯，現在戎來到了壓制我們諸姬的地方，這也是沒辦法的事。

這段文字中值得注意的部分，在於「逼我諸姬，入我郊甸，則戎焉取之」及「今戎制之（諸姬）」。根據前後敘述，可知此處所說的「戎」指的是名為「陸渾之戎」的外族部落。在前面提到的西土、東土、南土及北土之中，陸渾之戎的位置在西土的東側（參照一一七頁圖）。

《左傳》評論外族的橋段，包含說明秦為西戎霸主（文公三年）、在談及「師出於陳、鄭之間」的話題時提起「觀兵（炫耀兵力）於東夷」（僖公四年）、強調秦（西）、狄（北）、齊（東）、楚（南）皆為強國（成公六年）、以「蠻夷」形容吳楚（成公七年等）。由上述內容可以歸納出《左傳》所認定的外族，西土稱為戎或西戎，南土稱為蠻夷，東土稱為東夷，北土稱為狄。不僅如此，而且戎指的是秦，蠻夷指的是楚、吳、越，東夷指的是齊，狄指的是燕。

編纂了《左傳》的戰國時代韓人利用這些稱呼，將敵對國家的領土形容成野蠻之地，藉以貶低其地位。陝西一帶在春秋時代為秦的勢力範圍，在戰國時代更成為領土國家秦國的疆土，但是在西周時代卻是以鎬京為首都的周朝勢力的根據地。周的首都位於勢力範圍的中央，因此首都鎬京及其周邊一帶被稱為「中域」。《左傳》採用了「中域」這個說法，並主張「中域」已經被戎占據。到了漢代，為了避開漢高祖劉邦的「邦」字，連帶讓「中域」的「域」也被改成了「國」。因此我們一般所看到的《左傳》內文，都不是「中域」，而是寫成了「中國」。

因此上述《左傳》「昭公九年」的「戎有中國」，意思是將位於陝西的西周故地當成了「中國」，說明其受到「秦」這個春秋時代的大國、戰國時代的領土國家所統治。《左傳》中還提到了「陸渾之戎」這個具體的稱呼，但「陸渾之戎」也是「戎」。西土被當成了戎的勢力範圍，而「陸渾之戎」當然也包含在其中。

在「中國（中域）」受戎占據的前提下，原本應該是外來者的「諸姬」成了受戎欺壓的中原區東部居民。換句話說，此處的「諸姬」，指的是住在前述特別地區「夏」及「東夏」的人。

「夏」是包含「夏墟」在內的區域，「東夏」則是包含「殷墟」及「（殷商的）四方」在內的區域，這些區域都是由「諸姬」所統治。但從「中國受戎占據」這句充滿哀怨的敘述，便可明白周的原本統治區域為「中國」（陝西）一帶，「諸姬」都是來自該處的「外來者」。

在「東遷」之後，周將首都從陝西鎬京遷移至河南雒邑。若以遷移到雒邑後的周來看，就跟夏、殷商一樣也是以中原區東部為根據地。

基準星宿與王朝交替

關於基準星宿，前文曾提及在《左傳》中只說「心宿」為「大辰」。其背後代表什麼意義？

只要看一〇五頁及一一二頁的圖就可明白，若將夏朝首都舊地「夏墟」放在西邊，將殷商朝首都舊地「殷墟」放在東邊，則戰國時代韓國的首都「鄭」就在兩者的中間。若以鄭為「極」，東為「殷墟」的「心宿」，西為「夏墟」的「參宿」，這應該就是《左傳》所認知的天象。這個「東方天空有心宿，西方天空有參宿」的相對位置，可見於冬至黎明前的天空。在這個時候，北斗位於天頂。

雖然北斗位於天頂，但那也不過是圍繞著「極」的星宿之一而已。北斗是周的星宿，相較於被認定為「極」的鄭（戰國時代韓國首都），可說還是略遜一籌。

在冬至黎明前的天空上，沉入西方的參宿是夏的象徵，自東方升起的心宿是殷商的象徵，接近極的北斗是周的象徵。然而北斗所象徵的周，只是其副都雒邑而已。參宿沉入西方後，心宿升上天空並緩緩向西移動，最後終於也沉入地表。在夏的參宿再次出現在東方之前，唯有北斗依然留在天空上。

以上的天象，彷彿是讓世人親眼目睹了夏、殷商、周這三代的交替過程。東方再次出現夏朝的參宿，意味著將再次出現一個全新的夏朝，夏朝的制度也將跟著復活。以上就是站在極的位置所看的天象，而站在極的人，當然就是韓王。

在韓國的眼裡，特別地區為「夏」（包含夏墟的區域）及「東夏」（包含殷墟的區域），而周為「外來者」。只稱殷商的心宿為大辰，暗示著在接下來的時代裡，將由夏的參宿取代成為大辰。

以上就是三代與大辰之間的關係。除了上述概念外，《左傳》還將夜晚的天空以極為中心劃分為十二方位，每一方位都有個名稱，並依其與木星位置的相對關係進行占卜。後代還衍生出了讓這十二方位的星宿，與春秋時代諸國相呼應的觀念。根據這個呼應關係，可以對很多現象進行解釋，例如當發生日蝕時，太陽位在哪個「分野」（《左傳》中的稱呼），便可知道何國會受影響。

《左傳》的理論跟後代的理論都是以論述星宿與國家之間的關係為基本概念，但《左傳》注重的是三代交替與基準星宿（大辰）之間的關係；後代的理論，則是將春秋時代的諸國分配在十二方位中，並論述方位對諸國帶來的影響。倘若將《左傳》的理論與後代的理論混為一談，將會過度認定《左傳》受後代的影響。

這類認定（《易》的理論亦有相同狀況）很容易在評估其受後代影響時造成誤解，必須謹慎小心。

第四章 戰國諸國各自論述的夏商周三代

秦、齊的主張與三代

筆者在前文已提過，戰國時代的諸國將天下區分為特別地區及其他的野蠻地區。所謂的特別地區，指的是與自己的國家息息相關的地區。每個國家都會依其立場設定特別地區，自然而然野蠻地區也會各自不同。

秦的領土統治正當性主張

倘若屏除各國立場，站在自由的觀點上進行論述，會發現同一個地區往往既是特別地區，也是野蠻地區。而且即使是同一個野蠻地區，諸國的稱呼也各自不同。

在《左傳》中，秦的定位為西戎霸主。但秦人自己的認定，卻完全不是這麼回事。雖然歷史中的野蠻人不乏「我就是野蠻人」的自我貶低想法，但這種話的背後往往帶有「現在這個時代野蠻人較偉大」的觀念。

要理解秦的主張，最快的方法就是分析秦的古籍。可惜的是，戰國後期以前的秦國相關古籍都已佚失。在戰國中期，秦在天下之中並不算是特別強大的國家。然而進入西元前三世紀不久，秦迅速占領了天下的一半土地，統一天下已不再是夢想。

《呂氏春秋》便是由秦人編纂的典籍，可惜此典籍的成書年代正是在統一天下已不再是夢想的時期。因此我們無法像《左傳》一樣，驗證秦國身為統治有限區域的國家的主張（參照一四〇頁地圖）。

值得慶幸的是，我們有秦在戰國中期所製作的青銅器，稱為「秦公鎛」。此青銅器上的銘文相當長，而且包含了許多領土統治的正當性主張。

秦的特別地區在陝西一帶。自從西周瓦解了之後，秦便占據這個地方。秦以此地為特別地區，並將東邊的鄰接地區視為低自己一等的地區。

秦所制定的律（法令），規定秦的女人生下的孩子為「夏子」。這指的是秦的女人嫁給其他國家男人的情況。秦將自己的特別地區稱為「夏」，因此秦的女人生下的孩子當然就是「夏子」。在秦公鎛的銘文中，便是基於此觀點，將東方稱為「蠻夏」。

秦公曰，丕顯朕皇祖，受天命，竈有下國，十又二公，不墜在上。嚴恭夤天命，保業厥秦，虩事蠻夏。

曰，余雖小子，穆穆帥秉明德，叡尃明刑，虔敬朕祀，以受多福，協和萬民，唬夙夕，烈烈桓桓，萬民是敕，咸畜百辟胤士，藹藹文武，鎮靜不廷，柔燮百邦，于秦執事。

現代文：

秦公說：「偉大吾之皇祖，承受天命，掌握『下國』。祖先十二『公』，感應於天上。莊嚴恭敬，安定秦國，統領蠻夏。」

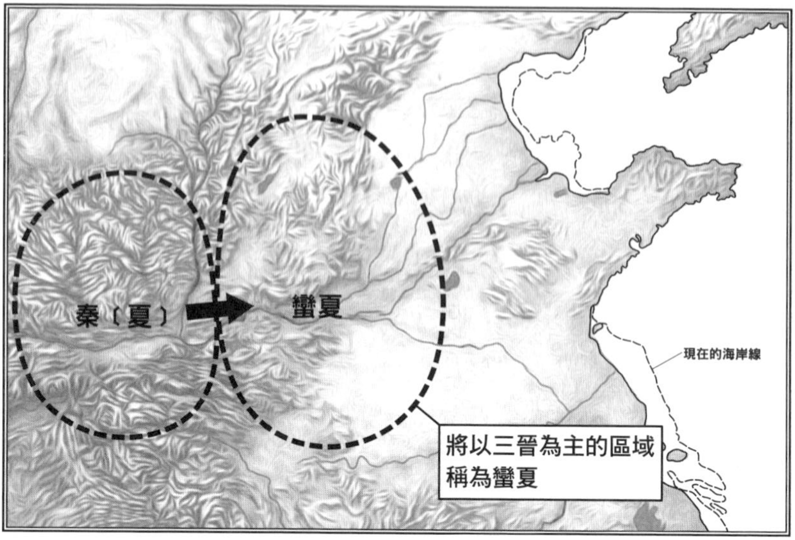

秦的特別地區「夏」及次一等的地區「蠻夏」 將《左傳》中的「中國」（陝西地區）稱為「秦」；將《左傳》中的「夏」及「東夏」稱為「蠻夏」，當成是次一等的地區。「下國」包含「秦」及「蠻夏」。根據秦律可以得知「秦」就是「夏」。

秦公又說：「我雖然是小子（意思是我雖然剛即位為王，同樣的用法可見青銅器中的『中山王嚳鼎』），但我謹慎地錄用明德君子，巧妙地建立明刑（神所判示之刑），舉行祭祀。因此可享受多福，讓萬民和諧。每天早晚都不懈怠，烈烈桓桓（威武）地匡正百姓，眷養眾士。以崇敬的文武（周文王、周武王；祖先的文公、武公）之威名，鎮壓不服朝廷者，柔治百國，使其侍奉於秦。」

此處所稱的「下國」，指的是受天命而統治的地區。換句話說，秦的疆土是上天賜予之物。上天命令秦統治「下國」，使國內安定，並統領「蠻夏」。

「下國」的「國」字，從前原本是「域（或）」字，指的是以都市為中心的特定區域。秦公鎛銘文中的「國」就是「域」，意思是領土國家的統治領域，受到了國境的包圍（將「域」

字包起來，就成了「國」）。這顯然是在領土國家的演變過程中誕生的文字。

依銘文的記述方式來看，「下國」指的是秦與蠻夏的合稱。秦是在西周末年自西方拓展其勢力，在西周陷入混亂的時候，秦平定西周舊地，將其納入疆土。其後秦想要將勢力繼續往東方的中原地區延伸，因而建立了「下國」這個概念。

這個「下國」的範圍剛好與從前西周的勢力範圍重疊。周朝不僅統治陝西一帶，而且消滅了殷商朝，在中原一帶布設軍事據點。

「下國」範圍中的「蠻夏」，就是《左傳》中所稱的「夏」及「東夏」。在西周時代，周建設了副都雒邑，並將山西地區封給晉，命其治理該地。而秦則認為統治「下國」是天命所賜，從前受周的政治勢力所影響的所有地區，都該由秦統治。

中原地區在《左傳》內被視為特別地區，但對秦而言卻是次一等的地區。而《左傳》中蔑稱為西戎之地的陝西地區，對秦來說反而是特別地區。

《左傳》中稱為「諸夏」的中原一帶，秦稱之為「蠻夏」。秦認為自己就是夏，因此中原並不是夏，但中原的蠻族擅自稱呼自己為「夏」，於是秦將其蔑稱為「蠻夏」。

若以新石器時代成立的文化圈來看，陝西東部到中原一帶屬於中原龍山文化的範圍。《左傳》將此文化圈以東的山西地區設定為夏朝故地，而秦則認為夏朝故地在其以西的陝西東部。

到了西元前二七九年之後，秦的領土已超過了天下的一半（參照一三八頁圖）。上述秦國女人所生之子為「夏子」的規定，適用於入侵鄰近文化圈後得到的土地上。在特別地區之中，周朝故地

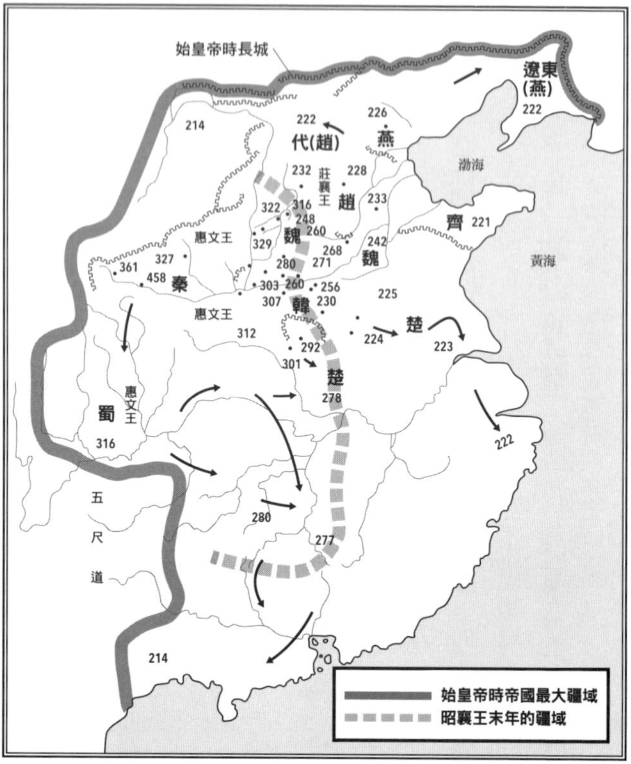

秦國疆域的擴張　秦國的富國強兵政策大獲成功，疆域也大幅向外拓展。昭襄王（西元前三〇七年至西元前二五一年）末年，已將當時天下一半地區納入其疆土。隨著秦國疆土的擴大，特別地區「夏」也跟著擴大。

相當於「畿內」，可說是特別地區中的特別地區。

齊的領土統治正當性主張

在秦國鑄造秦公鎛的時期，位於山東的齊國也鑄造出了有著類似主張的青銅器「叔尸鎛」（叔夷鎛）。

此青銅器是由齊國的威宣王所鑄造，銘文的內容是讚頌田氏的祖先。以下節錄銘文的一部分。「叔尸」指的就是威宣王。

夷典其先舊，及其高祖，虩虩成湯，又嚴才帝所，尃受天命，刪伐夏司，厥靈師，伊小臣惟輔，咸有九州，處禹之堵。丕顯穆公之孫，其配襄公之出，而成公之女，雩生叔夷。

現代文：

我的名字是尸（夷），追溯祖先及首先成為諸侯的高祖的典範，赫赫威名的祖先成湯（殷商的湯王）恭謹地隨侍在上帝的身邊。湯王獨受天命，征伐夏朝舊地，擊潰其神靈之軍。在宰相伊尹的輔佐下，湯王擁有九州，居住在夏朝第一代君王禹的遺址上。身為殷商子孫的宋國穆公，以及擁有榮耀的穆公血統的襄公，其後代分支一族的女兒嫁給（某國的）成公，出生的女兒嫁了過來，生下叔尸（此處說明叔尸的母方祖先為殷商君王，該君王定居於夏朝舊址，並且統治九州，也就是天下）。

是辟于齊侯之所，是小心恭齊，靈力若虎，勤勞其政事。又恭于公所，擇吉金鈇鎬鏷鋁，用作鑄其寶鎛，用享于其皇祖、皇妣、皇母、皇考，用祈眉壽，靈命難老。

現代文：

以齊侯的身分即位，行為恭謹，靈力有如猛虎，致力於政事。在父親桓武靈公（齊國威宣王之父桓公）的靈前祝禱，桓武靈公將靈力注入了可成為青銅器材料的武器之中。於是製作了這座寶鎛，以迎接祖父、祖母、母親、父親之靈。祈求能獲得好運，擁有靈命，長生不老（此處說明叔尸繼承其父親桓公之靈）。

根據此銘文內容，殷商的湯王定居於夏朝故地，而齊國的威宣王聲稱自己擁有湯王血統。有了這個血統的名分，就可以順理成章地主張夏朝及殷商故地的統治正當性。

當時的人主張血統一般是以父方為主，但威宣王強調的卻是母方的血統，這就跟漢高祖劉邦的「劉」是母方的姓氏是一樣的道理（參照二〇八～二一〇頁）。既然父方無可推崇之處，而母方尊貴，當然會強調母方的血統。銘文中的主角威宣王，是齊國第一個稱王的君主。

齊威宣王下令編纂的《春秋》及《公羊傳》

殷商故地與夏朝故地都鄰近齊國。齊國的首都位在山東以北的區域。自從西周初期受封之後，便以東方強國的地位與周朝建立密切關係。其自古以來的統治領土的西南方，有著殷商故地，而其西北方有著夏朝故地。由於夏及殷商的故地有重疊之處，因此殷商的湯王才會定居在夏朝初代君王禹的遺址上。

到了戰國時代，齊國君主齊桓公迎娶了有著宋國血統的女人為妻，因此著意宣傳兒子威宣王有著宋國血統。

在威宣王勢力的官方見解中，鄰近的殷商故地與齊國統治的地區合稱為「中國」。原本「中國」指的是西周時代首都鎬京及其周邊地帶，《左傳》也繼承了相同的概念，但齊國卻使用這個詞來表示其獨自的特別地區。

此處所指的殷商故地，就是前文介紹過的宋、衛、陳、鄭一帶。此處也是《左傳》主張其統治正當性的地區。宋是殷商後裔受周王封贈而建立的國家，衛是曾受封於殷商首都的國家，陳是戰國時代齊國王族田氏的出身之國。

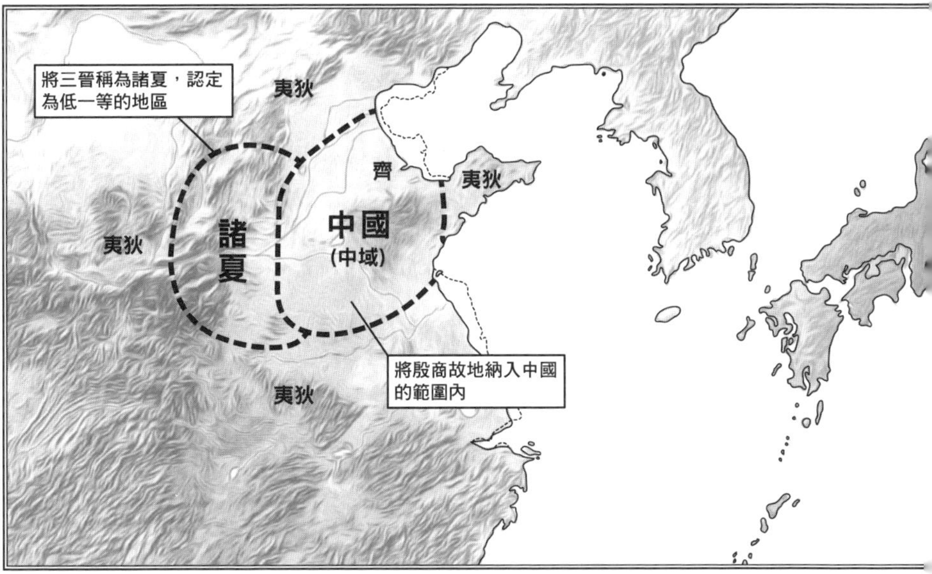

齊國《公羊傳》中的特別地區「中國（中域）」、次一等地區「諸夏」、野蠻之地　《公羊傳》是戰國時代齊人所作。戰國時代的齊國以原本周使用的「中國（中域）」一詞來表示其獨自的特別地區。「中國」包含了殷商故地及（詳細位置不明的）夏朝故都。東遷後的周位於「諸夏」，而西周故地則成了夷狄之地。《公羊傳》中描述的春秋時代的「中國」，出現了註定將發生的「革命」徵兆。書中預言田氏將由大夫晉升為君主，並且成為擁有正當統治權的王。唯有即將在「中國」發動革命的田氏居於特別地位，因此就算被打倒的諸侯也在「中國」之內，同樣不受「中國」待遇。此外，統治的百姓也有貴賤之別，例如風姓諸國的人不被當成「中國」之人。相反地，來自殷商故地的陳國田氏，及宋國孔氏之一的孔丘（孔子），受到特別待遇。

鄭是韓的首都，但以齊國的立場，若要將鄭納入特別地區，在理論上有些牽強，因此鄭不在齊國所定義的「中國」之內。

齊國另外定義出了名為「諸夏」的區域，此區域的地位較「中國」低一等，鄭就在這個「諸夏」的範圍之內。

齊國將殷商故地及山東一帶視為「中國」，但值得一提的是，山東地區還有一個魯國。賢人孔子正是魯國人，魯國的孔氏原本是宋國的望族，後來流亡到了魯國。

在孔子的時代，田氏掌握齊國大權。田氏原本是陳國國君的族人，後來流亡到了齊國。田氏將原本於西周時代及春秋時代統治齊國的君主拱起來當魁儡，其後又奪走其君主地位，最後甚至稱王。在孔子的時代，田氏的宗主為田成子。

到了戰國時代，齊國首先稱王的威宣王勢力對於田氏的祖先田成子及魯國的孔子特別重視。他們將這個祖先擺在政治的最高位置，並把魯國的孔子拱為天下第一賢人，藉由孔子闡述歷史法則並預言將來註定將出現的君王。

《春秋》及《公羊傳》就是在這樣的前提下編纂出來的典籍。前者為編年體史書，後者為前者的解說書。編年體史書內以年代排列順序，當前任君主過世後，便以隔年為後任君主的元年。這是齊國在西元前三三八年採用的記事法。《春秋》在設定上為魯國的編年體史書，那是因為一來內容主要為魯國及齊國的紀錄，二來想要利用魯國賢人孔子的聲望。

《春秋》記錄史實，其中隱含著歷史法則，而《公羊傳》則負責解說。《春秋》本身不作解說，因為不希望降低了法則建立者的格調，使其淪落為凡人。

某個「君子」委託賢人孔子編纂一本史書。這就是《春秋》與《公羊傳》搭配出的「模式」，記載在《公羊傳》的文末。

其後許多國家都以各種方式對《春秋》與《公羊傳》的內容提出反駁，例如之前提過的《左傳》及秦國的青銅器皆是。有些人開始主張孔子是魯國的賢人，當然應該站在魯國的立場，而不是齊國的立場。這樣的說明，讓《春秋》脫離了原本齊國編纂《春秋》的目的。

這套「孔子是魯國的賢人，當然應該站在魯國的立場」的說法經由秦、漢的傳承，在後世長遠流傳。漢代採用這套說法，是因為這比較符合漢代的需要。漢代的人一方面強調孔子與魯國的關係，使其成為中立於戰國時代諸國的聖賢，一方面以其他手法強調漢武帝（西漢中期）及東漢初年光武帝的至高無上地位。

在這樣的歷史潮流中，齊國原本的主張被埋沒在大量注釋裡。

只要閱讀《公羊傳》的內容，就可以知道齊國原本所建立，卻在漢代遭到埋沒的「模式」。

《公羊傳》的開頭

以下節錄《公羊傳》的開頭部分，並針對其內容進行論述。在這開頭部分裡，可說是濃縮了所有齊國主張其正統性的理由。

元年春，王正月。元年者何？君之始年也。春者何？歲之始也。王者孰謂？謂文王也。曷為先言王而後言正月？王正月也。何言乎王正月？大一統也。公何以不言即位？成公意也。何成乎公之意？公將平國而反之桓。曷為反之桓？桓幼而貴，隱長而卑，其為尊卑也微，國人莫知。隱長又賢，諸大夫扳隱而立之。隱於是焉而辭立，則未知桓之將必得立也。且如桓立，則恐諸大夫之不能相幼君也，故凡隱之立為桓立也。隱長又賢，何以不宜立？立適以長不以賢，立子以貴不以長。桓何以貴？母貴也。母貴則子何以貴？子以母貴，母以子貴。

現代文：

「元年春天，王的正月」（《春秋》內文）元年指的是什麼？是君王的起始之年。春天指的是什麼？是一年的開始。王指的是誰？是文王。為何先提文王，接著才提正月？因為那是王的正月。為何說是王的正月？因為尊崇一統。為何《春秋》上沒有明言公即位？那是遵從公的意思。為何說是公的意思？因為公雖然負起治國的責任，但將來會將國家還給「桓」（魯桓公）。為何要將國家還給「桓」？因為「桓」年幼卻尊貴，「隱」（魯隱公）年長卻卑賤，分辨尊卑的方法相當隱密，因此國人都不曉得。「隱」較年長而且「賢」，諸大夫都擁立「隱」。倘若「隱」此時不即位，將來未必「桓」一定能即位。何況就算「桓」即位了，諸大夫能不能輔佐幼君也是個問題。因此「隱」即位就等於是「桓」即位。「隱」較年長而且「賢」，為何不宜即位？因為立嫡子的君主，立的是年紀較長者而非較賢者；立庶子的君主，立的是較尊貴者而非年紀較長者。為什麼「桓」較尊貴？因為「桓」的母親較尊貴。為何母親尊貴，兒子就尊貴？兒子能因母親而尊貴，母親也能因兒子而尊貴。

《春秋》開頭第一句話「元年春，王正月」，使用的是中國特有的元年計算方式，稱為「踰年稱元法」。這個制度是在西元前三三八年由齊開始採用（參照三一一頁）。前任君主過世時，並非以該年為後任君主的元年，而是必須等到下一年（這稱為「踰年」，「踰」為跨越之意）正月起，才能稱為元年，這就是「踰年稱元法」。

《春秋》採用的正是這個制度，由此便可知《春秋》誕生於採用新制度後的齊國。相反地，魯國並沒有採用這個制度。魯國一直到西元前二五七年滅亡之前，採用的都是「立年稱元法」，也就是前任君主過世的當年便是後任君主的元年。「立」就是「即位」的意思，「立年稱元法」對日本人而言是較熟悉的紀年制度，如「昭和」跟「平成」都是從一年的途中開始計算。這個制度原本在中國也是較普遍的制度，直到西元前三三八年，才由齊開始採用不同概念的「踰年稱元法」。

前述《春秋》開頭文章的最後一句是「母貴則子何以貴？子以母貴，母以子貴」。這呼應了前文提到的叔尸鎛銘文。齊的叔尸（威宣王）在系譜上是母方的血統較為尊貴。

此外，文章中以「隱」表示「隱公」，以「桓」表示「桓公」，以「賢」表示「賢人」。這並非只是單純的省略稱呼，而是一種藉由省略吸引目光，讓學者們的觀點藏入其中的手法。

具體來說，這篇文章乍看之下在說明「魯隱公即位，桓公繼之」的史實，但其背後的真正用意，在於建立一套關於齊國君主的「模式」。文中整理出的歷史，只是為了達成目的所利用的道具而已。

「桓公」的「桓」有「武」的意思（所以才有「桓武」一詞），因此學者們才看上了「桓」這個字。但是「隱」這個字一般並沒有「文」的意思，因此學者們將「文人」與「賢人」混為一談，並在內文中說明「隱」就是「賢」。如此一來，就建立起了魯國的「文」賢人隱公傳位給「武」桓公的一套「模式」。藉由這個方式，暗示這就是歷史的法則。而且從前述的「踰年稱元法」，可看出並不只是單純的比喻而已，因為這可是高高在上的周文王傳下的制度（所以文章內才會說「王者孰謂？謂文王也」。當然，這只是齊人自己的認定而已）。

總而言之，文章中傳達了幾個訊息，包含「傳承自周文王」「名字帶有武的含意」「母方具有尊貴血統」「稱王之後開始採用踰年稱元法」等等。符合這些條件的君王，就是齊國的威宣王。

強調「母貴」的用意並非只是想要說明未來君王的母親擁有尊貴血統，更重要的是齊國威宣王的母親帶有殷商的血統，因此具有統治殷商故地的正當性。為了突顯這個主題，文章中重複了數次「母貴」。

「叔尸鎛」與夏朝故地

在叔尸鎛的銘文中，有著「專受天命，刪伐夏司，厥靈師，伊小臣惟輔，咸有九州，處禹之堵」等語。這其中隱含著齊國對夏及殷商的歷史認定。在齊國的觀念之中，繼承殷商故土與繼承夏朝故土是同一件事。

這樣的觀念與《左傳》對夏、殷商的疆域觀念有若干差異。《左傳》認為夏、殷商的疆域有些誤差，因此才有星宿的分野理論。相較之下，齊國則將著眼點放在殷商曾將夏朝最初的首都定為首都一事上。齊國主張殷商曾支配夏朝首都一帶，並且將「九州」納入其勢力範圍。想要知道「九州」的範圍有多大，只要看叔尸被賦予的疆域就知道了。

這座青銅器的銘文共有八十行，四百九十二字，算是相當長的文章，內容敘述的事情也相當多。在剛開頭的部分，說明了有著神明地位的「皇君」或「公」把軍事權及廣大土地的支配權賜予齊國。此處的「皇君」或「公」類似春秋時代晉國「侯馬盟書」中提到的神明（類似「丕顯皇君𡈼公」的說法）。

在具體描述廣大土地支配權的部分，提到了「縣三百」。以戰國時代中期「縣」的規模來計算，應該是將山東一帶與中原一帶合起來後還要再大一點的範圍。換句話說，就是一二九頁地圖中的「中國」與劣其一等的「諸夏」合併起來的範圍。

銘文中一邊敘述繼承殷商故地的正當性，一邊強調殷商首都與夏的首都曾經為同一地，想必是因為齊國抱有征服「諸夏」的野心，因此就立場上必須主張統治正當性。但以戰國時代中期的實際局勢來看，齊國知道自己還沒有這個餘力。齊國想要征服「諸夏」，一方面也是因為田氏源自於陳，而根據傳說，陳的祖先源自於夏禹。

魏的《竹書紀年》與三代

魏國就跟前文提到的韓國一樣，是春秋時代大國晉在轉變為領土國家的過程中分裂，因而形成的國家。

戰國時代的魏王的祖先，是春秋時代的魏氏。魏氏與韓氏的不同點，就在於韓氏是晉的族人，而魏氏則否。魏氏原本只是晉的臣子，後來一步步往上爬，才成為諸侯，最後稱王。

《竹書紀年》、「夏」與革命

基於這樣的歷史，這個國家需要一套「大夫消滅諸侯」的下剋上理論。魏氏就跟韓氏一樣，以中原一帶為特別地區。為了宣揚魏氏在這個地區往上爬的理論，魏國也有屬於自己的史書。

在這套理論中，魏將中原一帶的特別地區稱為「夏」，魏氏雖然為大夫出身，卻是「夏」的子

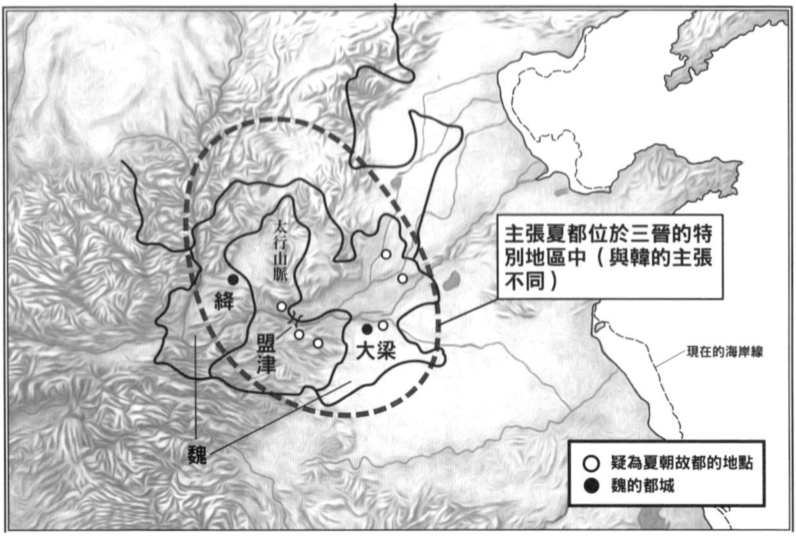

三晉與夏都　三晉之中，魏都大梁與晉的舊都絳以「●」標示。三晉的國境線（大約西元前三五〇年的狀況）、疑為夏朝故都的地點（以「○」標示），皆參照譚其驤主編《中國歷史地圖集》第一冊。

孫，藉由「革命」獲得新的天命，推翻周王的權威，成為「夏王」。

魏的疆域在太行山脈的東西兩側，東側有首都大梁，西側則有晉的舊都絳。幅員相當廣大，涵蓋《左傳》中描述的夏朝故地及殷商故地。

魏的史書曾在秦統一天下的過程中佚失，原名已無人知道，直到這本編年體史書在西元三世紀時於戰國時代魏國的墳墓中出土，世人才得知其存在。出土之後，這本史書被稱為《竹書紀年》，在世上廣為流傳。

《竹書紀年》的成書年代，甚至早於齊的《春秋》《公羊傳》及韓的《左傳》。

內容從傳說的〈五帝紀〉開始，依序為〈夏紀〉、〈殷紀〉、〈周紀〉、〈晉紀〉，最後進入〈魏紀〉。

這本編年體史書的成書年代早於其他諸國，原因就在於魏掌控了春秋時代晉的首都及其附近一帶，因此能夠參考晉所流傳下來的編年體史書。

《竹書紀年》的內容，是以晉的編年體史書為基礎。大體而言，該編年體史書在西周時代之前的部分，是在西周末年至春秋初年的混亂時期中，晉所流傳下來的歷史。當時晉的君主為晉文侯，在周分裂為東西兩側時，為東周的主要勢力。《竹書紀年》之中，記載著文侯消滅了分裂後的西周。

西周的混亂局面並沒有隨著西周的滅亡而結束，因為其後秦的勢力開始向東延伸。在這段時期中，原本由周獨占的一項技術流傳至各地，那就是在青銅器上鑄字的技術。在這個技術流傳開來之後，各國終於能夠以青銅器銘文的方式記錄文字。

西周時代的晉，除了口耳相傳的歷史之外，幾乎沒有留下任何紀錄。但是在《竹書紀年》之中，卻有著大量關於殷商及周的紀錄，那是因為原本由西周獨占的歷史紀錄傳入了晉。

到了戰國時代，魏利用這些資訊編纂出了新的編年體史書，那就是《竹書紀年》。

《竹書紀年》到了宋代再度佚失。學者們只能利用唐代以前其他典籍注釋所引用的《竹書紀年》內文，將其拼湊出大致的原貌。除了這個學術性復原的版本之外，世上還流傳著另一版本的《竹書紀年》，但那是明代的偽作，雖然書名為《竹書紀年》，內容卻是天差地遠。到了近代，王國維等諸多學者都主張這是偽作，我自己也曾仔細檢視其內容，確認那是參考一種六朝時代晉朝典籍，及數種宋代之後典籍所寫成的偽作。我原本期待能在其中找到些許自古傳承下來的史料，結果卻令我大失所望，只是再度證實新的《竹書紀年》確實是偽作而已。如今我們稱經過學術性復原的版本為「古本」，稱偽作為「今本」。

剛剛提到的魏國疆域，橫跨太行山脈的東西兩側。東側有首都大梁，西側則有晉的舊都絳（參照一五〇頁地圖）。因此《左傳》中記載的晉的神話，對魏而言也通用。但是《左傳》將晉的舊都附近汾水及洮水一帶視為夏朝故地，而魏則將夏朝建立的數個都市認定在太行山脈的東側。

《竹書紀年》中記載的地名到底相當於現代的何地，需要嚴謹的考證，本書一五〇頁地圖上標示的位置，是多數人認為「應該是在這附近」的位置。

韓主張擁有夏朝故地統治權的理由，在於來自晉的傳承。相較之下，魏卻是以諸夏的大夫地位經由下剋上而成為諸侯，最後稱王。基於這段歷史，魏在自己的領土中設定了較多的夏朝故地。

夏及殷商故地位在韓、趙、魏三國共同擁有的特別地區「諸夏」之中，並沒有任何一國的領土能將其完全涵蓋，因此在記錄歷史時，三國各自準備了一套對自己有利而對其他兩國不利的理論，在史書中特別強調的地點也各自不同。因為這個緣故，《左傳》與《竹書紀年》在夏朝故地的位置描述上有所落差。

《竹書紀年》中描述的周朝權威繼承

在經過復原的《竹書紀年》中（此處指的當然是古本），有著一套魏國直接繼承周朝權威的「模式」。傳說中的五帝時代合稱為五帝紀，其後依序為夏紀、殷（商）紀、周紀，以上就是所謂的三代。繼周之後，接續的是晉紀。晉是韓、趙、魏在分裂前的國家。承接在晉紀之後的，則是魏紀。晉紀是諸侯身分的編年體歷史，魏紀剛開始也是採用諸侯身分，但是途中轉變為王的身分。

在進入魏王的紀年時，採用的是前述的「踰年稱元法」。所謂的「踰年」，指的是跨越一年，也就是不以前任君主過世的該年為元年，而以隔年的元旦作為元年之始。

踰年稱元法是在戰國時代中期，也就是西元前四世紀中葉之後才開始被實際運用，但是在更古老的歷史事件上，便可找到其淵源。時間回溯至周朝，在周武王去世而成王即位的時代，這個「模式」便已建立。武王去世時，先有一段周公旦執政的時期，年幼的成王由周公養育長大，過了一段時間後才正式即位。新的元年，從正月的元旦才開始算。周公的時期與成王即位後的時期，各有不同的紀年。這個歷史典故被戰國時代的人擴大解釋，用以補強其理論。

當初原本應該只是受周王同族勢力要求，才會以這樣的方式進行記錄。但是到了戰國時代，卻出現另一套解釋。戰國時代已進入了由官吏統治地方的文書行政時代，因此需要一套不必依賴血緣關係的權威理論基礎。新即位的王，就理論上而言不能是基於血緣關係而即位。當時的為政者想出的說詞，就是「王是因品德高尚而即位」。負責判斷即位者品德高低的人，就是「賢人」，只要獲得「賢人」拍胸脯保證，就能自下一個正月元旦起，將紀年改為元年。為政者在前一年，就會事先宣布改元，並自隔年元旦起，正式進入元年。如同前述，這個做法就稱為「踰年稱元法」。所謂的「踰年」，指的就是跨越一年。

自從戰國時代開始正式使用之後，「踰年稱元法」代代傳承了下來。

魏國的惠成王原本是以魏侯身分即位，後來宣布改元並登上王位，自隔年起進入元年。惠成王之所以稱為惠成王，是因為他既是惠王又是成王。當時的王號經常是由數個字組成，惠成王就是最好的例子。

惠成王既是惠王又是成王，所以可視為與周朝的成王擁有相同的王號。如此一來，就建立起了相同王號的王，同樣採用踰年稱元法的「模式」。

史書裡採行的「模式」，早在魏的惠成王即位之前，便已刻意倣效周成王。周朝在武王的時期消滅了殷商，雖然在武王前面還有個文王，但文王是追謚的王號。在文王還活著的時候，殷商最後一名君主紂王依然在位。周紀是從武王開始記錄，其後是周公，接著是成王。魏紀也是從武侯開始記錄，在武侯之前雖然有個文侯，但這時的歷史還記錄在晉紀之中。武侯之後繼位的惠成王，也是先有一段身為諸侯的時期，接著才即位為王。

換句話說，即位的「模式」並非只是單純即位為王，而是帶有明顯的回溯及復興周朝文武兩王權威的意圖。

但要繼承周王的權威，就必須先推翻周王的權威才行。說穿了，就是要發動革命。繼承跟革命在「模式」之內是一體兩面的事情。一來藉由模仿《竹書紀年》中記載的文傳武、武傳成的「模式」，彰顯魏的惠成王對周的文武兩王的「繼承」，二來並藉由成為推翻周朝的王，以彰顯「革命」。

魏惠成王推翻周朝的「模式」，就是復興夏朝。

魏惠成王與夏朝權威

《戰國策》〈秦策四〉中，有著這麼一段：

魏伐邯鄲，因退為逢澤之遇，乘夏車，稱夏王，朝為天子，天下皆從。齊太公聞之，舉兵伐魏，壤地兩分，國家大危。梁王身抱質執璧，請為陳侯臣，天下乃釋梁。郢威王聞之，寢不寐，食不飽，帥天下百姓，以與申縛遇於泗水之上，而大敗申縛。

現代文：魏討伐邯鄲，退兵後在逢澤舉行諸侯會盟。魏王乘坐夏車，自稱夏王，朝拜周天子，天下諸侯都順從其意。齊太公（後來的威宣王）得知之後發兵討伐魏。魏王親自捧著禮物及寶玉舉行投降儀式，發誓永遠效忠陳侯（或稱田侯或齊侯，指齊的田氏），天下諸侯才原諒了魏。郢（楚）的威王聽了此事後非常擔心，於是率領了天下之人，與申縛（齊的將領）在泗水上交戰，將申縛徹底打敗。

同樣的記載，也出現在〈齊策五〉之中，與上述的〈秦策四〉互相呼應。

昔者魏王（略）其強而拔邯鄲，西圍定陽，又從十二諸侯朝天子，以西謀秦。（略）衛鞅見魏王曰，（略）大王不如先行王服（略）。魏王說於衛鞅之言也，故身廣公宮，制丹衣，柱建九斿，從七星之旟。此天子之位也，而魏王處之。（略）齊人伐魏，殺其太子，覆其十萬之軍。魏王大恐，跣行按兵於國，而東次於齊（略）。當是時，秦王垂拱受西河之外。

現代文：從前魏王攻破邯鄲後，包圍西邊的定陽，又邀集十二家諸侯朝拜周天子，為討伐西邊的秦做準備。衛鞅（商鞅）向魏王說：「大王應該先行王服（採用身為王的制度）。」魏王開心地聽從其建議，拓建了宮殿，採行丹衣的制度，在柱子上豎立九根斿旗，在身後設置七星旟旗。這些都是天子的制度，魏王卻用在自己身上。因為這個緣故，齊討伐魏，殺了魏的太子，擊潰魏的十萬大軍。魏王慌忙逃回國內重整軍勢，並向齊俯首稱臣。就在這個時候，秦王趁勢對魏進逼，輕易取得了西河之外（黃河以西）的土地。

此外，〈秦策五〉之中，也有以下的記載。

梁君伐楚勝齊，制趙、韓之兵，驅十二諸侯以朝天子於孟津，後子死，身布冠而拘於秦。

現代文：梁君（魏王）討伐楚，戰勝齊，壓制了趙、韓的軍隊，率領十二諸侯於孟津朝拜天子，但後來兒子死了，自己也戴上布冠，成為秦的階下囚。

魏不僅壓制諸國，而且舉行了會盟儀式。「驅十二諸侯以朝天子於孟津」與「逢澤之遇」指的是同一件事。「逢澤」是黃河流域上的地名，而「孟（盟）津」則是該地的黃河渡船口。當初周武王的殷商討伐軍就是從這裡渡過黃河，可說是極具象徵意義的地點。

魏挑在這個地點舉行會盟儀式，是為了逼迫周讓出權威。其他諸國不肯坐視，才會合力攻魏。

魏王在逼迫周讓出權威的時候，使用了「夏王」這個稱呼。這是一個兼具復興夏朝與推翻周朝這兩種用意的「模式」。

魏不僅採用了新的曆制，而且強調這是傳承自夏的曆制。齊及韓也採用了類似的曆制，但各國略有不同，這是為了保留各自的獨特性。但與夏的淵源，是其共通的特色。

至於魏是否利用神話進行論述，目前尚無任何佐證。但是可以想像應該是與《左傳》中的晉的神話相同，或者是大同小異。但其論述發展到最後，勢必得排除「諸姬」（姬姓諸侯）這些「外來者」，讓長久以來遭受欺壓的「諸夏」重獲榮耀。基於這樣的理念，魏王才會自稱「夏王」。

魏氏與編纂出《左傳》的韓氏不同，並非「諸姬」的後代。因此就像執著於下剋上理論的齊國田氏一樣，魏氏也在中原地區發展出了一套相同的下剋上理論。

「諸姬為外來者」的觀念在《左傳》中只是偶而被提及，但在魏氏的觀念裡卻成了大前提。不僅如此，而且魏氏特別強調「諸夏」地區的下剋上，並特地演出了一齣夏朝復興的戲碼。

楚的祖先神話與三代

戰國時代的諸國將中原一帶視為夏朝故地及殷商故地，並為了該由何國統治而各執一詞，但就在同一時期，以長江中游流域為根據地的楚，發展出了一套獨自的祖先神話。

與傳說中帝王的關聯

就跟其他諸國一樣，楚也讓自己的祖先與傳說中的帝王攀上了關係。但這指的不是夏或殷商的帝王，而是傳說中的祝融，以及更早以前的顓頊。

楚的這類傳說分散在諸典籍之中。《史記．楚世家》中有較完整的記載，然而在《史記》尚未出現前的戰國時代至西漢中期之間，出現了數個以「楚的正統繼承者」自居的人物，包含在秦始皇死後造反的陳勝、楚漢相爭的項羽，以及在漢代造反的黥布。

此外，楚曾向東方進軍，占領了越的故地。越的故地在典籍中有時會被包含楚之內，有時還是會被稱為原本的越。

在漢武帝之前，有個與漢敵對的國家，名為「南越」（以廣東為根據地，統治者為越帝）。這個國家之所以自稱為「越」，正是因為繼承了歷史上遭楚消滅並統治的越之故地。換句話說，這些從戰國時代到漢代之間的相關諸勢力所採用的傳說，很可能會被混入《史記．楚世家》之中，這點必須特別注意。

在前文提到的《左傳》裡，也有著關於楚的祖先的傳說。《左傳》「僖公二十六年」中，記載著楚與其同族之國夔起了爭執，原因就在於夔不肯祭祀兩國共同祖先祝融與鬻熊。夔人聲稱自從「先王熊摯」逃竄到夔之後，楚與夔的關係就斷絕了。《左傳．楚世家》中，則記載著熊摯的弟弟熊延弒兄篡位，雖然跟《左傳》中所稱的「逃竄」並不相同，但系譜是相符的。

《楚辭》一般被認為是楚國所流傳的詩集，其中的〈離騷〉篇一開頭便說「帝高陽（顓頊）之苗裔兮」。這是一本假藉屈原之名的詩集，因此想要強調屈氏的祖先是顓頊。《史記．楚世家》中，也記載著祝融的祖先為顓頊。

在此我想先說明一下關於傳說的「層累理論」，這可能帶了一點想像的成分。此理論認為世人

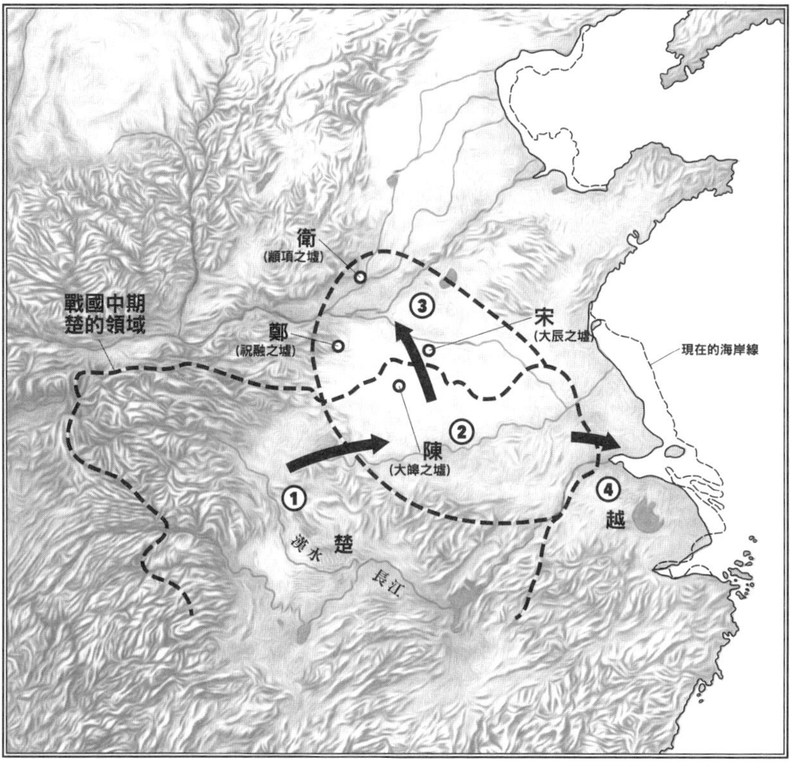

戰國中期楚的疆域與領土統治正當性主張　楚的疆域參照譚其驤主編《中國歷史地圖集》第一冊，但經過部分修正。①是成立於新石器時代的兩湖區文化圈，春秋時代的楚就是在這裡率先建立起大國地位。②是春秋時代的楚開始進逼並與中原勢力及吳、越等國爭奪統治權的地區。③是②的延伸，加上神話淵源，成為楚所覬覦的地區。④為與楚爭奪②的越（吳）的根據地，楚亦想將其納入版圖。

總是希望歷史越長越好，因此傳說的時代會不斷向上累加。

這套理論是由日本江戶時代的富永仲基所提出，只不過說明的對象有所不同。後世的內藤湖南稱讚這是相當理性的思考邏輯，讓這套理論因而變得頗有名氣。

因此假如把每種古籍的內容都提出來說明，按一加一除以二的方式拼湊出結論，這些「層累理論」下的內容往往會變得不倫不類，說明也會變得似是而非。本書極力想要避免陷入這樣的窠臼。

戰國時代的世人，對於從前的夏、殷商及周已建立起一套觀念，並認為在這些朝代之前，是由堯、舜等聖賢掌握政權。不僅如此，而且諸國都有著各自不同的祖先傳說。原本在神話中以祝融為祖先的楚，將神話繼續往上堆疊，把顓頊當成更加古老的祖先，並認為顓頊是比堯、舜更加古老的帝王。魏與齊也不甘示弱，開始聲稱顓頊之前還有更加古老的帝王，那就是黃帝。前者將神話繼續往前推至黃帝，建立起五帝理論，並由夏朝繼承。後者則自詡為黃帝的子孫。齊的田氏開始聲稱周朝的陳氏為黃帝的子孫，而田氏是陳氏的分支。

《左傳》中記載的楚國祖先

到了《左傳》的時代，世人已開始覺得很難再繼續往上累加了。於是《左傳》將顓頊的子孫分成了兩種，一種是賢人，一種是惡棍。例如在《左傳》「文公十八年」，記載著這樣的內容。高陽氏（顓頊）有八個優秀的兒子，天下的人稱之為「八愷」，對其讚譽有加。高辛氏（帝嚳）也有八個優秀的兒子，天下的人稱之為「八元」，對其讚譽有加。堯的時代沒辦法善用這些人，到了舜的時代，這些人才立下大功。但是帝鴻氏、少皞氏、顓頊氏各有不肖兒子，這三族的「惡」代代延續，造成惡名遠播，到了堯的時代無法加以遏止，其後又加上縉雲氏的不肖兒子，合稱「四凶」。到了舜的時代，舜流放這四凶，立下了大功。

《左傳》記載的這個傳說，暗示著楚的祖先正是顓頊的後代中遭舜流放的不肖兒子。

每當提到關於楚王的事蹟時，《左傳》也往往不稱「楚王」而稱「楚子」。引用的原典多半記載的是「楚王」，但《左傳》並非直接使用，而是故意讓「楚王」與「楚子」交錯搭配，讓讀者明白「楚王」原本是「楚子」。

同樣的手法，《左傳》不稱楚王的兒子為「王子」，而稱為「公子」。相較之下，周王的兒子卻是「王子」。

在《左傳》的引用事蹟中，還有一些只稱「楚子」而完全不稱「楚王」的例子。有名的「楚莊王問周鼎大小輕重」的事蹟（《左傳》宣公三年）正是一例。在這個段落裡，「楚王」一次都沒有出現過。而且原本談到權威問題，應該注重的是品德，但此文中的「楚子」卻只注重形式，問的是鼎的大小輕重。

就像這樣，《左傳》在敘述關於楚的事情時，往往是站在偏頗的立場，因此必須謹慎分辨哪一些只是刻意貶低的內容。《左傳》反駁特定正統理論的手法，是舉出對該理論不利的「史實」，因此《左傳》中記載了相當多的「史實」。但是這些「史實」的內容往往遭到竄改或加油添醋，如何恢復其原貌是一大問題。

黃帝原本被視為齊的祖先，但《左傳》在「昭公十七年」中，描述「黃帝氏以雲紀」「炎帝氏以火紀」「共工氏以水紀」「大皞氏以龍紀」，讓這些古代帝王都成了相對的概念。批判雖不若對楚那麼明顯，卻還是多少帶了貶意。

「昭公十七年」中，還提到宋、衛、陳、鄭這四國。宋位於大辰之墟（或作「虛」），故地之意。指以基準星宿「心宿」為祭拜對象的故地），陳位於大皞之墟，鄭位於祝融之墟，衛位於顓頊之墟。大辰為天象之基準，因此位於大辰之墟的宋可說是擁有特別地位，但是其他地點都成了相對的概念。而且不管是祝融之墟還是顓頊之墟，未來都將納入韓的疆土。

筆者想要再強調一次，流傳至現代的楚國祖先神話，不僅隱晦難懂，而且包含許多楚國的敵對國家基於毀謗的「模式」而創造出的內容，如韓國的《左傳》中的記載便是一例。因此對這些神話的內容絕對不能囫圇吞棗，至少必須先站在楚國的立場，思考看看這樣的內容是否合理。

透過這樣的篩檢，我們發現楚國神話的基本概念，是藉由祝融與顓頊來推翻夏與殷商的權威。如此說來，戰國時代楚國的特別地區，除了湖北、湖南一帶之外，應該還可視為包含前文早已提過數次的殷商故地，也就是上述的宋、衛、陳、鄭及其周邊地區。但是在楚人的觀念裡，他們並不是要繼承殷商故地，而是要繼承祖先祝融與顓頊的故地。

因此楚人並不將殷商放在眼裡，而夏更是在特別地區之外。

值得一提的是，在《左傳》「哀公六年」中，還提及了下面這段關於楚昭王的事蹟。在這個段落裡，除了個人的王號「昭王」之外，完全只使用「楚子」而不用「楚王」這個字眼。

三代命祀，祭不越望，江漢睢漳，楚之望也，禍福之至，不是過也，不穀雖不德，河非所獲罪也。

現代文：在夏、殷商、周的三代時期，楚受命舉行河川祭祀，也不會超過「楚之望」的範圍。所謂的「楚之望」，指的是長江、漢水、睢水、漳水。不論禍福，都不會超過這個範圍。我即使沒有德行，（生病的原因）絕非是因為得罪了黃河之神。

在《左傳》裡，還引用孔子說的「楚昭王知大道矣，其不失國也宜哉」，又為了修正其含意而引用《夏書》中的「惟彼陶唐，帥彼天常，有此冀方，今失其行，亂其紀綱，乃滅而亡，又曰，允出茲在茲，由己率常可矣」，意思簡單來說就是「不謹守本分就會惹下大禍」。所謂的「謹守本分」，意思當然是不超過楚的特別地區，也就是涵蓋長江、漢水、睢水、漳水的湖北一帶。

這個特別地區，正是沿襲自新石器時代的文化圈。將殷商故地納入其中，是基於覬覦鄰近地區的想法。將越之故地納入其中，當然也是一樣。

楚的周朝權威繼承

一個國家的立場，可以從敵對國家的立場看出端倪。例如在韓人所作的《左傳》裡，曾經提及山東一帶的諸侯之中有著夏的子孫。該論述的用意，在於強調這些夏的子孫已幾乎變得跟野蠻人沒兩樣。如此一來，就可以建立一套「模式」，那就是即使位於山東的齊將這些夏的子孫消滅了，也並不代表齊擁有了夏朝故地的統治正當性。

同樣的道理，透過敵對國家的主張，就能分析出楚的周王權威繼承理論。

楚在春秋時代稱王，是為了與周相抗衡。第一個稱王的人物是成王，他在稱王之後將祖先追諡為武王及文王。戰國時代的秦人寫出了一篇詛咒成王至威王等歷代楚王的文章，將其刻在石頭上，稱為「詛楚文」。如今原石已佚失，我們只能透過拓印版本得知其內容。

上述的成王至威王，嚴格來說若依其文章內容，是以秦的穆公至惠文君的十八代為主軸，並詛咒這段期間的各個楚王。穆公（亦稱繆公，在位時期西元前六六〇年至西元前六二一年）時期的楚王是成王（在位時期西元前六七一年至西元前六二六年），他是楚第一個稱王的人物。成王以前擁有王號的楚武王及楚文王，其實都只是追謚而已。因為這個緣故，秦人的「詛楚文」無視於前面的武王及文王，只從成王開始詛咒起。

楚追謚武王及文王的理由，是為了對抗周及史書《春秋》。楚武王在位時間（西元前七四〇年至西元前六九〇年）早於《春秋》的開始時間（西元前七二二年），而且與東周第一代的王——平王的在位時間（西元前七七〇年至西元前七二〇年）有所重疊。

周平王為了繼承赫赫有名的周文王、武王所傳下來的正統地位，將首都定在東都雒邑。周文王、武王的事蹟在此處一樣是問題的核心。其事蹟被《春秋》加以利用，建立起了一種「模式」。因此楚王想要建立另一種「模式」，既可以與《春秋》相抗衡，又可以否定文王傳給武王的周王權威繼承「模式」。

將第一代楚王命名為武王，而且在位期間與周平王重疊，當回顧周王歷史時，就形成了一個「模式」。由於楚王為武王，就可以認定為自周文王繼承權威，而非繼承自周武王。如此一來，等於是全盤否定了周武王以下，整個靠著革命取代了殷商的周朝。

換句話說，楚無視於夏，無視於殷商，甚至無視於消滅了殷商之後的周，也就是自周武王以下的整個周朝。

這樣的「模式」，也意味著繼承了周文王之「德」的王，並非周武王，而是楚武王。藉由這樣的方式，楚一方面承認西周的文王的個人權威，一方面又全盤否定整個周的權威。這彷彿是在告訴世人，周的權威並非由西周繼承，而是跨越了時代，由楚繼承。除此之外，楚還否定了夏及殷商的一切「模式」，只強調自身的血統正當性。

在「繼承周朝」「復興夏朝」「下剋上」等各種議題之中，楚只將「繼承周朝」搬上檯面，而且是建立了一套只利用周文王的獨特「模式」。至於「復興夏朝」及「下剋上」，則完全絕口不提，這就是楚主張正統繼承權的「模式」。

若以這個「模式」的立場來分析楚的領土擴張野心，會發現被楚當成特別地區的湖北、湖南一帶，是楚擁有正當統治權的地區。其東北方的廣大中原地區是夏朝故地及殷商故地，其西側陝西一帶則是周朝故地。楚人以顓頊否定夏朝的權威，以祝融否定殷商朝的權威。根據前述《左傳》「昭公十七年」中的記載，衛為顓頊之墟，鄭為祝融之墟，這兩者都在殷商故地之內。

筆者已在前文提過韓與齊都企圖染指這片土地，而事實上楚也抱持著相同的野心，只是以神話的方式加以呈現。

韓所統治的地區為中原的中樞地帶。東遷之後的周，正是位於此處。周所建立的文王、武王理論，遭到楚全盤否定。楚成王基於上述說明繼承了周文王之德的「模式」，雖然以周為論述對象，其實背後也包含著對鄰接的中原地區的支配慾望。

筆者已提過很多次，夏朝故地與殷商故地原本由周朝統治，而周朝故地在春秋時代成了秦這個大國的勢力影響範圍，到了戰國時代更成為秦的統治領土。夏朝故地與殷商故地在春秋時代成為晉的勢力影響範圍，到了戰國時代則成為分晉三家韓、趙、魏的統治領土。楚人相當明白，短時間之內不可能將這些地區納入版圖之中。將來雖能主張統治的正當性，但要實現卻是相當困難。這就跟齊將殷商故地納入特別地區之內，卻將夏朝故地設定為低一等的地區，有著相同的心情。

不管是夏朝故地、殷商故地還是周朝故地，都給予一定評價，但視為比楚低一等的地區。這就是楚人的觀念。

然而觀念歸觀念，楚人對於繼承漢字文化的周似乎抱持著特別的情感。這種特別感情讓楚人唯獨對周文王給予高度肯定。消滅殷商的人是周武王，因此只要不對武王及其以下諸王作出評價，連帶也就不必對消滅殷商的歷史作出評價。基於這樣的想法，楚王才以前述的方式對從前的楚國君主追諡武王名號，以建立由楚武王取代周武王繼承周文王權威的「模式」。

值得一提的是，《史記・楚世家》之中記載著楚早在西周時代便已開始使用王號。這指的是楚的從前君主中，熊渠的長子熊康被封為句亶王，次子紅被封為鄂王，少子執疪被封為越章王的事件。但是這段歷史卻是以楚害怕遭周厲王討伐，因此放棄了王號的方式結尾。心高氣傲的楚人，實在不太可能傳下這樣窩囊的歷史。想必這應該是楚以外的國家，為了毀謗楚而杜撰出的故事。尤其有一點需要注意，那就是周厲王是個無道昏君，最後甚至被拉下君王寶座。楚王的祖先，竟然對無道昏君心生恐懼，等於是比無道昏君還不如的人物。在這樣的設定之下，等於將楚王塑造變成了比無道昏君還不如的人物的子孫。

楚雖然向東方進軍，消滅了越，但是在統治越國故地這件事上，楚卻似乎不像對中原一帶地區一樣，擁有一套統治的正當性理論。

中山國的統治正當性主張與三代

戰國時代的中山王國稱其祖先為鮮虞。有些典籍將這一族歸類於白狄之中。一般學者多認為這是一支入侵中原地區的北方異族。不過若是以「被中原諸國視為異族」這個立場來看，中山其實跟楚、秦也沒什麼不同。而《穀梁傳》便是由中山人所編纂的史書。

中山國的統治正當性主張與《穀梁傳》

《穀梁傳》成書晚於齊的《春秋》《公羊傳》及韓的《左傳》，因此可以利用這些典籍所採用的「模式」，建立出另一套否定這些「模式」的理論。

就跟《公羊傳》一樣，《穀梁傳》的論述重點也是「中國」。《穀梁傳》所定義的「中國」，比《公羊傳》定義的「中國」要再大一些。內容除提到齊、宋之外，還論及衛、鄭、蔡、鮮虞等國。此外，還以「夷狄」或「狄」代表野蠻人。一般多以「夷狄」代替「狄」，顯然「狄」已成為野蠻人的統稱。

《穀梁傳》最大的特徵，就在於將晉以外的西周諸侯納入「中國」之中，並主張這些諸侯一一遭到消滅。

另一方面，《穀梁傳》又否定下剋上的概念。公、大夫應該尊卑有序，且謹守君臣之道。因此《穀梁傳》雖將諸侯都納入「中國」的範圍之中，但不包含魏氏、趙氏及齊的田氏等大夫出身的勢力。

《穀梁傳》對魯的評價相當辛辣，認為桓公弒君（隱公）篡位，根本沒有繼承周公之德（桓公二年）。此外，《穀梁傳》還認為晉與夷狄太過親近，因此將晉也稱為「狄」（昭公十二年）。事實上這是因為韓出自於晉，說起來也算是諸侯，因此《穀梁傳》為了保險起見，才將晉稱為「狄」。

《穀梁傳》主張「中國」的諸侯一一遭到消滅。到了戰國時代，殘存的諸侯只有鮮虞而已。換句話說，「中國」只有鮮虞依然屹立不搖。鮮虞是春秋時代的名稱，到了戰國時代，鮮虞改稱為中山。《穀梁傳》建立起這樣的「模式」，正是因為《穀梁傳》乃是出自於中山人之手。

齊認為「中國」包含齊與宋。根據《公羊傳》的理論，齊君與魯君皆是做出近親相姦行徑的齊釐公的子孫。魯桓公的兒子其實是齊釐公的兒子（根據注釋等史料，另有一種說法是齊釐公之子齊襄公的兒子）。不僅如此，而且《公羊傳》認為「大夫」殺死君主是很正常的事情，而且有其道理。這都是為了建立一套只有大夫出身的田氏才能進入「中國」的「模式」。《穀梁傳》則剛好相反，想要建立的是一套只有諸侯才能進入「中國」的「模式」。藉由否定下剋上的概念，讓中山處於特別的地位。

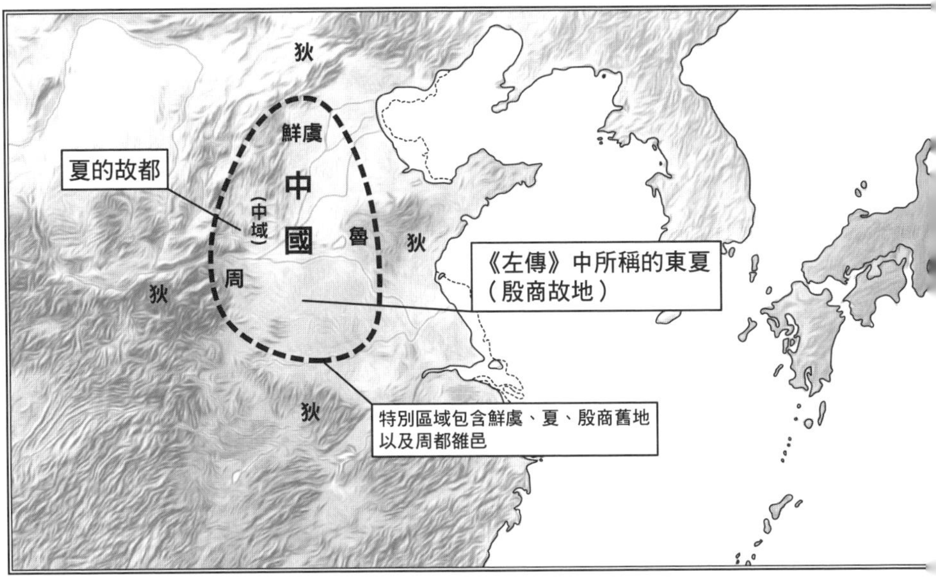

《穀梁傳》的特別地區「中國」（中域）與周圍野蠻之地　編纂出《穀梁傳》的中山人認為「中國」包含鮮虞、周、魯、《左傳》中所稱的東夏等地區。中山人反對下剋上概念，而且認為戰國時代殘存的中國諸侯只有鮮虞（中山）而已。夏朝故都位於「中國」內的西邊，殷商在南邊，周都雒邑在西南邊，賢人孔子誕生的魯國在東邊。「中國」的範圍涵蓋三代，並以復興夏朝制度為「模式」。

中山國的「中國」與三代

《穀梁傳》所認定的「中國」區域，可參照一六九頁地圖。這個區域包含周（雒邑）、魯，以及《左傳》中稱為「東夏」的殷商故地。不僅如此，《左傳》中稱為「夏」的地區，也有一部分被《穀梁傳》納入「中國」的範圍內。除此之外，在論述魏時提到的夏都（推測地點，參照一五〇頁），也在《穀梁傳》的「中國」範圍內。

因為這樣的範圍設定，我們可以根據《穀梁傳》的「中國」，來論述夏、殷商、周三代的故都位置。

中山王與夏的關係，《穀梁傳》並未明確提及，這部分似乎是沿用了齊的觀點。

但與齊不同的是，《穀梁傳》並不特

別強調中山與殷商的關係。相對於齊透過殷商主張統治夏朝故地的正當性，中山則缺乏一套正當性理論。就這點而言，中山與楚頗有相似之處。楚也是完全忽視夏跟殷商，直接主張對周的繼承。

然而中山有一點與楚不同，那就是中山以「中國」自居。不僅如此，中山還把所有周的諸侯都視為「中國」的成員，並主張中山擁有對同為「中國」的周的繼承正統性。

除此之外，《穀梁傳》中雖未特別強調，但中山的曆法應該是與魏、齊、趙、韓等國相同的「夏正」（當時的人認為這是夏朝的曆法，在戰國中期與「周正」「殷正」同時出現）。這是為了建立起復興夏朝的「模式」。

中山人將夏、殷商、周三代故地納入特別地區之中，並且另外設定出一個中心地帶，由中山坐鎮其中，並繼承來自周的權威。這樣的觀念，應該是參考了《左傳》。光是從《穀梁傳》中的各種敘述內容，便可看出作者曾參考過《左傳》的內容。透過三代的位置認定，又可以再度印證這一點。

漢朝繼承三代的「模式」

戰國時代的正統繼承「模式」與漢朝

前文曾經提過，在以「夏」或「中國」為主角的論述中，有時會連帶出現「下剋上」的理論。所謂的「夏」或「中國」的概念，帶有韓、魏等各國不同的獨特性。因此其他的國家，也能夠自由地變換「夏」或「中國」的定義。即使說法相同，本質也大相逕庭。每一個國家，都各自有一套以其特別地區為主軸的「模式」。然而特別地區的設定範圍雖各自不同，但以下犯上的理論卻是共通的。

前文已介紹了戰國時代諸國的這一類三代觀及革命觀，本節為了讓讀者們有更深入的理解，將以「史實」更加豐富的漢代為討論對象。

漢承襲了秦的做法，將戰國時代各特別地區的獨特性完全封殺。消去各國特色，只把周當成特別的朝代，並主張漢繼承了周。如此一來，就可以建立起漢的獨特性。既然漢繼承的是周的權威，周當然必須與漢一樣，是個疆土廣及天下的朝代。周所消滅的殷商，殷商之前的夏，也連帶必須是廣及天下的朝代。

漢代學者的眼前，有著傳承自戰國時代的典籍。在這些典籍內，明確記載著關於天下及其中的特別地區的論述。然而倘若完全依照其原本的意思加以解讀，將對建立漢朝形象的目標造成妨礙。當時的學者們為了除去這些妨礙，耗費了相當龐大的時間與精力。這個大業在西漢時代未臻全功，歷經了王莽時期的推敲琢磨，終於在東漢時代建立起完整的「模式」。其結果是讓所有的典籍都多了一些「注釋」。

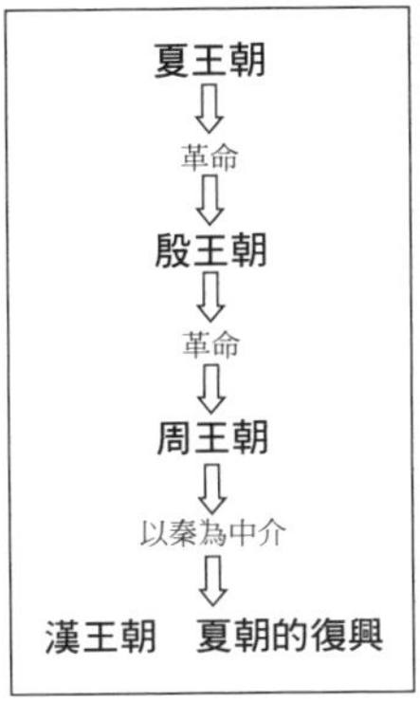

漢朝繼承三代的「模式」

這些注釋變更了典籍內容的原意，讓戰國時代各國原本設定的特別地區變得模糊不清。所有的特別地區，都被變更為（東遷後的）周都雒邑，也就是洛陽一帶。

將周都雒邑（洛陽）一帶設定為特別地區，是因為東漢時代以洛陽為首都。西周的故都為陝西的鎬京（西安、長安），後來東遷至雒邑，漢也是一樣，西漢時代以長安為首都，到了東漢時代遷都至洛陽。因此要強調東漢的正統性，最好的方法就是讓周帶有特別的意義，並讓世人的目光集中在雒邑。在東漢時代，終結王莽政權並中興漢室的光武帝擁有至高無上的地位。相較之下，西漢在東漢世人眼裡雖然也是漢，卻是導致王莽篡位的時代，地位多少低了一些。

當所有典籍的注釋都是以首都雒邑為特別地區之後，戰國時代具有地區色彩的論述，與天下的論述變得難以劃分。

其結果造成戰國時代諸多觀念之中，唯有以下犯上的觀念留存了下來。

只要仔細分析，就可以發現其中的矛盾，但漢代的世人藉由巧妙的說明掩蓋了這些矛盾。

在出現注釋之前，世人只能靠典籍的內文理解其意思。因此在西漢時代，基本上採取的政策是徹底忽視這些典籍。尤其是在秦始皇到漢武帝登場之間的時代，這個政策執行得非常嚴格。法律規定世人不准擁有書籍，這是為了防止那些與朝廷主張不相符的典籍被世人看見。

就在時代逐漸出現變化的西漢中期漢武帝年代，《史記》誕生了。在這本史書之中，有著漢朝的主張。

《史記》先論述了天下之後，才介紹夏朝、殷商朝、周朝。這樣的配置讓讀者有了先入為主的觀念，以為這些朝代的君王都是君臨天下的人物。不過由於《史記》誕生於西漢時代，因此並沒有讓世人的目光集中在雒邑的企圖。

在《史記》所建構出的「模式」中，夏朝、殷商朝、周朝都是君臨天下的朝代，而且這三代會不斷輪替。因此在輪了一次之後，承接周朝的是一個全新的夏朝。

在西漢的漢武帝之前，漢朝藉由制度建立起了繼承秦朝的「模式」。制度之中的重點，就在於曆法。秦曆是夏朝的夏正與戰國時代楚國的楚正融合之後的版本。前期的西漢繼承了秦，繼續使用這套曆法。

經過各種爭論之後，到了漢武帝的時代，漢朝決定採用戰國時代許多國家主張的「模式」，也就是復興夏朝。基於這樣的理念，曆法也改成了夏正。當時的人將漢武帝推到至高無上的地位，並認為他是夏朝的復興者。

這套復興夏朝的「模式」，基本上一直延續了下去。大部分朝代都將開朝的皇帝推到至高無上的地位，並且採用夏正。雖然偶有使用殷正或周正的例外，但絕大部分的朝代還是以使用夏正為主。

典籍本身反映的是戰國時代的觀念，因此其內容論述的是曆法的循環，也就是從夏正轉殷正，從殷正轉周正，再從周正轉夏正的觀念。相較之下，漢朝之後絕大部分朝代都是採用夏正，那是因為各朝代基本上都繼承了西漢到東漢正統繼承「模式」的變更，以及典籍內容的重新解釋結果。不僅繼承，而且都相信自己朝代的開朝皇帝才擁有至高無上的地位。

曆法雖然都是夏正，但是越接近現代，計算的方式就越精確。

漢朝相對之下留有較多的史料紀錄。漢朝的制度雖然與戰國時代不盡相同，但基本上承襲了戰國時代的制度。因此在諸多史料紀錄之中，找出繼承自戰國時代的制度，也是論述漢朝繼承三代的「模式」的有效方法。

象徵漢朝正統性之物

漢朝皇帝的象徵之物也是個值得探討的主題。一般人最耳熟能詳的，應該就是傳國璽跟斬蛇劍了。

傳國璽原本是秦始皇之物，漢滅秦的時候，繼承了這樣東西。秦始皇顧名思義，是中國歷史上第一個皇帝，秦始皇的存在意義，超越了戰國時代的諸王。有人將秦始皇視為夏王再世，因此傳國璽帶有復興夏朝的重要意義。

斬蛇劍則是漢高祖劉邦傳下之物。劉邦原本是農民，起義後當上皇帝，可說是下剋上的最好例子。這把斬蛇劍，象徵著這個開朝皇帝確實擁有當皇帝的資格。換句話說，這把劍就如同實物版的開朝傳說。不僅如此，若以劉邦由平民變皇帝這點來看，斬蛇劍也是「下剋上」的具體象徵。

關於開朝傳說，《史記》中還記載著一段故事，是關於劉邦為何使用其母親劉媼的姓氏「劉」，以及劉媼如何接受了「龍精」（將於後面的章節詳述）。

除此之外，具體的象徵之物還有所謂的「文武之胙」（這也將於後面的章節詳述）。這指的是祭拜周文王、武王的獻祭之肉。《續漢書・禮儀志》中，還記載了一種繼承儀式，新君王必須登上名為「阼階」的階梯，才能完成即位儀式。君王登基被稱為「踐祚」，這裡的「祚」字與文武之胙的「胙」字相通。戰國時代的魏與秦，曾舉行接下周王所贈予的文武之胙的儀式，象徵繼承周王的權威。這個儀式後來成為代代君王的即位儀式，一直延續到東漢。

就像這樣，藉由象徵之物，也能看出漢代的夏朝復興、周朝繼承、開朝傳說（下剋上）等觀念。

漢朝繼承的下剋上理論

現在請讀者再度回顧一一七頁、一四三頁的地圖。從這些地圖之中，也可看出前述的下剋上理論。嚴格說來，下剋上理論在戰國時代早已成形，漢朝只是加以繼承而已。

一四三頁地圖所示意的是齊國《公羊傳》的理論。在《公羊傳》中，隨處可見大夫弒君的正當性論述。假如有正當理由，弒君也會被認為是理所當然的事情。這套革命理論自古以來便有不少學者提及。但是若將具體例子對照一四三頁地圖進行檢視，會發現革命正當性獲得承認的對象只有圖中所示特別地區「中國」內的特別的大夫田氏而已，其他對象都被《公羊傳》排除在外。不僅如此，事實上，即使是位於「中國」內的諸侯，也不被《公羊傳》承認為「中國」的一份子。藉由具體的事證，可以得到以上的結論。

在前文提過的《左傳》中，除了領土統治的正當性論述之外，還藉由始祖傳說論及夏朝及殷商朝的歷史疆域範圍。韓氏源自於周朝的一族，自中原以外的地區進入中原，而且是「諸姬」中的最後倖存一族，未來將復興夏朝制度。在《左傳》的這套觀念之中，包含了夏朝復興、周朝繼承、始祖傳說等要素。

一一七頁地圖所示意的便是韓國《左傳》的理論。特別地區並非「中國」，而是「夏」與「東夏」。在這個「夏」與「東夏」範圍內的夏朝遺民及殷商遺民，都是被統治的階級，而「諸姬」（姬姓的諸侯）則是外來的統治者。《左傳》雖沒有特別強調革命理論，但其透過種種具體事實描述，一一羅列批評對象，最後只剩下韓氏為有德君子。韓氏是「諸姬」之一，是晉國君主的族人，而且是分支中特別擁有實力的大夫一族。基於這樣的立場，《左傳》也採納了《公羊傳》的部分革命理論。

相反地，有些史書對革命抱持消極的態度。《穀梁傳》正是最好的例子（參照一六九頁圖）。在《穀梁傳》中，特別地區「中國」是論述的重點。在「中國」的範圍內，革命是受到批判的行為。然而這並不代表所有諸侯都能獲得正面評價。甚至可以說，幾乎所有諸侯都遭到了貶低。唯一的例外，就是鮮虞。《穀梁傳》是中山人所作，而中山的前身就是鮮虞。鮮虞原本似乎是外族，就跟《左傳》的「諸姬」理論一樣，抱持著以外來統治者的身分君臨特別地區「中國」的想法。

以上所介紹的，便是戰國時代下剋上理論的部分內容。戰國時代的每個國家都基於其立場，擁有一套屬於自己的下剋上理論（包含反對下剋上的理論）。前述的漢朝下剋上理論，就是將這些理論統整歸納後重新拼湊出的理論。

第五章　夏與殷商的史實

禹的傳說

筆者在此想一邊為前面的內容做個簡單的總結，一邊帶出新的內容。戰國時代的領土國家，是建立在沿襲自新石器時代的文化圈之內。諸國皆將其疆土定義為特別地區，並透過歷史回顧，強調其疆土統治的正當性。其論述的歷史，涵蓋夏、殷商、周，也就是所謂的三代。

戰國時代世人眼中的三代形象

每個國家的主張不盡相同，但有個共通的特徵，那就是建立一套「模式」，使自己的國家能夠結束周朝的時代，建立新的朝代，並且繼承周朝的權威。

各國的「模式」在這一點上大同小異，是基於兩個理由。第一，周曾是統馭陝西一帶的大國；第二，周擁有消滅東方的殷商以擴大勢力範圍的歷史。而且漢字是由殷商傳於周，經過一段獨占的時期之後，才逐漸普及至各國。既然漢字文化是各國主張其統治正當性的不可或缺要素，周朝的權威自然也跟著屹立不搖。

周朝之前的殷商朝，以及殷商朝之前的夏朝，都被視為漢字文化的擁有者（事實上我們甚至不知道夏朝是否真的曾經存在。目前沒有任何證據能夠證明殷商之前有任何使用漢字的國家）。因此諸國各自站在不同的立場論述「繼承的模式」（包含否定的立場）。

若站在殷商故地，也就是中原地區的觀點來看，周的諸侯都是外來者。諸國在論述殷商故地及夏朝故地的問題時，都避免提及外來者的部分。有些國家建立起下剋上的「模式」，並且主張復興夏朝（韓）；有些國家否定下剋上的行徑，以此建立起復興夏朝的「模式」（中山）；有些國家則採用以繼承殷商的方式復興夏朝的「模式」（齊）。

漢代世人的三代觀，與戰國時代的三代觀有共同處，也有不盡相同處。

大禹治水的傳說，在漢代的三代觀中，最具象徵性的意味。大禹往來天下各地，終於治水成功。這個傳說誕生於戰國時代的天下觀出現之後。然而《史記》採用了這個傳說，將它放在〈夏本紀〉的一開頭，並在〈夏本紀〉之前放了〈五帝本紀〉，其中描述古代帝王巡視天下的傳說。原本戰國時代擁有豐富地方性色彩的歷史觀，就這麼搖身一變，成了天下的歷史觀。

五帝的傳說，是各領土國家在強調其優越性的過程中不斷向上累加而產生。漢代的人企圖將戰國時代諸國的理論合而為一，以建立由漢朝直接繼承周朝權威的「模式」。換句話說，漢代的人想要建立與戰國時代諸國相同的理論。在建立理論的過程中，戰國時代諸國的論述被混雜在一起，原本互相之間的差異消失了，只留下關於天下的觀念，成為共通的理論。

因為這個緣故，我們在《史記》中讀到的三代觀，與戰國時代的人所描述的三代觀，有著極大的差別。

雖然有著極大的差別，但《史記》刻意強調其共通性，試圖掩蓋其差別的部分。不過即使是如此，其中還是殘留著沿襲自戰國時代的概念。雖然變得極不起眼，卻沒有完全消失。跟《史記》比起來，戰國時代的史書在各國之間的差異性上較為明顯。遭到掩蓋的原因，絕大部分來自注釋的誤導。因此只要交叉比對戰國時代史書的正文，再與《史記》的正文相互對照，就可以還原出自古流傳下來的蛛絲馬跡。

《尚書・禹貢》

提起禹，大家第一個想到的事一定是治水。所謂的治水，指的是疏濬河川以防止洪水發生，並且有助於建立水路交通網。

鐵器的普及，讓水稻的稻田由窪地型變成了田字型。旱田與水田的區分也變得井然有序。事實上水道的設計只要一出差錯，就會讓土中囤積鹽分，形成所謂的鹽害。除此之外，井水也獲得更有效的運用。

除了水路之外，陸上交通網的建設也相當重要。鐵器在這方面也發揮了極大的功效。如此說來，關於治水的傳說，極有可能是出現在戰國時代之後。

由於鐵器普及，百姓可能會為了增加農耕地而砍伐森林，降低了森林的水土保持能力，導致地下水位上升而引發鹽害。或是為了增加用水方便性而大量建設水道，結果導致鹽害而使周邊一帶變成無法耕種的荒地。由於世人往往會犯下這類過錯，治水並不見得全然都是好事，但整體而言，戰國時代農耕地增加，水源管理的技術漸趨成熟，人口也跟著穩定成長，這是不爭的事實。不過另一方面，森林砍伐造成環境破壞也是事實，這個令人頭痛的沉重問題一直延續到現代。

一般人印象中的禹，是夏朝的開朝帝王。他巡視天下治水有功，因此成為天子。《史記・夏本紀》之中，也記載了這個典故。

《史記》中的這個記載，與目前我們所知的《尚書》內容相通。

目前我們所知的《尚書》，其實並非戰國時代的《尚書》，而是漢代之後才出現的偽書。後代的學者如朱熹，都曾舉出其中許多可認定為偽作的內容。因此在談論《尚書》的內容之前，我們必須先談一談它是不是偽作的問題。

幸好《尚書》中的〈禹貢〉篇，並沒有被朱熹等人認定為偽作。換句話說，這個部分是一般被認為並非偽作的篇章。因此其來歷，至少可以回推至漢代。而且以內容來看，回推至戰國時代應該不成問題。

《尚書》的〈禹貢〉分成三個段落，第一個段落描述禹奠定高山大川。第二個段落描述將天下分為九州後的農田等級及賦稅狀況等問題，並提到禹巡視各地，為每個區域治水。後來的秦始皇巡行天下（為了祭祀神明而往來天下各地）相當有名，但是其實在秦始皇之前，禹早已開了先例。第三個段落則是將天下分為數個區域，並附上說明，描述天下可分為特別地區及數個野蠻地區。

《史記・夏本紀》引用了第一個段落後，加了一些頗長的補充說明，節錄如下。

薄衣食，致孝于鬼神。卑宮室，致費於溝淢。陸行乘車，水行乘船，泥行乘橇，山行乘檋。左

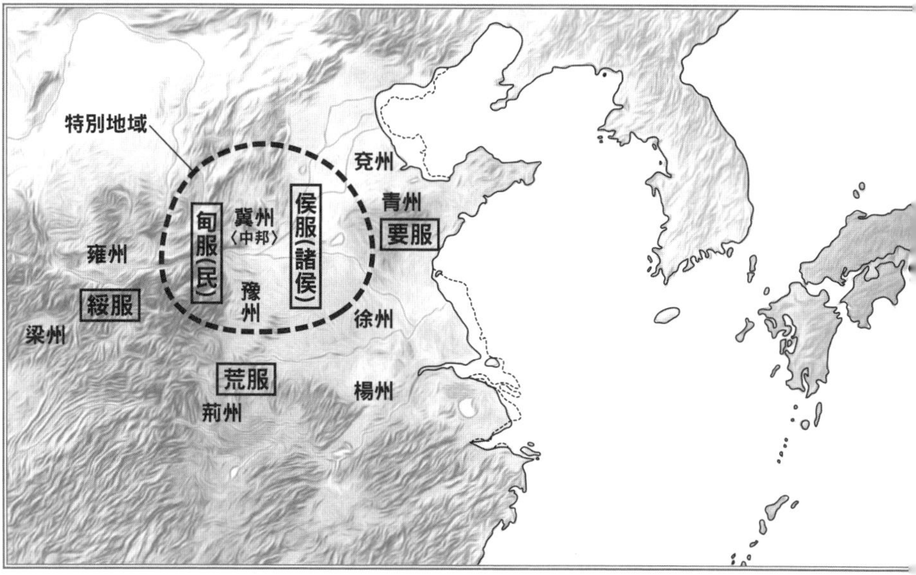

《尚書・禹貢》中的九州與五服　〈禹貢〉篇一般被認為是戰國時代魏人所作，本書亦抱持相同觀點。此文的特徵在於描述租稅集中至「中邦」，可見得是以戰國時代的魏為中心地帶。九州之中，冀州與豫州都屬於魏的特別地區。五服之中，侯服指的是諸侯，甸服指的是百姓，兩者皆在特別地區中。至於其他三服，可參考戰國時代的異族稱呼（對敵國的蔑稱），確定其所在位置。九州、五服的名稱及細節，與《尚書》〈禹貢〉及《容成子》等有所不同。

準繩，右規矩，載四時，以開九州，通九道，陂九澤，度九山。

現代文：（禹省思父親的失敗）飲食及穿著都相當簡樸，恭謹祭祀鬼神，住在簡陋的宮室內，將所有錢財都花費在挖掘溝淢（田間的水道）上。陸行乘車，水行乘船，在泥上乘泥橇，在山上則乘檋（橇的一種）。左手拿墨繩，右手拿丈量器，記錄四時狀況，開拓九州，挖通九道，填平九澤，越過九山。

〈禹貢〉中描述的九州

在第一個段落中，有著這樣的描述。

禹敷土，隨山刊木，奠高山大川。

這意思是「鋪土以奠定大川，沿著山砍伐樹木以奠定高山」。在一般人的認知中，這是一篇說明治水過程的文章，然而其中卻提及了高山。事實上沿著山砍伐樹木是為了確保通行的陸路，而鋪土也是為了確保渡河用的陸路，以及通行的水路。

在第二個段落裡，則以九州為主題，提及農田及賦稅的問題，並論述在奠定高山大川後，將有哪些農田，以及該如何徵收賦稅。

首先是冀州（山西至河南地區），這裡是魏的領地。

冀州，既載壺口，治梁及岐。既修太原，至于岳陽。覃懷厎績，至于衡漳。厥土惟白壤，厥賦惟上上錯，厥田惟中中。

現代文：在壺口山祭祀，整治了梁（山西省離石縣），直到岐山（陝西的岐山相當有名，但此處指的是山西省的介休縣）。整修了太原，直到岳陽（山西省霍縣以東）。在覃懷留下功績，直到衡漳（汶水是貫穿山西至河南的魏國領土的交通要道）。土壤為白土，柔軟而無硬塊。賦稅為第一等的上上，但參雜著第二等。農田為中之中等。

冀州的部分，最後又加了這幾句。這裡已屬於趙的領土。

恆、衛既從，大陸既作。島夷皮服，夾右碣石入于河。

現代文：恆水、衛水（河南省曲陽一帶）都已通順，大陸的土地也都可以耕作。島夷納貢皮服，以腋下夾著碣石進入黃河。

至於天下九州的其他地區，以下一併附上原文。

濟河惟兗州。九河既道，雷夏既澤，灉、沮會同。桑土既蠶，是降丘宅土。厥土黑墳，厥草惟繇，厥木惟條。厥田惟中下，厥賦貞，作十有三載乃同。厥貢漆絲，厥篚織文。浮于濟、漯，達于河。

海岱惟青州。嵎夷既略，濰、淄其道。厥土白墳，海濱廣斥。厥田惟上下，厥賦中上。厥貢鹽絺，海物惟錯。岱畎絲、枲、鉛、松、怪石。萊夷作牧。厥篚檿絲。浮于汶，達于濟。

海、岱及淮惟徐州。淮、沂其乂，蒙、羽其藝，大野既豬，東原厎平。厥土赤埴墳，草木漸包。厥田惟上中，厥賦中中。厥貢惟土五色，羽畎夏翟，嶧陽孤桐，泗濱浮磬，淮夷蠙珠暨魚。厥篚玄纖、縞。浮于淮、泗，達于河。

淮海惟楊州。彭蠡既豬，陽鳥攸居。三江既入，震澤厎定。篠、簜既敷，厥草惟夭，厥木惟喬。厥土惟塗泥。厥田唯下下，厥賦下上，上錯。厥貢惟金三品，瑤、琨、篠、簜、齒、革、羽、毛惟木。島夷卉服。厥篚織貝，厥包橘柚，錫貢。沿于江、海，達于淮、泗。

荊及衡陽惟荊州。江、漢朝宗于海，九江孔殷，沱、潛既道，雲土、夢作乂。厥土惟塗泥，厥田惟下中，厥賦上下。厥貢羽、毛、齒、革惟金三品，杶、榦、栝、柏，礪、砥、砮、丹，惟箘、簵、楛；三邦厎貢厥名。包匭菁茅，厥篚玄纁璣組，九江納錫大龜。浮于江、沱、潛、漢，逾于洛，至于南河。

荊河惟豫州。伊、洛、瀍、澗既入于河，滎波既豬。導菏澤，被孟豬。厥土惟壤，下土墳壚。

厥田惟中上，厥賦錯上中。厥貢漆、枲，絺、紵，厥篚纖、纊，錫貢磬錯。浮于洛，達于河。

華陽、黑水惟梁州。岷、嶓既藝，沱、潛既道。蔡、蒙旅平，和夷底績。厥土青黎，厥田惟下上，厥賦下中，三錯。厥貢璆、鐵、銀、鏤、砮磬、熊、羆、狐、狸、織皮，西傾因桓是來，浮于潛，逾于沔，入于渭，亂于河。

黑水、西河惟雍州。弱水既西，涇屬渭汭，漆沮既從，灃水攸同。荊、岐既旅，終南、惇物，至于鳥鼠。原隰底績，至于豬野。三危既宅，三苗丕敘。厥土惟黃壤，厥田惟上上，厥賦中下。厥貢惟球、琳、琅玕。浮于積石，至于龍門、西河，會于渭汭。織皮崐崘、析支、渠搜，西戎即敘。

以下是關於整個九州的說明。

逾于河；壺口、雷首至于太岳；底柱、析城至于王屋；太行、恆山至于碣石，入于海。

西傾、朱圉、鳥鼠至于太華；熊耳、外方、桐柏至于陪尾。

後面接的句子，簡單來說就是各地區（指包含「中邦」在內的「諸夏」）須依據土壤狀況繳納賦稅給「中邦」（中國）。

〈禹貢〉中描述的五服

以下為第三個段落的內容。在此內容中，天下之中的特別地區與其他地區被分開討論。一般來說，在說明地區時會從接近中央的地區開始，逐漸向外推展。但是實際上何者指的是何地，卻有些不清不楚。在前文所介紹過的眾多典籍中，都將天下分為特別地區與野蠻地區。若依此概念來推想，應該可以做出以下解釋。

首先是關於甸服的範圍。若將後頭詳細說明的里數全部加起來，並不會是五百里，可見得應該是包含重複的部分。

此外，在五服之中，侯服與甸服位在特別地區之內。侯服指的是諸侯，甸服指的是百姓。其中的細節數字，也是包含重複的部分。至於其他三服，可參考戰國時代的異族稱呼（在天下的範圍之內，對敵國的蔑稱），確定其所在位置。這三服分別指的是沿襲自新石器時代的文化圈。

《尚書・禹貢》中的五百里，就相當於一個文化圈的範圍。

在《戰國策》之中，會以「方多少百里」的說法來表示各國的疆域範圍。若依照《戰國策》的概念，天下為「方萬里」，一個文化圈大約為「方二千五百里」。因此《戰國策》中的「方二千五百里」，就相當於《尚書・禹貢》中的「五百里」。

由於兩者的單位都是「里」，有可能是《尚書・禹貢》故意將從前時代的範圍縮小至五分之一，也有可能是「里」的長度概念不同。不論真相為何，《戰國策》中的「方二千五百里」就是《尚書・禹貢》中的「五百里」，這是一個必須先知道的前提。

〈禹貢〉的五百里，相當於特別地區的大小。此處的特別地區，指的當然是魏的特別地區。在〈禹貢〉之中，還針對特別地區說明了繳納賦稅的方式。

①五百里甸服。百里賦納總，二百里納銍，三百里納秸服，四百里粟，五百里米。

現代文：五百里內為甸服的範圍。一百里內以禾藁納賦，二百里內以禾穗納賦，三百里內以秸納賦，四百里內以粟納賦，五百里內以米納賦。

除了特別地區之外，還設定了低一等的地區，視之為諸侯之地。指的是從前西周的根據地一帶，也就是戰國時代秦國的疆域。

②五百里侯服。百里采，二百里男邦，三百里諸侯。

現代文：五百里內為侯服的範圍。一百里內為采（卿大夫的邑），二百里內為男邦，剩下的三百里為諸侯。

其次是比諸侯更劣等的地區，稱為綏服，指的是齊國的疆域。

③五百里綏服。三百里揆文教，二百里奮武衛。

現代文：另有五百里為綏服的範圍。其中三百里推行文教，剩下的二百里以武威使其服從。

接著同樣是比諸侯劣等的地區，稱為要服，指的是吳越的疆域。

④五百里要服。三百里夷，二百里蔡。

現代文：另有五百里為要服的範圍。其中三百里為夷地，剩下的二百里為蔡（流放之地）。

最後是同樣比諸侯劣等的地區，稱為荒服，指的是楚國的疆域。

⑤五百里荒服。三百里蠻，二百里流。

現代文：另有五百里為荒服的範圍。其中三百里為蠻地，剩下的二百里為流（流放之地）。

正如同前文提過的，〈禹貢〉最後所描述的是理念上的天下觀。其提及的範圍包含西周故地（侯服）、《公羊傳》誕生之地齊國一帶（綏服）、西周金文中亦曾出現的淮夷之地（要服）及相同的蠻夷之地（荒服）。

①的範圍包含「畿內」，也就是名為「中邦」的地區。在九州的說明中，首先提到的是冀州，而在冀州的說明之中，有部分內容描述的是魏的領土。所謂的「中邦」，原本指的是魏的首都，但在此處或許是將魏的領土當成了整個特別地區中的畿內。

「中國」的起源

「中邦」亦可稱為「中國」。以下針對這個「中國」一詞稍作解釋。

在西周金文之中，首都附近一帶稱為「中或（中域）」。這個「或（域）」在後來被加上國字框，就成了「國」。另一方面，由於漢高祖名叫劉邦，因此漢朝禁止使用「邦」字，所有的「邦」字都改成了一私相近的「國」字。所以我們現在所看到的「國」字，意思有些源自於「邦」，有些源自於「國」。

《尚書・禹貢》中記載的是「中邦」。西周金文記載的則是「中域」，隨著時代與國家的不同，稱呼方式也不一樣。但是到了漢代，一律都被變更為「中國」。「中邦」或「中域」所代表的具體地區，也會因時代與國家而異。漢代的人在抄寫或彙整古代文獻的時候，只要遇到「中邦」或「中域」，就一律改為「中國」。漢代的「中國」概念相當遼闊，戰國時代的「中國」（「中邦」或「中域」）指的只是特定範圍之內。但後世的人在閱讀這些文獻時，會產生這些「中國」都相當遼闊的錯覺。

基於這個緣故，我們必須先有一個體認，那就是《尚書・禹貢》的內容，與韓人在《左傳》中描述的概念，或是齊人在《公羊傳》中描述的概念，其實是大同小異的。

雖然真相如何不得而知，但至少從《尚書・禹貢》的記載來看，魏的疆土「冀州」是夏朝開朝始祖禹當初巡視天下時的出發地點。在韓人所作的《左傳》中，晉的首都一帶有著夏朝的傳說。相較之下，《尚書・禹貢》則是先從山西的梁開始，進入晉的首都附近，接著又進入魏的河南疆域。以上這些區域，在戰國時代都是魏的領土範圍。

《容成氏》中描述的禹

一般而言，出土古物都是經過研究者正式挖掘，才會出現在世人面前。然而有一部分的出土古物，卻是因盜墓的行徑而重見天日。這些古物流入古董市場後受到注意，研究者才慌忙設法回收。由於並沒有經過正式挖掘，實物與歷史訊息難以銜接，價值也會大打折扣。

不過該古物若是文字史料，還可以藉由分析內文來探究其根源。上海博物館內有一批近年自古董市場搶救出來的竹簡，正是最好的例子。

這些竹簡的出土地點不明，較可靠的說法是出土於楚的故地。但除了竹簡上的字體相近之外，事實上沒有其他任何佐證理由。

在這批竹簡之中，有一部名為《容成氏》（訟城氏）的典籍。在竹簡的末尾，標註著這個書名（內容並不長，或許稱為篇名較合適）。

《容成氏》的內文，記載的是大禹治水的傳說。但是與前述《尚書・禹貢》一比較，頗有相異之處。

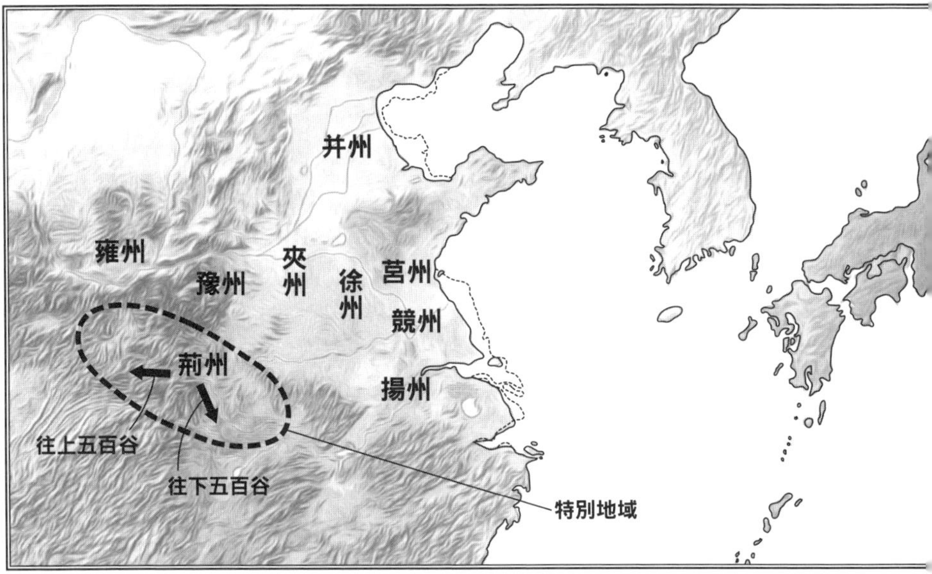

《容成氏》（訟城氏）的九州與大禹治水　此處所示意的九州，不管是名稱或位置，多與《尚書・禹貢》不同。禹在治水過程中最重視的地區是荊州，這點也與〈禹貢〉有異。

《容成氏》將九州分為夾州、徐州、競州、莒州、并州、荊州、揚州、豫州、雍州，其中的夾州、競州、莒州、并州並未出現在〈禹貢〉內。相反地，〈禹貢〉中的冀州、兗州、青洲、梁州也沒有出現在《容成氏》內（《容成氏》的「揚州」與〈禹貢〉的「楊州」視為同意）。

《容成氏》中有這麼一句：「決九河之阻，于是乎夾州、徐州始可處」（讓九河潰堤，夾州、徐州才獲得滋潤，能夠居住）。既然包含徐州，此處的「九河」指的應該是黃河的支流。這一句後面接著又說「通淮與沂東，注之海，于是乎競州、莒州始可處也」（貫通淮與沂東，注入於海，競州、莒州才獲得滋潤，能夠居住）。此處指的應該是淮北及山東南部地區吧。後面又說「通蔞與湯，東注之海，于是乎藕州始可處也」（貫通蔞水與湯水，往東注入海，藕州

（并州）才獲得滋潤，能夠居住）。此處指的應該是燕與趙的疆域一帶。

像這樣看下來，《尚書・禹貢》與《容成氏》雖然同樣將天下分為九州，但區分的方式完全不同。

不僅如此，而且《尚書・禹貢》賦予冀州特別的地位，但《容成氏》並沒有賦予任何一州特別的地位，甚至連冀州這個名稱都沒有出現。

此外，《尚書・禹貢》中記載了賦稅的細節，但《容成氏》中卻記載著「禹聽政三年（中略），關市無賦」（禹執政三年，取消了關隘的賦稅）。

由此可以看出，《容成氏》試圖藉由事實的敘述變更《尚書・禹貢》的內容。

雖說《容成氏》並沒有賦予任何一州特別的地位，但《容成氏》在說明完九州的情況之後，記載著「禹乃從漢以南為名谷五百，從漢以北為名谷五百」（禹自漢水向南前進，挖掘了五百座靈谷，並自漢水向北前進，挖掘了五百座靈谷）。根據這句話，我們可以說《容成氏》企圖透過與禹的關係，賦予漢水中央地帶特別的地位。而這指的應該就是楚的根據地湖北一帶。

此外還有一點必須注意，那就是禹的治水事業「通」了諸河川，這指的是建立了水路的交通網。

由此看來，《容成氏》描述的大禹治水，不像《左傳》或《尚書・禹貢》那樣對夏朝故地特別看待，而是對楚的根據地湖北地區特別看待。這就是《容成氏》所要傳達的訊息。

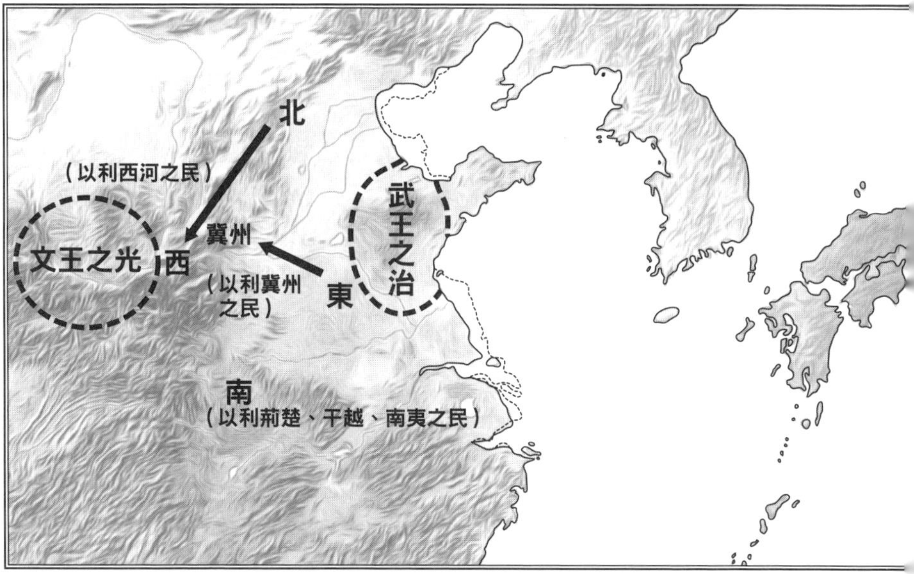

《墨子・兼愛》中篇裡的大禹治水　北、西、東的利益都集中在冀州（含有批評《尚書・禹貢》之意），南側卻形成封閉的世界。承受文王之光的陝西，與承受武王之治的泰山，皆與禹無瓜葛（意指禹的治水方式不僅偏袒，而且根本沒有治遍天下之水）。

《墨子》中描述的禹

一般人多認為《墨子》這部典籍收錄思想家墨子的教誨，然而實際上這部典籍彙整了不同時代的諸多文章，到底是由誰所作，目前還無法證實。

《墨子》之中亦有著關於大禹治水的記載。若單以這一段來看，不難指出奠基於某些特定地區的訴求。

這段記載就在《墨子・兼愛》中篇裡。《墨子》中所闡述的思想是一種春秋末期的城市思想，而且重視小國更勝於大國，因此在帝國的秩序逐漸鞏固的過程中趨於式微。大禹治水以利各地之民的記載，正是基於這種重視小國的立場。

根據其記載，禹分別在西、北、東、南四個方向疏通原本阻塞的水流，調整各地的水源過多或不足的問題。

> 西為西河漁竇，以泄渠孫皇之水；北為防、原、泒，注后之邸，呼池之竇，洒為底柱，鑿為龍門，以利燕、代、胡、貉與西河之民；東方漏之陸防孟諸之澤，灑為九澮，以楗東土之水，以利冀州之民；南為江、漢、淮、汝，東流之，注五湖之處，以利荊楚、干越與南夷之民。
>
> 現代文：在西方建造西河漁竇（魚的棲息處），排泄渠孫皇（不明）之水。在北方將防、原、泒（都是河名）之水引入后之邸、嘑池之竇，建造底柱之山，鑿製龍門，使燕、代、胡、貉與西河之民得到便利。在東方為了宣洩陸（名為大陸的山林溼地，位於齊）及孟諸（位於宋的山林溼地），整治河川，挖掘九澮（九條支流），不讓水集中在東土，使冀州之民得到便利。在南方整治江（長江）、漢（漢水）、淮（淮水）、汝（汝水）之水，使之東流，注入五個湖泊，使荊楚（湖北）、干越（吳越）與南夷之民得到便利。

文章在這個段落的後面，還有一句「此言禹之事，吾今行兼矣」（這是禹的時代的事情了，而我現在打算推廣兼愛），暗指禹空有崇高理想卻無法完全實現。

《墨子．兼愛》中篇在介紹了大禹治水的事蹟之後，接著又介紹了周文王及周武王的事蹟，最後墨子的結論是：

> 今天下之君子，忠實欲天下之富，而惡其貧；欲天下之治，而惡其亂。當兼相愛，交相利，此聖王之法，天下之治道也，不可不務為也。

現代文：如今天下的君子都渴望天下之富而厭惡天下之貧，渴望天下之治而厭惡天下之亂。必須發揮兼愛的精神，互相謀取利益。這是聖王的常法，天下的治道，一定要努力做到才行。

乍看之下，《墨子》似乎把大禹治水當成了理想，但是在上述治水的橋段之前，還有這麼一句：

夫挈太山而越河濟，可謂畢劫有力矣，自古及今未有能行之者也。況乎兼相愛，交相利，則與此異。

現代文：如果能夠抬著太山越過河川，當然算是力氣很大，但是自古以來沒有人能做得到。更何況是兼愛及互相謀取利益，那是不同層級的事情（更加艱難得多）。

這裡雖然說得含糊委婉，言下之意卻是禹根本沒有達到其理想。「禹的治水就像是抬著太山越過河川一樣，根本是天方夜譚，更何況是兼愛」。這就是《墨子》想要表達的想法。

現在我們試著將「①天方夜譚的事情」與「②兼愛」分開來討論。①的具體例子舉在大禹治水的後面，也就是周文王與周武王事蹟的部分，這些都是在禹的治水範圍之外。

昔者文王之治西土，若日若月，乍光于四方于西土。

文中說周文王治理西土有如日月之光，籠罩「四方」及「西土」。這裡的「四方」並非東南西北四個方向。「方」指的是「方國」，也就是諸侯之國。筆者已在前文介紹過，「四方」原本指的是殷商的「四方」，後來周武王消滅了殷商，當然也就將這「四方」納入了勢力範圍。除了「四方」之外，文中還提到「西土」，這是周的故地。禹的治水範圍，只包含「西土」的部分區域而已。文中以「光」來形容文王，那是因為文王在世時，周的勢力還沒有遍及這些地區，因此只是祭祀上、精神上的震懾。

昔者武王將事泰山隧，（略）以祇商夏，蠻夷醜貉。

對周武王的描述，則是平定了泰山。這裡的泰山，就是前文提到的「夫挈太山而越河濟」中的「太山」。周武王藉由這個行動，使周朝的威望遍及（殷）商夏、蠻夷及醜貉。商夏指的是中原一帶，蠻夷指的是南方，醜貉指的是北方。周武王在東方的泰山舉行祭祀，聲威廣及東、南、北，唯獨「西土」（周朝疆域）不在涵蓋的範圍內。

以歷史紀錄來看，武王在文王死後攻陷了殷商，將其納入勢力範圍。但是《墨子》中的描述，卻只提到了文王的「日月之光」，以及武王的「威望」。

接著我們來看看②兼愛。這個②難以實現的具體例子，就是大禹治水的結果。

大禹治水的成效，可分成東、南、西、北這四個方向來討論。禹藉由治水，調整各地水量，乍看之下似乎澤惠了天下百姓，但是在西方的治水行動中，卻沒有提及「得利者」。相較之下，北方的治水行動讓燕、代、胡、貉（北方土地）與西河之民得到便利，東方的治水行動讓冀州（中央）之民得到便利。以文章中的概念來說，「西河」就是西方的土地。但是包含這個西河，以及冀州，在戰國時代都是魏的領土。換句話說，西方的治水行動沒有提到任何地區得利，而北方、東方的治水行動的「得利者」都是魏。如此具有偏袒性質的治水行動，根本稱不上兼愛。這種讓魏單獨得利的治水記載，是在呼應及批判《尚書・禹貢》的內容。可見得寫出《墨子・兼愛》中篇這一節的作者，一定知道《尚書・禹貢》的內容，才能對其加以批評。

至於南方的治水行動，則是讓荊楚、干越（楚與吳越）得利，與上述情況又有不同。南方治水的「得利者」只侷限在南方之內。若站在南方內部的角度來看，這確實是兼愛，但與外部的世界卻有了區別。這種只侷限在南方之內的兼愛，若參照前述的《容成氏》，還可發現有趣的現象。在《容成氏》中，可看出大禹治水是以漢水一帶為中心。但是根據《墨子》中的說法，大禹治水並非是以漢水為中心，也沒有對荊州賦予特別意義。不僅如此，《墨子》還強調禹在南方治水的功績，並沒有讓南方以外的地區得到好處。

由以上歸納可以看出，《墨子・兼愛》中篇的大禹治水記載是以《尚書・禹貢》及《容成氏》的內容為論述的基礎概念。在《容成氏》出土之後，我們更加可以肯定《墨子・兼愛》中篇內的大禹治水記載是在批判《尚書・禹貢》及《容成氏》這些成書較早的典籍內容。

以上分別討論了「①天方夜譚的事情」與「②兼愛」的含意，可以得知《墨子》中的觀念並沒有超出沿襲自新石器時代的文化圈範圍。換句話說，大禹治水的傳說雖然涵蓋複數地區，但仔細分析會發現其實可分為北、東、西方的封閉世界，以及南方的封閉世界。西方與東方都只是將後來的天下的一部分納入其中而已。周文王只是自周朝故地對殷商故地虎視眈眈，周武王也只是消滅殷商後在泰山周邊地區分封了魯國，並自該地威嚇禹的治水地區而已。

《墨子》舉了只占天下一部分地區的大禹治水事蹟（分別在冀州一帶及漢水一帶），又舉了周文王及周武王的事蹟，想要強調這些都只是天方夜譚的事情，更遑論是兼愛。至於《墨子》到底認為哪個國家「站在小國的立場」，恐怕還需要進一步考證，不知讀者們有何看法？

《周禮・職方氏》中描述的九州

到目前為止，我們介紹了《尚書・禹貢》及《容成氏》中的大禹治水事蹟，分析了關於九州的紀錄，得知《尚書・禹貢》及《容成氏》在九州的名稱及代表地區上有著很大的差異。

除此之外，我們也說明了這個差異的肇因，就在於《尚書・禹貢》的治水是以魏為中心，而《容成氏》的治水則是以楚的根據地湖北、湖南一帶為中心。

但除了這兩種典籍之外，事實上還有另一種典籍提及了九州。在此典籍內，不僅九州的名稱與對應地區與前兩者又有所不同，而且相關的「服」的細節也與《尚書・禹貢》大異其趣。那就是《周禮・職方氏》中所記載的九州及九服。

根據《周禮》的記載，「職方氏掌天下之圖，以掌天下之地。辨其邦國、都鄙、四夷、八蠻、七閩、九貉、五戎、六狄之人民，與其財用、九穀、六畜之數要，周知其利害」。

至於九州的描述則如下。

乃辨九州之國，使同貫利。東南曰揚州，其山鎮曰會稽，其澤藪曰具區，其川三江，其浸五湖，其利金、錫、竹、箭，其民二男五女，其畜宜鳥獸，其穀宜稻。正南曰荊州，其山鎮曰衡山，

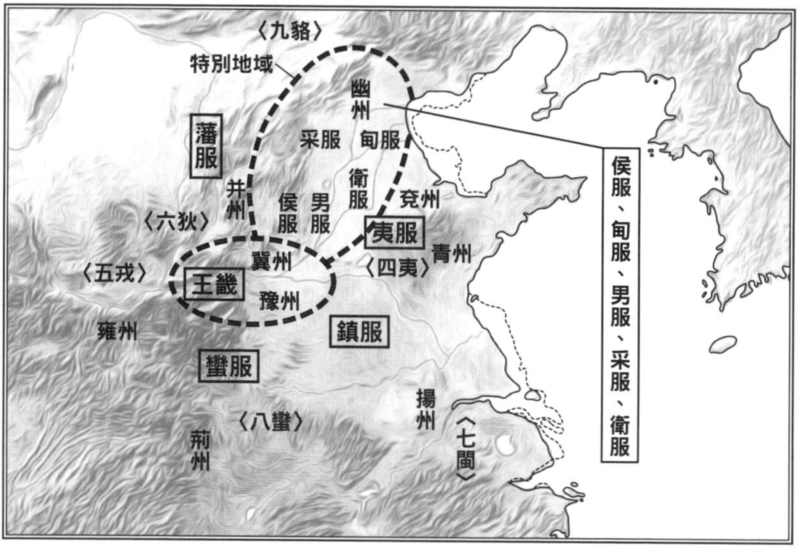

《周禮・職方氏》中的九州、九服與外族　九州由於記載了山鎮及澤藪，因此大致可推測其位置。九服可分為兩種，一種與外族名稱有關，另一種則與王的封建有關。九服與王畿並不混為一談，九服的位置都在王畿之外。跟外族名稱無關的侯服、甸服、男服、采服、衛服都集中在幽州，暗示著未來將有新王出現。公、侯、伯、子、男的方域都在王畿及幽州之內。

其澤藪曰雲瞢（夢），其川江、漢，其浸潁、湛，其利丹、銀、齒、革，其民一男二女，其畜宜鳥獸，其穀宜稻。河南曰豫州，其山鎮曰華山，其澤藪曰圃田，其川滎、雒，其浸波、溠，其利林、漆、絲、枲，其民二男三女，其畜宜六擾，其穀宜五種。正東曰青州，其山鎮曰沂山，其澤藪曰望諸，其川淮、泗，其浸沂、沭，其利蒲、魚，其民二男二女，其畜宜雞狗，其穀宜稻麥。河東曰兗州，其山鎮曰岱山，其澤藪曰大野，其川河、泲，其浸盧、維，其利蒲、魚，其民二男三女，其畜宜六擾，其穀宜四種。正西曰雍州，其山鎮曰嶽山，其澤藪曰弦蒲，其川涇、汭，其浸渭、洛，其利玉石，其民三男二女，其畜宜牛馬，其穀宜黍稷。東北曰幽州，其山鎮曰醫無閭，其澤藪曰貕養，其川河、泲，其浸菑、時，其利魚鹽，其民一男三女，其畜宜四擾，其穀宜三種。河內曰冀州，其山鎮曰霍山，其澤藪曰楊紆，其川漳，其浸汾、潞，其利松柏，其民五男三女，其畜宜牛羊，其穀宜黍稷。正北曰并州，其山鎮曰恒山，其澤藪曰昭餘祁，其川虖池、嘔夷，其浸淶、易，其利布帛，其民二男三女，其畜宜五擾，其穀宜五種。

以上九州的位置，都可以大致判定得出來。緊接著是關於九服的描述。

乃辨九服之邦國，方千里曰王畿，其外方五百里曰侯服，又其外方五百里曰甸服，又其外方五百里曰男服，又其外方五百里曰采服，又其外方五百里曰衛服，又其外方五百里曰蠻服，又其外方五百里曰夷服，又其外方五百里曰鎮服，又其外方五百里曰藩服。

「其外」的「其」指的是王畿。換句話說，九服是以一圈一圈的方式向外延伸，類似同心圓，但不是圓形而是方形。

此處的「方五百里」，就相當於前述的《尚書・禹貢》的「五百里」，或是《戰國策》的「方二千五百里」。《周禮・職方氏》中「方五百里」的服（區域）共有九個，合計四千五百里，再加上王畿一千里，總共就是五千五百里。若將王畿與九服當成天下的範圍，則天下的面積為方五千五百里，這相當於《戰國策》中描述的天下「方萬里」的一部分。

《周禮・職方氏》中，接著又記載「方五百里則四公，方四百里則六侯，方三百里則七伯，方二百里則二十五子，方百另（另的意思不明）則百男」。這指的是分封的情況。最後，以「周知天下」為上述記載作一總結。

關於公、侯、伯、子、男的方數，若不考慮「百另」，合計方一千四百里。算起來相當於三個方五百里的服，還少了一百里。這一千四百里再加上百另，指的似乎是四個服。以名稱來看，應該是侯服、男服、采服、衛服。

甸服在《尚書・禹貢》中指的是百姓。甸服位於王畿之外。或許是預言了戰國時代即將出現的王，才故意這麼安排吧。

蠻服及夷服分別指的是南方及東方的外族。《周禮》將這些外族地區的一部分納入了天下的範圍之內。鎮服、藩服雖然也是外族，但似乎隱含著自古便加以平定，使之成為藩兵的意思。

若跟《尚書・禹貢》一樣以外族名稱來推斷九服的位置，可得到如一九七頁的圖。與夷狄名稱無關的是王畿與幽州的範圍。服在王畿之外，可推測出侯服、甸服、男服、采服、衛服都集中在幽州。這些服原本應該是為了王而設立。筆者必須再次強調，甸服指的是王所統治的百姓，而采服的「采」就是「采邑」的「采」，因此采服也是為了王的近臣而安排的區域。但在《周禮》中，包含甸服、采服在內的諸服卻都被設定在王畿之外的幽州。

由此可知《周禮》賦予了幽州特別的地位。雖然沒有提到禹，但《周禮》一定會認為幽州是大禹治水的重點地區吧。除了上述的論點之外，再加上其他考證，筆者認為《周禮》應該是由燕人所作。

行神禹

在一般人的觀念裡，禹最有名的功績就是治水。然而在《尚書・禹貢》、《容成氏》及《墨子・兼愛》中篇內，則將禹形容成往來天下各地建設交通網絡的治水者。

在這樣的形象下，禹成了「行神」（旅行之神）。

在湖北省雲夢睡虎地出土了一些秦代竹簡，經由對這些竹簡的研究，我們發現禹曾被當成祈求旅行平安的「行神」加以崇拜。

然而其後被添加上去的形象（如《尚書・禹貢》一開始以簡短的段落讚頌禹的治水事蹟）受到代代相傳，成了禹的最大功績。在這樣的趨勢之下，原本的行神形象逐漸受到世人淡忘。在漢代的文獻中，禹的行神形象還有跡可尋。多虧了《日書》的出土，我們得以還原禹的行神面貌。

在《日書》的記載中，禹是保護旅人不受邪惡妖魔侵害的行神。漢代的人每當要出遠門時，就會祭拜行神以祈求路途平安。在祈禱的儀式中，包含了所謂的「禹步」。

行到邦門閫，禹步三。勉壹步，謼，皋，敢告曰，某行毋咎，先為禹除道。即五畫地，掓其畫中央土而懷之。

現代文：走到邦門中央的門檻處，踏了三遍「禹步」。每走一步就喊一聲：「敬告上天，但願路途無災厄，在此先為禹清除路上的不淨之物。」接著在地上畫五劃，抓起中央的土，放進懷裡。

所謂的「禹步」，是巫術儀式中的獨特步行法，據說具有召喚神靈施展其力量的效果。關於這個「禹步」，《尸子》一書中有更詳細的記載。據說禹為了治水，經常往來於河川之中，導致指甲剝落，小腿的毛掉光了，沒辦法像一般人一樣以正常方式走路。他的獨特走路方式，就被稱為「禹步」。

由這段記載看來，作者似乎認為禹是以自己的雙手雙腳挖通了河道。

前文已介紹過《容成氏》中禹整治河水、疏通河道的記載，現在我們再對照《尚書・禹貢》中的描述。《尚書・禹貢》的開頭是「禹敷土，隨山刊木，奠高山大川」。這指的是在開天闢地之後，在大地上鋪土為路，在河邊堆置堤防，在山上砍伐樹木以開路，如此方能在各高山大川之間往來無阻。禹便是利用這些開拓出來的道路或河道，往來天下各地（且多半曾祭祀山川），其結果在〈禹貢〉中亦有詳細紀錄。

《日書》中記載，在開始進行「禹步」之前，必須先走到邦門的門檻處，這意味著「禹步」是在即將走出城郭外時所進行的儀式。自城市國家時代起，城郭（城牆）就是守護國人的象徵。要踏出城郭之外，往往必須抱持可能無法生還的覺悟。何況祭祀活動是以都市為核心，離開了祭祀場所，也意味著較不容易獲得祭祀神明的護佑，因此需要執行祈求行神守護的儀式。這也說明了禹的行神形象，可追溯至古老的城市國家時代。

天下的觀念成形，並開始出現領土國家之後，原本只是領土國家統治者的禹，在世人眼裡成了位居天下之尊且守護往來行人的神明。《尚書・禹貢》更進一步記載，禹巡視了包含「中邦」及其周邊土地在內的特別地區，讓「天下」之內居住在「中邦」周圍的諸侯及野蠻民族都對「中邦」朝貢，並且維持著這個秩序。

日本有句俗諺說「不招惹的神不作祟」，這意味著輕易接觸神明並非明智之舉。世人只能透過祭祀祈求神明庇護，絕對不能惹惱了神明。禹這位神明當然也不例外。舉例來說，在關於娶妻日子的吉凶占卜上，雲夢《日書》中有著如此記載。

戊申、己酉，牽牛以取織女，不果，三棄。

現代文：戊申、己酉是牽牛想娶織女卻失敗的日子，倘若在這一天娶妻，將拋棄妻子三次。

類似的記載還有以下這句。

癸丑、戊午、己未，禹以取梌山之女日也，不棄，必以子死。

現代文：癸丑、戊午、己未是禹娶梌（塗）山氏之女的日子，如果不把妻子拋棄，孩子就會死去。

除此之外，禹還是治病之神。而且世人基於敬畏之意，還將禹當成了「asylum」之神。所謂的「asylum」，指的是基於神聖力量而成立的庇護所，類似避難用的寺廟。傳說中禹出生於石縫，因此從前的人認為只要逃到那個神聖的出生之地，就可以躲避罪愆。根據紀錄，西南夷（東漢時期的羌族）確實曾有這樣的信仰。

像這樣的「asylum」信仰，或許曾經廣泛存在於沿襲自新石器時代的各文化圈之中。就像日本的文化圈內，也有這樣的信仰。但是到了官吏統治「天下」各文化圈的時代，不同文化的「asylum」信仰逐漸不受到承認。一般學者認為中國歷史上沒有所謂的「asylum」信仰，筆者認為跟這一點脫不了關係。

《尚書》除了〈禹貢〉之外，還有另一個篇章也記載著關於大禹治水的傳說，那就是〈舜典〉。〈舜典〉也是沒有被朱熹等人認定為偽作的篇章。

治水傳說與禹

仔細檢視〈舜典〉，會發現這個篇章也非常耐人尋味。

文章的一開頭，談的是帝堯將帝位禪讓給舜的事蹟。舜巡視天下，建立了功績。堯將共工流放至幽州，將驩兜流放至崇山，在三危之地誅殺三苗，在羽山誅殺禹的父親鯀，讓天下順服於舜。堯去世後，舜命令禹「平水土」，並對其他神明也下了不同的命令。禹聽到命令後，連忙說稷、契、皋陶比自己更加適任，但舜卻要禹獨自完成這個任務。

〈舜典〉之前為〈堯典〉。有學者指出〈堯典〉與〈舜典〉原本為相連的文章，只是被後人分成了〈堯典〉與〈舜典〉。在〈堯典〉之中，亦有堯向諸神下令的橋段，其中的受命者之一就是禹的父親鯀。當時發生了嚴重的洪水，被形容成「蕩蕩懷山襄陵，浩浩滔天」，舜命令鯀治水，但鯀失敗了。

《史記・夏本紀》由於將焦點放在禹上，因此只將〈堯典〉中的鯀的事蹟與〈舜典〉中的禹的事蹟連在一起簡單帶過。鯀治水失敗遭到誅殺，其子禹承襲父業終於獲得了成功。在這樣的解釋之下，禹接下的「平水土」命令，成了治水的命令。

如此一來，廣大的讀者們便將禹的「治水」與「治洪水」畫上了等號。

事實上，正如同筆者在前文提過的，禹的「治水」用意在於建設水陸交通網絡。相較之下，鯀所治的洪水卻是「蕩蕩懷山襄陵，浩浩滔天」，簡直像是諾亞方舟的情節。

要治如此嚴重的洪水，祭祀山川肯定是相當重要的工作之一。但是在《尚書・禹貢》、《容成氏》、《墨子・兼愛》中篇等典籍之中所描述的祭祀，卻是為了以神聖力量威嚇其他地區，或是對已經建設好的水陸交通網絡進行靈力上的掌控，並不帶有祈禱大洪水退去的意義。

禹的「治水」傳說，跟宛如諾亞方舟情節的洪水神話，是基於前述理由而連結在一起。倘若沒有理解這一點，就會將原本是為了整頓農地及建設水路交通網絡的「治水」，想成了排除大洪水的「治水」，而且會產生「大禹治水」是讓天下平等受惠的錯覺。事實上我們在前文已經得知，禹的「治水」只是將沿襲自新石器時代的各文化圈內部的水土情況加以整合，其涉及的範圍有時是天下，有時僅是天下的一部分。

此外還有一點值得注意，那就是在〈舜典〉之中，舜曾經巡視天下。只要成為帝王，就會巡視天下，除了舜之外的其他帝王也是一樣。巡視天下的用意，在於藉由神聖靈力對天下的交通網絡進行威嚇與鎮壓。有些典籍會特別強調其威嚇行動是有益於特別地區（如《尚書・禹貢》），此處的特別地區指的是魏的領土冀州）；有些典籍則譏笑其威嚇的效力畢竟只能在天下的一部分地區發揮效用（如《墨子・兼愛》中篇）。但若不論這些細節，巡視天下的目的都是以神聖靈力對廣大土地進行壓制。

事實上，早在殷商時代，君王就會巡視自己所統治的地區。這一點已經由甲骨文獲得了證實。殷商君王巡視自己所居住的都市及轄下直屬的都市或村落，是日常性的行為。當然，這只侷限在一天能夠往返的範圍之內。不過當有必要進行遠征時，也會順便進行巡視及祭祀。

巡視統治疆域的王

到了戰國時代，形成領土國家，巡視的範圍卻是大同小異。君王會巡視自己所統治的國家疆域，但平常居住在首都之中。

君王的品德會感化特別地區的百姓，而官吏則是德治思想的基礎。君王的品德甚至能感化野蠻之地，也就是不在特別地區之內的其他區域。這個思想明確呈現於文章之中，就會涉及受感化的地區將其物資經由天下的交通網絡，運輸（朝貢）至特別地區。

秦始皇巡視天下的事蹟也相當有名。一般學者認為在秦始皇之前，巡視天下只是理念，直到秦始皇才真正付諸行動。正因為秦始皇統一了天下，才能完成這個巡視天下的壯舉。但是秦始皇巡視天下時所利用的具體路徑，卻是建立於戰國時代的水陸交通網絡。秦始皇舉行祭祀的地點，也是沿襲自新石器時代的各文化圈內的聖靈之地。換句話說，秦始皇並非在單一地點祭祀，就可以鎮壓天下。就這個意義上而言，《墨子・兼愛》中篇譏笑禹的治水是自古以來沒辦法惠及天下的事情，秦始皇的祭祀卻也好不到哪裡去。

實際上的治水行動，仰賴的是大規模的水土工程。倘若鐵器普及，要實施大規模工程當然相對輕鬆。但在鐵器不普及的情況下，要實現這種大規模工程，就必須不斷發動戰爭，藉由奴隸的勞動力來完成工程。因此治水傳說的背景有兩種可能，一是奴隸勞動，二是鐵器普及。

但如果治水的範圍相當遼闊，就只剩下鐵器普及這個可能了。

早在新石器時代的後期，就已經開始出現城郭都市，也就是以城牆包圍的都市。但若以農地來看，必須到春秋戰國時代，農地的面積才開始擴大。而促使農地擴大的背後因素，就是鐵器的普及。兩者比較起來，治水工程與農地擴大的關聯性較強。前述的《尚書・禹貢》，也是將農地的拓展與交通網絡的建設當成了重點主題。

整體而言，光是概觀《尚書》〈堯典〉〈禹貢〉及參考這些古籍而寫成的《史記》，就可以看得出戰國時代諸領土國家的事蹟，到了漢代都被轉換成了「天下」的事蹟。將禹的功績套在治水傳說之上，並將其功績往前推至青銅器時代的殷商、周、春秋，甚至是殷商之前的時代，實在有些太牽強了。

夏朝系譜

夏朝系譜如何得以留存

戰國時代魏人所作的《竹書紀年》的〈夏書〉中，記載著夏朝歷代君王的名字。《史記・夏本紀》中，也記載相同或相似的王名。雖有少數王名完全不同，但以系譜結構來看，可推斷為同一王。在名為《世本》的古籍之中，也有著類似的王名。

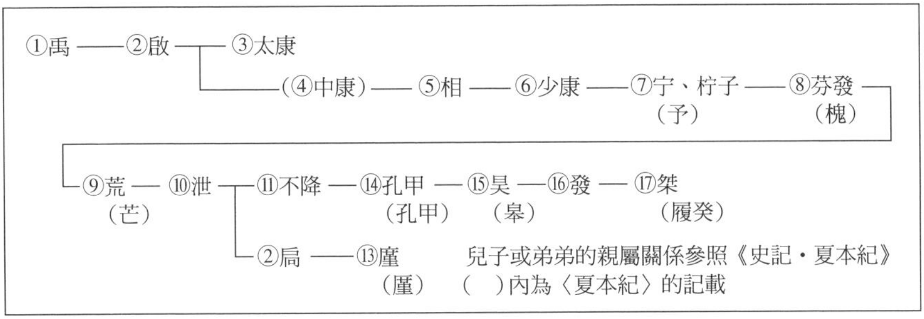

《竹書紀年》與《史記・夏本紀》中記載的夏朝王名

要討論系譜的問題，《史記》是相當合適的參考史料。

仔細觀看《史記》，會發現一個現象，那就是西周以前的時代雖有諸王的系譜，但在位期間不明。存在於相同時代的諸侯系譜，當然也是一樣。但是到了春秋時代，周王及各國的系譜都開始有了具體的年代紀錄。這些具體的數字，有很多是漢代的學者以《春秋》為依據所添加上去的紀錄，但與《春秋》的內容無關的紀錄也不少。那是因為在西周及更古老的時代，漢字尚未在各國普及，因此沒有留下具體的年代紀錄。但是春秋時代之後，漢字在各國札根，各國開始會記錄下自國君主的在位年分。西周時代諸國雖然留下了許多在位年分不明的系譜，但這有些只是口耳相傳的紀錄，有些則是因西周賜予諸國的青銅器上有著銘文，而這些銘文中包含臣服於周王的諸國歷代君主名稱。

話雖如此，但是這些青銅器銘文內，經常可以看到周王的在位年分，這意味著周人有著記錄王的在位年分的習慣，只是《史記》中極少提及而已。因此我們不能說《史記》內沒有提及，年分紀錄就不存在。然而西周時代的青銅器銘文，記錄的都是周王的年分。至於諸侯的年分紀錄，則要等到春秋時代才會出現。因此即使是以青銅器銘文為依據，我們也可以說，在西周時代幾乎不存在諸侯的年分紀錄。

殷商朝又與周朝不同，極少賜予諸國包含系譜銘文的青銅器。因此除了擁有漢字的殷商之外，諸國幾乎沒有留下任何系譜。

至於殷商朝之前的夏朝的系譜如何能夠留存，更是一大疑問。倘若夏朝已擁有漢字，或許是殷商朝繼承了夏朝的漢字紀錄。但令人懷疑的一點，是殷商朝前期至中期的都市遺跡從不曾出土過任何漢字的文章史料。到目前為止，有許多都市遺跡都被人懷疑是夏朝時代的都市，但在這些遺跡中從未挖出任何漢字或其他種類的文字。

不僅如此，而且殷商朝滅亡後，宋國隨之成立，其系譜與西周諸王的系譜同時存在，但是夏朝滅亡之後，卻沒有留下任何分封之國的系譜。

假設有人拿著某國的系譜，聲稱該國就是夏朝的子孫建立的國家，該系譜就是夏朝的系譜，後人也很難找出否定的證據。

從前文的敘述便可知道，殷商朝的前面還有一個夏朝，是戰國時代諸國的普遍觀念。雖說無火不生煙、無風不起浪，但是這個火、這個風到底有著什麼樣的面貌，戰國時代諸國的描述各自有著不小的差異，可說是疑點重重。

劉累的傳說

《史記．夏本紀》中，記載著一個宛如被當成了具體事實的傳說，是關於孔甲時代一個名叫劉累的人物。

夏后氏德衰，諸侯畔之。天降龍二，有雌雄，孔甲不能食，未得豢龍氏。陶唐既衰，其后有劉

累，學擾龍于豢龍氏，以事孔甲。孔甲賜之姓曰御龍氏，受豕韋之後。龍一雌死，以食夏后。夏后使求，懼而遷去。

現代文：夏后氏（夏朝）品德衰敗，諸侯都離叛了，上天派下了一對雌雄之龍，孔甲找不到飼養龍的人才，無法讓龍繁殖來吃。堯的子孫陶唐氏已式微，其中有個叫劉累的人，向豢龍氏學得了養龍的方法，在孔甲的底下做事。孔甲賜姓為御龍氏，並將祝融子孫所居住的豕韋賜給他。後來雌龍死了，劉累將雌龍的肉獻給孔甲食用，孔甲忘不了龍肉的味道，向劉累要求更多龍肉，劉累心裡害怕，於是逃走了。

這個傳說的重點，就在於主角劉累是「劉氏」。《史記》誕生於漢朝，而漢高祖劉邦正是「劉氏」的後代。

關於劉邦，《史記・高祖本紀》有這麼一段記載。

高祖，沛豐邑中陽里人，姓劉氏，字季。父曰太公，母曰劉媼。其先劉媼嘗息大澤之陂，夢與神遇。是時雷電晦冥，太公往視，則見蛟龍於其上。已而有身，遂產高祖。高祖為人，隆準而龍顏，美須髯。

現代文：高祖是沛豐邑中陽里人，姓劉，字季。父親是太公，母親是劉媼。劉媼從前到大澤的堤岸邊遊玩，夢中出現了神明。當時雷電交加，周圍一片黑暗，太公仔細一看，劉媼身上竟然有一條蛟龍。不久之後，劉媼就有了身孕，生下高祖。高祖性格清高，臉長得像龍，有著漂亮的鬍鬚。

一般而言，中國的傳統觀念是只有父親的血脈才能守護家族，但是根據這段記載，漢高祖劉邦的「劉」卻是母親的姓氏，父親到底姓什麼不得而知。不僅如此，而且劉邦的母親是接受了「龍精」才受孕。這個傳說，其實與前述的劉累傳說有所關聯。為了讓這個傳說成立，劉邦的「劉」必須是母親的姓氏才行。

劉累傳說以母方姓氏為主軸，正如同前述的戰國時代齊國田氏，藉由母方的血統聲稱自己是殷商的子孫。不僅如此，劉累的受封之地，原本是祝融子孫的土地，這意味著劉累曾經統治過祝融的子孫。所謂的祝融子孫，指的是楚國的君主一族。換句話說，這預言了漢高祖將打敗與其爭奪天下的西楚霸王項羽。

基於以上論述，可知孔甲時代的劉累傳說並非事實。

值得注意的是，《左傳》「昭公二十九年」也引用了這個傳說的原型。《左傳》中的劉累傳說，前面的部分都跟《史記》一樣，但是最後的結尾卻是「懼而遷于魯縣，范氏其後也」（劉累因畏懼而搬遷至魯縣，其後代為范氏）。同樣的故事到了《史記》中，魯縣、范氏的部分都被刪除了。如此一來，才能與劉邦的「劉氏」互相呼應。若要進一步探討，不難想像《左傳》中的「劉累」的原意應該是「龍累」（雖然「劉」與「龍」的發音不同）。畢竟後代是范氏，祖先沒有必要是劉氏。雖說周朝的雒邑附近有「劉」這個地名，其統治者在周朝似乎頗有地位，但是劉累傳說的主角跟這個「劉氏」毫無瓜葛，而是逃難到陝西地區的一族。因此「劉累傳說」原本可能是「龍累傳說」，漢代的人為了建立「劉氏」的傳說，才將「龍累」改成了「劉累」。

這個劉累傳說，是《左傳》在戰國時代成書之後，唯一到了漢代很可能曾遭到竄改的內容。正如同前文所說的，《左傳》中劉累傳說的主角是范氏。漢文帝時代的學者利用這個傳說，想要委婉地塑造出劉邦出身於秦地且是范氏後代的形象。筆者在前面的章節已提過，這個時期的制度是想要建立起漢繼承秦的「模式」。但是這樣的做法，到了《史記》成書的西漢中期漢武帝時代，卻成了絆腳石。於是「范氏」的部分，在《史記》中遭到了刪除。以上就是筆者的推測。換句話說，《左傳》中的「龍累」被改成「劉累」，是在漢文帝的時代，而非《史記》成書的漢武帝時代。

綜觀以上的論述，我們可以說關於夏朝的傳說都不足採信，就連系譜的正確性也讓人半信半疑。夏朝的系譜，甚至有可能是不同時代的國家的系譜。

不過筆者在第三、四章已花了很長的篇幅論述過，在後世的籠統觀念之中，殷商朝的前面有個夏朝，而夏朝的統治區域與殷商朝重疊，但稍微向西方偏移。這似乎是後人的普遍認知。在學者們利用考古學上的成果對殷商之前的王朝進行考證時，這似乎是唯一值得注意的一點。

殷商朝

透過出土文字史料復原殷商始祖傳說

相較於夏朝，殷商朝的史實資料多了不少。

殷商時代出土的甲骨文史料，讓我們知道了不少史實。

除了甲骨文之外，還有青銅器銘文。雖然數量不多，但以出土文字史料而言具有舉足輕重的價值。

而且周朝繼承了殷商朝的文字文化，因此很多文字紀錄都經由周朝得以留存。

夏朝的開朝始祖傳說都是來自於戰國時代的史料，或是以這些史料為基礎所衍生出來的故事。相較之下，殷商朝的開朝始祖傳說則殘留著較多更加古老的傳承典故。

我們避開《史記》中以《尚書》等典籍為參考依據的大量文章，將焦點放在〈殷本紀〉上。〈殷本紀〉的開頭段落，其大意是這樣的。

殷商的始祖是契，契的母親簡狄跟同族的婦女三人一同到河邊沐浴，看見一隻「玄鳥」（燕子）產下了蛋。簡狄吞下那顆蛋之後就懷孕了，生下的孩子就是契。換句話說，玄鳥帶來了一個擁有奇妙靈力的人物。

這個傳說雖然簡單，卻頗值得深入探討。前文提到的《史記・夏本紀》中的劉累傳說，是與漢高祖劉邦有關的故事，兩個傳說在「賦予神奇靈力」這一點上有其共通之處。但是「玄鳥」的部分並非是在戰國時代之後才在天下造成流行的概念，很可能是反映了殷商時代的舊有習俗。

關於這個玄鳥產卵的傳說，我們可以在戰國時代的文獻中找到其原型。上海博物館的新出土楚簡（出土地點不明，但應該是楚人所作的竹簡）中，有一部名為《子羔》的古籍，裡頭有著這樣的記載。

契之母，（略）有燕銜卵而措諸其前，取而吞之，娠三年而畫于膺，（略）是契也。

現代文：契的母親看見有一隻燕子銜著卵放在自己的面前，於是將蛋吞了，懷孕三年之後，胸口裂開，生下了契。

在這段記載的前面，是關於禹的傳說；而在這段記載的後面，則是關於后稷的傳說。這三則傳說的內容，都涉及其神奇靈力的由來。契是從母親的胸口出生，而禹是從母親的背部出生。像這種從胸口、背部出生的設定，讓人聯想到蟬脫殼而出的畫面。但母親以胸口或背部生下孩子後有什麼下場，卻似乎乏人問津。

同樣在《子羔》中，還有這麼一句關於后稷之母姜原的記載：「乃見人武，履以祈禱（看見他人的足跡，踩在上頭祈禱）。」值得注意的是姜原看見的是人的足跡，只是祈禱那是天帝的足跡。《子羔》中關於禹、契、后稷的傳說，似乎隱含著譏諷夏、殷商、周的涵義。若撇開以胸口或背部生下孩子的部分不看，則與《史記》的記載差不多。類似的內容，也可見於《詩經》中的〈商頌・玄鳥〉篇。

下一節所提到的甲骨文中，也有等疑似殷商祖先之名的古字。這些古字的形狀，簡直像是長著尾巴、模樣奇特的「異形之神」。這「異形之神」會不會就是上述傳說中吞下燕卵後出生的孩子？這種「異形之神」的思想，是否只存在於戰國時代宋人（殷商子孫）的心中？讀者們不知有何見解？

「異形之神」的出現，可以追溯至甲骨文的時代。這是否象徵《史記》中描述的吞下玄鳥之卵後出生的孩子，可說是考證的重點。

刻著漢字的甲骨片　甲骨指的是龜甲或獸骨。在甲骨上刻漢字，是後期的殷商所採用的方法。甲骨會先被用來占卜，接著才刻上字。占卜可分為兩個階段，①是以火源接近甲骨（稱為燋灼）以取得神意，②是根據甲骨表面的龜裂判斷神意。占卜的「卜」字，便是從龜裂的模樣演變而來。負責執行①的是貞人（祭祀官），而王則負責執行②的判斷。進行燋灼的方法，是使用荊菙之木，在前端點火，抵在甲骨上。在燋灼之前，會先在甲骨片上挖出小小的圓形凹槽（鑽），並在其旁邊挖出細長狀的凹槽（鑿）。點了火的木條就抵在圓形凹槽上。一直到周朝的初期，依然還有在甲骨上刻字的習俗，但這個習俗後來消失了。倘若是沒有刻字的甲骨燋灼占卜，則歷史更加古老，可回溯至新石器時代。戰國時代的《左傳》中有著關於「卜」的記載，《史記》中也有漢代的「卜」的紀錄。

城市國家殷商

《史記・殷本紀》中的記載，絕大部分成立於戰國時代。相較之下，出土古物上的甲骨文，卻能帶給我們最原始的訊息。

十九世紀末出土的甲骨文，原本被當成中藥材販賣，後來才受到關注。因此除了考古調查所得的甲骨文之外，還有大量甲骨文出現在市面上，這些甲骨文最後流入世界各地，為人所收藏。在董作賓等諸多研究者的努力之下，這些甲骨文經過整理，確認為殷商晚期之物，並可細分為五期。

但是這些甲骨文與後代的紀

錄不同，並不包含編年史的紀錄，只是將每一次的祭祖活動內容以青銅刀刻在甲骨（龜甲獸骨）上，因此內容相當細微瑣碎。

這些經過整理的甲骨文，帶出了一個令舉世學者跌破眼鏡的假說，那就是松丸道雄的「田獵說」。筆者在前面的章節已稍有提及，以下是更詳細些的說明。

所謂的田獵，指的就是狩獵。王或其代理人必須前往各地進行狩獵，以作為祭祀活動的一環。田獵亦帶有軍事演習的意義，獲得的獵物都將獻給神明。松丸道雄的「田獵說」，就是針對這些紀錄進行整理分析。

在一些甲骨文中，可看出王在「田獵地」之間移動所耗費的具體天數。松丸道雄將其整理成表格，並透過數學方式加以驗證。

令人吃驚的是，在二十一個田獵地之中，有十八個地點在往來移動所需時間最長不超過三天的範圍之內，剩下的三個地點也在最長不超過四天的範圍之內。而且松丸道雄還以數學方式證實，只要半徑一‧七天路程的範圍，就可將前述的十八個地點全部包容於其中。這全部二十一個田獵地之中，甚至包含了一些原本後人認為應該距離殷商首都很遠的地點。

「最長不超過」是一個重要的概念。最長不超過一‧七天路程，等於不到兩天，實際上很可能只有一天。當時王的移動是搭乘馬車，因此移動速度可替換成馬匹的奔馳速度。此外，有些甲骨文中描述王的移動的詞句，帶有「去了又回來」的意思。綜合以上諸點，可知這十八個田獵地只在半徑二十公里左右的圓形範圍之內。

這個範圍小得令人吃驚。就算是將範圍擴大至兩倍，也還是太小了。

過去學者的做法，是將這十八個地點與流傳後世的地理書籍上的地名互相對照，以確定其具體位置，得到的結論是殷商的田獵地散布在距離首都相當遠的廣大範圍之中。松丸道雄的「田獵說」證明了這個方法至少不適用於前述的十八個地點。而且除了這十八個地點之外，其他地點都是處於無法將相互之間移動距離轉換為具有意義的實際概念的狀態。因此若有人想要對松丸道雄的「田獵說」提出反駁，就必須利用上述十八個地點（若加上最長不超過四天的三個地點，就是二十一個地點）以外的其他地點的相關甲骨文，將相互之間移動距離轉換為具有意義的實際概念，並且進行數學式的驗證。

到目前為止，還沒有人能以這個方式對松丸道雄的「田獵說」進行反證。

在松丸道雄進行這個縝密的驗證與謹慎的說明之前，他先對包含驗證所需數據資料的甲骨文進行了一番審視。最後他決定以第四期、第五期甲骨文中的田獵地作為驗證材料，並作出「其他地點只能根據其與後期田獵地的重複狀況推測其位置」的結論。除此之外，他還認為第二期、第三期的田獵地應與第四期、第五期的田獵地在性質上大致相同。

殷商是「大國」，理應在各地都設有軍事據點。每次對軍事據點派出大軍時，當然也會進行祭祀活動。在這種情況下，王不會親自前往，而會派出自己的代理人。想當然耳，甲骨文的內容會包含遵照了王的指示的意思。像這種遠征路途上的田獵地，與王在日常生活中親自率領田獵的田獵地，在性質上有所不同。

關於以上諸點，松丸道雄也提出了他的看法。首先，在第一期甲骨文中的田獵地，與前述驗證地點重複的相當少。其次，第二期之後的田獵甲骨文，都是由王親自執行田獵的占卜，但是第一期的田獵甲骨文，卻大多是王命令他人執行田獵的占卜。不僅如此，第一期甲骨文中出現的田獵地的地名，除了極少數例外，絕大多數都應該與第二期之後的田獵地在性質上有所不同。或者應該說，如此認定較符合常理。

松丸道雄的「田獵說」最引人議論的一點，是田獵地大多在半徑二十公里的圓形範圍之內。這個範圍幾乎等同於當時的城市國家的統轄範圍。換句話說，殷商的君王是在名為殷（商）的都市直接管轄的範圍之內往來移動，舉行田獵儀式。

此外還有一點值得注意，那就是田獵地之中，包含著臣服於殷商的氏族名稱。這或許意味著殷商首都的周圍有著臣服的氏族所建立的村落，每當臣服的氏族要進貢物資時，會先將物資送到這些村落，接著才送入首都之中吧。臣服的氏族對殷商有朝貢的義務，而這些村落是履行義務時不可或缺的中繼站。

關於田獵的相關研究，讓我們對小城市國家臣服於大城市國家的政治結構有了更具體的瞭解。

甲骨文所傳達的訊息

甲骨文記錄的是祭祀活動的內容。若鎖定其中某個具有特徵的現象，將所有甲骨文進行整理歸納，便可以獲得許多訊息。前述的王的田獵地問題便是一例。

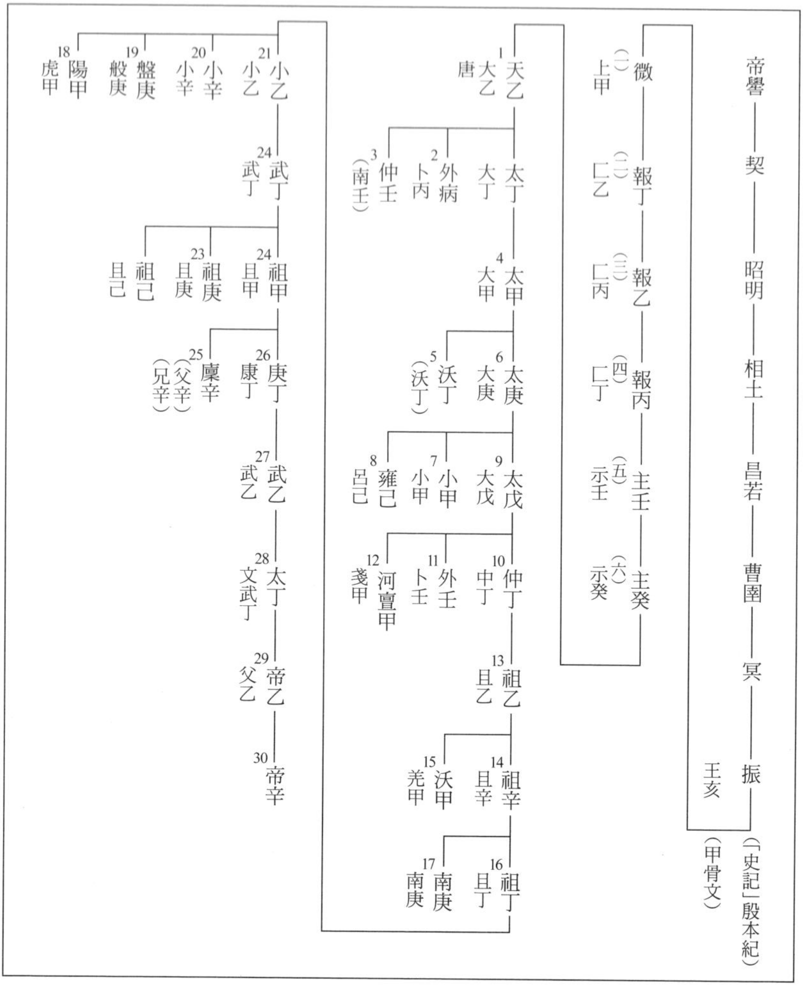

殷商朝的系譜　君王的名字中包含天干，這似乎意味著王出身於以這些天干為象徵的集團。換句話說，系譜中諸王的關係並非如同現代所認定的父子或兄弟。以兄弟關係排列的王，指的是同一世代的王，以父子關係排列的王，則是不同世代的王。王皆來自於特定的集團，夫人也來自於特定的集團，這些集團組合成了殷商的王族。若比較《史記・殷本紀》及甲骨文，會發現有些王的即位順序不同。而且有些王在〈殷本紀〉內被視為即位（1～30），但在甲骨文內沒有即位紀錄（以（ ）標示）。當然也有反過來的情況，在〈殷本紀〉內被視為沒有即位的王，在甲骨文內卻即位了。不過雖然有些差異，名稱也不全然相同，但〈殷本紀〉中記載的王名與經由甲骨文所確認的王名，還是有著令人吃驚的一致性。

甲骨文中最受人注目的部分，就是殷商君王的祭祖活動。因此殷商君王舉行祭祀的細節，已在研究過程中逐漸明朗。

只要針對祭祀對象進行分析整理，就可以復原殷商君王的系譜。其復原的結果，竟然與《史記・殷本紀》中的殷王系譜大致相同，令全世界的學者都感到相當驚訝。不過這並不代表《史記・殷本紀》的內容都正確無誤。有些比較武斷的人，似乎產生了〈殷本紀〉完全正確的誤解，然而實際上甲骨文的研究是需要極大耐心與務實精神的工作。上述的君王系譜，就是務實的考證作業所帶來的成果。

除了上述對龐大甲骨文資料進行分析歸納所得到的推論之外，還有一些推論是以文化圈的分布狀況與地名為基礎，再與甲骨文中的紀錄互相比對而得。

舉例來說，在祭祖紀錄的甲骨文中，有時會出現伊尹這個名字。〈殷本紀〉內也曾出現這個人，並記載他的地位相當於殷商初期的宰相。所謂的宰相，是戰國時代之後的概念，在那樣的時代裡，由官吏統治地方早已是相當普及的制度。相較之下，殷商朝卻是由許多城市國家所組成的聯合政體，因此宰相的意義絕不相同。雖然同樣具有輔佐君王的意思，但伊尹的職責是統治對殷商而言相當於副都的最重要都市。伊尹的「伊」，就是都市名。伊尹的意思，就是負責管理「伊」這個都市的人。

問題是「伊」這個都市相當於現在的哪裡呢？

殷商的勢力範圍到底有多大，是一個頗具爭議性的問題。不過筆者在先前的章節中已提過，周朝以陝西為根據地，將中原地區的雒邑當成副都並交由周公管理，並將東方的泰山以南地區封給族人，建立了魯國，以牽制齊國等（參照一一七頁、一六九頁地圖），這些都可以當成參考。透過考古遺跡（物資的移動狀況）的考證，周朝的文化勢力範圍還要更廣。事實上周在消滅殷商時勢力範圍迅速擴張，但其後有縮小的趨勢。因此「伊」至少會是中原一帶的軍事據點，如果殷商的勢力範圍更大，就會在其勢力可及範圍的某處。

在洛陽的東方，有一條與洛水匯合的支流，稱為伊水。一般學者認為伊尹的「伊」，就是伊水的「伊」。其位置是在河南一帶的文化圈內。

周朝建立了雒邑以作為直接統治伊的都城，繼承了其在殷商時代的軍事據點機能。

《史記．殷本紀》記載「帝太戊立伊陟為相」，令殷商得以復興，可見得伊尹一族在殷商內擁有舉足輕重的地位。

殷商與周

在前文介紹過的魏國編年體史書《竹書紀年》中，有一篇〈殷紀〉。這篇〈殷紀〉列舉了歷代殷商君王任內的事蹟，其中也包含了關於伊尹的記載。伊尹當上仲壬的卿士（周朝的官名），將太甲流放於桐地，自立為王。太甲在遭到流放的七年後歸來，殺死了伊尹，將其領地分給伊尹的兒子伊陟及伊奮。伊陟的出現時期與《史記》有所差異，而且《史記》中並未提及伊尹一族與君王一族之間的鬥爭。由此可知，伊尹一族的歷史定位，在《史記》中與《竹書紀年》中可說是迥然不同。

根據《竹書紀年》的記載，殷商在盤庚的年代遷移至後代所稱的「殷墟」。但有些傳承的內容卻不盡相同。何況出土的甲骨文都是君王武丁至殷商末年之物，而且時間上早於「殷墟」的鄭州商城及偃師商城都被巨大的城牆所包圍，「殷墟」本身卻沒有城牆。因此較可靠的說法是殷商的首都另有其地，「殷墟」只是附屬的宗教設施。

「殷」這個字在一般世人心中是一個好字，帶有「富足」之意。但是有些古代的經典，卻將「殷」字表記為「衣」字。例如《禮記・中庸》篇中有這段記載：

武王纘大王、王季、文王之緒，壹戎衣而有天下。

現代文：武王繼承大王（指古公亶父，王號為追謚）、王季（指季歷，王號為追謚）、文王（王號為追謚）的事業，消滅了殷，進而統治天下。

此處的「壹戎衣」，在《尚書・康誥》中有幾乎一模一樣的記載，但表記成了「殪戎殷」。這個「衣」字被引申為夷狄的「夷」，然而西周金文中有「東夷」一詞，這個「夷」字與「衣」字的字形並不相同。此外，在名為「保卣」及「保尊」的青銅器的銘文上，有著「王令保及殷東五侯」（成王命令召公太保追趕殷的東方五侯）一語。前述經典中表記為「衣」字的「殷」，應該就跟這裡的「殷」一樣，是一種蔑稱。

不過後代的經典使用「殷」這個字，不見得是負面的意思。周人稱殷商為「衣」（＝夷）帶有貶意，但是到了戰國時代，世人反而需要將殷商美化。夏、殷商、周三代，都成了理想中的朝代。

因此「殷」字偏離了原意，開始帶有「富足」的意思。就連「衣」這個字，也逐漸失去了「夷」這個貶意。

但即使如此，透過「衣」字的各種使用例子，我們還是可以得知「殷」在發音上就是夷狄的「夷」。

殷商與周開始出現交流，是在殷商君王武乙的時代。根據《竹書紀年》記載，武乙三十五年，周文王（在位時期西元前一〇六八年～西元前一〇三四年）的父親季歷（～西元前一〇六八年）討伐鬼戎，俘虜「狄王」二十人。此外亦在太丁二年討伐「燕京之戎」，又在同王四年討伐「余無之戎」。從這些記載，可知周的勢力逐漸增大。相較之下，殷商採取的行動則是拉攏周。太丁四年，殷商任命周為「牧師」。其後周的軍事行動依然相當頻繁，太丁十一年又討伐「翳徒之戎」，俘虜了三名大夫。

然而周的聲勢似乎讓殷商視之為心腹大患，終於在文丁的時代，季歷遭到殺害（西元前一〇六八年）。這件事讓周對殷商產生了敵意，帝乙二年（西元前一〇六四年），周人便曾討伐過殷商，若以周的紀年來看，當時是周文王五年。

到了武王十一年（西元前一〇二四年）庚寅之日，武王時代的伐殷行動正式揭開序幕。

帝乙、帝辛時期的祭祀活動

這個時期的祭祖活動，是後人確認其年代的重要資訊。祭祀活動固定於癸之日舉行，每十天舉行一次，並為隔天起的十天（旬日）的吉凶進行占卜。不僅如此，而且祭祀的祖先順序是固定的。這些都是可以利用的線索。只要將這些祭祖活動的資訊與復原後的當時曆法互相對照，就可以確定年代。

所謂的曆法，是一種將天文現象的規則性反映於日常生活中的「模式」。有了規律的準則，才能建立秩序。

進入農業時代後，世人更加需要知道季節的變化。無法確定季節，就沒辦法播種。由於天上可以看見的星座會隨季節而改變，因此世人必須記住每個季節的天象特徵。不過這並不需要使用文字，只要記在心裡就行了。

將焦點鎖定在某些明亮的星星上，觀察黎明前或日落後這些星星落在哪個方位，是觀察天象特徵的方法之一。英國的巨石圈（stone circle，史前時代的遺跡）也是在類似的生活模式下誕生的古代之物。當然，這與中國相距遙遠，雙方之間沒有任何相互影響。

要確認從殷商到春秋時代之間每個時代的曆法，仰賴的是殷商的漢字紀錄、西周的漢字紀錄、以及漢字普及之後（春秋時代之後）的各國漢字紀錄。

正如同前文的描述，我們可以利用甲骨文第五期（帝乙、帝辛時期）的祭祀活動，復原殷商時代的曆法。該祭祀活動以三六〇天為週期，每十天就會祭拜特定祖先。只要以此紀錄與現代天文計算技術回推的月亮盈虧列表（多記錄為朔日）互相對照，就可以得知記錄中的年、月、日相當於西元前何年。以復原結果（殷商曆法與三六〇天週期的祭祖活動）來看，一月開始的時間應該是在冬至之後。

此曆法是以月亮盈虧為基準。月亮盈虧循環十二次為一年。太陽的高度會以三六五・二五天為週期回到原本位置，但月亮盈虧循環十二次的時間不會與此完全相同。因此每當剩餘的時間累積滿一個月之後，就會多增加一個月以進行調整，這就是「閏月」。

由於太陽回到原始高度必須花三六五・二五天，而祭祖活動每一輪是三六〇天，因此為了讓祭祖活動與季節相呼應，每當祭祖活動一輪結束後，就必須加入幾天緩衝的空檔。這個緩衝的空檔有時每年加入，有時數年才合併加入一次。

在這樣以三六〇天為週期的祭祖活動架構下，使用該曆法的人只要看每十天一次的祭祀輪到第幾次，就可以大致推斷出季節。

殷商將甲骨文使用在祭祀上，甲骨文發揮了讓祭祀制度更加嚴謹的功用。這同時也促進了曆法的進步，當時的人為了知道季節，在曆法中加入了類似「節氣」的要素。

值得一提的是，消滅了殷商的周，並沒有像殷商一樣的祭祖制度，甚至沒有建立一套類似制度的念頭。不僅如此，周也沒有繼承製作甲骨文（在龜甲獸骨上刻字）的方法。

取而代之的是在青銅器上鑄字的技術。周藉由這套發源於殷商的技術，讓文字得以傳承，而且還將製作出來的青銅器分送給各諸侯國。

在這些金文（青銅器銘文）上，包含著一些區分月亮盈虧狀態的術語。這種月亮盈虧的狀態，我們現代人稱之為月相。當時的人將月相分成了四個階段（參照九四頁）。
有了月相的制度之後，只要計算輪了幾次月相的週期，就可以推算出季節。這也發揮了類似節氣的功效。以結果來看，周雖然不像殷商一樣有祭祖的制度，曆法上的發展卻是大同小異。
到了戰國時代中期，鐵器的普及造成社會巨大變化，曆法也出現了劃時代的變革。當時的人已能正確計算太陽的高度及太陽與星座之間的關聯性，制定出二十四節氣（冬至、夏至、立冬、立春等等）。不僅如此，還計算出以節氣週期為基準的一年（例如冬至到冬至）為三六五又四分之一天，該週期與月相盈虧週期回歸原始的呼應狀態（例如冬至朔到下一個冬至朔），則需要花費剛好七十六年。在這七十六年之間，月亮剛好盈虧九四〇次（九四〇個月）。天數剛好是二七七五九天（三六五又四分之一天乘七十六年），如此算下來一個月的天數為九四〇分之二七七五九天，也就是二十九又四九九／九四〇天。而我們現代人所說的一年（一太陽年），就相當於一二・三六八個月（九四〇個月／七十六年）。因此在計算上，第一年為十二個月，第二年為十二個月，第三年就變成十三個月，也就是只要算完十二個月後剩下的累積天數超過一個月分，就多放一個閏月。
當遇到十三個月的那一年，當時的人固定以最後一個月（十二月）為多餘的月（閏月），因此第十三個月就以「閏再十二月」之類的方式記錄。不過當時的秦使用的是十月開始、九月結束的曆法（類似日本學校年度從四月開始計算，臺灣學校年度從九月開始計算），因此閏月就放在九月的後面，記錄為「後九月」。閏月的記載方式，各國都不太一樣。
到了漢代，則轉變為從二十四節氣中挑出從冬至開始的十二個「氣」，以包含這十二個「氣」

的月分為正常月，而不包含的則為閏月。隨著時代變遷，曆法也不斷改良進步。

值得慶幸的是，我所復原的曆法，能夠符合目前所有可供參考的史料紀錄。

帝乙、帝辛時期的曆法經過復原之後，可知帝乙的在位期間為西元前一〇六五年至西元前一〇四四年，帝辛的在位期間為西元前一〇四四年至西元前一〇二三年。前述的《竹書紀年》於西元後三世紀出土時，《逸周書》也跟著一起出土。在《逸周書》〈卷三‧小開解〉中，記載著周文王三十五年正月丙子之日有著滿月。筆者參照《竹書紀年》的記載，復原周文王的在位期間，可知周文王三十五年是西元前一〇三四年。這一年的西元曆法（儒略曆）一月二十九日正好是丙子之日，而且是從冬至之後起算的正月的滿月之日。換句話說，筆者所推算的周文王三十五年正月丙子之日，在天文學上正是滿月之日，而這一年是西元前一〇三四年。

第六章　春秋時代的史實

廣大漢字圈的出現

筆者在前面的章節已提過，到西周時代為止，漢字只是殷、周等大國都市內部使用的文字。周相當積極地將鑄了銘文的青銅器賜予諸侯，因此諸侯漸漸對漢字不感到陌生。然而在青銅器上鑄字的技術頗為特殊，諸國無法學會這套技術，因此無法隨自己的意思製作出鑄了字的青銅器。

「東遷」的驚人內幕

然而「東遷」為這個狀況帶來了巨大的變化。

「東遷」的真相，其實是因周朝底下諸侯不睦所導致的分裂鬥爭。再加上外族入侵，造成西周故地陷入一片混亂，來自西方的秦的勢力因此有了可趁之機。其中的細節，前文已經介紹過（參照第二章）。

根據《竹書紀年》的記載，早在周宣王的時期，周與秦便有所接觸。宣王四年（西元前八二三年），秦仲討伐戎，卻遭戎殺害，後來即位的莊公才打敗了戎。

西元前七五九年，東周消滅了西周，其後依然維持著混亂局面。西元前七五四年，秦將岐定為秦周之界。《史記・秦本紀》記載著「文公遂收周餘民有之，地至岐，岐以東獻之周」（文公於是收容了周的餘民，一直到岐，並將岐以東的土地獻給周）。此時秦所收容的這些周的餘民之中，肯定包含鑄字的工匠。自這個時期起，西周所傳承的青銅器鑄字技術便傳入了秦。

另一方面，在混亂的局勢之中，工匠四處逃散，在各地尋求庇護。這些人逃到了哪裡，鑄字技術就傳到了哪裡。

東周平王消滅西周攜王（西元前七五九年）時，晉文侯是東周的主力諸侯。在這個時期，文侯似乎也獲得了鑄字的工匠。文侯既然身為東周諸侯，當然必須將這些工匠及典籍紀錄上獻給東周，但文侯自己也保留了一部分。鑄字工匠讓漢字在晉國得以普及。典籍紀錄則全被抄錄下來，成了前述的《竹書紀年》的編纂材料。到了戰國時代，魏統治晉的舊都，這些材料都由魏繼承。

不過有一部分國家，或許在東遷時期之前便已獲得了漢字。各國長期接受來自周的鑄字青銅器，原本陌生的漢字逐漸變得熟悉，當然會有人想要將自己的想法記錄在青銅器上。受命治理副都雒邑的周公之子所建立的魯國，正是一個例子。像魯國這種特別的國家，或許漢字扎根萌芽的時期比其他國家早得多（不過目前尚未發現任何可靠證據能證明這一點）。

盟書的出現

所謂的盟書，指的是記錄了盟誓內容的文書。出土的盟書寫在石板或玉片上，墨色為紅色或黑色（西元前五世紀之物，細節後述）。

以下是從前的人對盟誓的解釋，相信有不少讀者都曾聽過。這雖然是個極大的誤解，卻意外地深植於世人的心中。

上古時代原本是天下太平的理想時代，根本不需要立什麼盟誓。但是到了春秋時代，周朝的威信衰微，諸侯變得我行我素，戰禍也多了不少。在這樣的局勢下，周朝以外的大國往往成為霸主，帶領諸侯立下盟誓。因此盟誓可說是亂世的象徵。

過去的人認為，盟誓、盟書與霸主之間有著密不可分的關係。

就算是無法苟同「上古時代原本是天下太平的理想時代」這種說法的人，在考證盟書的內文時，也是以「周朝的威信衰微導致盟誓增加」的概念為前提。

然而在這個概念的成立條件，卻是基於「漢字從上古時代便相當普及」的刻板印象。在這一套刻板印象中，漢字是早已普及的東西，各國只是沒有立盟誓的必要而已。

然而真相卻是漢字並非「從上古時代便相當普及」。只有殷商及周才使用漢字，各諸侯國卻無法隨心所欲地閱讀及書寫。

沒有漢字，當然也就沒辦法立盟書。如果只有一方擁有漢字，也沒有任何意義。因為盟書的意義在於留下雙方能夠確認的證據，倘若只有一方看得懂，就算立了盟書也是無濟於事。因此在漢字不普及的時代，當然不可能出現立盟書的事蹟。我們可以說，盟書是漢字普及的象徵。

不僅是盟書，就連盟誓的「儀式紀錄」，也不曾出現在西周及更早的時代的史料中。其最大的原因，就在於之前曾提過的，殷商及周以外的諸國沒有漢字，連記錄君主在位年分也有其困難。然而盟誓是一種向神明立誓的行為，照理來說應該從上古時代便存在。對著神明立下誓約，並不見得必須仰賴文字。例如孩童喜歡做的「勾手指頭」，也是一種立約儀式的「模式」。

唯有能夠自由運用漢字的殷商及周，才能夠記錄下盟誓的行為。但當時的記錄者只會記錄下諸國使節來訪，或是本國軍隊在遠征時執行了某種儀式，以及某些立誓的行為，但並不會以「盟書」的形式將對神立誓的內容記錄下來。

「盟書」一詞出自於《周禮》，這是一部誕生於戰國時代的典籍。同樣的概念，在《左傳》中稱為「載書」。若追溯「載」字的源流，會發現這在甲骨文中指的是一種祭祀活動。因此所謂的「載書」，就是祭祀之書。

要為盟誓這個行動建立具體的「模式」，有一個地點最能發揮其效力，那就是各國的祭祀場所。在各國執行祭祀活動的時候，絕大部分情況不會使用到文字。雖然可能會使用一些符號，但這些符號與盟誓的「模式」是否有所關聯，目前尚不得而知。

藉由「載書」這個詞的誕生，我們便能推測當時的盟誓是在祭祀場所上進行。「載」字原本是一種祭祀活動，後來卻衍生出了「載書」一詞，這正是漢字的使用時機不斷拓展的最佳例子。漢字原本是由殷商及周所獨占，當時還沒有相當於盟書的字詞，後來諸國開始立盟書，才借用了原本指祭祀活動的「載」字，創造出了「載書」一詞。

在祭祀活動之一的「載」轉變為「載書」的過程中，「載書」的內容也吸收了一些周朝單方面對外宣言中所使用的詞句。

在前文介紹過的青銅器「兮甲盤」的銘文中，便包含了一些這種宣言詞句。周朝對蠻夷的宣言詞句被鑄在青銅器上，意思涉及神明的懲罰，這部分與盟書頗有相似之處。

淮夷舊我帛晦人，毋敢不出其帛、其積。其進人其賈毋敢不即次即市。敢不用命，則即刑撲伐。其隹我諸侯百姓厥賈毋不即市，毋敢或入蠻宄賈，則亦刑。

現代文：淮夷本是向周納貢的地區。立即納貢並派出人力、交出寶物，遵從軍隊及王的命令。若不遵從者將受刑罰。我的諸侯及百姓啊，納貢並遵從軍隊指示吧！絕對不能向蠻夷納貢，否則將受刑罰。

倘若當時有盟書的概念，應該會舉行盟誓並製作盟書。上述銘文中向諸侯、百姓宣導的部分，如果有盟書的概念的話，當然也會成為盟書的內容。但是這些內容都被放在單方面的宣言之中，正是因為該時期還沒有所謂的盟書。

有一點必須特別注意，那就是接下來所介紹的盟書，製作時曾舉行在神明之前立誓的儀式，但上述銘文卻不同，完全是對外的單方面宣言。由此可知，盟書的約束力在於會盟者之間共同認知的神明之罰，而上述銘文的約束力卻是相互之間不包含神明概念的刑罰。而且該刑罰並非以戰國時代之後的法律制度為基礎，那是一種沿襲自新石器時代以來為了維持秩序而產生的刑罰型態，是一種對違反規定者進行單方面懲戒的概念。

盟書雖然是在前文所述的狀況下產生，卻繼承了西周時代單方面對外宣言文章的用字遣詞。

侯馬盟書

出土古物「侯馬盟書」正是一例。此盟書出土於山西省侯馬的晉國遺跡中，製作的年代則是西元前五世紀初，大約是孔子依然在世的時期。盟書的文章寫在石板及玉片上，墨色有紅有黑，包含碎塊在內共有五千餘片。依據其記載的內文，可知這些盟書經過數次製作，而非一次完成。

盟誓的內容是關於《左傳》「定公十三年」（西元前四九七年）至「哀公五年」（西元前四九〇年）所記載的趙氏內亂事件。這場內亂原本是趙氏宗主趙簡子（趙孟）與同族的邯鄲趙氏之間的鬥爭，後來演變為整個晉國的大內亂。此處所介紹的「侯馬盟書」，就是在這樣的局勢下製作而成。

這場內亂，最後是以趙簡子方的獲勝收場。

以下介紹盟書文章的一個例子。盟書可分為許多種類，此處介紹的是「委質類」（第三類）的盟書，其文章如下。

盦章自質于君所，而敢　出入于趙稷之所及其子孫，兟克及其子乙及其子孫，及其白父叔父及其兄弟及其子孫，兟直及其子孫，兟鑿及其子孫，兟孚及其子孫，兟詈及其子孫，兟廣興瘨及其子孫，中都兟强及其子孫，兟木及其子孫，嫛及其子孫（及）其新君弟及其子孫，隥及其新君弟及其子孫，趙朱及其子孫，趙喬及其子孫，郲詨及其子孫，邯鄲郵政及其子孫，閔舍及其子孫，閔伐及其子孫，郙歂及其子孫，史醜及其子孫，郵癰及其子孫，邵城及其子孫，司寇鬻之子孫，司寇結及

侯馬盟書一例　盟書是在形成廣大範圍漢字圈（春秋時代）之後，才開始出現的文書模式。在那之前，往往當事者其中一方（或是雙方）讀不懂漢字，因此即使在祭祀活動上包含盟誓這種行為，也不會製作盟書。在一部分西周青銅器銘文上，雖記載著舉行盟誓的紀錄，但這些紀錄都是出自周朝祭祀官之手，因此缺少當事者雙方在神明面前立誓的描述。除此之外，銘文中還包含一些對外的宣言，雖然用字遣詞與盟書相似，但這只是單方面的宣言，因此也不會有在神明面前立誓的動作。圖中的侯馬盟書是在西元前五世紀初，在晉國望族趙氏的主導下製作而成。根據記載，參加盟誓者多達數百人，盟書分成了數次才全部製作完成。盟誓是一種儀式，參與儀式者還包含巫（女巫）、覡（男巫）、祝（頌詠祝詞者）、史（文字記錄者）。來自各地的盟誓參加者皆帶來了當地的巫覡祝史，一起參與儀式。盟書的製作，帶有強權者的影響力遍及數個都市的意味，當文書行政制度問世之後，盟書就逐漸退出了歷史舞臺。

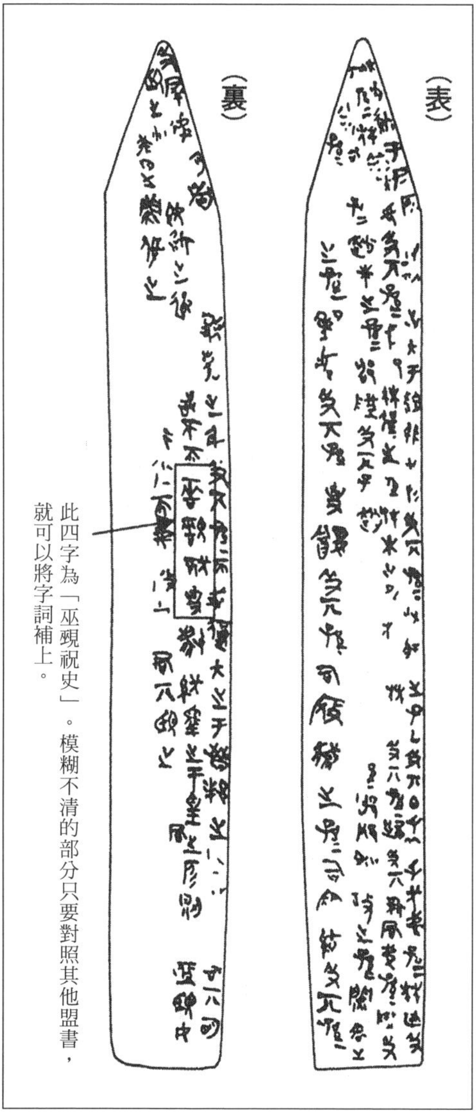

（裏）
（表）
此四字為「巫覡祝史」。模糊不清的部分只要對照其他盟書，就可以將字詞補上。

其子孫。及群虖盟者，盦章敢不沒嘉之身及其子孫，而敢或復入之于晉邦之墜者，及群虖盟者，所遇之行道而不之殺者，則盧君其盟亟覤之，麻臺非是。閔伐及其子孫，既質之後，而所敢或不而巫覡祝史𪊳綐繹之于皇君之所者，則其永亟覤之，麻臺非是。盦章所遇之行道者而不之殺者，所不之殺者，吾盟者盧君其盟亟覤之，麻臺非是。

現代文：我（與盟者的名字）在「君」（神明）之所（祭祀地點）立誓，絕不違背誓言，做出以下這些事情。如果我出入於趙稷之所（祭祀地點），與其子孫，及【以下范氏】范克及其兒子乙及其子孫、及其伯父、叔父、兄弟及其子孫、范德及其子孫、范鑿及其子孫、范乎及其子孫、范偕及其子孫、范瘨及其子孫、中都的范𢐗及其子孫、范木及其子孫、【以下范氏所祭拜的晉侯一族】嫈及其子孫、及其新君弟及其子孫、隥及其新君弟及其子孫、【以下趙氏】趙朱及其子孫、邵城及其子孫、趙喬及其子孫、郙詨及其子孫、【以下𨒅氏，也就是中行氏】邯鄲郵政及其子孫、閔舍及其子孫、𨒅歂及其子孫、史醜及其子孫、郵癰及其子孫、【以下史氏，也就是士氏】史醜及其子孫、司寇䣆之子孫、司寇結及其子孫，如果我在這些人的地方，跟他們一起高呼盟誓；如果我對嘉（趙孟，也就是趙簡子）及其子孫不敬，讓上述這些人回到晉邦之地，我「君」（神明）將降下神罰（盟殛），使我的一族滅亡。立了盟誓之後，若不將巫（女巫）覡（男巫）祝（頌詠祝詞者）史（文字記錄者）交至「皇君」（神明）之所，神明將降下永遠的神罰，使我的一族滅亡。如果我走在路上，遇到閔伐及其子孫，我卻沒有殺他們，不僅沒這麼做，還與他們立下盟誓，我「君」（神明）將降下神罰（盟殛），使我的一族滅亡。

參加盟誓的人，各自會製作相同內容的盟書，這些盟書都被埋在地底下。仔細比對每一片盟書的筆跡，會發現其內容並非由參加盟誓的人親筆寫下，而是有一群專門被召集來的書寫者為他們代筆。不僅如此，而且這些書寫者似乎是在看了同一個範本後，將其內容記在心裡，接著謄寫出一片片盟書。因此每一片盟書的用字遣詞，有著細微的差異。同樣是書寫者，受教育的環境卻不見得相同。這些從各地被召集來的書寫者，在盟書的內文上表現出了其所受教育的差異性。

筆者必須再一次強調，這些盟書的約束力是來自神明的懲罰。

從盟書到法令

《左傳》中記載了許多「盟書」的文章，出現時期在西周時代的對外宣言文到前述的侯馬盟書之間。但是這些文章完全不談來自神明的懲罰，而且用字遣詞明顯受到後世的影響。事實上除了少數幾篇之外，絕大部分都是後代的偽作。

像這類偽作的盟書並沒有參考價值。但是從文章的結構來看，舉行盟誓的紀錄本身相當古老。顯然盟誓本身是事實，當時也確實製作過盟書，但史書中的盟書內容卻是後人的杜撰。

上述侯馬盟書的內文中，包含了「將巫（女巫）覡（男巫）祝（頌詠祝詞者）史（文字記錄者）交至『皇君』（神明）之所」這句話。這裡所稱的巫、覡、祝、史，都是負責掌理祭祀活動的人。這些人原本是在盟誓參加者所屬國家的祭祀場所負責祭祀活動。其中的「史」，就是前面提過的代筆書寫者。由於各國都有這些人，因此盟誓參加者在盟誓結束後能將盟書帶回，在祭祀的場所進行確認。

然而這些祭祀官，卻都被要求集結在趙氏的地盤內。這意味著趙氏想要在其掌控下重新安排各地方的祭祀場所。一旦這個政策趨於成熟，中央與地方就會開始進行文書往來，而這就是文書行政制度的濫觴。換句話說，只要文書行政制度開始運作，原本聯繫中央與地方（從前的國與國）的盟誓活動就會消失，取而代之的是法令（律令）。在文書行政制度的運作過程中，法令能夠解決許多問題。由中央派往地方的官吏，將成為地方的祭祀場所的新管理者。

原本聯繫中央與地方（從前的國與國）的盟誓活動的銷聲匿跡，是中央（從前的大國都市）與地方（從前的小國都是）之間的關係產生變化的具體證據。這同時也意味著漢字開始成為重要的行政工具。

孔子的時代

形形色色的孔子形象

前文提過侯馬盟書分成了許多種類，而有些人名會出現在不同種類的盟書之中，學者們一般認為相同的人名指的就是同一人。然而若仔細審視每一枚盟書的用字遣詞，會發現即使是同一人的盟書，用字遣詞上還是會有微妙差異。筆跡雖然整體看來大同小異，但也不是完全相同。不過這也是很合理的事情，因為負責書寫盟書的人，是前文提過的「史」。這些「史」跟其他祭祀官都被召集在一處，參與名為盟誓的祭祀活動，負責代筆書寫的工作。參加盟誓的士兵們並非親手寫下盟書，這點筆者已在前文說明過。

文章書寫者與盟誓參加者各有其人。換句話說，盟誓參加者不見得必須識字。那是個文字尚未徹底扎根的時代。

孔子正是誕生在這個時代的人物。

春秋時代跟孔子可說是有著密不可分的關係。提起春秋時代，大家首先想到的就是孔子。沒有任何一個思想家，能夠像孔子這麼受後人崇敬。

因為崇敬，所以會加入很多理想化的要素。如今我們熟悉的孔子形象，絕大部分是在宋明理學（朱子學、陽明學等）的學問架構下塑造而成。這個孔子的形象，可說是士大夫的理想。

然而除了這個形象之外，在東漢至唐代的典籍注釋中，還可看出孔子的另一種聖人形象。

除了這個之外，還有一個形象較少人知道，那就是東漢時代大為流行的「緯書」中的孔子形象。

例如《論語讖考》中記載，孔子的母親「感黑龍之精以生仲尼（孔子）」。這種強調孔子異於常人的意圖，連帶讓他的外貌也變得相當奇特。《孝經鉤命決》中記載，孔子的嘴像海、背像烏龜、手掌像老虎，這與我們所想像的孔子模樣可說是有著天壤之別。

在出現這種異質化現象之前的西漢時代，孔子在世人心中的形象是作為天下真理的儒家思想的鼻祖。若再回溯至戰國時代，各國具有區域特色的孔子形象更是五花八門。

孔子培育出了許多弟子，這些弟子又培育出了許多弟子。孔子一門的聲勢就這麼不斷壯大，在戰國時代活躍於諸國。原始的儒家思想，就在這過程中逐漸成形。

但這時的儒家思想，與我們熟悉的儒家思想大異其趣。

孔子晚年周遊列國的經歷相當有名。

筆者在這裡稍微介紹一下《史記・孔子世家》中記載的孔子周遊經歷。藉由這個記載，希望讀者們能夠體會西漢時代的孔子形象與我們熟悉的孔子形象完全不同。還有一點請讀者們牢記在心，那就是這個西漢時代的孔子形象，其實是繼承了戰國時代特定地區所認知的孔子形象。

流浪的孔子

孔子首先前往了衛國，住在弟子子路的妻子的哥哥顏濁鄒的家中。衛靈公給予孔子六萬粟的俸祿，這跟孔子在魯國時的待遇一樣。不久之後，有人開始說孔子的壞話。孔子不敢再待，於是離開了衛國。孔子在衛國停留了十個月。

接著孔子前往了陳。在路途上，孔子曾繞道前往了匡一趟。在匡這個地方，顏刻成為孔子的車伕。因孔子所說的話，匡人誤以為孔子是陽貨（曾在魯作亂造反的人物）。孔子的相貌與陽貨頗為相似，也是原因之一。孔子在這裡整整被包圍了五天，幸好隨從之中有人曾經是衛的寧武子的舊臣，孔子派他到衛設法調解，才終於得以離開。

孔子接著前往了蒲，住了一個多月，又回到衛，住在蘧伯玉的家中。這時孔子見了衛靈公的夫人南子。

在衛待了一個多月時，有一次靈公與夫人同車外出，宦官雍渠及孔子也在車陣之中。孔子相當不高興，說了一句：「我從來沒見過既能好色又能好德的人。」後來孔子離開了衛，先前往了曹，接著又前往了宋。

待在宋的時候，孔子帶著弟子們在大樹下學習禮節，宋人司馬桓魋想要殺孔子，竟然將樹砍了，於是孔子離開了那個地方。

弟子勸孔子加快逃離，孔子的回答是：「上天賜予我品德，桓魋又能拿我如何？」接著孔子便到了鄭。

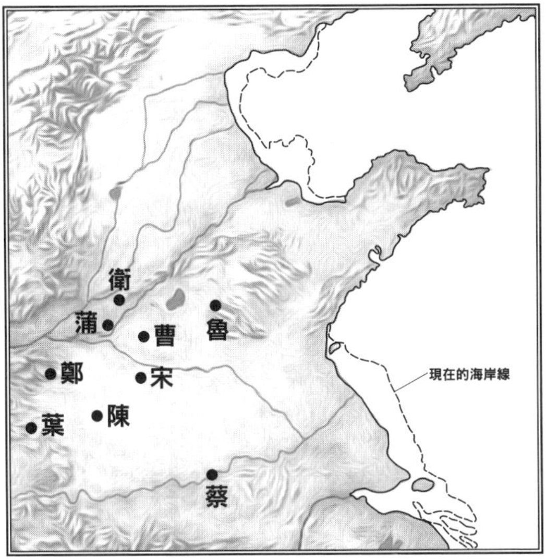

孔子離開魯國後曾到過的國家　衛的位置與西周初期相比，往東偏移了一些。蔡也在孔子造訪前，為了依附吳而遷移至圖上的位置。宋、陳、鄭、衛在《左傳》內被放在一起討論，這四國都是與殷商故地有所淵源的國家。蔡在西周初期的位置與圖上略有不同，這是一個為了方便統治殷商遺民而受封建立的國家（參閱三九六頁）。孔子所周遊的國家，都是在殷商故地的範圍內，或是與殷商故地有所淵源。

孔子與弟子們走散了，一個人站在外城的東門處，鄭的某個人告訴孔子的弟子子貢：「東門處站了一個人，額頭像堯，脖子像皋陶，肩膀像賢人子產，可是腰以下比禹矮了三寸，一副不得志的模樣，簡直像是條喪家之狗。」子貢將這番話告訴孔子，孔子笑著說：「他形容我的長相不見得正確，但說我像是條喪家之狗，可是一點也沒錯。」

接著孔子便到了陳，住在司城貞子的家中。

有一天，許多隻隼鳥飛到陳就死了，觀察其屍體，上頭插著石鏃楛矢。陳湣公派人向孔子請教這件事的緣由，孔子回答：「這些隼鳥是從很遠的地方飛來的。上頭所插的，是肅慎之人所用的箭矢。從前武王消滅殷商的時候，九夷百蠻都有道路可通，那些蠻夷之族各自獻來貢品，且不忘其本分。在那個時候，肅慎曾獻上石鏃與楛矢。矢的長度為一尺八寸（九寸的兩倍。九寸為長度的基本單位，九為代表天的數字。這是自戰國時代之後才有的觀念）。武王為了彰顯他的美德，將這些肅慎之矢分給了女兒。這個女兒後來嫁給了舜的子孫胡公，受封陳地。武王分送珍貴寶玉給同姓諸侯，是為了展現親情；將遠方的職務託付給異姓諸侯，是為了不讓他們忘記服的秩序（中華與夷狄之別）。因為這個緣故，武王才將肅慎之矢分給了陳。」陳湣公派人一找，果然找到了從前受贈的肅慎之矢。

孔子在陳居住了三年，後來離開了陳。

孔子離開陳之後，先前往了蒲，後來又去了衛。

衛靈公聽到孔子來了，開心地親自到郊外迎接。但靈公因年紀老邁而荒廢政務，沒有辦法重用孔子。孔子懷才不遇，打算前往西方拜會趙簡子。但後來孔子打消了見趙簡子的念頭，在陬鄉住了一陣子，後來又回到了衛。

有一天，靈公詢問孔子關於軍隊列陣作戰的事情，孔子回答：「我只知道俎豆（小時候相當熟悉的貧窮生活所用道具），對軍隊打仗並不清楚。」隔天靈公又找孔子談話，但靈公的視線一直看著天上飛的雁，對孔子連瞧也不瞧一眼。於是孔子離開衛，前往了陳。

孔子由陳搬遷至蔡，後來又從蔡搬遷至葉，最後離開葉，回到了蔡。長沮與桀溺一同在田裡耕種，孔子以為他們是隱居之士，命子路上前打聽渡口在什麼地方。長沮問：「那個人是誰？」子路回答：「他是孔丘。」「魯的孔丘？」「對。」「那他一定知道渡口在哪裡。」桀溺接著也問：「你又是誰？」子路回答：「我是仲由。」「你是孔丘的弟子？」「對。」桀溺於是說：「天下動盪不安，誰能改變這個現況？何況與其跟隨逃避人群且有明顯好惡的人，不如跟隨隱世之人。」兩人說完了又繼續播種。子路將這些話告訴了孔子，孔子相當不高興，說道：「人無法與鳥獸相處在一起。就算天下已有道路，我也不打算改變自己」。

孔子在蔡待了三年。孔子命令子貢前往楚，楚昭王派了大軍迎接孔子。昭王打算將書社七百里土地封給孔子，有人告訴昭王：「從前周文王在豐，武王在鎬，原本都是百里土地的君主，後來終於在天下稱王。如今要是讓孔丘擁有土地，他有賢能的弟子輔佐，對楚來說可不是好事。」昭王於是打消了封地給孔子的念頭。這年秋天，昭王在城父去世。

孔子自楚回到了衛。在某個機緣下，季康子趕走了公華、公賓及公林，帶著禮物迎接孔子，於是孔子就回到了魯。

孔子的評價與殷商故地

在戰國時代，每個國家對孔子的評價不盡相同。有的國家評價高，有的國家評價低，而《史記・孔子世家》收錄了這些褒貶不一的評價。因此在〈孔子世家〉內，看得見對孔子高的評價，亦看得見對孔子低的評價。

鄭人對孔子的評價是「額頭像堯，脖子像皋陶，肩膀像賢人子產，可是腰以下比禹矮了三寸，一副不得志的模樣，簡直像是條喪家之狗」。筆者曾在前面的章節提過禹巡視天下的傳說。跟禹留下足跡的範圍比較起來，孔子到過的地方當然要少得多，因此鄭人才會形容孔子「腰以下比禹矮了三寸」。這對孔子來說，當然不是讚美。

概略來說，雖然中間有些波折，但孔子在最初逗留的衛成功獲得了任用。雖然後來因感受到危險而離開，但衛給孔子的俸祿跟他在魯時相同。孔子在宋有了學習的機會。雖然後來因受到干擾而離開，但已歷經了一段時間的學習。在鄭的時候，孔子有時受到讚美，有時受到批評。在陳的時候，孔子說中了肅慎之矢的來歷。孔子曾經想要從衛投靠晉的趙簡子，後來作罷了。孔子還曾經前往了楚，卻沒有任官成功。

從陳前往蔡的時候，遭到了長沮與桀溺的譏諷。孔子雖將長沮與桀溺比喻為鳥獸，但遭鳥獸譏諷也不是一件體面的事情。

不過孔子與楚昭王相見的事蹟，倒是帶有濃厚的孔子風格。楚昭王最後沒有封地給孔子，是因為擔心他有成為王的素質。前面的那些插曲，假如每一件單獨來看，對孔子來說都不是什麼光采的事情。然而因為有了最後的楚昭王不肯封地這件事，連帶讓前面那些插曲也變成了「對方的錯」。

孔子周遊列國，是以衛跟陳為原點。不管移動到了哪個國家，都會回到這兩個原點之一。除此之外，孔子還待過宋跟鄭。筆者已在前文（一二五～一二九頁）談過，《左傳》中記載這幾國都是歸屬於「大火」之星的國家。不僅如此，也是韓為了自中原地區主張殷商故地統治正當性，刻意在典籍中提及的國家。

其他諸國當然也對這幾國虎視眈眈。

孔子周遊列國事蹟開始流傳，剛開始多半是為了將孔子與這些殷商故地湊在一起。始作俑者多半是對孔子有高度評價的國家，例如齊。孔氏（孔子的一族）是宋的君主一族的分支，更是殷商的子孫。齊所建立的「模式」，是讓孔子對田氏讚譽有加。孔子所周遊之國，當然是重點國家，也就是殷商故地。

這些事蹟開始流傳之後，其他諸國看在眼裡當然不是滋味。像這種企圖強調統治殷商故地的正當性的話題，其他國家絕對不會一笑置之。於是其他國家也想辦法弄出了一些貶低孔子的傳說事蹟。而上述的《史記・孔子世家》，將這些揑造出來的事蹟一併收了進去。

整體來說，《史記》所建立的「模式」對孔子是相當友善的。《史記》收錄孔子事蹟的體裁並非記錄個人事蹟的「列傳」，而是抬升了其地位，使用與諸侯同等級的「世家」。也因為這個緣故，後世甚至出現過孔子曾經稱王的傳說。

〈孔子世家〉靠著前述楚昭王的插曲，藉由讚揚孔子的方式讓「模式」發揮功效，但綜觀整篇〈孔子世家〉，還是可以發現其中包含著不少明顯毀謗孔子的內容。

孔子與《公羊傳》

就如同筆者曾聽提過的，《史記》所收錄的史料多半出現於戰國時代。作者從這些史料中挑選出自己想要的部分，適度添加一些內容，就成了《史記》

的文章。

在《史記・孔子世家》收錄的事蹟中，包含一段「獲麟」的典故。「麟」指的就是「麒麟」，是一種傳說中的動物，因此「獲得麒麟」被認為是一件相當不尋常的事情。《史記》將「獲麟」的典故放在〈孔子世家〉中，可見得作者認為孔子是「獲麟」傳說的主角。

然而「獲麟」傳說的主角到底是誰，自古以來卻是眾說紛紜。《史記》的見解，是漢代中期的見解。在這個見解成立之前，「獲麟」傳說的主角是誰，一直是個爭議不休的話題。在戰國時代，諸國對「獲麟」傳說的解釋及看法都不相同。

首先記載「獲麟」傳說的典籍，是戰國時代的《公羊傳》（《春秋公羊傳》）。這是一部對《春秋》的內容進行解說詮釋的典籍。《春秋》所記錄的最後一年為「哀公十四年」（西元前四八一年），這一年只記載了一件事，那就是「獲麟」傳說。換句話說，《春秋》是以「獲麟」這個不尋常的傳說作為結尾。

《公羊傳》是齊人寫來搭配《春秋》的典籍。齊的君主，可追溯至西周時代的太公望呂尚。來自陳的田氏，在齊的君主底下逐漸嶄露頭角。西元前三八八年，田氏宗主田和（田太公）取代原本的君主，成為諸侯。在以周為尊的諸侯聯盟之中，獲得了諸侯的地位。接著在三三八年，田氏稱王。《春秋》便是成書於這個時期。

《春秋》是齊人所作，既然以「獲麟」傳說作為結尾，其背後當然隱含著齊的政治意圖。「獲麟」傳說記載於哀公十四年，也就是西元前四八一年。田氏在齊開始掌握權勢，也是在這一年。在齊人的觀念中，當然對這個掌握權勢的狀況有著高度的歷史評價。在齊人的這套觀念之中，孔子扮演重要的角色，這點可由以下的節錄內容看得出來。

十有四年春，西狩獲麟。何以書？記異也。何異爾？非中國之獸也。然則孰狩之？薪采者也。薪采者則微者也，曷為以狩言之？大之也。曷為大之？為獲麟大之也。曷為獲麟大之？麟者仁獸也。有王者則至，無王者則不至。有以告者曰，有麕而角者。孔子曰，孰為來哉，孰為來哉。反袂拭面，涕沾袍。顏淵死，子曰，噫，天喪予。子路死，子曰，噫，天祝予。西狩獲麟，孔子曰，吾道窮矣。《春秋》何以始乎隱？祖之所逮聞也。所見異辭，所聞異辭，所傳聞異辭。何以終乎哀十四年？曰，備矣。君子曷為為《春秋》？撥亂世，反諸正，莫近諸《春秋》。則未知其為是與，其諸君子樂道堯舜之道與，末不亦樂乎堯舜之知君子也。制《春秋》之義以俟後聖，以君子之為，亦有樂乎此也。

現代文：魯哀公十四年（西元前四八一年），於西方狩獵時捕獲麒麟。為何要記錄這件事？因為這是一件不尋常的事情。為什麼不尋常？因為麒麟不是中國之獸。那麼是誰獵到了麒麟？砍柴的樵夫。砍柴的樵夫地位卑微，為什麼使用「狩獵」這種字眼？因為要使其尊大。為何要使其尊大？因為捕獲麒麟，所以使其尊大。為什麼捕獲麒麟，就要使其尊大？因為麒麟是仁獸，有君王才會出現，無君王不會出現。

有人回報「出現了長角的麕」（不是麒麟，是「麕」）。孔子說：「為什麼會出現？為什麼會出現？」接著孔子以衣袖擦臉，眼淚沾溼了衣襟。後來顏淵死了，孔子哽咽地說：「上天要亡我了。」子路也死了，孔子又哽咽地說：「上天要斷絕我了」。於西方捕獲麒麟時，孔子說：「我的道已經極盡了」。

《春秋》為什從隱公開始記載？因為那是祖先所能聽見的最早歷史，其中包含了所見的異辭、所聽的異辭、所傳承的異辭。為什麼《春秋》在哀公十四年結束？因為那些都在這一年已完備。「君子」為什麼要作（使人作）《春秋》？要平定亂世，使世局走上正道，《春秋》最適合當成理想。要建立理想，目前還沒有一個辦法。諸「君子」與其享受堯舜之道，不如享受讓堯舜也知道「君子」。於是制定了《春秋》之義，以等待未來將出現的聖明君王。因「君子」作了《春秋》，將可享受於「君子」之道。

《春秋》的內容只是簡單條列發生的大事，並對爵位等紀錄作一番整理。《公羊傳》則以「春秋筆法」的名義，為這些歷史上的事件加入解釋並提出其獨自的觀點。在這套觀點中，包含著「為賢人諱」，也就是為了賢人而隱瞞某些事實的理論。這樣的理論，在內文的許多地方都表現得相當明顯。

《公羊傳》在這些記載中提出了一個概念，那就是讓即將斷絕的國家得以延續下去，是身為賢人的必要條件。當符合這個條件的賢人做出某些事時，就必須「為之諱」，也就是隱瞞這件事，將相關紀錄省略或替換成其他的說法。像「獲麟」傳說這種敘述過於簡略的紀錄，讀者一看就知道是基於上述理由而遭到了省略。何況這是《春秋》所記載的最後一件事，其意圖更是明顯。

《春秋》只說「獲麟」，卻沒有說「獲麟」的主角是誰。在記載「獲麟」的這一年，齊人田常「弒」其君簡公（「弒」為居下位者殺死居上位者之意），並且擁立新君。

關於這個事件，可以引導出以下解釋。

《公羊傳》中除了「為賢人諱」之外，還有另一個不斷強調的觀點，那就是大夫弒諸侯、諸侯殺大夫都是稀鬆平常的事情，不管是弒或殺，只要有其正當道理，都沒什麼不對。此外，《公羊傳》中還強調，宗主既然身為一族的代表，就必須概括承受族人所犯下的罪。例如族人殺了人，記載上就會變成宗主殺了人。

西元前四八一年，齊人田常弒其君簡公，這件事記錄在《公羊傳》以外的其他典籍內，但在《公羊傳》裡卻是隻字未提，這就是《公羊傳》「為賢人諱」的觀點。事實上就算《公羊傳》提起這件事，也會基於前述理由而認定為「田常只是替族人背負罪名」。總而言之，《公羊傳》認為田常雖是宗主，弒君並非他親自做出的行徑，而且簡公是個無道之君。換句話說，名字受到掩蓋的田常，是個賢人。

齊的君主因無道而遭弒，齊陷入了即將「絕國」的危機之中。「繼絕」是賢人的本分，而田常是賢人，因此他即刻擁立新君主也是很正常的事。

「獲麟」一詞被省略了主語。這個受到省略的故事主角，就是田常。「獲麟」是與受掩蓋的賢人「田常」有關的事件。《公羊傳》以前面節錄的這一長串說明，來解釋「獲麟」這件事的含意。

如果在閱讀這串說明時沒有深入思考，一定無法理解孔子為何會在這裡登場。孔子聽了「獲麟」一事，只是說了句「吾道窮矣」，除此之外沒有任何進一步描述。然而「獲麟」的主語其實是「田常」，對於「田常獲麟」這件事，孔子發表了「吾道窮矣」這個看法，可見得田常與孔子的關係非比尋常。

當古人說「某人作某書」時，這個某人可能指的是下令編纂的人（例如某王作、某帝作），也可能指的是作者或編纂者（例如司馬遷作、班固作）。這樣的概念，也可以套用在「君子」與孔子的關係上。「君子」是下令編纂的人，而孔子則是作者及編纂者（當然這只是《公羊傳》的說法）。

必須先有這樣的概念，才能具體理解前述「田常」與孔子的不尋常關係。

孟子的活躍時期比《公羊傳》的成書時期還要略晚一些，而《孟子》是其言行的紀錄書。在《孟子》中，曾明確指出《春秋》為孔子所作（當然這只是《孟子》的說法）。這成了無人不知、無人不曉的「事實」。根據《孟子》的記載，孔子是《春秋》的「作者兼編纂者」。孟子是齊人，《公羊傳》也是齊的著作，因此《孟子》中提到的「孔子作《春秋》」，跟《公羊傳》提到的「君子作《春秋》」被後人認定為同一件事。但君子「田常」與賢人孔子是兩個不同的人物，只是相互之間有著不尋常的關係（請容筆者再次強調，這只是《公羊傳》的說法）。《公羊傳》中的「君子」，絕不能與孔子畫上等號。

筆者在前文已提過，《春秋》跟《公羊傳》都是成書於西元前三八八年齊國稱王的時期。自這一年起，齊開始採用「踰年稱元法」（以前任君主死去的隔年元旦開始計算新任君主的元年），《春秋》也是採用這套規則。《春秋》雖然依循魯國編年體史書的體裁，卻不使用魯的年代制度。根據研究，魯一直到西元前二五七年遭楚消滅為止，一直使用的是「立年稱元法」（以前任君主死去、新任君主即位的該年為元年）。因此採用「踰年稱元法」的《春秋》中記載的年代，並不等同於魯的君主在位年代。換句話說，《春秋》是孔子基於「君子」的指示所編纂，虛構且特殊的編年體史書。

《公羊傳》中關於「獲麟」的解釋，有一句「有王者則至，無王者則不至」。這裡所說的「王者」，是否已出現了？文章中接著又說君子「為《春秋》」，「制《春秋》之義以俟後聖」，可見得這是一個預言，「王者」終將出現，麒麟才會現身。

這是戰國時代的史書所慣用的「模式」。透過歷史上的事蹟，預言未來（戰國時代）將出現的君王。

西元前三三八年，齊的威宣王稱王，開始採行踰年稱元法。王者出現，預言成真了。

「君子」田常與賢人孔子的歷史關聯性，可說是齊的為政者刻意塑造出來的形象。正因為是刻意塑造，其他諸國當然不能認同。諸國想要稱頌讚揚的歷史，總是關於自己的國君及其祖先，誰管你齊國田氏做了些什麼？

《左傳》中的「獲麟」

正因為無法認同，所以諸國也建立了一套找到機會就加以抨擊的「模式」。

《左傳》是戰國時代韓的為政者所作。這就像是一本韓君稱王的正統性說明書。既然是韓人所作，對其他國家的正統性評論當然相當嚴苛。

《公羊傳》主張「為賢人諱」，而《左傳》則與其針鋒相對，仔細挑出帶有這個觀點的內容，並主張其記載之事並非史實。換句話說，《左傳》不斷強調《公羊傳》中的記載是錯誤的。史書是建立在「史實」之上，《左傳》否認了《公羊傳》中的「史實」，等於是認定《公羊傳》這本史書是「假貨」。

最大的重頭戲，就是《公羊傳》「哀公十四年」記載的「獲麟」事件這個「史實」。《左傳》為了證明其「史實」並不正確，提出了另一個版本的「史實」。

關於「獲麟」一事，《左傳》中是這麼記載的：

十四年，春，西狩于大野，叔孫氏之車子鉏商獲麟，以為不祥，以賜虞人，仲尼觀之，曰，麟也，然後取之。

現代文：十四年春天，於西邊的大野舉行狩獵。與叔孫氏同車的子鉏商捕獲了一頭麒麟。子鉏商認為這是不祥之獸，賜給了虞人（官名）。仲尼（孔子）看見之後說「這是麒麟」，接著將麒麟帶走了。

《公羊傳》對「獲麟」作了一大串解釋，到了《左傳》內卻變得相當簡潔。不僅如此，而且《左傳》還很不客氣地稱孔子為「仲尼」，並聲稱「獲麟」是一件不祥之事。而且最後將麒麟帶走的人是仲尼（孔子），而不是《公羊傳》中影射的田常。麒麟在《公羊傳》中被視為仁獸，到了《左傳》卻被視為不祥之獸。

《公羊傳》的內文中所隱含的讚頌田常之意，在《左傳》中被刪改得一乾二淨。不僅如此，《左傳》將田常弒簡公一事，在「獲麟」的記載後面說明得鉅細靡遺。筆者曾說過，《公羊傳》內有著宗主身為一族的代表，必須概括承受族人所犯之罪的概念。就算是族人殺了人，記載上還是會變成宗主殺了人。但是《左傳》將田常弒簡公的過程記錄得清清楚楚，如此一來就沒有了模糊空間。殺人的是宗主本人，而不是其族人。

正如同前文的描述，《公羊傳》利用「獲麟」事件，延伸出「君子」作《春秋》的論述。這指的是「君子」指示孔子編纂《春秋》。而《孟子》中所說的孔子作《春秋》，指的則是孔子為《春秋》的執筆者。《左傳》想要推翻齊建立的這個「模式」，只要否認《春秋》與孔子的關聯性，或是否認「君子」與田氏的關聯性就行了。

《左傳》將《春秋》的經文內容多增加了兩年。《公羊傳》所引用的《春秋》結束於「哀公十四年」的「獲麟」事件，但《左傳》所引用的《春秋》卻多了兩年，一直延續到「哀公十六年」。

不僅如此，在「哀公十六年」的經文中，記載著「孔丘卒」。編纂《春秋》的人，當然不可能在《春秋》內記載自己死了。換句話說，《左傳》否認孔子是《春秋》的編纂者。

而且，在《左傳》中到處可見「君子曰」這個字眼，如此一來，就可以建立起「君子是《左傳》的編纂者」的「模式」。藉由這個「模式」，可以推翻《公羊傳》中聲明編纂者為孔子的「模式」。如此一來，「君子」就成了親手編纂的人，而不是下令編纂的人。

藉由這個「君子」的「春秋筆法」，在《公羊傳》中被讚頌為賢人君子的田氏宗主田成子（田常），在《左傳》中反而成了遭受批判的對象。

《公羊傳》中基於「田成子是賢人因此加以掩蓋」立場的紀錄，《左傳》則是特地將其補上，在「哀公十四年」的一節中寫明了「齊人弒其君」，將其攤在陽光下。而且根據《公羊傳》的原則，當使用「某人弒」這種詞句時，代表這個某人的身分較低賤。《左傳》編纂者便是利用這一點反將《公羊傳》一軍，不僅在增添的《春秋》經文內容中多加了「齊人弒」一句，而且在《左傳》的內文中詳細說明這個「齊人」就是陳恆（田常）。

根據《左傳》內的設定，編纂者為「君子」。既然「君子」批判田常的行徑，意味著田常當然不是「君子」。

讀者如果不清楚《左傳》與《公羊傳》這種相互較勁的關係，只把這兩者都當成《春秋》的「傳」看待，將其內容混為一談，當然就無法看出其中暗藏的玄機。

值得一提的是，《左傳》的全名是《春秋左氏傳》，但這個《春秋左氏傳》並不是原本的書名。這部典籍原本叫什麼，沒有人知道。《史記》中稱其為《左氏春秋》，後代的人把這部《左氏春秋》認定為《春秋》的「傳」，於是改稱為《春秋左氏傳》，簡稱《左傳》。

歷史上一般多認為「左氏」指的是一個名叫「左丘明」的人物。《論語・公冶長》篇中記載了一句「左丘明恥之，丘亦恥之」（左丘明覺得可恥，我孔丘也覺得可恥），這或許意味著左丘明是成名時期比孔子更早的賢人。《左傳》的編纂者或許是想要借用左丘明的名義，暗示《左傳》的價值比《春秋》還要更高。但《左傳》的內容記錄到西元前四五一年，或許其編纂者借用的名義不是左丘明一人，而是其一族，也就是「左氏」（不過《左傳》內容一直記載到孔子死後，倘若「左氏」指的就是「左丘明」一人，或許也可以認定為「左丘明」是個時期晚於孔子的人物）。當然，筆者必須再次強調這都只是《左傳》所借用的名義。

《左傳》的文章包含「對話」形式在內，文體及內容大多較新。而且在「對話」之中，還提及了使用木星紀年的論述。木星紀年利用的是木星的運行軌道，因此可以推算出其反映的是西元前三五三年至二七一年的天象。由此可知，《左傳》成書於這個時期。就像《春秋》其實與孔子毫無關係一樣，《左傳》也與左丘明毫無關係。左丘明只是被借用了名字而已。

在《穀梁傳》裡，也能找到推斷《左傳》成書時期的線索。《穀梁傳》所建立的「模式」，是針對《左傳》中的內容加以抨擊。就跟《公羊傳》及《左傳》一樣，《穀梁傳》在論述上也有其特殊的「模式」，例如在「中國」的諸侯之中，唯獨對鮮虞不加批判。在一般的典籍內，「中國」都被當成特別地區，而鮮虞則被當成不包含在其中的野蠻民族。因此《穀梁傳》的觀點，可說是相當奇特。不過那是因為《穀梁傳》是由中山王所統率的勢力所作，而中山是鮮虞的後代子孫。中山於西元前二九六年遭到消滅，因此《穀梁傳》的成書時期一定在這之前，而《左傳》的成書時期當然還要更早。

《左傳》中的孔子

筆者在前文曾提過，《左傳》「哀公十四年」載明了齊人田常弒簡公一事。事實上在這個段落裡，也提到了孔子。

甲午，齊陳恆弒其君壬于舒州，孔丘三日齋，而請伐齊，三，公曰，魯為齊弱久矣，子之伐之，將若之何，對曰，陳恆弒其君，民之不與者半，以魯之眾，加齊之半，可克也，公曰，子告季孫，孔子辭，退而告人曰，吾以從大夫之後也，故不敢不言。

現代文：甲午之日，齊的陳恆（田常）在舒州弒殺了其君主壬（簡公）。孔丘齋戒三日，請求魯哀公伐齊，說了三次，哀公回答：「魯長年來被齊削弱國力，你叫我伐齊，要怎麼打？」孔丘回答：「陳恆殺了其君主，百姓有一半無法認同，若以魯的百姓加上齊的一半百姓，肯定可以打贏。」哀公說：「你去問問季孫的意見。」孔子推辭了這個建議，離開後告訴他人：「我好歹也是大夫，這些話非說不可。」

在此文中，孔子懇求魯哀公伐齊，其背後的含意是孔子的發言完全是為了魯，根本不把齊的田氏放在眼裡。如此一來，等於是推翻了《公羊傳》所建立的「模式」。

在《左傳》的最後，記載了西元前四五一年韓氏、趙氏及魏氏消滅了知氏（智氏）。這段記載的用意是為了批判趙氏及魏氏。但是在這段記載之前，還有另一段記載，抨擊了齊的田氏。《左傳》既然收錄了孔子的言論，或許可以認為孔子在《左傳》中有著賢人的地位。但若仔細查看其內文，會發現孔子的發言往往會遭他人徹底否定。《左傳》中認為「君子」應該有「遠慮」，既然有「遠慮」，說出來的預言就應該要成真。然而孔子的預言往往沒有成真，而是其他人的預言成真了。由此可知，孔子在《左傳》內並不是「君子」。

《左傳》內經常使用「夫子」「吾子」之類的字眼。按照一般的用法，這兩個詞的意思類似「君子」，指的是特別優秀的人物。但是《左傳》卻靠著許多「史實」的描述，為「夫子」塑造了另一種形象。這就是《左傳》所建立的「模式」之一。根據這些「史實」的描述，「夫子」及其親族將會滅亡。這意味著「夫子」是個沒辦法預知自己將滅亡的人物，也就是沒有「遠慮」。《左傳》同時也靠著相同的手法，藉由許多「史實」的描述，為「吾子」塑造了形象。根據這些「史實」的描述，「吾子」及其親族也會滅亡。換句話說，「吾子」同樣是個不知道自己將滅亡的沒有「遠慮」之人。

《左傳》中稱孔子為「夫子」。若是在其他典籍之中，「夫子」是特別優秀的人物，但《左傳》卻是藉由「夫子」這個「模式」，暗指孔子是個沒有「遠慮」的人物。

不同的國家所作的典籍，記載的孔子「事蹟」也完全不同。有些國家把孔子當成賢人的代表人物，有些國家把孔子當成沒有先見之明的代表人物。

各國對孔子的評價大為不同

透過這些「事蹟」的差異性，對前述的《史記．孔子世家》重新進行檢視，便能明白其引用的史料中，有些國家對孔子的評價高，有些國家對孔子的評價低。

若以整體而言，《史記．孔子世家》對孔子的評價並不算差。事實上這關係到了《史記》的編纂方針。《史記》將《春秋》認定為一部史書。以同為史書的立場來說，《春秋》算是《史記》的前輩，因此《史記》需要對《春秋》表達一定的敬意。但如果將《春秋》當成是至高無上的完美史書，則《史記》將失去自己的優勢。如果要將《史記》當成至高無上的完美史書，則《春秋》當然必須是較劣一等的史書才行。對於寫出較劣一等的史書的人物，當然也必須或多或少批評個幾句。

對《史記》編纂者來說，典籍中對孔子的評價參差不齊，反而是件求之不得的好事。因為只要將這些有高有低的評價收入《史記》中，就可以達到原本的目的。這些「史實」能夠證明孔子並不是一個完美的聖人。

在《史記》中擁有最高評價的人物，是受武帝指示編纂史書的司馬遷。司馬遷在《史記》內被稱為太史公，擁有發表公共評論的權力。

後代的史書，也繼承了《史記》對從前史書的這種態度。

例如誕生於東漢時代的史書《漢書》，也賦予了其編纂者班固發表公共評論的權力。站在《漢書》的立場來看，《史記》也只不過是一部成書比自己早的史書而已。因此在《漢書》之中，司馬遷的事蹟是以個人的身分，列在〈司馬遷傳〉中。有名的「司馬遷發憤作《史記》」的典故，是出自於《漢書》，而非《史記》。這些紀錄都是私人的紀錄，而非公共評論者的紀錄。《史記》中司馬遷的公共評論者形象，與《漢書》中司馬遷的個人形象，有著不小的差距。

同樣的道理，《公羊傳》中的孔子是公共評論者（雖然只是假託而已），而《史記》中的孔子只是區區的個人（同樣只是假託而已）。

《左傳》中的孔子，也是區區的個人（同樣只是假託而已）。

孔子所預言的王是誰？

《史記・孔子世家》的最後一段，是這麼說的：

太史公曰（略）余讀孔氏書，想見其為人。適魯，觀仲尼廟堂車服禮器，諸生以時習禮其家，余祇回留之不能去云。天下君王至於賢人眾矣，當時則榮，沒則已焉。孔子布衣，傳十餘世，學者宗之。自天子王侯，中國言六藝者折中於夫子，可謂至聖矣。

現代文：太史公（司馬遷）說：「我讀了孔子的著作，可以想像其為人。我到了魯，參觀了孔子的廟堂、車輛、衣服、禮器，目睹了學生們經常到孔子家中學習禮儀的景象。這些人徘徊留戀，不願離去。自古以來，天下的君王足以稱為賢人的相當多，他們活著的時候風光榮耀，死了就什麼也沒有了。但孔子的布衣傳了十幾世，仍然受到讀書人尊崇。從天子到王侯，談六藝的人，都把夫子當成典範。這樣的人可以稱為至聖了。

太史公雖然給了孔子這麼高的評價，但〈太史公自序〉不止談孔子所作的《春秋》（實際上是戰國時代齊人所作），也談屈原的《離騷》（即《楚辭》，戰國時代楚人所作），以及呂不韋的《呂覽》（即《呂氏春秋》，戰國時代秦人所作）。對《史記》編纂者而言，《春秋》只是眾多史料之一而已。在《史記・孔子世家》中，明確記載著《春秋》的作者是孔子，並作出「後有王者舉而開之，《春秋》之義行，則天下亂臣賊子懼焉」的評論。

這意思是未來將出現「王者」，採行《春秋》之義。相關的論述，也出現在《史記》〈十二諸侯年表〉中。太史公（司馬遷）在這裡先談及了《呂氏春秋》《鐸氏微》《虞氏春秋》等等，最後說：

各往往捃摭春秋之文以著書，不同勝紀。漢相張蒼曆譜五德，上大夫董仲舒推春秋義，頗著文焉。

現代文：這些人各自引用《春秋》的內容以完成其著作，卻沒有任何一部勝過《春秋》。不過漢高祖時代的宰相張蒼製作曆譜並闡述五德（作了《終始五德傳》），（我們漢武帝時代的）上大夫董仲舒也推演《春秋》之義，寫出其著作（《春秋繁露》）。

太史公在這裡想要表達的意思，是「《春秋》之義」在我們這個時代（漢武帝的時代）正受到推崇。換句話說，前述推行「《春秋》之義」的王者，就是漢武帝。

這意味著漢武帝時代的人認為孔子預言未來將出現的王者，就是漢武帝。但作出這個暗示的典籍不是《春秋》，而是《史記》。

當初戰國時代的齊人作出《春秋》時，其所暗指將推行「《春秋》之義」的王者，是戰國時代首先稱王的齊國威宣王。但在《史記》內卻被偷梁換柱，成了漢武帝。

值得一提的是，到了西漢末年的王莽時代，同樣的手法再度重演，孔子預言的王者成了王莽。

孔子的賢人形象一再受到利用。

許多典籍都記載了孔子的言行舉止，但若加以彙整，會發現到處充滿了矛盾。那是因為每一部典籍想要利用孔子的意圖不同的關係。因此我們必須根據每一部典籍的狀況，還原其利用孔子的意圖。如果不這麼做而把每一部典籍中的孔子形象混在一起討論，其中的矛盾就會被模糊化，變得再也看不見了。

倘若閱讀了典籍中所記載的「史實」，卻沒有察覺其矛盾之處，表示沒有將正文讀進心裡。在閱讀的過程中，腦袋裡或許還下意識地抱持著《史記》中的觀念，或是只注重後世加上去的注釋。

站在漢武帝時代的政治立場上，《春秋》雖稱不上是完美的經典，但其中的「獲麟」預言卻成真了。在史書《史記》的宣揚之下，漢武帝獲得了至高無上的地位。在《史記》之中，「獲麟」一事也被扭轉成了符合其期望的內容。《春秋》中的「獲麟」，在《史記》中有了全新的面貌。

探尋孔子的真正面貌

現在讓我們回歸原本的議題。孔子生存的時代，是侯馬盟書誕生的時代，是社會結構依然以城市國家為主的時代，是城市國家正逐漸遭到消滅的時代，是中央政權漸漸學會派遣官吏統治地方的時代。在這個時代裡，世人沒有非識字不可的必要性，文字依然只是祭祀的工具，只在祭祀官眼裡有其利用價值。

國家政策塑造出的各種孔子形象

想要知道在這個時代之中的孔子形象，漢代的《史記》已太過遙遠，實在派不上用場。就連戰國時代的《公羊傳》或《左傳》，也有著時空背景上的差異，不能全盤採信。當然，倘若想要研究的是「被理想化的聖賢孔子形象」或其反對論述，則另當別論。還有，倘若想要以被理想化的孔子建立一套刻板觀念，並藉由此刻板觀念獲取心靈上的慰藉，也另當別論。追求心靈慰藉本身是件值得鼓勵的事情。

跟《史記》比起來，《公羊傳》及《左傳》的成書時期與孔子的年代較接近，但《公羊傳》及《左傳》各自隱含著戰國時代齊人、韓人的自我主張，而且對孔子的評價也各自不同。事實上每個國家對孔子的評價都不相同，因此各國典籍的記載都不能直接採納。

值得一提的是，另有一部典籍記載了孔子的言行舉止，那就是《論語》。這部典籍的雛形也是出現於戰國時代，到了漢代才變成如今我們所見的面貌。

將《論語》中的篇章加以分類，並考證哪一篇的時代較新、哪一篇的時代較舊，是目前《論語》的研究方向之一。這個「孰先孰後」的研究已有相當紮實的研究歷史，但以往的相關研究並沒有考量「地區特色」，也就是沒有分析《論語》的雛形來自何地，以及在何處（這裡指的並不是學派的問題）受到什麼樣的變更與增刪，這可說是今後《論語》研究上的重要課題。過去學者們論述的學派問題，必須能與出土史料互相呼應，而且必須將地區特色納入分析重點。在出土史料之中，有些與現行《論語》的一部分內容相同，有些則是類似。像這樣的史料，今後還會陸續出土。這些史料各自是由哪些國家，基於什麼樣的立場編纂而成，是一大研究方向。

一般而言，在分析史料的時候，倘若只是推敲其用字遣詞及內容的差異，沒辦法找出哪個部分先、哪個部分後的決定性證據。因為這樣的做法並沒有將地區的特色差異考量在內。

歷史上同時存在多個正統朝代的情況，並非只出現在戰國時代而已。即使到了漢代，也有南越（自稱應該是「越」吧）自認為是正統朝代，與漢互相對峙。

春秋中期之後，隨著鐵器的普及，農田的型態出現巨大變革。都市的數量隨之快速增加，人口往來移動也變得頻繁。在這樣的社會型態中，各都市出現了許多遊俠，這些遊俠所建立的輿論場所，逐漸受到領土國家的中央政權所箝制。而這些箝制的機制，又在秦代與漢代遭到同化。

孔子的教誨首先誕生於魯這個都市，隨著認同者的增加，逐漸往周邊都市傳播。在傳播的過程中，孔子的弟子們所論述的內容不再以都市為主題。每個領土國家都依據其需求，利用這些論述來作為其宣揚國家觀念的輔助工具。由於每個國家的需求不盡相同，因此其呈現的面貌也會隨著國家不同而有顯著差異。

遊俠們的輿論與儒家思想

各都市遊俠的言論雖受到箝制，但其論述會依國家不同而有明顯差異。在這樣的局勢之下，邁入了統一國家的時代。以戰國時代領土國家的規模而言，箝制起來並不困難。因為這些領土國家都是建立在新石器時代文化圈的基礎之上，因此傳統的沉重約束力成了箝制上的重要助力。然而一旦這些文化圈被集合在一起，基於天下的概念受到箝制，則傳統的沉重約束力反而會成為箝制上的阻力。要對跨越了文化圈傳統的天下進行統一的箝制，絕對不是件容易的事。

進入東漢時代後，遊俠開始帶有儒家思想。遊俠的活躍舞臺，是各自的都市，或是從前的一部分領土國家。這些遊俠的輿論，都是產生於有著強大傳統束縛力的地區。但是到了東漢，遊俠們藉由儒家經典的相關論述，開始與天下的中央政權建立關係。

歷史上的遊俠現象，可回溯到由春秋進入戰國的時代。當時各地都出現了遊俠的社會，其輿論有著各自不同的特色風格。進入戰國時代之後，孔子的教誨在某些地方成了主流思想，在某些地方則不是。遊俠社會的輿論雖然統合於戰國時代領土國家之下，但各自保留了其獨特性。

戰國時代的遊俠社會雖受各領土國家的中央政權所支配，但這些中央政權本身有些注重孔子的教誨，有些則否。

戰國時代領土國家的政權中心所擁有的特色風格，在秦代與漢代的統一帝國中遭到同化。到了漢武帝的時代，儒家思想更作為統一帝國的輿論，成為主流思想。但遊俠社會的輿論，則依然保有其特色風格。將儒家思想當成主流的政權中心，以及不見得將儒家思想當成主流的地方遊俠輿論，形成同時並存的狀況。

進入東漢時代之後，作為統一帝國思想的儒家價值觀，逐漸滲透入遊俠社會。到了這個時期，儒家思想才真正對地方輿論產生影響力，成為全天下的正道。這段過程，就是「遊俠的儒家化」（宮崎市定的理論）。

因此要分析誕生於戰國時代且隨著歷史逐漸受到統整，最後才成為當今面貌的《論語》，必須將統一帝國政權中心的立場，以及戰國時代各領土國家政權中心的立場分開來討論，並且將遊俠的問題納入考量。

只要以這樣的觀點來檢視《論語》，就會發現《論語》的主題並非只有一般人最熟悉的「仁」而已。在《論語》之中，亦有著讚頌「智者、仁者、勇者」的詞句，如「知者不惑，仁者不憂，勇者不懼」《論語》〈子罕第九〉。論述「勇者」的部分特別值得注意。除此之外，還有「非其鬼而祭之，諂也。見義不為，無勇也」《論語》〈為政第二十四〉這種詞句。從前的城市國家在臣服於領土國家的過程中，必須接納該領土國家的祭祀文化。在《論語》之中，便隱含了城市國家不肯接納的外來祭祀文化的價值觀，以及與遊俠息息相關的「勇」的問題。

孔子是個論述「勇」的遊俠。但他也論述「智」，以及後世特別重視的「仁」。孔子並非只將「仁」當成唯一的重點。將「仁」當成唯一重點的是孔子的弟子們。

在探究《論語》篇章新舊問題的過程中，這些真相就會浮上檯面。孔子身為遊俠的形象，被認為是較接近真實孔子的形象。

身為遊俠的孔子

《左傳》「定公十年」（西元前五〇〇年）有著以下這段記載。

十年，春，及齊平。夏，公會齊侯于祝其，實夾谷，孔丘相，犁彌言於齊侯曰，孔丘知禮而無勇，若使萊人以兵劫魯侯，必得志焉，齊侯從之，孔丘以公退，曰，士兵之，兩君合好，而裔夷之俘，以兵亂之，非齊君所以命諸侯也，裔不謀夏，夷不亂華，俘不干盟，兵不偪好，於神為不祥，於德為愆義，於人為失禮，君必不然，齊侯聞之，遽辟之。

現代文：定公十年，春天，魯與齊訂定和平協議。夏天，魯公與齊侯在祝其舉行會盟。祝其這個地方，就是現在（指戰國時代）的夾谷。魯以孔丘（孔子）為會盟儀式的輔佐者。「孔丘知禮而無勇，只要命令萊人以大軍威脅魯侯，一定可以任我們予取予求。」犁彌這麼偷偷告訴齊侯。齊侯採納了這個建議。沒想到孔丘讓魯公退後，喊道：「我們的士兵啊，上前吧。兩國的國君正要建立情誼，而野蠻的夷族俘虜們卻企圖以軍隊干擾。這絕對不是齊君對諸侯下了命令。野蠻之地的人對夏（華夏）的事情不瞭解，夷族不該在華（華夏）搗亂，俘虜不該干預會盟，軍隊不該破壞善事。如果這麼做的話，對神明而言是不祥之事，讓道德失去義，讓人失去禮。你絕對不會做出這種事吧。」齊侯聽到這番話，就命令萊兵退下了。

這個事蹟中的孔子，可說是充滿了「勇」。事實上這段記載的目的，在於毀謗齊的姜姓君主。這種毀謗姜姓君主的做法，對取代姜姓君主成為齊國君主的田氏勢力而言，是求之不得的事情。就算是其他主張正統的國家，也是站在毀謗姜姓的相同立場上。然而文中的「裔不謀夏」，帶有讚美夏的含意，齊人不會寫出這樣的內容，應該是作《左傳》的韓人加上去的。

值得注意的是這段記載的主題是「勇」。會盟儀式的輔佐者這個職務，反映了孔子所生活的春秋時代的特色，而「勇」也是這個時代的象徵。韓的立場是不對孔子的賢人（文人）形象給予最高評價，或許正因如此，才保留了還沒有被當成賢人之前的孔子原始形象。正如同前文介紹過的，論語中也有著「見義不為，無勇也」〈為政第二十四〉這句話。

只要一邊觀察《左傳》所建立的「模式」，一邊注意形象的轉變，便可以看出孔子的這些本來面貌。

春秋五霸

為了讓讀者們理解春秋時代是個什麼樣的時代，前文提及了漢字的傳播，提及了都市的祭祀活動與盟書的關係，提及了孔子與遊俠的問題。

除了這些之外，春秋時代還有一個主要特徵，那就是「霸主」。

被稱為霸主的君主們

在一般人的觀念中，周朝的王道政治衰微，世間才會陷入戰亂。到了春秋時代，開始出現一些不以王道而以霸道（武力）統率諸侯的霸主。世人喜歡挑出其中最有名的五個不同國家的霸主，稱為春秋五霸。這些霸主瓜分了周朝的權威，採行其霸道的統治方式。

春秋五霸一般的說法是齊桓公、晉文公、楚莊王、吳王闔閭、越王句踐。但有些版本會以宋襄公、吳王夫差取代其中兩霸。

此處所舉的齊、晉、楚、吳、越、宋這些國家，都是後來成為戰國時代領土國家的各地區大國。

齊是受周封建於山東地區的大國，始祖為太公望呂尚。傳說中太公望是在釣魚的時候被周武王看中，因此「太公望」也成了釣客的代名詞（參照四一四頁）。太公望是姜姓，因此其建立的齊被稱為姜齊，但後來田氏取代姜姓一族掌握齊的政權，其地位獲得了周及諸侯的認同，最後甚至稱王。

在這個山東地區，周另外還將泰山以南的土地封給周公旦的子孫，以發揮牽制齊的作用。

晉的根據地則是在山西地區，後來其勢力不斷向南方擴張，一直延伸到雒邑附近。其領地被韓、趙、魏三國瓜分，這三國後來都稱王了。

楚是以長江中游流域為根據地的大國。早在春秋時代，楚便已稱王，與周相抗衡。

吳、越則是以長江下游流域為根據地的大國。若要細分，吳的根據地在江蘇一帶，越的根據地則在浙江一帶。這兩國都向北方發展，威脅中原諸國，且跟楚一樣稱王。

宋在前面的章節已提到過數次，是殷商的子孫受封而建立的國家。其地理位置在中原與齊之間，是一個受周圍國家覬覦的大國（參照第十頁）。

論述齊桓公的前提

戰國時代的領土國家，會將該地區沿襲自新石器時代的文化圈當成特別地區，並藉由回顧歷史，宣揚其政權的正統性及領土統治的正當性。但其君主有著什麼樣的出身與來歷，是決定其宣揚方式的重要關鍵。

以歷史上來看，從前的殷商是以河南為中心，勢力廣及周邊一帶的大國。若繼續將歷史往回推，還可追溯至夏。但是關於夏的詳情，並沒有被正確傳承下來。原本在陝西地區稱霸一方的周，開始朝殷商入侵。最後殷商被周消滅，周建立了副都雒邑。在周的統治之下，各地的城市國家建立起了穩定的體制。

各國為了宣揚自己的正統性及領土統治的正當性，各自建立起了種種「模式」。各國基於這些「模式」記錄下種種「史實」，但這些「史實」卻不見得是真正的史實。雖然不見得能夠採信，但可以藉由分析其「模式」，探尋「史實」的根源。

雖然每個國家的「模式」都不同，但有其共通的原理，只要找出這些共通性，就可以在一些問題點上深入考證。

第一個共通性，是各國都會為了證明自己特別優秀，而詆毀、貶低其他地區。在天下的範圍之內，有著許多不同的領土國家，因此特別地區各不相同，詆毀、貶低的地區也大相逕庭。

第二個共通性，在進行詆毀、貶低的時候，會聲稱對方做了連神明也不原諒的行徑，並預言對方一定會毀滅。不過要讓什麼樣的神明登場，以及如何貶低，會因國家而有所不同。

第三個共通性，是會對居下位者打倒居上位者的「下剋上」行為作出「正當」或「不正當」的判斷。君主出身較低微的國家，會選擇前者以抬高自己的地位，另一方面卻又貶低其他出身低微的人物。至於站在反對「下剋上」立場的國家，則會對所有出身低微者貼上卑賤的標籤，另一方面卻又貶低與其敵對的勢力。

第四個共通性，是記錄神話傳說。藉由這些神話傳說，聲明自己在哪些地區擁有統治的正當性，以及擁有正當性的理由。關於夏、殷商、周這三代的神話傳說，前面的章節都已介紹過了。像這類傳說，也會因國家而不同。

以上一至四點，呈現在典籍中的說明往往不是針對單獨一點，而是會互相呼應。

以山東地區的齊為例。來自陳的君主一族的田氏，在齊掌握權勢，成為領土國家的君主，最後稱王。山東一帶當然是自古以來便擁有其獨自文化的地區，而齊是地區內最大的國家，田氏當然也繼承了其傳統。

除此之外，田氏出身於陳，而陳被認為是禹的後代子孫。但利用禹主張統治正當性的做法，會連帶抬升其他國家的地位，沒辦法自圓其說。每個國家都會依其各自不同的意圖，建立起各自不同的祖先神話。於是齊人將黃帝認定為禹的祖先，換句話說，田氏成了黃帝的子孫。如此一來，在與其他國家的關係上，就能建立起獨自的論點。

在領土統治的正當性理論上，齊利用了宋這個國家。宋是唯一受周冊封的殷商後代。只要能夠巧妙說明齊與宋的關係，就可以藉由宋，主張齊對殷商故地的統治正當性。剛好有名原本屬於宋的君主一族的女性嫁入了齊的田氏，那就是威宣王的母親（叔尸鎛的銘文）。齊便藉由這件事，在紀錄中暗示其淵源。例如在《公羊傳》中，田成子（田常）不僅擁有「君子」的地位，而且還有一個段落特別提到田成子（田常）的母親，透過料理的製作方式，暗示其出身於宋。除此之外，《公羊傳》還透過一般性的論述，將宋納入「中國」的範圍內，並藉由最後的「獲麟」這個特別的記載，闡述「子以母貴」的觀念。

戰國時代的齊國政權中心讚頌田氏，可說是理所當然的事情。但除了讚頌之外，還有另外一件事也是理所當然，那就是毀謗那個遭田氏趕下君主寶座的一族。這雖然已在前文說明過，不過由於與霸主的問題有關，因此稍微再做個整理。

齊原本的君主是姜姓。田氏為了毀謗姜姓一族，決定利用某個事件。因此在《公羊傳》內，編纂者刻意將讀者的注意力誘導到這個事件上。

魯桓公的夫人自齊嫁入了魯。但是這名來自齊的夫人卻瞞著魯桓公前往郊外，與其父親齊釐公通姦（一說是其兄齊襄公），並生下了孩子。這個醜聞曝光後，夫人竟將丈夫魯桓公引誘至齊，將之殺害。魯桓公死後，莊公即位，而這個莊公其實是齊釐公的兒子。《公羊傳》記載這個事件，意指齊的姜姓君主及魯的君主都是齊釐公的後代，有著受詛咒的汙穢血統。

藉由這個「史實」（是否真有其事不得而知），《公羊傳》同時毀謗了齊的姜姓君主及魯的（莊公之後的）君主。

齊雖然屬於「中國」，卻又不屬於「中國」。以國家而言，齊的位置在「中國」的範圍之內，然而君主一族卻不屬於中國的成員。在田氏的認定中，齊的原本君主一族是外來者。而田氏的母親一方有著來自「中國」的宋的血統，因此田氏統治齊是一件相當有意義的事情，而齊的原本君主一族則沒有這樣的光環。

至於中原的諸侯，在田氏的眼裡是「諸夏」，地位比「中國」低一等。至於其他地區，在春秋時代都是蠻夷之地。

基於以上立場，每當戰國時代齊國的田氏政權回顧歷史的時候，對春秋時代的姜姓君主多是大加批判。即便是有能力的君主，也會對其明褒暗貶。

王道與霸道，前者為善而後者為惡。霸主的出現，從一開始就註定成為批判的對象。

齊桓公雖然有才能，卻是個不值得讚頌的人物。這就是《公羊傳》表現出的立場。

根據西周金文的記載，周將淮水流域的國家視為「淮夷」，當他們都是反抗周的異族。除了這個例子之外，若回顧漫長歷史，會發現長江流域及淮水流域的諸國與中原一帶的諸國，好幾次形成對峙的關係。

《公羊傳》中的齊桓公

進入西元前七世紀的春秋時代後，以長江中游流域的湖北地區為根據地的楚，開始將其勢力向中原地區延伸。此時率領中原諸侯結成同盟以對抗楚的人物，就是齊桓公（在位期間西元前六八五年至西元前六四三年）。基於這個功績，到了戰國時代，齊桓公被視為霸主之一。

《春秋》「僖公十四年」（西元前六四六年）記載著「十有四年春，諸侯城緣陵」（十四年春天，諸侯在緣陵修築城牆）一語。對於這個記載，《公羊傳》作出了以下解釋。由於這關係到霸主在典籍中的形象，因此節錄如下。

孰城之？城杞也。曷為城杞？滅也。孰滅之？蓋徐、莒脅之。曷為不言徐、莒脅之？為桓公諱也。曷為為桓公諱？上無天子，下無方伯，天下諸侯有相滅亡者，桓公不能救，則桓公恥之也。然則孰城之？桓公城之。曷為不言桓公城之？不與諸侯專封也。曷為不與？實與而文不與。文曷為不與？諸侯之義不得專封也。諸侯之義不得專封，則其曰實與之何？上無天子，下無方伯，天下諸侯有相滅亡者，力能救之，則救之可也。

現代文：在哪裡修築城牆？在杞這個地方修築。為什麼要在杞修築城牆？因為杞滅亡了。誰消滅了杞？徐、莒早已形成威脅。那為什麼不說徐、莒形成威脅？那是為了桓公而隱諱此事。為什麼要為了桓公而隱諱此事？一旦上位沒有天子，下位沒有統領諸侯的方伯，天下諸侯就會互相併吞而滅亡，桓公不能相救，這是桓公的恥辱。若問修築城牆的人是誰，其實是桓公。那麼為什麼不說桓公修築城牆？那是因為不想認同諸侯專封（擅自分封）的行為。為什麼不想認同？其實是認同的，但是不能寫出來。為什麼不能寫出來？因為諸侯是不能專封的。既然諸侯不能專封，怎麼又說其實是認同的？因為當上位沒有天子，下位沒有統領諸侯的方伯，天下諸侯即將互相併吞而滅亡時，如果有人具備拯救的能力，那麼是可以拯救的。

冊封諸侯是王才有的權限，因此諸侯不能擅自分封（專封）。但是文中說當「上無天子，下無方伯」時，假如有人能做得到，那麼行使這個權限是可以被認同的行為。所謂的「方伯」，指的就是霸主。文中說得相當明白，桓公明明有拯救的能力，卻沒有這麼做，這是桓公的恥辱。這就是《公羊傳》所秉持的立場。前半段說的「為桓公諱」，是基於《公羊傳》特有的「為賢人諱」的理論，換句話說，《公羊傳》在貶低齊桓公之前，先捧了他一下，將他當成賢人。後半段提到的「力能救之」等語，其實也是相同的手法。先稱讚齊桓公有能力，再批評他有能力卻無作為。《公羊傳》中並沒有賢人必定完美的觀念。必須加上其他條件，才能臻於完善。

此處有一點特別值得注意，那就是關於方伯的說明。文中說「上無天子，下無方伯」，意味著不把齊桓公當成方伯。齊桓公明明不是方伯，卻又擁有方伯的能力。一般而言，方伯的意思就是霸主，而齊桓公正是眾人眼中的霸主。但《公羊傳》此處所指的方伯，卻是自古以來便居於統率諸侯地位的人物。因此站在《公羊傳》的立場，齊桓公只是個「明明不是方伯，卻有方伯的能力，但沒有方伯的作為」的人物。換句話說，若站在《公羊傳》的觀點來看，齊桓公並不算是真正的霸主。

貶低齊桓公的「模式」

霸主與王之間還有一段距離。這就是貶低霸主的「模式」。一般而言，春秋時代的「霸主」帶有比不上戰國時代的「王」的含意。只要善加利用這一點，也可以建立起另一套貶低戰國時代的王的「模式」。舉例來說，假設有某種東西是霸主的象徵之物，而戰國時代的某個王想利用這個東西，將其當成「王的證明」。在這個時候，就能夠以「那只是霸主的象徵而已」為理由加以反駁。

戰國時代的魏、齊與秦都曾獲得周王賜予的「文武之胙」。所謂的「文武之胙」，指的是祭拜周文王、武王的獻祭之肉。

魏的惠成王、齊的威宣王及秦的惠文王，都在建立自周繼承權威（代替周王成為天下之王）的儀式制度的時候，利用了這個「文武之胙」的概念。「踐胙」變成了一種儀式，這就是「踐祚」（祚同胙）一詞的由來。這個詞一直流傳到後世，甚至傳到了日本。在舉行踐祚儀式的時候，必須登上一座階梯，這座階梯稱為「阼階」（阼同胙）。《後漢書・禮儀志》中，也記載了這種使用阼階的皇帝登基儀式。

在繼承周王權威的典禮儀式上，「文武之胙」被視為是相當重要的環節，這個儀式後來由秦朝傳承至漢朝。

但是這個儀式被一些國家搶先用了之後，其他國家漸漸變得不想再用這個儀式。在繼承的儀式上，能想出的花樣實在相當有限。有些國家見「文武之胙」的儀式已被其他國家用爛了，便放棄了這個儀式。既然不用這個儀式，當然要加以譏諷一番，宣稱這是沒有意義的儀式。這些國家所用的理由，就是「文武之胙只是賜給霸主的象徵之物，跟稱王毫無關係」。

在《左傳》中，也可看見這種「模式」。《左傳》「僖公九年」（西元前六五一年）記載，齊桓公在癸丘邀集諸侯舉行盟誓。此時周王派使者宰孔送來了胙（獻祭之肉）賜予齊桓公。《左傳》補上了宰孔的發言：「天子有事于文武，使孔賜伯舅胙（天子祭拜文王及武王，派我送來祭肉）。」因齊桓公是霸主，所以周王賜了「文武之胙」。

《左傳》記載這個關於齊桓公的事蹟，其實是為了貶低其他自認為是正統的國家。齊桓公受賜「文武之胙」，因為那是霸主的象徵。同樣的道理，戰國時代受賜「文武之胙」的齊威宣王，也不過是霸主而已。

對於同樣的一件事，齊人所作的《公羊傳》之中，便只提及周王派了使節前來致意，而沒有提及「文武之胙」。因為如果載明了齊桓公已受賜過「文武之胙」，則戰國時代的威宣王好不容易建立起以「受賜文武之胙」為繼承周王權威的「模式」，就會變得難以自圓其說了。

《公羊傳》對齊桓公的評價，是「在註定要因下剋上而滅亡的齊的君主中還算差強人意」。不僅如此，而且筆者在前文已提過，齊的田氏政權並不承認齊桓公是霸主，只當齊桓公是「擁有霸主能力的人物」。而「文武之胙」這個東西，對田氏政權而言是「王的象徵」，因此絕對不能讓齊桓公受賜「文武之胙」。

齊桓公去世後維持諸國秩序的霸主們

齊桓公去世後，失去統率者的春秋諸國陷入了一片混亂。直到晉文公（在位期間西元前六三七年至西元前六二八年）出現，諸國才恢復秩序。

晉文公

晉文公去世後，晉依然肩負著統率中原諸國的重責大任。

若以成立於新石器時代的文化圈來看，中原龍山文化圈大約能以太行山脈為界線，分為山西至陝西東部一帶（西部區），以及河南一帶（東部區）。若自河南一帶繼續往東，則是廣大的山東龍山文化圈的範圍。齊的所在位置，就在山東龍山文化圈的西邊。齊的勢力自此地向西方延伸，震懾河南一帶的諸侯。相較之下，晉的勢力則是自山西往下延伸，震懾河南一帶的諸侯。

不管是齊或晉，都尊崇位於河南地區的周，共同對抗自湖北地區將勢力往河南方向延伸的楚。西元前六三二年，晉文公在城濮擊潰楚軍，並在踐土邀集諸侯舉行盟誓。

晉是周王一族受封而建的國家，因此是姬姓。身為霸主的晉文公，其祖先是晉文侯，晉文侯曾幫助周平王，消滅敵對的攜王勢力。但是在後來的時代，旁系的一族卻滅掉了宗家。這個旁系一族以曲沃為根據地，因此名稱多冠上曲沃兩字。後來的韓氏，就是曲沃一族的分支。

霸主晉文公是曲沃一族的君主。

西周東遷時期的晉文侯是宗家的君主，霸主晉文公出自其旁系的曲沃一族，而後代稱王的韓氏是曲沃一族的分支。

基於這樣的立場，就像齊的田氏不願意過度稱讚姜姓的齊桓公一樣，韓氏也不願意過度稱讚霸主晉文公。韓氏對晉文公的評價，必須維持在承認他的實力，但不認為他是天命所歸的程度。

在《左傳》之中，有一種貼標籤的「模式」。

前述的「夫子」與「吾子」正是最好的例子（參照二五五頁）。《左傳》中被套上這些稱呼的人，都是《左傳》編纂者認為遲早要滅亡卻還執迷不悟的人物。

建立起這種貼標籤「模式」的理由，是為了讓編纂所使用的史料盡量保持原汁原味。為了對成書在先的齊國《公羊傳》進行批判，《左傳》編纂者在內文中加入了自己所蒐集到的「史實」。基於這樣的立場，《左傳》編纂者希望在讀者心中留下「史實」沒有刻意扭曲的印象。當然這只是「希望留下印象」而已，事實上編纂者在許多史實上都動了手腳。在這樣的做法下，貼標籤可說是最有效的手段。

使用盡量原汁原味的傳聞史料，在不起眼的地方偷偷貼上標籤。如此一來，這個標籤就會帶有不祥的意味。在讀者眼裡看來，就像是一群將來註定要滅亡卻還渾然不覺的人，恣意地大放厥詞。那個「夫子」又說了這種話、那個「吾子」又說了這種話等等。

晉文公正是被貼上了「吾子」的標籤。藉由這個「模式」，貶低晉文公的價值。

然而這種貼標籤的做法雖然對「同時代、瞭解局勢」的人相當有效，但是對不那麼瞭解當時局勢的後人來說，可就有些太隱晦難懂了。在漫長的兩千年歲月裡，竟然沒有後人發現其心機。在秦滅漢興的年代，便已是如此。原本就已經隱晦難懂的東西，又再加上後代的注釋，一邊看注釋一邊讀原文的人當然更無法看出其中暗藏的玄機。

《左傳》編纂者藉由貼標籤的方式明褒暗貶，後代的讀者卻沒有發現標籤，甚至把諷刺當成了讚許。

後人把《左傳》當成《春秋》的「傳」，正是「讀而未讀」的最佳證據。

前文介紹了「夫子」與「吾子」等貼標籤的方式，但是這種貼標籤做法的創始者，可不是《左傳》。早在《春秋》之中，便已開始出現貼標籤的手法。

以爵位作為標籤

然而《春秋》貼的標籤並非「夫子」或「吾子」之類的字眼，而是爵位。《春秋》刻意變更原本的爵位，將其當成標籤使用。

《史記・孔子世家》中，關於孔子作《春秋》的方式，有著「故吳楚之君自稱王，而春秋貶之曰『子』」的說明。這就是《春秋》的「模式」。

《春秋》是彙整過去諸國編年體史書的內容所寫成。在彙整的過程中，便趁機貼上了標籤。

歷史上爵位的濫觴，可追溯至西周時代。甚至在殷商，便已有類似的概念，只是稱呼不同而已。西周稱城市國家首長為「侯」，而「侯」中地位特別崇高者稱為「公」。每座城市國家都有從屬的小都市或村落，這些小都市或村落的領導者稱為「伯」或「叔」，而一般成員稱為「子」或「男」。

在西周的這套稱呼制度中，還將來自外地的國家首長稱為「子」，這帶有藐視的意味。意思是這些人沒資格跟諸侯或重臣所使用的「伯」相提並論，頂多只能給予一般成員的待遇。

到了戰國時代，世人將這套爵位制度重新整理，將之解釋成領土國家的尊卑順序。這可算是一種歷史的竄改。重新整理之後的爵位，共有公、侯、伯、子、男五等。這些爵位都有其固定的使用對象，例如楚王就是「子」爵。基於這樣的概念，才會出現前述《史記・孔子世家》的「故吳楚之君自稱王，而春秋貶之曰『子』」的說明。

《左傳》也採用了《春秋》這套貼標籤的手法。雖然因動機不同，導致作為標籤的爵位與《春秋》不盡相同，但貼標籤的手法本身卻是一脈相承的。

楚莊王

戰國時代繼晉文公之後最受矚目的霸主，就是楚莊王（在位期間西元前六一三年至西元前五九一年）。在《左傳》「宣公三年」（西元前六〇六年）中，記載著一段令楚莊王聲名大噪的事件。在這個事件之後，楚莊王才躋身霸主的行列。該記載如下。

楚子伐陸渾之戎，遂至于雒，觀兵于周疆，定王使王孫滿勞楚子，楚子問鼎之大小輕重焉，對曰，在德不在鼎，昔夏之方有德也，遠方圖物，貢金九牧，鑄鼎象物，百物而為之備。使民知神姦，故民入川澤山林，不逢不若，螭魅罔兩，莫能逢之。用能協于上下，以承天休。桀有昏德，鼎遷于商，載祀六百，商紂暴虐，鼎遷于周。德之休明，雖小，重也。其姦回昏亂，雖大，輕也。天祚明德，有所底止，成王定鼎于郟鄏，卜世三十，卜年七百，天所命也。周德雖衰，天命未改，鼎之輕重，未可問也。

現代文：「楚子」討伐陸渾之戎，逼近了雒，在周的疆界上陳兵示威。周定王派遣王孫滿前來慰勞，「楚子」詢問鼎的大小輕重，王孫滿回答：「重要的是德，而不是鼎。從前夏朝剛有德的時候，將遠方的東西記錄形象，以九州進貢的青銅鑄造了鼎，將這些形象鑄在上頭，如此才得以百物齊備。百姓知道了神明跟妖怪的區別，進入川澤山林時，才不會碰見不該碰見的東西，也不會遇上魑魅魍魎之類的妖魔鬼怪。因而能夠使上下和諧，承受上天的賜福。夏的桀王失去了德，因此鼎遷移至殷商，經過了六百年。殷商的紂王兇暴殘虐，因此鼎遷移至周。德的恩惠是非常明顯的，只要有德，鼎雖然小，也是重的。倘若奸邪昏亂，就算鼎再大，也是輕的。上天所賜的明德，有一定的期限。成王將鼎安置於郟鄏時，曾經占卜過，將可傳三十世、七百年，這是天命所歸。周的德雖然已衰微，但天命尚未更迭，因此鼎的輕重是不能問的（德還未完全喪失，更何況是鼎的輕重這種旁枝末節的小事）。」

此處的「鼎之輕重，未可問也」，其隱含的意思是「你楚莊王還沒資格問這個問題」。「三十世、七百年」只是概數而已。意思是只要經過這段時間，就可以「問鼎輕重」。周成王即位於西元前一〇〇九年，若自成王以下，以父子關係推算至戰國時代，以一世三十年計算，則三十世會結束於西元前四世紀的後期。若自成王即位的時間推算七百年，則是西元前三〇九年。因此《左傳》所暗示在能夠「問鼎輕重」的時代出現的王，就是韓的宣惠王（西元前三二六年稱王）。宣惠王於西元前三一二年去世，因此前述的七百年若是精確數字，就有些誤差。不過從前面的三十世就可以看出，「三十世、七百年」都只是概數而已。

此處特別值得一提的是「楚子」一詞。實際上楚國在成王（在位期間西元前六七一年至西元前六二六年）時便已稱王，因此稱王後的事蹟若由楚人來寫，肯定會記錄為「王」（唯一的王），或至少記錄為「楚王」（與周王作出區隔）。但是在《左傳》之中，卻將其貶低為「楚子」。

《左傳》在貶低楚王地位的時候，一般作法是將「楚子」與「楚王」混在一起使用，使讀者察覺「楚王」其實是「楚子」。然而上述的記載中，卻完全沒有提到「楚王」一詞。此處刻意完全不提「楚王」，在《左傳》中算是相當特殊的行文方式。或許是因為主題是周的權威繼承問題，因此必須明確地貶低「楚王」的地位。

以上就是《左傳》貼標籤的方式。因此只要將「楚子」還原成「楚王」，並且刪去「鼎之輕重，未可問也」的論述，只看整件事情的來龍去脈，便可清楚地看出楚莊王的勢力已對周王造成威脅。

但還有一點必須注意，那就是筆者在之前的章節曾提過的夏、殷商的問題。站在楚的立場來看，楚承襲自新石器時代以來的文化傳統與夏、殷商毫無瓜葛，而且楚主張領土統治正當性的理論也沒有與夏、殷商扯上關係。因此文章中雖然提及了夏、殷商的狀況，但是對楚莊王來說，那根本是無關緊要的事情。

楚王對周王造成威脅這件事本身，應該是楚人自己也認定的「史實」，但是其他那些對楚而言無關緊要的部分，應該都是中原諸國加油添醋的內容。

仔細閱讀這段文章，會發現其中還說了一句「在德不在鼎」。這是在譏諷楚王實在不該多嘴，問了鼎的輕重大小。原本應該注重的是「德」，但楚王卻是個只會在意外在形式的人物。相較之下，未來將出現的王（韓王）可是繼承了韓宣子的「德」。

以上貶低楚王而抬舉韓王的觀點，正是位於中原地區的韓的主張。在一般人的認定裡，「問鼎」是楚王做的事，而其典故出處就是《左傳》。然而由以上論述可知，《左傳》對楚王根本沒有稱讚之意。絕大部分的讀者都沒有察覺，其對典籍內容的解讀早已受到後代注釋的誤導，偏離了文章的原意。

吳王闔閭、吳王夫差與越王句踐

位於湖北的楚的勢力，不斷對河南諸侯形成威脅。就在這個時期，位於長江下游江蘇地區的吳，漸漸開始抬頭。吳與楚之間大小戰事不斷。西元前五〇六年，吳甚至曾攻陷楚的首都，逼迫楚王暫時躲避。這可說是位於長江下游的「大國」，打敗了位於長江中游的「大國」。

這起春秋時代的重大事件，不僅是在當時，就連後代的人也相當關切。在這場戰役中出盡鋒頭的人物，到了戰國時代被視為霸主之一，那就是吳王闔閭（在位期間西元前五一五年至西元前四九六年）。

闔閭的兒子夫差（在位期間西元前四九六年至西元前四七三年）繼續進軍中原，甚至曾與晉爭奪盟主地位。因此後人有時對夫差的評價更高於其父親，認為霸主應該是夫差而不是闔閭。一般而言一個國家只會挑出一人為霸主，但這對父子到底誰是霸主，則難有定論。

令父親闔閭負傷而死，與兒子夫差殺得如火如荼，最後將夫差連同吳徹底消滅的人物，就是越王句踐（在位期間西元前四九六年至西元前四六七年）。句踐也是霸主之一。

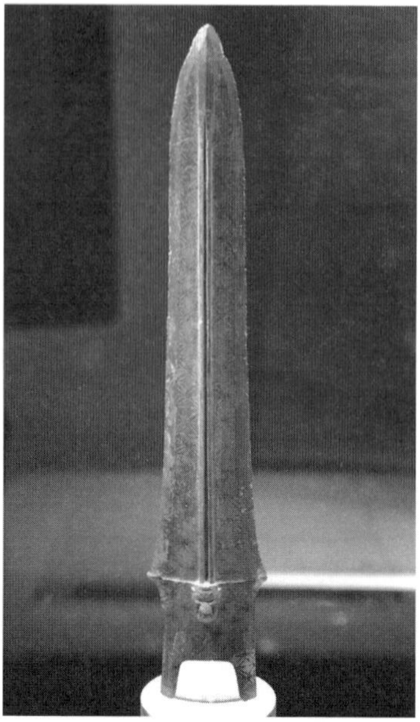

「吳王夫差」銅矛（江陵縣馬山五號墓出土，湖北省博物館藏）

越王句踐在漢代福建地區的越諸國也相當受到尊崇，留下了不少以句踐為始祖的傳說。

值得一提的是，楚保留了一些有著中原風格的王號紀錄，如楚莊王、楚共王等等。相較之下，吳、越並沒有留下任何中原風格的王號紀錄，後人只以吳王夫差、越王句踐等方式稱呼其王。

在《史記》所記載的漢代歷史中，包含了一些自稱越王子孫的福建越諸國的紀錄。關於這些諸國的紀錄，都被放入了〈東越列傳〉內。這些越諸國的王，也沒有使用中原風格的王號，由此可知這可能是該地區的傳統。

吳王與越王的恩怨之爭，在《左傳》內也是相當膾炙人口的橋段。除了《左傳》的記載之外，甚至還有名為《吳越春秋》的典籍專門講述吳、越二國之間的戰爭。因此後代的讀者們喜歡站在這兩個王的觀點，盡情地探尋這段歷史。

吳王與越王都曾掌握長江下游流域的霸權，對中原諸國施壓，並對楚造成威脅。然而《史記》〈越王句踐世家〉中，卻有著這樣的記載。

句踐已平吳，乃以兵北渡淮，與齊、晉諸侯會於徐州，致貢於周。周元王使人賜句踐胙，命為伯。

現代文：句踐已經消滅了吳，於是揮兵北上渡過淮水，與齊、晉諸侯會盟於徐州，向周納貢。周元王派人賜「胙」給句踐，將句踐封為「伯」（霸主）。

這段內容對周而言當然是再好也不過的事情，但越早已稱王，可說是與周對峙的勢力。越王是否真的曾對周王行臣下之禮，實在令人有些懷疑。文章中越王身為「伯」（霸主）的姿態，跟前述的楚莊王比起來，可說是謙卑得多。

筆者在齊桓公的一節便已提過的「文武之胙」，越王句踐也得到了。這當然也是在暗示越王句踐不過也只是個霸主而已。

吳越同舟與臥薪嘗膽

吳及越同為長江下游流域的國家，經常被人相提並論，但這兩個國家之間的關係卻是有名的水火不容。有句成語叫「吳越同舟」，這指的是交情不好的兩個人坐在同一艘船上。由此可知，「吳越」已成了水火不容的代名詞。

與吳越有關的成語，還有「臥薪嘗膽」。這句成語的典故，則出自《左傳》及《史記》的〈吳世家〉（吳太伯世家）跟〈越世家〉（越王句踐世家）。

「越王句踐」銅劍（江陵縣望山一號墓出土，湖北省博物館藏）

西元前四九六年，越王允常去世。吳王闔閭聽到這個消息，趁機揮軍進攻越，卻在戰場上受了傷，最後傷重不治而死。臨死之前，闔閭要求王子夫差發誓必報此仇。三年後（西元前四九四年），吳王夫差擊潰越王句踐的大軍。越王句踐堅守在會稽山上，派大夫種前往吳談和。吳王本來想要答應，吳臣伍子胥卻堅決反對。句踐又命令大夫種以美女及寶物賄賂吳的太宰伯嚭，這個計謀奏效了，太宰伯嚭成功說服吳王，促成了議和。其後越王句踐為了磨練自己的肉體與心靈，在座位的旁邊放了塊膽，時時看著這塊膽，而且每次吃飯時都會舔這塊膽。他不斷警惕自己「不忘會稽之恥」，發誓要報仇雪恨。伍子胥聽到越王句踐過著這種自我克制的生活，不斷勸吳王夫差千萬不可小看越王句踐這個人，但吳王夫差不肯採信。不僅如此，吳王夫差還聽信了太宰伯嚭的讒言，賜了屬鏤劍給伍子胥，命其自殺。伍子胥在臨死前說道：「在我的墳墓上種梓樹吧，以後才能給吳王做棺材；將我的眼睛挖出來放在吳的東門上吧，我才能看見越的大軍消滅吳」。

西元前四八二年，吳王揮軍北上，在黃池會盟諸侯，與晉定公一較高下。越王趁這個機會派大軍攻入吳。吳王回國後，與越議和。西元前四七八年，越軍在笠澤再度大破吳軍，隔年包圍了吳。西元前四七三年，越消滅了吳。越王句踐打算將吳王安置在浙江地區，吳王拒絕了這個安排，自殺身亡。

以上的故事，就是越王句踐「臥薪嘗膽」的典故。《史記・越王句踐世家》中，只說越王句踐「置膽於坐，坐臥即仰膽，飲食亦嘗膽也」。到了後代，才演變為吳王夫差「臥薪」，而越王句踐「嘗膽」。如《十八史略》便是採用這樣的解釋。

根據《左傳》的記載，吳在西元前四八六年挖掘運河「邗溝」，聯絡淮水與長江。這項工程，可說是為後代的隋的大運河奠下了基礎。隔年，吳自海上討伐齊，一定是藉由邗溝進入淮水，沿著河川出海。這條聯絡淮水與長江的運河所帶來的經濟效益，可說是相當驚人。藉由淮水的支流，可進入中原地區。自從有了這條運河後，吳便能夠以舟船與中原地區往來輸送物資，不必再假手他國。

運河的經濟效益雖然為後世帶來莫大恩惠，但是當初首先進行開挖的吳，以及後來將其拓寬為大運河的隋，都在施工後不久便亡國了。由此可知，開挖運河是一件多麼勞民傷財的苦差事。

秦穆公

根據以上論述，可知霸主這個概念在典籍中往往帶有負面意義。

在戰國時代，霸主的意思是遠遠比不上王的人物。而秦穆公（亦稱繆公，在位期間西元前六六〇年至西元前六二一年）這個霸主，除了前述的負面意義之外，甚至還帶有稱霸野蠻地區的「西戎霸主」的形象（「遂霸西戎」）。為秦穆公建立這個形象的典籍，便是韓人所作的史書《左傳》。

然而對秦而言，秦穆公當然是春秋時代首屈一指的君主，其形象只是遭到敵對國家貶低了而已。

有一篇名為「詛楚文」的文章，流傳到了後世。作者是戰國時代中期的秦人，原本是刻在石頭上的文章，但是如今原石已佚失，我們只能透過宋代的拓印版本得知其內容。根據文章內容，我們可以得知這篇文章的用意在於詛咒楚，而文章中所詛咒的楚，是從楚成王（在位期間西元前六七一年至西元前六二六年）這一代開始算起。與其相呼應的秦的君主，第一個就是秦穆公。楚成王是楚第一個稱王的人物，而秦第一個稱王的人物則是戰國時代中期的惠文王。因此「詛楚文」從楚成王開始詛咒起，帶有自秦惠文王的時代往前回溯，否定楚王歷史的意義。

秦所使用的曆法，是由兩種曆法折衷而成，其一是「楚正」（楚的曆法，以現在的太陽曆的十一月為正月），其二是「夏正」（當時的人認定的夏朝曆法，以現在的太陽曆的二月為正月）。秦的這種曆法採用夏正的月名，但以十月為一年的開始。換句話說，這是一種同時繼承楚的正統與夏的正統的「模式」。基於這個「模式」，秦必須證明楚從以前就比不上秦。前述中原諸國認定楚莊王「跟中原霸主也沒什麼不同」的觀念，也可套用在秦的立場上。秦認為楚莊王不過是區區的霸主，而且連秦穆公也比不上。

對秦人來說，穆公確實是相當優秀的人物，但那也是過去式了。秦的正統，還是落在首先稱王的惠文王身上（在位期間西元前三三八年至西元前三一一年，於西元前三二五年稱王）。跟惠文王比起來，秦穆公也不過是配角而已。

五霸論的地區性差異與下剋上觀點

筆者在前文曾提過，春秋五霸指的到底是哪五霸，並沒有定論。造成沒有定論的理由，除了每個人對各霸主的評價不同之外，還有一點不容忽視的就是地區性的差異。

《孟子・告子》下篇中，以齊桓公、晉文公、秦穆公、宋襄公及楚莊王為五霸，並主張五霸為

「三王之罪人」。光是從這個論點，便可看出其對霸主抱持什麼樣的評價。孟子藉由「罪人」這種字眼，強烈批判王道衰微而霸主當道的局勢。齊桓公、晉文公、秦穆公、宋襄公及楚莊王這五霸，就是罪人的代表。

孟子在戰國時代由田氏統治的齊國任官。田氏將姜姓君主拱為虛位，進而掌握君主的實權。因此孟子批判姜姓的齊桓公，可說是理所當然的事情。晉文公是晉的代表人物，而晉是統率中原諸國與齊相抗衡的國家，後來分裂成了韓、趙、魏三國。因此孟子批判晉文公，等於是站在齊的立場，一併批判了「三晉」之王，也就是韓王、趙王與魏王。秦穆公是戰國時代的秦王的祖先，在秦人的眼裡，秦穆公是春秋時代最優秀的君主。孟子批判秦穆公，等於是站在齊的立場批判秦王。宋襄公是戰國時代的宋王的祖先，在宋人的眼裡，宋襄公是春秋時代最優秀的君主。孟子批判宋襄公，等於是站在齊的立場批判宋王。而且宋是殷商的子孫受封而建立的國家，在齊主張擁有統治正當性的殷商故地內，宋是最具代表性的國家。楚莊王是戰國時代的楚王的祖先，不僅對周王造成威脅，而且是在陳兵儀式上問鼎輕重的人物。孟子批判楚莊王，等於是站在齊的立場，對楚王進行象徵性的批判。

在孟子活著的時代，越已被楚攻入根據地而差點亡國（西元前三二九年），越的殘餘勢力往北逃竄，以位於山東半島根部的瑯琊為首都，靠著齊的庇護才得以苟延殘喘。至於吳，則早已被越消滅。因此孟子在評論五霸時，排除了吳王與越王。

孟子所認定的五霸，不是主張正統的敵對勢力的祖先，就是相當於祖先的人物，這些當然都是應該批判的對象。基於這個立場，孟子才會以「三王之罪人」這種詞彙形容五霸。

相較於《孟子》的立場，《荀子・王霸》篇的立場又不相同。《荀子》主張「義立而王，信立而霸」，並將五霸認定為齊桓公、晉文公、楚莊王、吳王闔閭及越王句踐。這五名君主按照《荀子》的觀點，都是「立信」之人。

這五霸所代表的國家，除了楚之外，在荀子活著的時代（西元前二八〇年至約西元前二五〇年）都已經滅亡了。這些亡國之君跟戰國時代敵對國家的王反正也扯不上關係，就算加以稱讚，也不會產生問題。楚是當時唯一還存在的國家。荀子稱讚楚莊王，當然是站在楚的立場。不僅稱讚楚莊王，而且以「義立而王，信立而霸」稱讚所有的霸主，如此一來戰國時代的王就會獲得比霸主更高的評價。

荀子在楚任官。因此《荀子》中的五霸觀，就是楚的五霸觀。

荀子心目中的霸主，是值得讚頌的對象。其讚頌的方式，反映的是楚的正統性觀念。宣揚正統性觀念的方式，並非只有詆毀主張正統的敵對勢力一途。有時策略性地讚美，也是一個辦法。

到了漢代，世人不必再像戰國時代的孟子或荀子一樣特別顧忌某特定勢力的正統性觀念。因此對漢代的世人而言，五霸到底是哪五霸已不是那麼重要。所以漢代之後的典籍，在論述五霸時會列舉各家說法，如《白虎通》正是一例。

不僅如此，而且漢代的典籍還為「霸主」下了定義。所謂的霸主，就是負責廣邀諸侯舉行盟誓，並向天子朝拜的人物。這樣的定義，成了世人心中的霸主形象。

宋襄公

上述的霸主之中，宋襄公（在位期間西元前六五一年至西元前六三七年）是被《孟子》視為五霸之一的霸主。齊桓公於西元前六四三年去世後，宋襄公於西元前六三九年想要廣邀諸侯卻以失敗告終，西元前六三八年，宋軍於泓水迎戰楚軍，結果宋軍大敗。

《左傳》中有一段關於這場戰役的紀錄。宋襄公不願在楚軍尚未完全渡河前攻擊，但是等到楚軍完全渡河後，宋軍卻又慘敗。後世有句成語叫「宋襄之仁」，意思就是太過仁慈而不自量力。

如果光看這個記載，不會明白《孟子》為何將宋襄公納入五霸之中。筆者在前文提過，《孟子》將齊桓公、晉文公、秦穆公、宋襄公及楚莊王認定為春秋五霸，是為了詆毀齊的姜姓君主，以及韓、趙、魏、秦、宋、楚的君主。但是除了宋襄公之外的其他四霸，都有著傲人的軍事成就。

此處有一點特別值得注意，那就是《孟子》將秦穆公放在宋襄公前面。筆者已在前文提過，秦穆公在典籍中的評價頗低，被認為只不過是區區「西戎霸主」而已。而宋襄公卻還排在秦穆公後面。如此安排的背景，在於筆者亦曾提過的一個現象，那就是宋襄公在以宋為中心的殷商故地一帶，曾有著如日中天的聲望。

到了戰國時代，宋王偃（康王）於西元前三二二年稱王。齊對這件事大肆批判，最後終於攻進宋地，陷入戰亂的泥沼之中。宋王偃備受抨擊，被形容成了殷商紂王再世。《孟子》將宋襄公納入五霸之中，其實是為了對付宋王偃。反過來說，這也證明了宋襄公在以宋為中心的殷商故地一帶，被視為是過去功績顯赫的君主。

若依照一般的論述方式，多半是藉由以上所示的內容來評論春秋時代是個什麼樣的時代。但筆者也曾提過，要瞭解春秋時代的全貌，確實掌握戰國時代的狀況也是不可或缺的條件。所以現在讓我們將舞臺拉到戰國時代，在對戰國時代有一定理解之後，再回來重新檢視春秋時代的面貌。

第七章　戰國時代的史實

合縱連橫

說起戰國時代，一般人首先想到的總是「合縱連橫」。在戰國時代有一群人，能夠透過外交手段拯救國家於存亡危機之中，這群人被稱為「縱橫家」，這個稱呼便是來自於「合縱」與「連橫」。戰國時代是個縱橫家相當活躍的時代，這點的確不可否認。

合縱連橫的虛像

然而一般人心中所想的合縱連橫，與真正的狀況其實有著很大的差距。以下筆者將透過合縱連橫的說明，對戰國時代的各種現象作一個簡單的介紹。

在一般人的理解中，合縱是諸國建立縱向（南北方向）的聯盟以對抗秦，而連橫則是強大的秦與橫向（東西方向）諸國建立聯盟。但這樣的關係若要成立，秦的領土必須往南北方向擴大，而諸國的領土則必須縮小且呈南北方向排列。

讀者可參考西元前四世紀中葉的地圖（本書十一頁），圖中的勢力分布，並沒有呈現前述的狀況。然而相較於此，請讀者再看本書一四〇頁的地圖。這是秦的昭襄王（在位期間西元前三〇七年至西元前二五一年）在西元前二七八—前二七七年征服了楚的根據地湖北、湖南地區後，秦的領土占了半壁天下的勢力分布狀況。

若是在後者的勢力分布狀況下，合縱、連橫的解釋確實很有道理。但是在進入這個局勢之前，前述的「合縱是諸國建立縱向（南北方向）的聯盟以對抗秦，而連橫則是強大的秦與橫向（東西方向）諸國建立聯盟」的說明根本不成立。

筆者在前面的章節已提過，要考證戰國時代之前的殷商、周、春秋這些時代是非常困難的事情。理由就在於這些都是以都市為基本單位的時代，但我們賴以為據的戰國史料卻並非誕生在那樣的狀況之下。相較之下，對戰國時代的考證就容易得多。然而從另一方面來看，戰國時代有著打破新石器時代諸文化圈的藩籬，並由官吏進行領土統治的新趨勢。若是單看大國將小國封為諸侯並加以支配的情況，可追溯至周朝，當時周的影響力早已跨越了陝西地區，進入中原一帶。但戰國時代的新趨勢，是想要讓統治的行為奠基在文書行政制度的概念之上。

隨著文書行政制度的發展，統一天下變得不再是夢想。

統一天下不再是夢想的時期，與統一天下還是夢想的時期，世人對於天下的觀念可說是截然不同。

就算是相同的詞彙，由可望統一天下的國家說出口，跟由不可能統一天下的國家說出口，其意義當然也是大相逕庭。

以下筆者所要論述的「縱」字，正是最好的例子。「縱」字被用在「合縱」一詞中，具體的意思大致上可分為兩種。

第一種，是秦已掌握半壁天下後的「縱」。秦特別強大，而與之對抗的諸國大致形成南北排列的狀態。因此為了對抗秦，諸國必須建立「縱」向的合作關係（合縱），而秦也必須為了打破這個關係而採行連橫。

這個時代的人，將過去許多史料重新編彙整合。在其編彙整合之後的文章開場白中，經常會提到「縱」字。這個「縱」字的意義，是以戰國後期占有半壁天下的強大秦國為背景。

第二種，則是將時代回推到第一種之前。當時秦還沒有掌握半壁天下，東方強國齊不斷擴張領土，西方強國秦也不斷擴張領土。因此在這個時期的「縱」，是以夾在齊與秦之間的諸國為訴求對象。諸國若扣掉齊，確實呈現南北狹長排列。因此不管是為了對抗秦，還是為了對抗齊，諸國都有必要建立「縱」的同盟關係。

一般人所認知的「縱」，都是第一種意思。因此就算將時間回推至第二種意思的「縱」的時代，世人還是會不知不覺以第一種意思加以解讀。如此一來，就會變得只在意秦，而忘了齊的存在。

不僅如此，若仔細閱讀，會發現史料中除了「縱」字之外，還會出現代表同盟之意的「合」字。在說明「合」字的意思時，會衍生出對「合縱連橫」的解釋，如此一來，當然就更加深了讀者的誤解。

在第二種情況中，諸國雖然遭齊與秦包夾，但同盟關係並沒有持續多長的時間。諸國各自有著沿襲自新石器時代文化圈的傳統，因此相互之間並不信任。尤其是楚，在第二種情況的早期局勢中，擁有相當廣大的領土，超越了原本新石器時代文化圈的範圍。因此假如全盤接納了「縱」的解釋，將無法看清錯綜複雜的現實。

直到秦於西元前二七八年奪走楚的根據地（湖北、湖南地區）後，占有天下一半的區域，才讓大勢趨向第一種情況而難以再撼動。

由此可知，要理解戰國時代的真貌，還是有其難處。但是只要保持謹慎小心的態度，要察覺這些概念之中的差異性並不算太難。以下便讓我們提高警覺，重新檢視合縱連橫的相關內容。

《戰國策》中記載著許多考證合縱連橫的可用材料。這部典籍是在西漢末年彙整而成，其史料來源是《短長書》《國事》等數種典籍。《史記》引以為據的史料，也是這些典籍，而非《戰國策》本身。到了西漢末年，劉向才將這些典籍合而為一，命名為《戰國策》。

不知是在《短長書》或《國事》的階段，或是被《史記》引用的階段，抑或彙整為《戰國策》的階段，故事的前面被加上了開場白的說明。

事實上在出土史料中，也有著還沒被加上開場白的典籍，那就是出土於湖南省長沙馬王堆三號墓的《戰國縱橫家書》。在其收錄的各故事前面若加上開場白，就會變成《戰國策》風格的文章。《戰國縱橫家書》中包含不少《戰國策》所沒有採用的故事，因此相當受到關注。

在論述合縱連橫時，有一個非提不可的人物，那就是蘇秦。他不僅是個縱橫家，還是個苦讀的名人。《史記・蘇秦列傳》中記載，他為了趕走睡魔，以錐子刺自己的大腿，甚至連流出來的血也沒有擦拭。

蘇秦的虛像

然而這個典故的主角原本不是蘇秦，而是蘇秦的弟弟蘇代。

會出現這樣的誤解，是肇因於《戰國策》的成書過程，以及《戰國策》曾經一度佚失的歷史。

成書於戰國時代的典籍中，蘇秦被稱為「蘇秦」或「蘇子」，蘇代則被稱為「蘇代」或「蘇子」。稱為「蘇秦」或「蘇代」的部分，不管是《史記》中的引用，還是其後彙整成的《戰國策》，都是直接沿用「蘇秦」或「蘇代」的稱呼。但稱為「蘇子」的部分，則有一些被改成了「蘇秦」或「蘇代」，而其中「蘇秦」占了絕大多數。就連原本「蘇代」的故事，也被移花接木成了「蘇秦」的故事（參照二九六頁圖）。

《戰國策》佚失後，在重新編纂復原的過程中，這個問題依然沒有獲得解決。重新編纂的《戰國策》有兩種版本，一是姚本（姚宏的刻本），一是鮑本（鮑彪的刻本）。自明代之後，姚本較受到重視，被認為是保留較多古風的版本。然而事實上剛好相反，鮑本才是保留較多古風的版本。

最大的特徵，就在於許多鮑本內記載為「蘇子」，也就是沒有遭到修改的部分，到了姚本內被變更為「蘇秦」。換句話說，鮑本保留了較多原始的用字遣詞。

一般常見的《戰國策》，都是姚本系統，因此讀者在進行分析判斷時，往往是以錯誤較多的姚本為依據。富山房的「漢文大系」採用的是鮑本的日譯版本，除了要注意日本江戶時代的獨特訓讀

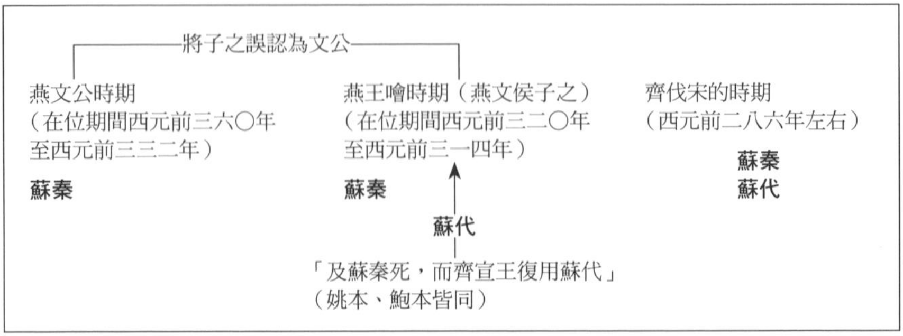

蘇秦壽命太長之謎　如上圖所示，蘇秦是燕王噲時期的人物，在蘇秦死後，其弟蘇代才開始嶄露頭角，當時的宰相是「文侯子之」。有些記載混淆了公、侯，將燕文侯誤認為燕文公並加以補充解釋，如此一來，蘇秦成了燕文公時期的人物。不僅如此，而且有些記載將意指蘇秦或蘇代的「蘇子」全部改為「蘇秦」，造成蘇秦在蘇代的時代依然存活的現象。這麼算起來，蘇秦的存活時期實在相當長。

方式之外，算是頗有參考價值的版本。

就連《史記》，也是把「蘇子」錯當成「蘇秦」，造成內容出現訛誤。前述蘇秦以錐刺股的故事，正是由此而來。由上圖可知，若將此認定為蘇秦的故事，則蘇秦的壽命實在太長了些。而且會與蘇秦死後，蘇代活躍於世的記載互相矛盾。要解除這個矛盾，只有一個辦法，那就是依上述的判斷方式，將蘇秦及蘇代的故事重新整理一番。

《戰國縱橫家書》中的「蘇秦」

順帶一提，「蘇秦」與「蘇代」在史料上的混淆現象，也對出土史料《戰國縱橫家書》的分析整理造成了影響。這部出土史料的內容，似乎與目前已失傳的《戰國策》原始史料頗為近似。

姚本《戰國策》的訛誤較多，卻獲得了較高的評價。因此後代學者在分析整理《戰國縱橫家書》時，參照的多半是姚本《戰國策》。這衍生出一種心照不宣的錯誤觀念，那就是「蘇代」為兄、「蘇秦」為弟，而非原本的「蘇秦」為兄、「蘇代」為弟。

《戰國縱橫家書》出土後，有學者主張其內容有著「蘇代為兄、蘇秦為弟」的證據。但若依照其解釋方式，還是沒辦法解決年代矛盾的問題。而且其認定的證據，其實只是解讀錯誤而已。

帶有該證據的段落，依其內容研判，是時期較晚的故事。其中有一句話，看起來像是「臣秦拜辭事」。這裡的「臣」是「我」的意思，因此有學者認為「臣秦拜辭事」這句話證明了生存時期較晚的人是蘇「秦」，可見得蘇秦是弟弟。

然而從左圖可以明顯看得出來，原本被認定為「秦」的字，應該釋為「揀」。這個字是「拜」的意思。釋字上的錯誤，連帶讓字數也對不攏了。在察覺原本的「秦」字應該釋為「揀」後（②），原本史料上有的字竟被放入了（）中。

過去具代表性的釋字例

臣 秦 拜 辭 事

臣 秦① 揀② （拜） 辭 事

補正後

臣 揀 拜 辭 事

《戰國縱橫家書》「臣揀拜辭事」

過去的釋字，將「揀」誤釋為「秦」，其後察覺有誤，補上了「揀」，卻忘了將「秦」拿掉。馬王堆出土的帛書（寫在絹帛上的史料）上頭有著不少摺疊時反印在相疊面上的淡淡墨漬，這樣的墨漬雖然隨處可見，但與本圖的部分無關。「秦」為「揀」的訛誤，因此這裡並沒有蘇秦的自稱，將蘇秦當成蘇代時期之人的主張當然也失去了根據。

史料的原文，應該是「臣捺拜辭事」，意思是「我拜領這個任務」。至於蘇秦的「秦」字，則根本沒有出現在這個句子中。

在分析這個記載時，應該以解開年代矛盾為前提，判斷這到底是「蘇秦」的年代，還是「蘇代」的年代。若依這個立場來分析，便能得到「蘇代」這個結論。

先入為主實在是研究上的大敵。筆者自己也很可能會犯類似的錯誤，這更讓筆者感到戒慎恐懼。

蘇秦的「合縱」

蘇秦的「合縱」是長久以來膾炙人口的著名故事。但由於「蘇秦」與「蘇代」的混淆不清，導致年代矛盾相當明顯，這也讓讀者們難以看清蘇秦的「合縱」故事的真正面貌。

若將年代矛盾的環節一一解開，會發現「合縱」的重頭戲在於西元前三一八年的一場由秦惠文王所舉行的儀式上。

如今我們已能證實這個儀式的真實性，鎖定其年代，並確認其與蘇秦「合縱」的關聯性。這個儀式是一場自周繼承正統權威的「模式」。筆者在之前的章節已介紹過，對於夏、殷商與周這三代，戰國時代的諸國皆抱持一些共通的立場，包含復興夏朝、繼承周朝、始祖傳說乃至於下剋上的「模式」（包含反對下剋上的「模式」）。

秦惠文王所召開的「逢澤之會」，亦是這些「模式」的環節之一。

所謂的「逢澤之會」，意思就是在逢澤召開集會。逢澤是從前周武王討伐殷商的途中渡過黃河的地點（該渡口稱為「盟津」），因此這裡可說是「討伐殷商」的象徵地點。在這裡召開集會，是一種模仿商周革命的「模式」。

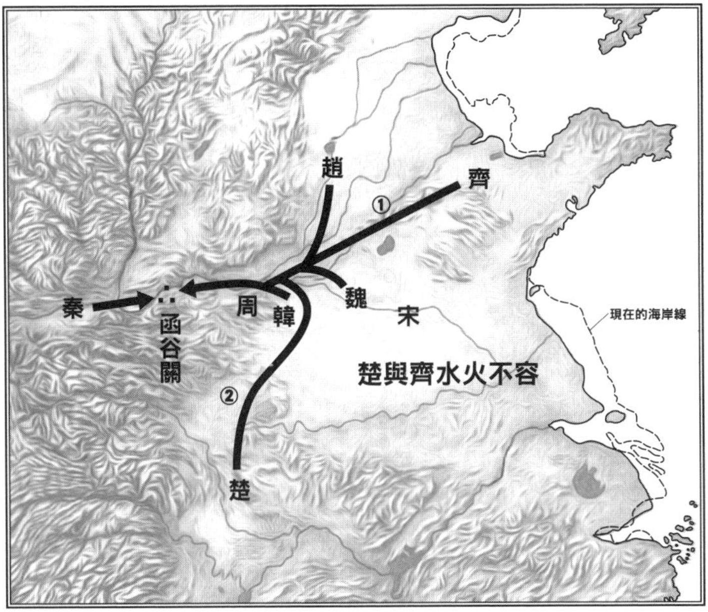

蘇秦的「合縱」　秦還未獨大前諸國的同盟行動，才是蘇秦「合縱」的原始面貌。繼齊與魏之後，秦也於西元前三一八年舉行了自周王繼承正統的儀式。此舉引發諸國反彈，因此合力攻楚。但第一次進攻並沒有包含②的楚軍，因為當時楚與齊處於水火不容的狀態。直到隔年①的齊退出同盟，楚才加入戰局。

秦並不是第一個舉行這場象徵性儀式的國家。早在西元前三五一年，魏惠成王便已創下先例。魏所舉行的那場儀式，典籍內稱之為「逢澤之遇」。繼那場儀式之後，魏惠成王又在西元前三四三年向周索求「文武之胙」，想要建立魏繼承了周文王、周武王權威的「模式」。這個消息傳開後，周圍諸國大為震怒，組成了反魏同盟。齊侯（後來的威宣王）率領盟軍攻入魏地，殺了魏王太子。魏的如意算盤，便因這場戰爭而化為泡影。

繼魏之後，齊也想依樣畫葫蘆，舉行相同的儀式。此舉再度引發諸國反彈。這次輪到楚威王打碎了齊的美夢（西元前三二九年）。繼魏、齊之後，秦也打起了相同的主意。就在這個時期，蘇秦發揮其外交手腕，呼籲各國組成同盟。這就是「蘇秦合縱」的成立背景。

正如同筆者在前文所說的，此時的同盟關係根本還稱不上是「合縱」。到了後世，這場同盟關係才被當成「合縱」，並且成為膾炙人口的故事。

蘇代的「合縱」與齊的興衰

以上介紹的是蘇秦的「合縱」。相較之下，蘇代的「合縱」則時期較晚，成立於西元前二八九年（於秦則為西元前二八八年）。

這個時期的「合縱」，還不是一般人心中所想的「合縱」。雖然自這個時期開始，典籍中已可見「縱」這個字，但其意思是諸國為了對抗東邊的齊與西邊的秦所組成的同盟。「合縱」的同盟行動，還牽扯到孟嘗君這個人物。這也是自古以來便為人津津樂道的環節。我們可以從蘇代的合縱開始，將相關聯的事件依時間順序排列。每個目前我們所知的「合縱」故事都包含許多事件，因此將這所有事件打散後依時間順序排列配置，才能釐清所有事件的前因後果。

筆者將蒐集到的「合縱」故事交叉比對，得到的事件一覽表如三〇二～三〇六頁所示。除了按照時間順序排列之外，筆者還加上了一點說明，因此能夠清楚地看出每件事的演變過程。

但有一點必須注意，那就是當時的事件紀錄絕大部分只標記年代而已，無法得知詳細的發生日期。這會牽扯到一個很麻煩的問題，那就是每個國家的正月並不相同。就好比現在的曆法，即使陽曆已過了一月一日，陰曆卻往往還沒有過年。同樣的道理，紀錄中有很多事件的發生時間以某些國家來看是年初，但是對某些國家而言卻是去年年底。而且因為只標記年代，有些國家標記為新的一年，有些國家標記為去年，如此一來就產生了一年的誤差。

事件一覽表中，也註記了因這類年代紀錄而造成的誤差。雖然這讓一覽表變得有些複雜，但這麼做對決定事件發生的先後順序有所幫助，希望讀者們能夠諒解。

除此之外還有一點，筆者在前文為了避免把問題搞得太複雜，因此有件事一直避開不提，那就是典籍中被稱為「蘇子」的人物，除了蘇秦、蘇代之外，其實還有一人，那就是同族的蘇厲。因前文提到的判斷錯誤，導致「蘇子」一律被當成「蘇秦」，有一些關於蘇厲的事件也被推至蘇秦身上。像這樣的錯誤，一覽表內已修正為蘇厲。

請參照三〇七頁的圖。

西元前	
二九八年	齊人孟嘗君自秦歸齊，組成對抗秦的同盟。趙軍加入魏軍、韓軍的陣容，攻入秦地，直抵函谷關。
秦二八八年 魏二八九年	A：秦的穰侯攻魏，魏獻出河東以東，方四百里的土地。秦的白起官封大良造，攻入魏地，占領大小共六十一座城池。 B：蘇代前往秦，遊說惠文王稱帝，進而併吞天下，得到的回答是時機尚未成熟（後來還是稱帝了）。
秦二八八年 趙燕二八九年	C：蘇代自燕前往齊。齊王對他說：「你來得正好，不久前秦的魏冉勸我稱帝，你有什麼看法？」蘇代回答：「雖然被秦搶先了一步（B發生後，秦王又詢問蘇代以外的其他人意見，最後稱帝了），但稱帝跟先後順序沒有關係。只要秦的稱帝不被世人認同，而齊的稱帝被世人認同，對齊就是有利的。
秦楚二八八年 趙魏二八九年	D：秦與齊皆稱帝（其後為了作出區隔，秦稱為西帝，齊稱為東帝）。齊放棄了薛公（孟嘗君）的政策。蘇代遊說齊，想讓齊與秦聯手攻打趙（後來局勢有了變化）。 （以上重新整合了到C為止的內容）
秦二八八年 趙二八九年	E：薛公（孟嘗君）為了魏向魏冉遊說：「秦王利用呂禮拉攏齊，據說想要重建天下的秩序。如此一來，你的地位就會降低吧。齊、秦的勢力一旦威脅三晉（韓、趙、魏），呂禮一定會成為宰相。」
秦二八八年 趙二八九年	F：秦打算攻打魏，魏王向孟嘗君詢問對策。孟嘗君前往趙，說服了趙王。趙王答應派出十萬兵力及戰車三百輛。孟嘗君接著又遊說燕王救魏。

秦二八八年
趙齊二八九年

G：奉陽君（與後述的李兌並非同一人）已經去世，蘇代遊說趙王：「如今魏處於弱勢，因此割讓了黃河以東的土地；韓處於弱勢，所以獻出了宜陽。如此一來，上郡將被孤立，道路也將受阻，楚處於弱勢，因此沒辦法派出援軍。（略）倘若六國能採行「合縱」，共同對抗秦，就能讓秦無法出函谷關危害諸國。」趙王採納了這個建議。蘇代是由燕赴趙，「合縱」策略至此已成立（但參與「合縱」的是齊之外的五國，因此才能稱為「合縱」）。

秦二八八年
趙二八九年

H：（除了齊之外的）五國（燕、趙、楚、魏、韓）合力攻打秦，但戰況不理想，到了成皋後就停滯不前。趙提議講和，楚、魏、韓表示同意，卻遭秦拒絕。秦推薦成陽君擔任魏、韓兩國的宰相，也遭兩國拒絕。

秦二八八年
趙二八九年

I：蘇代遊說齊王：「齊與秦皆稱帝，王認為天下會尊崇齊，還是尊崇秦？」齊王回答：「大概是秦吧。」「倘若王放棄稱帝，結果又會如何？」「天下應該會親近齊而憎恨秦吧。我問你，假如兩帝並立，共同攻打趙，這跟攻打宋比起來，哪一邊比較有利？」「王與秦相約稱帝，天下只在乎秦而不在乎齊（只攻打秦而對齊毫不理會），可見得攻打趙不如攻打宋。因此我建議王取消稱帝，與天下站在同一陣線，讓秦孤立，不要再讓天下將秦看得那麼重要，並且趁這個機會占領宋。只要擁有宋的土地，衛的陽城就會危急；只要擁有淮北的土地，楚的東域就會危急；只要擁有濟水以西的土地，趙的黃河以東土地就會危急；只要擁有陰與平陸的土地，魏的東門就無法開啟。因此我才建議王取消稱帝，並趁這個機會攻打宋。只要完成這個布局，燕、楚就會臣服於齊，天下都必須聽從齊的命令。這樣的大業，可以比擬殷商的湯王與周的武王。」

秦二八八年 趙齊二八九年	J：呂禮前來，圖謀讓秦與齊皆放棄稱帝。此時魏冉已重新當上宰相。孟嘗君擔憂事態發展，於是遊說秦的宰相魏冉攻齊，逼迫呂禮逃亡。
秦二八八年 趙齊二八九年	K：呂禮自秦逃到了齊，當上齊的宰相，想要阻撓蘇代。蘇代對孟嘗君說：「周最在齊相當受到重用，但齊王流放了周最，聽信親人的意見，讓呂禮當上宰相，這是為了拉攏秦。一旦齊與秦結盟，呂禮跟你都不會受到重用。而倘若齊用了呂禮，齊跟秦都會輕視你。」孟嘗君遵從了這個計策，呂禮因而懷恨在心。
二八八年	L以前：湣王召回孟嘗君，孟嘗君推託生病，辭官回薛養老。
二八八年	L：齊的湣宣王高傲自大，想要排除孟嘗君，孟嘗君於是前往魏，魏王命孟嘗君為宰相（這段記載也有可能早於F）。
二八八年	M：齊想要攻打宋，而秦、楚企圖阻止。齊因此想與趙聯手，但趙拒絕了。齊派公孫衍到趙遊說李兌，並允諾攻宋後會封地給李兌。齊後來攻打宋，奪得五座城池。
二八八年	N：秦攻下趙的桂陽。
二八七年	O：韓想要攻宋，秦以安邑為條件，勸韓打消念頭。於是秦攻打魏，奪得安邑後送給韓。但沒過多久，秦的白起又把此地奪了回來。
二八七年	P：趙與魏企圖攻打齊。
二八六年	Q：齊擊潰宋軍，殺了宋王偃。
二八六年	R：秦於夏山擊敗韓軍。

二八五年	S：秦攻打趙，趙派出樓緩為使者，割讓五座城池談和。接著趙與秦合力攻打齊。齊王派人以十座城池為條件談和。樓緩很害怕，答應將上黨二十四縣獻給秦。另一方面，趙足前往了齊。趙與齊之間有著強烈的不信任感，趙斷絕與齊的同盟關係，改為與燕同盟，打敗了齊軍。
二八五年	T：秦王於宛會見楚王，於中陽會見趙王。
秦二八四年 趙二八五年	U：（對話中的感嘆）秦因為齊、趙的關係，十五年無法出函谷關（西元前二九八年，孟嘗君自秦歸齊，組成對抗秦的同盟。魏軍、齊軍、韓軍大破秦軍，直抵函谷關。到西元前二八四年，剛好是第十五年）。
秦二八四年 趙二八五年	V：趙拉攏天下諸國，想要攻打齊。蘇厲為了齊上書遊說趙王：「燕打敗了齊，憑著其氣勢，又鎮壓了韓的河南之地，越過了砂丘，直抵鉅鹿之界三百里外，後來又逼近榆中一千五百里外。另一方面，秦壓制了韓、魏的上黨七百里土地。秦接著又以三軍之力坐鎮於羊唐之上，該地距離邯鄲只有二十里。（略）韓是個以依附趙為上策的國家。現在請王拉攏天下諸國，如此一來，韓就會基於國家危難而臣服於王，天下也會對王更加敬重」。
秦楚二八四年 趙魏燕二八五年	W：（早於V或同時發生的事件）燕的宰相樂毅統率趙、秦、韓、魏、燕的聯合軍攻齊（大多記載為樂毅攻齊）。芒卯統率秦、魏的聯合軍攻齊。尉斯離與趙、魏、韓的軍隊於濟水之西打敗齊的軍隊。楚壓制了莒。
秦二八四年 趙二八五年	X：齊的湣宣王流亡至衛。由於湣宣王桀傲不遜，遭到衛攻打，又逃到了魯。魯也因湣宣王桀傲不遜而不肯收留，湣宣王只好又逃到莒。後來的齊襄王，則逃到了即墨。
二八四年	Y：楚的淖齒壓制了莒，殺死齊的湣宣王。

二八〇年　齊的田單自即墨反攻，復興了齊，於（湣宣王遭殺害的）莒擁立襄王即位。襄王的即位被回推至湣宣王死去之年（西元前二八四年）。
《戰國策》〈楚策一〉中記載「不至數月而宋可舉」（不用數個月就可以鎮壓宋地）。

二七七年　《戰國策》〈秦策四〉中記載楚在往東遷都時鎮壓了宋地。

以上就是蘇代「合縱」的前因後果。這段期間裡，各國都有許多人進行著各自的圖謀。站在蘇代的角度來看，原本已跟秦建立了關係，但奔走的過程中卻遭秦背叛，最後只好為了對抗秦而促成同盟。這中間還牽涉了孟嘗君等人所採取的行動。孟嘗君原本是齊的宰相，在西元前二九八年，聯合魏軍與韓軍，組成同盟以對抗秦，是把秦的勢力封鎖在函谷關以西的幕後功臣。自這件事之後，孟嘗君還有很多活躍的表現。

就在這紛紛擾擾的局勢裡，齊起兵攻宋，卻陷入了泥沼之中。不過陷入泥沼的並非齊而已，其他諸國也難以置身事外。齊一直無法掙脫出戰亂的泥沼，最後甚至遭受燕的攻擊而差點亡國。

「稱帝」的意義

齊一直在等待著攻宋的機會。齊的田氏以威宣王的母親有宋的血統為由，聲稱擁有包含宋在內的殷商故地的統治正當性。

《史記》上只記載著齊自稱東帝，而秦自稱西帝，但不久後兩國都取消了「稱帝」一事。然而若仔細觀察蘇代推行「合縱」後的諸國動態，會發現事情沒有那麼單純。

在齊攻宋之前，根據《戰國策》〈燕策一〉及《戰國縱橫家書》的記載，還有以秦為西帝、以燕為北帝、以趙為中帝這種說法，可見得問題並不只在於東帝、西帝上而已。除此之外，秦與齊到底是在什麼時候取消稱帝，也讓人一頭霧水。

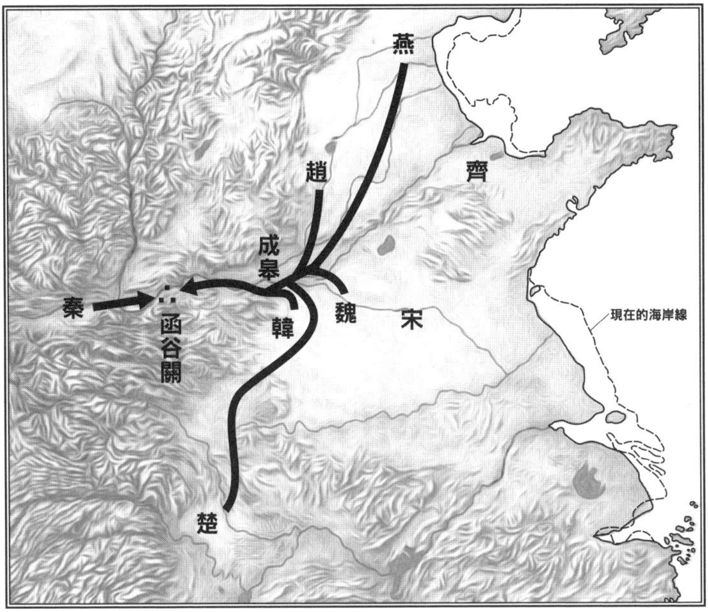

蘇代的「合縱」　遭秦與齊這兩大強國夾在中間的國家（趙、魏、韓）聯合北方的燕及南方的楚，合力攻打秦。這個同盟關係，就是蘇代的「合縱」。同盟諸國確實呈縱向排列，但秦並非獨大的強敵。

前述的事態發展中，有一個國家扮演相當重要的角色，那就是宋。根據《戰國策》〈燕策二〉的記載，這個時期的宋王偃「射天笞地，鑄諸侯之象，使侍屏偃，展其臂，彈其鼻」（朝天射箭、朝地鞭打，鑄造諸侯之像並加以戲弄）。事實上這是個由殷商子孫所建立的國家，在周朝各諸侯國眼中，本來就是輕蔑的對象。這樣的國家竟然敢稱王，當然會引起相當大的反彈。

而且最大的問題，就在於很多內情光從記載的字裡行間實在看不出端倪。

宋王所採取的行動是否只是「稱王」

而已，便是一大疑問。在圍繞著宋的諸事件中，「帝」這個字眼的出現可說是相當突兀。所謂的「帝」，原本是殷商君王所使用的稱呼法。殷商君王生前為「王」，死後便為「帝」。透過甲骨文，我們可以知道這是殷商的傳統。而宋是殷商的子孫，理應繼承了這個傳統。

如此說來，宋要宣揚其獨自的正統性，照理來說應該會讓新的正統繼承者冠上「帝」的稱號。倘若宋真的是第一個「稱帝」的國家，其後諸國圍繞著「稱帝」問題而引發的紛擾爭執，便說得通了。秦跟齊為了對抗宋，各自緊接著「稱帝」，並對宋窮追猛打，而其他國家也紛紛跟著表態。

問題是「帝」這個如此特別的稱號，為何諸國會如此輕易就放棄？可能的理由之一，就在於木星的「異常」。木星是以大約每十二年為週期在天上的星辰之間繞行一圈。若要說得更精確一點，其實不是以十二年為一週，而是以八十三年為七週。若是十二年一週，則七週應該是八十四年才對。換句話說，每隔七週，就會出現一年的誤差。

由於木星是以大約每十二年為週期在天空繞行一圈，因此若像剖西瓜一樣將天空切成十二等分，則每一年應該會移動一等分的距離。當時的人將這十二等分套上十二支（地支）的名稱，以此作為占卜的依據。在西元前三五三年至西元前二七一年這八十三年週期的前半時期，世人才研究出了木星是以大約十二年為一週期。因此在上述事件發生的時期（八十三年週期已接近尾聲的時期），木星每一年都偏離其基準位置（指冬至那一天的木星預期位置），與「發現木星週期」當時的理論出現了誤差。這個誤差被認為是一種不吉利的現象。而且，率先「稱帝」的宋遭到消滅，消滅了宋的齊差點亡國，諸國也陷入一片混亂。或許是因為這個緣故，諸國不約而同地決定平息這件事。

若依史料中的記載，秦與齊乍看之下是在相當早的時期便放棄了「稱帝」。但如果依事態發展實際推敲，或許放棄的時期並不算早。所以對於典籍中秦與齊似乎很早就放棄「稱帝」的詞句，例如「呂禮來，而齊、秦各復歸帝為王」《史記・穰侯列傳》，我們不應該解讀為「馬上放棄」，而是應該解讀為「後來放棄」。否則的話，很多環節都會產生矛盾。

比較合理的推測，是陷入亡國危機的齊，在田單等人盡力謀求東山再起之前的某時期，取消了「帝」號。

值得一提的是，宋王偃於西元前二八六年遭到殺害，宋就此亡國，但宋的領地要完全受到鎮壓，還需要一些時間。直到西元前二七七年，典籍內還提到鎮壓宋地的問題。

筆者在前面的章節已提過，戰國時代的領土國家在遭受其他國家統治時，會產生抗拒的心理。宋遭到消滅後，其領地也頻繁出現這一類的抗爭活動。像這類反抗的心結，是根源於各國之間自新石器時代以來的傳統文化差異。領土國家的統治方式，採行的是派遣官吏及軍隊進駐都市的直接統治，而不是像從前城市國家時代那樣的間接統治，何況統治方與被統治方在傳統文化上又大相逕庭，因此才會引發前所未有的反抗運動。

除此之外，領土與宋並不相鄰的秦與燕，應該也會在相鄰國家接收宋地的時候從中作梗，在背後支持反抗運動吧。

促成「合縱」的另一功臣——孟嘗君

前文中，我們談論了戰國時代的一大特徵，也就是蘇秦與蘇代的「合縱」。但其實在蘇秦與蘇代的「合縱」政策之間，還有另一個主張「合縱」並也獲得成功的人物，那就是孟嘗君（參照三一五頁地圖）。而且孟嘗君與前述的蘇代的「合縱」也息息相關。

孟嘗君的來歷

《史記》的〈孟嘗君列傳〉，是從孟嘗君的父親靖郭君田嬰開始說起。文中記載田嬰為齊威王的小兒子，但實際上田嬰與威王似乎是同一世代的人物。

在介紹孟嘗君的生平經歷之前，筆者想先提一下蘇秦的「合縱」與蘇代的「合縱」之間發生的種種事件，以及孟嘗君身世的歷史定位。

過去我們在典籍中所閱讀到的齊的威王、宣王、湣王的事蹟，經過重新調整先後順序後，可分為三個時期，分別為：威宣王稱王前、威宣王稱王後，以及湣宣王的時期。威宣王既是威王也是宣王，湣宣王既是湣王也是宣王，而且威宣王還有稱王前與稱王後的差別。從前的人沒有確實理解這些環節，因此在先後順序的排列上出現錯誤，導致衍生出相當明顯的年代矛盾。但經過龐大而複雜的年代矛盾排除作業後，這些年代矛盾消失得一乾二淨。

若依年代矛盾排除作業完成後的結果來看，田嬰與跟威宣王的時期重疊，而田嬰之子孟嘗君與威宣王之子湣宣王的時期重疊。

《史記・孟嘗君列傳》把靖郭君當成威王的兒子，是因為把威王稱王後的時期當成了「宣王」的時期，也就是多了一個「宣王」。歷代學者中，早有人提出把靖郭君當成威王之子並不恰當的主張。要證明這一點，有一個最直接的證據。《史記》中的這段記載，引用自《戰國策》（嚴格說來是之後被彙整為《戰國策》的數本古籍其中之一），但其原始版本並沒有說靖郭君是威王的兒子。即使是依照過去的（錯誤百出的）年代順序排列，只要將各事件詳加整理，還是會發現其中的矛盾。

靖郭君的封地是薛，薛位於泰山以南，是牽制西南方及南方的宋、越、楚等國的據點都市。田氏將這麼重要的地方交給靖郭君治理，不僅是因為靖郭君是田氏族人，更是因為靖郭君的才幹獲得賞識。

假設靖郭君與威宣王是兄弟，則威宣王的兒子湣宣王（就是典籍中所稱的湣王）與靖郭君的兒子孟嘗君，就是堂兄弟關係。

在靖郭君的時代，魏的惠成王稱王，舉行「逢澤之遇」（西元前三五一年），向周王索求象徵權威讓渡的「文武之胙」，並開始採行「踰年稱元法」制度（西元前三四三年）。齊的威宣王（稱王前）於馬陵大破魏軍（西元前三四二年），使魏王的美夢化為泡影。西元前三三八年，威宣王也開始採行「踰年稱元法」，記錄為王的元年。改元後的第九年（西元前三三〇年），靖郭君當上齊的宰相。

當時的宰相是擁有封地的，而擁有封地的諸侯一般被尊稱為「君」，並有屬於自己的在位年分紀錄。因此西元前三三〇年，就是靖郭君的「相齊」（當上齊的宰相）元年。威宣王改元後的第十九年，也就是靖郭君相齊的第十一年，威宣王去世，湣宣王即位。

前述的蘇秦「合縱」（對抗秦的同盟）便是成立於湣宣王在位的西元前三一八年。蘇秦在隔年去世，蘇代緊接著躍上舞臺。

就在這個時期，燕的圖謀逐漸浮上了檯面。燕王噲採取了一種儀式，以證明他身為王的獨特性。他命令宰相子之代替王處理政務，他自己則暫時退出政治舞臺。這麼做，是為了建立宰相將政權轉交給太子的「模式」。子之自稱文侯（公），影射周的文侯（文公，也就周公旦），由其手中接下政權的王，當然就是成王。

然而到底要由誰繼任為王，卻出現兩個派系，引發了政權鬥爭。第一個派系是身為太子的王子平，而第二個派系就是燕文侯子之自己。西元前三一四年，燕王噲與燕文侯子之都遭到殺害，趙送回王子職，引導其即位，是為燕王職（易王）。

齊的威宣王見有機可趁，派出大軍攻打燕。易王雖遭到殺害，但燕成功驅逐了齊的勢力，由太子平即位（西元前三一三年），是為昭王。

燕昭王即位後，立即著手推動國家復興。此時臣子郭隗所說的一句「王必欲致士，先從隗始。況賢於隗者，豈遠千里哉」（王想要人才，就該重用我，比我更有才能的人，就會不遠千里地前來投靠王），成了膾炙人口的名言。

蘇秦與燕文侯子之有親戚關係。蘇秦在齊似乎想要推動某項政策，卻惹惱了湣宣王，因而遭到殺害。

張儀是蘇秦的宿敵。秦惠文王改元後十一年（西元前三二八年），張儀出任秦的宰相（相秦元年）。西元前三二二年（相秦七年），張儀遭免職，投靠了魏，被封為魏的宰相（相魏元年）。秦惠文王的「逢澤之會」（西元前三一八年），便是由張儀所促成。逢澤之會結束後，由於各國組成了反秦同盟，於是張儀在西元前三一七年（相魏六年）復任秦的宰相（相秦八年。直接從第八年開始計算）。其後張儀為了瓦解諸國的反秦同盟而東奔西走。

靖郭君的兒子孟嘗君，便是在這樣的局勢下，於齊的政界逐漸嶄露頭角。

孟嘗君與齊的副都

戰國時代的領土國家，是建立在新石器時代成立的文化圈之上。每個文化圈的範圍都相當廣大，雖然大小各自不同，不能一概而論，但其規模都能與現代的韓國或日本相比擬。

就像日本自古以來便有東西兩邊的政治中心一樣，戰國時代的文化圈也各自包含兩、三個政治中心。這些政治中心以首都或副都的面貌，在領土國家內占有舉足輕重的地位。

除了這些首都、副都之外，還有像雒邑這種周朝為了經營殷商故地而建立的據點都市。以新石器時代文化圈的觀點來看，周朝的首都及副都分別是兩個不同文化圈的統治據點。而且周朝除了這兩個據點之外，還為了牽制山東方面的勢力而封了魯這個國家。

周的副都雖然統治的是傳統文化迥然不同的地區，但由於漢字圈是在周的文化影響下而形成，因此受統治的地區同樣是以周的文化為理想的「模式」。這種由王都鎬京及副都雒邑分別對其統治地區進行經營的概念，為戰國時代的領土國家所繼承。

每個領土國家的據點都市都不止一個，因此除了首都之外，還會有一個副都。雖然從史料上看不出來具體做法，但據筆者推測，一般的做法應該是王坐鎮於首都，將副都封給宰相，但宰相待在首都輔佐王，而副都則另外派代理人進行管理吧。

齊的首都是臨淄，副都在史料上並未提及，但應該是莒、即墨或薛這三個都市的其中之一。《孟子》中提到了「滕文公」這號人物，地位應該是宰相。由於「滕」的位置距離薛很近，筆者推測這個「滕文公」很可能就是靖郭君。

孟嘗君的薛公地位是世襲而來。或許是在滕公（靖郭君）的時代裡，薛原本就是滕公的封地之一，滕公大力整頓薛，並將根據地轉移至此處，後來又傳給了兒子孟嘗君吧。

前文曾經提過，蘇秦因推動某種政策而遭湣宣王疑忌。蘇秦與燕文公子之有姻親關係，或許是向湣宣王推薦了類似燕所執行的傳位儀式也不一定。而當時齊的宰相是靖郭君，靖郭君的兒子是孟嘗君。蘇秦推動計畫的時候，靖郭君是否已退休難以確認，但至少可以肯定的是，在蘇秦推動傳位儀式時，宰相不是靖郭君就是孟嘗君。

由諸典籍的描述看來，齊的湣宣王是個猜疑心相當重的人。向這種人提出暫時退出政界的建議，簡直是自殺的行為。最後的結果，當然是蘇秦死於湣宣王手裡。

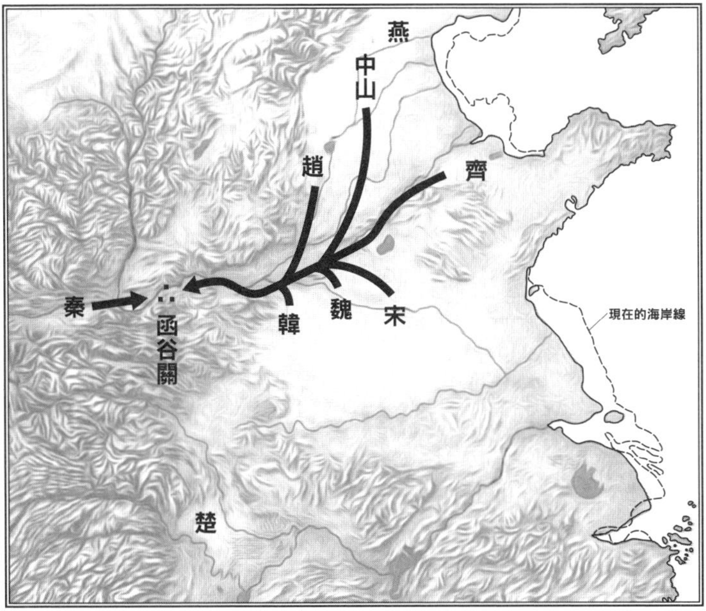

孟嘗君的「合縱」 被秦與齊這兩大強國夾在中間的國家（韓、趙、魏）在西元前二九八年齊聯手攻秦，成功將秦的勢力擋在函谷關外。兩年後，宋與中山也加入了同盟。

西元前二九八年，三晉（魏、韓、趙）與齊聯手攻秦，成功將秦的勢力擋在函谷關外。兩年後，宋與中山也加入了同盟。促成這場「合縱」的幕後功臣，正是孟嘗君。在前述的事件一覽表裡的一段記載（西元前二八四年）中，提到秦因三晉「合縱」而十五年無法出函谷關，秦引以為奇恥大辱。

《戰國策》〈齊策一〉之中有一段記載，筆者歸納其大意如下。

靖郭君重用一個叫齊貌辨的人物，周圍的人包含孟嘗君都勸他別重用這個人，但他不肯聽。後來威王（威宣王）去世了，宣王（湣宣王）即位，靖郭君與湣宣王處得不好，於是辭官回到了領地薛。齊貌辨來到了首都，對湣宣王說：「靖郭君平日很重用我，卻不肯聽我的建議。當您還是太子的時候，我說您的相貌不好，應該改立其他王子為太子，但他不同意。後來楚打算以大於薛數倍的土地與他交換薛，我極力勸他答應，但他卻說這麼做有愧於先王，而且薛有著祭祀先王的宗廟，因此也不同意。」湣宣王聽了之後對靖郭君完全改觀，任命靖郭君為宰相，靖郭君再三推辭後接受了。

從這個故事中，我們可以看出兩件事。第一，孟嘗君與靖郭君曾共同輔佐威宣王；第二，王廟的設置地點並不止一處。

在許多地點設置王廟，或許是為了藉由先王的神靈，護佑整個國家領土。這樣的傳統一直承襲了下來。到了漢代，各地都有「郡國廟」，也就是祭祀高祖的宗廟。這些宗廟所帶有的意義，也是相當值得深入探討的問題。總而言之，靖郭君在湣宣王即位後，曾經一度退出政壇，但不久後又重新登上宰相之位。

孟嘗君的「合縱」與蘇代的「合縱」

孟嘗君促成三晉的「合縱」，是在西元前二九八年。這一年，孟嘗君出使於秦，卻是在九死一生中逃竄而回。孟嘗君回國之後，便推動了「合縱」。

早在孟嘗君出發之前，便受到周圍的人極力勸阻。孟嘗君本人也曾一度改變主意，但最後還是出發了。根據《史記・孟嘗君列傳》記載，孟嘗君在秦國果然陷入危機而難以逃脫。幸好在孟嘗君的身邊，有著各式各樣的手下。其中有個小偷（狗盜），為孟嘗君偷得了「狐白裘」，獻給秦昭襄王的愛姬，孟嘗君才獲得釋放而沒有遭到殺害。但昭襄王馬上就後悔了，派人追殺孟嘗君。孟嘗君逃到了函谷關口，這次另一名手下又立了大功。當時是三更半夜，手下有人會學雞叫（雞鳴），這名手下一叫，關口的守衛以為天亮了，於是打開關門，孟嘗君才得以逃出關外。

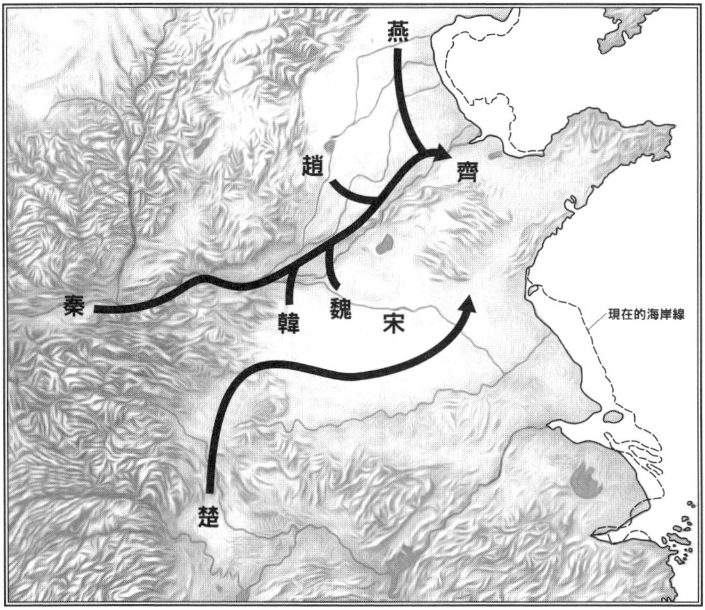

齊的湣宣王遭受聯合攻擊　諸國同盟的攻擊對象曾經由秦轉向齊。當時齊的湣宣王攻打宋，其他諸國於是聯合起來攻打齊。這場戰役幾乎讓齊亡國。遭齊攻陷的宋，也陷入了一片混亂。激烈的反抗運動，讓鎮壓宋地成為各國眼中的一大難題。

孟嘗君回國之後，在該年之內就促成了對抗秦的「合縱」。「雞鳴」與「狗盜」都是平常毫無建樹的人物。這段記載的用意，在於強調孟嘗君的廣納人才。而且孟嘗君竟然會帶著這樣的人入秦，可見得其看人的眼光也與一般人不同。

西元前二八九年（於秦為西元前二八八年），蘇代也促成了「合縱」（參照三〇〇頁）。在這場蘇代的「合縱」策略中，孟嘗君也是重要的協助者。當時由於湣宣王的猜疑心太重，孟嘗君離開了齊。蘇代原本揣摩秦的意圖，想要促成齊與秦的同盟關係，但後來他聽說秦重用了別人而不重視自己，又聽了孟嘗君的建議，於是決定推動除了齊之外的五國同盟，孟嘗君也助他一臂之力。

齊攻入宋的時候，孟嘗君已不在齊。齊的湣宣王正是因為孟嘗君不在，才會出兵攻打宋。或者應該說，孟嘗君是看湣宣王攻宋的行徑遭諸國抨擊，才會逃離了齊。這對齊造成了非常重大的影響。孟嘗君有識人的眼光，湣宣王卻沒有。既然沒有識人的眼光，往往在判斷事情上也會出錯。一國之君沒有識人的眼光，不僅會害死自己，還會毀了整個國家。說得難聽點，湣宣王認為孟嘗君是個威脅，或許站在自保的立場上並不算錯。但既然湣宣王沒有辦法駕馭擁有非凡才能的孟嘗君，將國家帶向毀滅之路也是必然的結果。

屈原

秦的昭襄王趁著齊陷入存亡危機之際，積極採行了對外擴張政策。事實上，早在秦孝公的時代，秦就因商鞅變法（制度改革）而國力大振。到了惠文王的時代，秦更是積極向外開疆闢土。但是這樣的舉動，卻引來了蘇秦的「合縱」。繼蘇秦之後，孟嘗君的「合縱」與蘇代的「合縱」又接踵而來。因此昭襄王的企圖，只是盡速奪回因「合縱」而「失去」的領土。最大勁敵的齊一蹶不振，而趙根本抵擋不了秦的攻勢。

屈原之死

對秦而言，楚成了最大的敵人。

在上述的「合縱」行動中，楚並未居於主導地位。沒有居於主導地位的理由，就在於楚雖然也成功擴張了領地，卻為了鎮壓新的領地而搞得灰頭土臉。

楚的發源地，似乎是湖北地區的西邊角落一帶。在春秋時代，楚成為蟠踞於長江中游的大國。到了戰國時代，楚推動吳起變法，以富國強兵為目標。西元前三二九年，楚威王大破長江下游大國越的軍隊。其後楚雖將越的根據地編入領土之中，但叛亂事件卻是層出不窮。越王靠著齊的協助，遷移到了山東半島根部的瑯琊，以該地為新的根據地，企圖收復失土。《戰國策》〈楚策一〉中便記載，張儀向楚的頃襄王說：「大王嘗與吳人五戰三勝而亡之」（大王曾經與吳地的越人交戰五次勝了三次，將其消滅）。

楚與西方的秦、北方的韓、東北的齊都處於軍事緊張的狀態。在這樣的局勢下，楚還要費心處理越地的統治問題。由於地廣人稀，越地的鎮壓比原本的預期還要困難得多。由於是支配擁有不同文化傳統的地區，從一開始就可以預期絕對不是件簡單的工作。

因此在對抗秦的同盟行動上，楚實在沒有辦法再分心居於主導地位。

然而秦卻反而善加利用了這一點。秦看準了楚的防守最薄弱的地點，突然發動猛攻。在進攻楚之前，秦還先征服了位於長江上游的巴蜀地區。這個地區使用一種特殊的符號，稱為「巴蜀文字」或「巴蜀符號」（參照五一一頁圖）。自春秋時代以來，這個地區的長江沿岸一帶雖然受了楚的文化影響，但基本上是不屬於漢字圈的地區。在殷商、周的時代裡，這個地區也發展出了屬於自己的青銅器文化，被稱為「三星堆文化」或「十二橋文化」。其獨自的文化代代傳承了下來，社會型態似乎已發展到了大國掌控小國的階段。然而就在西元前三一七年，秦入侵巴蜀地區，消滅了蜀。由於前一年蘇秦才促成「合縱」，秦不敢再朝東方動用武力，因此將兵力往南調，一舉把蜀滅了。

其後有好一段時期，秦不敢將兵力派往東方。於是秦趁著這段時期經營蜀地，使其維持安定。由於文化傳統不同，就跟楚想要統治越地一樣，絕對不是一件輕鬆的事情。在典籍中，也可看見叛

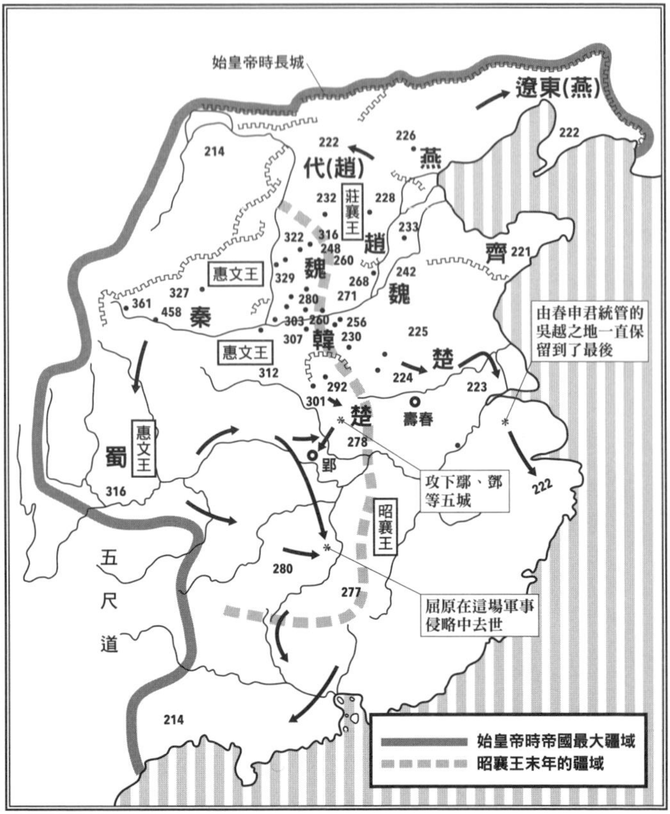

秦國疆域的擴張　秦在孝公（在位期間西元前三六一年至西元前三三八年）時期推行商鞅變法成功，其後領土不斷向東擴張。到了昭襄王（在位期間西元前三〇七年至西元前二五一年）時期，已將湖北、湖南地區納入版圖，擁有天下的半壁江山。後來楚將據點遷移至淮水流域及從前的吳越之地。

亂的紀錄。但是在不用過於擔心其他諸國侵擾的局勢下，秦可以將大部分兵力都集中於南部。因此站在治理蜀地觀點來看，這反而是個求之不得的珍貴時期。

在東方諸國將秦的勢力封鎖在函谷關外的時期裡，秦統治蜀地的狀況越來越上軌道。

後來發生了齊攻打宋的事件（西元前二八八年）。到了西元前二八六年，宋王偃遭到殺害，宋亡國。然而其後諸國卻陷入了宋地的爭奪戰中。與宋地相鄰的國家，除了滅宋的齊之外，還有魏及楚。為了防止齊獨占鰲頭，各國對齊群起圍攻，甚至連秦、趙、韓也派出了軍隊，整個戰況陷入了僵局。

諸國中以楚的處境最為艱難。原本已被越地搞得焦頭爛額，現在又多了宋地這個燙手山芋。前文也提過，直到西元前二七七年，楚還在談論鎮壓宋地的問題。

在這段時間裡，秦軍於西元前二八〇年自蜀地南下，並由司馬錯自湖南西方入侵。同年，秦的白起攻打趙，奪下了光狼城。西元前二七九年，白起南下自楚的西北方入侵，攻下鄢、鄧等五城（參照三二〇頁圖）。在趙王的授意下，蘇厲自趙赴楚，遊說楚的頃襄王加入「合縱」。但白起繼續南下進軍，於西元前二七八年（魯曆為二七九年）攻陷了楚的首都郢，楚王只好向東逃竄，以陳為首都。西元前二七七年，湖南之地也為秦所鎮壓。

到這個地步，楚的根據地湖北、湖南地區都落入了秦的手中。秦的軍事優勢，自此再也難以撼動。

在楚的首都遭攻陷的時候，有個人為了楚而奮戰沙場，最後因失意而投江自盡，那就是屈原。

屈原與《楚辭》

屈原是屈氏的族人，而屈氏是楚的望族。根據《左傳》記載，屈氏代代世襲「莫敖」一職。「莫敖」是楚的重要官職，主掌國家祭祀活動，而且肩負著確認楚王正統性的責任。正如同從前的周朝，周公一族負有承認周王權威的職權一樣，自楚王一族分出來的屈氏，也是類似的立場。

《楚辭》是一部相當有名的楚地詩集。許多學者喜歡將《楚辭》與《詩經》相提並論。《詩經》收錄的是北方的詩，而《楚辭》則是南方文化的代表著作。

過去的人認為《楚辭》的作者是屈原。事實上《楚辭》是許多人的共同創作，並非由屈原一人獨力完成。屈原的作者身分，只是「假託」而已，而這個假託有其成立的背景。《楚辭》中收錄了不少與祭祀有關的詩，而屈原一家代代肩負著掌管祭祀的職責。因為這個緣故，《楚辭》才被假託為屈原之作。

根據《左傳》等典籍的記載，屈氏在軍事方面也相當活躍。進入戰國時代後，屈氏一族出了不少將軍。但是自從秦的大軍攻破楚的郢都後，屈氏便完全銷聲匿跡了。既然屈氏一族是祭祀官，照理來說應該居住在首都附近，而且封地應該也是局限於湖北至湖南一帶。既然楚的首都及湖北、湖南的土地都落入了秦的手中，屈氏的勢力當然也會大不如前。

即便只是大勢所趨，但身為名門的屈氏竟然與楚的首都共存亡，想必在楚人的心目中造成了相當大的震撼。關於屈原的傳說，就這麼在漫長的歷史中流傳了下來。

其傳說之一，就是端午節所吃的粽子。據說屈原失望之餘，跳入了鄰近洞庭湖的汨羅江。洞庭湖內棲息著許多大魚，當時的人不忍心讓屈原的屍體遭大魚啃食，因此將食物投入湖內，據說這就是粽子的由來。雖然這可能只是將自古以來的傳統習俗套用在屈原的傳說上，但世人對屈原的敬意可見一斑。

有人說，屈原曾經勸諫楚王，卻沒有得到楚王的採納。還有人說，屈原對楚王提出了制度改革的建議。屈原的一族主掌祭祀，照理來說應該較注重傳統與秩序，倘若他真的積極推動改革，倒是一段相當耐人尋味的歷史。可惜這一類傳說的真相，只是反映了世人想將楚的衰亡歸咎於「沒有採納屈原的建議」的心理。至於制度改革云云，則是近代之後的說法。

《史記・屈原列傳》裡，記載著屈原曾勸諫楚懷王。但是在〈楚世家〉中，說出同一句勸諫之語的人是昭睢。注釋的說法是這兩人就同一件事提出諫言，但是其勸諫對象楚懷王在楚人的心中，可說是與屈原同為「反秦」的象徵性人物，因此這段傳說可說是象徵性意義大於實質意義。

西元前二九七年，楚懷王中了秦的詭計，前往會見秦王卻遭到生擒，成了階下囚。若單看這件事，只會認為中計的楚懷王實在很蠢，但若看完整個來龍去脈，便會知道事情沒那麼單純。

前文已提過，孟嘗君的「合縱」於西元前二九八年成立。秦軍被封鎖在函谷關外，沒辦法踏入關內一步。這場「合縱」的參與者是三晉（韓、魏、趙），至於楚則完全是局外人。因此秦以贈地為條件，請求跟楚王見上一面。楚懷王傻傻地前往了，沒想到卻遭到拘禁，成了愚蠢君王的代名詞。然而兩國君主約定見面，其實是有前例可循的。正因為早有前例，秦王才會提出這樣的要求，而楚王也才會傻傻地赴約。只是楚王萬萬也沒想到，這一去就再也回不來了。

楚懷王遭拘禁後，曾經試圖逃亡。他成功逃到了趙，卻被趙送還給秦。西元前二九六年，齊與中山也加入了「合縱」的陣容，楚卻還是置身事外。楚懷王一直到死都沒有獲得自由。他死了之後，秦才將屍體還給楚。此時楚的太子在齊當人質，齊人展現了狡獪的一面，竟以釋放楚太子為籌碼，要求楚割地。楚與齊因這件事而結下樑子，再也無法建立同盟關係。

不過楚的狡獪也不落人後。楚先派屈署為使者前往齊，佯稱答應割地，讓齊釋放楚太子。另一方面，楚竟又派人向有著深仇大恨的秦求援。齊聽到秦已派出援軍幫助楚的消息，只好放棄了割地的要求。楚太子回國即位，是為頃襄王。

《史記・屈原列傳》記載，頃襄王與屈原之間頗有嫌隙。屈原曾批評頃襄王及其近臣對秦派來的張儀過於寬大。但是同樣記載這一連串事件的《戰國策》中，卻沒有提到屈原的名字。或許頃襄王與屈原的嫌隙之說，只是後人的穿鑿附會。

西元前二七八年，在一段描述楚王打算遷都至東邊的陳（陳郢）的記載中，提及楚還保有湖南（黔中、巫郡之地）及東方之地。屈原是投身洞庭湖系的汨羅江而死，很有可能是負責統治湖南的人物之一。倘若屈原真的受命統治湖南，而湖南遭到征服，則屈氏不僅逃往東方的可能性相當渺茫，而且也失去了自己的根據地。或許屈氏一族就是在這種情形下，沒落於秦所發動的征服戰爭中。

在楚人「收復故地」的口號之下，屈原被拱成了大英雄。秦是不共戴天的仇敵，而楚懷王則是因秦的「卑劣詭計」而客死異鄉的可悲君王。就跟屈原一樣，楚懷王也成了「反秦」的象徵性人物。紀錄中向楚懷王勸諫的人物，也悄悄地被換掉了。大家開始說，向楚懷王勸諫的人物應該是屈原才對。頃襄王與屈原的嫌隙之說，便是誕生於這樣的氛圍下。

春申君、平原君、信陵君

春申君、平原君、信陵君的「合縱」

前文介紹了楚、秦、齊、宋、越等諸國的傳說事蹟。在這些事蹟之中，完全看不到守信用、講義氣之類的常識。人與人之間的不信任感，形成了連鎖反應。雖然偶而會出現一些較天真的人物，但那是例外中的例外。不僅如此，而且前文也提到受統治的一方會出現強烈的反抗心態。其背後的肇因，是本書不斷提及的新石器時代文化圈傳統所形成的向心力。這股向心力的另一面，當然就是對異族的仇視心。

不過當時的人還是會有守信用、講義氣的時候。正因如此，國與國之間才能締結同盟關係。可惜這同盟關係馬上就瓦解了，並沒有維持太長的時間。

在這樣的局勢之下，有時個人之間的情誼會發揮意想不到的效果，甚至改變時代潮流。基於信用與道義的立場，這當然會成為世人讚揚的對象。

西元前二六二年，秦軍攻韓，奪取了野王，導致位於其北邊的上黨與韓的根據地之間無法聯繫。韓的上黨郡守馮亭向趙求援，趙將馮亭封為華陽君，將其上黨之地納入趙的疆土。其後趙派出將軍廉頗，前往支援上黨。趙軍與秦軍在長平僵持不下。西元前二六一年，楚頃襄王去世，考烈王即位，向秦獻州求和。西元前二六〇年，年輕的將軍趙括取代了長期堅守的老將廉頗，戰況驟然轉變。趙括中了秦將白起的計謀而戰死，趙軍數十萬投降，白起卻將這些降軍全部活埋。這一場戰役，趙總共損失了四十五萬兵力。

西元前二五九年（以秦曆來推算。若依趙曆，則是西元前二六〇年），秦終於包圍了趙都邯鄲。此時齊、魏幫助秦攻打趙，齊取得了臨鼠，而魏取得了伊是。然而魏與楚見邯鄲負隅頑抗而不肯投降，反而出兵救趙。在趙的平原君主導下，魏的信陵君與楚的春申君從旁相助，促成了「合縱」。

在這個時期，秦已將楚的故地湖北、湖南地區納入版圖，其領土已占了天下的一半（參照三二〇頁地圖）。諸國必須選擇對抗秦的「合縱」（真正符合定義的「合縱」），還是與秦聯手的「連橫」。

魏的信陵君不顧魏王的反對，為了促成「合縱」而東奔西走。原本應該站在輔佐魏王立場的他，反而成了「合縱」的大功臣。

魏王承受了來自秦的壓力，原本打算先答應派出援軍，但讓軍隊走到一半就不再前進。但信陵君卻違反這個指令，擅自讓援軍與「合縱」的盟軍會合。這一連串的行動，讓信陵君獲得了趙的信任，卻也讓信陵君與魏王的關係惡化。

西元前二五八年（依趙、魏曆推算）接近年底的三個月（若依秦、楚曆推算，則是西元前二五七年的年初三個月）之中的某一個月，秦軍敗給了同盟軍，喪失大量兵力。齊、韓也派出軍隊支援同盟軍。在形勢對秦軍不利的狀態下，白起又獲罪而遭到殺害。秦軍不得已，只好解除了對邯鄲的包圍網。

此時諸國以救趙為口號所發起的「合縱」行動，對秦造成相當大的打擊（雖然只是暫時性的），使秦的軍事政策嚴重受挫。其後十年，信陵君一直待在趙，相當受到重用。到了西元前二四七年，信陵君又促成五國「合縱」，阻擋了秦的攻勢。

以上提及的春申君、平原君、信陵君，再加上齊的孟嘗君，合稱戰國四君。在孟嘗君的時代，秦還不到獨大的程度，因此情況與其他三君略有不同。但戰國四君都是促成抗秦同盟的幕後功臣，這是他們的共通點。除此之外，他們的禮賢養士也相當為人讚頌。

春申君與吳越之地

西元前三三九年，越被楚徹底擊敗，越的根據地成了楚的領土。但是越地在楚的統治下，卻是叛亂事件層出不窮。這一點，前文已經介紹過了。至於越王，則在齊的庇護之下，遷都到了位於山東半島南邊根部的瑯琊，以該處為新的根據地，企圖收復失土。這一些在前文也曾聽提及。

說起來諷刺，楚對越地的統治開始漸入佳境，是在西元前二七九年楚都東遷之後。楚耗費了太多資源於維持宋地及越地的治安，導致湖北及湖南都讓敵人有隙可趁。遷都到東方的陳不久後，湖北及湖南都落入了秦的手中。楚失去了根據地，只好將兵力集中於東方，這反而促進了吳地的安定。

負責治理吳越之地的人物，便是春申君（參照一五九頁圖）。

西元前二六三年，春申君於楚頃襄王的底下擔任宰相（春申君相楚元年）。到了相楚三年（西元前二六一年，頃襄王三十六年）時，頃襄王去世，考烈王即位，並以該年為元年。根據自古以來的傳統，前任君主去世而後任君主繼位後，便會以該年為元年（立年稱元。立為即位之意）。不過中原諸國漸漸開始採用新的制度，也就是以前任君主去世的隔年年初為元年（踰年稱元。踰為跨越之意，即位後必須踰年才開始稱元）。然而楚依然堅持著傳統的立年稱元法。前任君主的最後一年與新任君主的元年在理念上還是有所區別，因此考烈王元年被認定為春申君相楚四年。

春申君相楚八年（以秦、楚曆推算為西元前二五七年，以趙、魏曆推算為西元前二五八年），楚在「合縱」政策下拯救了趙的圍城之危。楚畢竟不是省油的燈，還趁這個時機消滅了魯。在當初以湖北、湖南為根據地的時候，由於各方面都需要用兵，沒有多餘的精力找魯的麻煩，沒想到被迫東遷後，竟然輕而易舉就將魯消滅了，說起來實在是件相當諷刺的事。

就在同一時期，遷移至山東瑯琊的越，也被楚消滅了。吳越之地（越的故地）的叛亂勢力失去了位於山東的精神支柱，楚對吳越之地的經營才終於開始上軌道。

西元前二五〇年（楚考烈王十二年，春申君相楚十五年），春申君歸還原本淮水以北十二縣的封地，奉命治理吳越之地（春申君治吳元年）。由於春申君還是身兼宰相一職，因此春申君以兒子為「假君」，派往吳越之地。西元前二四一年（春申君相楚二十四年，治吳十年），春申君卸下宰相職位，才前往受封的吳越之地。當時楚已將首都自陳遷至巨陽，隔年又遷都至壽春。

值得一提的是，到了後來的時代，項羽與劉邦共同拱立楚義帝（西元前二〇八年），項羽封自己為西楚霸王，定都彭城（西楚），並將吳越之地（東楚）當成楚義帝的根據地。至於湖北、湖南一帶，則也在西楚的影響範圍之內。換句話說，從前考烈王所統治的地區，後來由項羽所統治，其勢力並延伸至湖北、湖南一帶；而從前春申君所統治的吳越之地，卻反而成了義帝的京畿。

由這樣的配置便可看出，當年春申君的治吳（以吳地為名的越地）政策有多麼成功。然而在楚的首都壽春（參照三二〇頁地圖），卻有一股反春申君的勢力逐漸抬頭。這股勢力的幕後支持者，就是秦。西元前二三七年（春申君復任楚相，故為相楚二十五年，考烈王二十五年）考烈王之后的哥哥李園，趁考烈王去世時謀殺了春申君及假君。但世人並不因此而敬重李園，反而為春申君的死感到哀悼。

關於李園與春申君，《史記》裡還有這麼一個傳說。剛開始的時候，李園讓他的妹妹接近春申君。妹妹懷了春申君的孩子，後來卻被立為考烈王的王后。其生下的孩子（後來的幽王）其實是春申君的孩子。這個傳說到底是真是假，後人不得而知。

但從另一個角度來看，我們可以將這個傳說詮釋為越王（春申君）取代了楚王的地位。到了漢代，「南越」（這是漢人的稱呼，其自稱為「越」）稱帝（是為越帝），其帝制多沿用楚的制度，但國號卻不是「楚」而是「越」。倘若把春申君當成越王，那麼這個現象便說得通了。司馬遷所記載的這個傳說到底從何而來，實在令人好奇。

西元前二二四年，秦始皇消滅了楚，身為楚王族人的昌平君即位為王。但或許紀錄是由秦傳承至漢的關係，昌平君依然是「昌平君」，並沒有被記錄為「昌平王」。「君」的意思是封君（戰國時代各領土國家底下的諸侯）。西元前二二三年，昌平君與項燕一同戰死，「越君」於越的故地即位。這個「越君」也沒有被記錄為「越王」。西元前二二二年，越君投降於秦。

筆者在前面的章節曾提過，漢代的越諸國自詡為越王句踐的子孫。同樣的道理，上述的「越君」應該也曾「自封為王」。

秦始皇的身世

即使是在秦，也流傳著「秦始皇並非其父王的親生兒子」這個謠言。秦始皇的親生父親是宰相呂不韋，這可說是人盡皆知的傳說。

名義上，秦始皇是莊襄王的兒子。根據《史記・呂不韋列傳》記載，莊襄王子楚的母親為夏姬。由於夏姬不受寵幸，因此子楚這個孩子被送到趙當人質。呂不韋（此刻還沒當上宰相）從這個時期便開始接近子楚。子楚的父親安國君是昭襄王的兒子，雖然安國君貴為太子，但其正妻華陽夫人沒有孩子，必須從一族中挑出安國君的繼承者。呂不韋想辦法拉攏華陽夫人，靠著其雄厚的財力，讓子楚成為太子安國君的繼承者。後來昭襄王死了，安國君即位，是為孝王，子楚當然順理成章地當上了太子。沒想到孝王才即位三天就死了，於是子楚緊接著即位，是為莊襄王。

根據《史記・呂不韋列傳》記載，呂不韋一聽到子楚這個人的身分，登時說了一句「奇貨可居」（如此珍貴的人物，一定要好好把握住）。

子楚愛上了呂不韋的愛姬，將其立為夫人。但根據〈呂不韋列傳〉記載，當時那名愛姬早已懷了呂不韋的孩子。子楚於西元前二五一年即位為王，採踰年稱元，到了四年（西元前二四七年）時，子楚去世，太子即位，這就是秦始皇。因此秦始皇的親生父親是呂不韋。

根據〈呂不韋列傳〉記載，子楚的夫人出身於趙的豪門之家。當子楚還在趙的時候，由於秦攻打趙，趙人於是想殺死子楚及其妻小洩憤。但由於子楚的妻子是趙人，一家人才保住了性命。這個紀錄的背後意義，是在暗示子楚的夫人擁有趙的望族血統。

倘若子楚的夫人是趙王一族的族人，則秦始皇當然也繼承了趙王的血統。然而趙的王族與秦的王族據說源自相同的祖先，這顯然違背了「同姓不通婚」的原則。

類似的毀謗方式，亦可見於《公羊傳》中。根據《公羊傳》的記載，春秋時代的魯莊公的父親為魯桓公。魯桓公的夫人是齊襄公的女兒，這個夫人竟然與其父親齊襄公通姦，生下的孩子就是魯莊公。《公羊傳》便是利用這個「模式」，建立起了魯的君主與齊的君主都將註定滅亡的理論。

除此之外，《史記》中還可看見一些類似的毀謗方式，其中之一就是「夏姬」。

《公羊傳》所建立的「模式」，是一邊讚揚齊的田氏，一邊毀謗齊與魯的君主。齊的君主是田氏註定要消滅的對象，而魯的君主則是孔子雖然出仕但並不滿意的對象。除此之外，齊的田氏還建立起另一種「模式」，既毀謗其出身的陳的君主一族，卻又不會讓自己的祖先牽扯其內。田氏的祖先是陳厲公（在位期間西元前七〇六年至西元前七〇〇年），厲公的父親是桓公，而桓公有個叫陳佗的弟弟，在蔡地姦淫婦女，遭到蔡人殺害（《春秋》桓公六年）。此外，厲公有個與田氏並無瓜葛的弟弟宣公，宣公的曾孫是靈公，靈公與夏姬發生了關係，但夏姬又與其他許多人也發生了關係。後來夏姬的兒子夏徵舒，殺害了靈公（《春秋》宣公十一年）。《公羊傳》在行文之中，暗示夏徵舒是靈公的兒子。換句話說，《公羊傳》在建立陳註定將要毀滅的「模式」時，利用了一個象徵性的人物，那就是「夏姬」。

在《史記》之中，莊襄王的母親竟然也叫「夏姬」。

雖然在「模式」上有主、次之分，但《史記》利用相似的典故層層重疊，在秦始皇的身上建立起的不祥預兆，類似《公羊傳》所採用的「模式」。

筆者在前面的章節已提過，《史記》利用孔子的相關傳說及劉累傳說，將漢朝（尤其是漢武帝）推上了至高無上的地位。此處關於秦始皇的記載，其實也是其「模式」的環節之一。漢朝一方面有著秦始皇為有史以來第一個皇帝的認知，另一方面卻又建立起秦朝只是配角的「模式」。這個「模式」在此處所設定的概念，是秦朝因秦始皇而註定滅亡。

值得一提的是，趙的王族與秦的王族源自相同祖先一事，分別記載在《史記》〈趙世家〉與〈秦本紀〉的一開頭。《史記》利用這個淵源來毀謗秦朝，但其真偽則不得而知。

筆者在此稍微詳細說明一下這個淵源。相傳在殷商末年，紂王的臣子中，有一個叫蜚廉的人物。蜚廉有兩個兒子，一個叫惡來，一個叫季勝。惡來是秦的祖先，而季勝是趙的祖先。但是《史記・始皇本紀》的末尾，記載了秦朝諸先君的埋葬之地，卻完全沒提到上述這些人名。由此看來，秦趙先祖同源的記載，或許是後來才添加的內容。但是這個後來添加的內容，卻造就了「秦始皇的母親來自於先祖同源的趙」這個結果。

倘若秦始皇確實是莊襄王的兒子，則秦始皇的父母一邊是莊襄王子楚、夏姬的血統，一邊是子楚夫人的趙氏血統，兩邊有著先祖同源的問題。倘若幸好秦始皇不是莊襄王的兒子，則只剩下一個可能，那就是秦始皇的父親是呂不韋。更何況秦始皇的母親是趙的豪門之女，更是愛說長道短者的最佳話題。

這件事還有後續發展。秦始皇死後，長子扶蘇遭到殺害，扶蘇的弟弟胡亥即位為皇帝。胡亥的背後，是趙高在撐腰。二世皇帝胡亥對趙高畢恭畢敬，彷彿把趙高當成了親生父親。換句話說，秦始皇的血脈又在這裡與趙氏扯上了關係。後來二世皇帝也被殺了，三世皇帝子嬰即位。三世皇帝即位後不久，秦朝就滅亡了。

經由以上論述，我們可以發現關於秦始皇身世的記載包含了許多以毀謗為目的的誇飾與創作。因此對於這一類內容，我們必須分開來討論。

東方諸國的滅亡

秦始皇的時代，是繼承了昭襄王時代便已鞏固的領土，並以此為基礎朝著統一之路邁進的時代（參照三二〇頁圖）。

西元前二三一年，趙、秦一帶發生了大地震，趙受創嚴重。秦趁著趙元氣大傷的時候對韓出兵，與西元前二三〇年消滅了韓。

沒有了後顧之憂的秦，緊接著往北進軍，開始攻打趙。西元前二二九年，趙的邯鄲淪陷，趙幽繆王遭俘，王子嘉於代自立，是為代王。

西元前二二六年，燕都淪陷，燕王喜逃往遼東。

西元前二二五年，秦滅魏，俘虜魏王假。

西元前二二四年，秦俘虜楚王負芻，王的族人昌平君自立為楚王，但於西元前二二三年遭滅。吳越之地尚有「越君」自立，同樣於西元前二二二年遭滅。

西元前二二二年，秦消滅代王嘉及遼東的燕王喜。

西元前二二一年，秦消滅齊，統一天下。這個時期衛也已遭到消滅。

秦完成了天下統一的大業。

但是在統一的過程中，不知流了多少鮮血。想要暗殺秦始皇的人，可說是多得不可勝數。「刺客荊軻」的故事，便由此而誕生。

荊軻在燕太子丹的授命下，出發前往秦。身上所帶的伴手禮，是逃亡秦將樊於期的首級。荊軻的身邊，還跟隨著勇士秦舞陽。對秦始皇舉起地圖盒時，秦舞陽神色倉皇，全身顫抖。荊軻制止了他，提出由自己親自呈交的請求，獲得了同意。秦始皇打開了地圖。完全打開的地圖裡，出現了一把匕首。這是一把全天下最鋒利的匕首，上頭淬有毒藥。荊軻以左手揪住秦始皇的袖口，以右手刺出匕首，但劍身太短，沒有刺在秦始皇身上。秦始皇一邊匆忙逃走，一邊想要拔劍。但劍拔不出來。那把劍的劍鞘太緊，而且劍身又太長了。依照規定，群臣上殿不能攜帶武器。所有人都驚惶失色。就在這時，站在一旁的御醫朝荊軻扔出了藥袋。荊軻的氣勢受挫。秦始皇繞著柱子奔逃。左右手下這才醒悟，大喊：「吾王（此時尚未稱帝）！把劍揹在背上！」秦始皇照著一做，登時順利拔出了長劍。秦始皇轉守為攻，在荊軻的左大腿上砍了一劍。荊軻撲地而倒，順勢朝秦始皇扔出匕首。匕首落了空。秦始皇又砍了一劍。荊軻破口大罵，左右的手下給了他最後一擊。

早在出發之前，荊軻等人便已知道此行是有死無生。一行人來到燕的國境時，荊軻面對易水的滾滾河面，詠出的詩便是有名的「風蕭蕭兮易水寒，壯士一去兮不復還」。

第八章　戰國時代的學術

諸子的虛實

諸子的出現

在前面的章節（本書六六頁），筆者便已提過，「戰國時代」這個名稱為世人帶來了相當大的誤解。

事實上從新石器時代到戰國時代，戰爭從來沒有消失過。夏、殷商、周這三代在世人的觀念中是相當和平的時代，但那其實只是遭到理想化的假象。三代與戰國時代一樣，是戰亂的時代。但除了這些刻板印象上的觀念之外，筆者必須強調，戰國時代畢竟是一個相當具有特色的時代。

首先，由於鐵器自春秋中期開始普及，戰國時代經歷了過去從不曾有過的社會變動。鐵器的普及讓農地急速增加，都市隨之大量出現，都市內的社會秩序也產生了極大的變化。自周向外傳播的文字，原本只有「史」（文字記錄者）才看得懂，初期被用來記錄城市國家之間的協定，後來則成了大國中央與地方互相溝通的工具。城市國家遭到消滅，土地改由中央派來的官吏進行統治，「史」被重新整編，成了中央或地方的官差。文書行政由官吏負責掌管，而作為其基礎的法律（律令）制度也漸趨完備。

春秋時代是「史」的時代。「史」負責主導祭祀活動，也負責文字記錄。到了戰國時代，則是「官吏」的時代。原本的「史」依其技能而被細分，成了維持文書行政的官吏或官差。這些官吏之中，有些人逐漸擁有影響國家政策的發言力，這就是諸子的濫觴。

諸子百家的虛像

「諸子百家」這句話，相信許多讀者都曾聽過，其涵義是抱持不同思想的諸子，各自闡述其理念。

筆者剛剛才提過，自從開始由官吏對地方進行統治，才出現了「諸子」這個現象。隨著官吏統治制度的普及，各國的「史」受到重新定位，由「史」擔任祭祀官的時代逐漸落幕。

因此諸子所論述的內容，不可能回溯至由「史」擔任祭祀官的時代。諸子論述天下，是以官吏統治概念為基礎，並且靈活運用各種成立於戰國時代的理論思維。（數字的）九六八、天地人、陰陽五行、周易等等，都是誕生於戰國時代的理論。雖然各理論都可以往前追溯其淵源，但是各種典籍中所談論的「模式」，都是建立於戰國時代。因此我們只能將各種典籍中的論述當成諸子的論述加以研究，卻不能往前回溯，用以印證春秋時代的思想。

有些諸子的論述，是在漢代才被整理成如今我們所見的風貌。因此，有時我們對成立時代的認定必須更往後推才行。然而最棘手的問題是，諸子的論述往往涉及歷史典故。其中當然包含夏、殷商、周這三代，以及春秋時代的各種議題。但是這些論述的本質，卻帶有相當濃厚的戰國色彩。如果將其內容都當成「史實」而毫不懷疑，則對諸子的理解恐怕會產生相當大的偏頗。

戰國時代的文章，經常是簡單的事件紀錄，配上一些對話。這些對話所營造的氛圍，往往反映的是編纂出該典籍的戰國時代的社會氛圍。諸位讀者只要想像一下電影或電視上的古裝劇，就會明白筆者的意思。就算是再怎麼標榜忠於史實的古裝劇，對話臺詞說的也是現代文。更何況絕大部分的古裝劇，在時代的考證上並不嚴謹。

古裝劇重視的是收視率，製作單位當然沒有太多閒功夫進行時代考證。

因此明顯帶有後世色彩的典籍內容，當然不能信以為真。尤其是含有後世思想的對話部分，在採用前一定要經過再三評估。

反過來說，既然戰國時代誕生了許多典籍，我們能不能以此為前提，對諸子進行論述？其實這樣的做法，也有不少盲點。

例如在我們的觀念之中，諸子百家就是各自闡述其獨特思想的一群人。

然而這樣的觀念，絕大部分是成立於宋明理學的學問體系之下。後代經由科舉制度所產生的士大夫們，各自把諸子當成了其思想的先驅。這一套對諸子的觀念，就是在這樣的狀況下形成。就連朝鮮的李朝及日本的江戶時代，也受了這套諸子觀念相當大的影響。然而如果將時間往回推至東漢時代，世人對諸子的理解將會迴然不同。

東漢時代的王充，在其著作《論衡》〈本性〉篇中主張孟子談論的是「中人」以上，而荀子談論的是「中人」以下。《漢書》（成書於東漢時期的西漢史書）中的〈古今人表〉，也反映出了這種東漢時期的觀念。該文章將古今人物分成了九等，分別為上上聖人、上中仁人、上下智人、中上、中中、中下、下上、下中及下下愚人。若將這九等人概略分為三階段，就是上人、中人及下人。王充認為，孟子的性善論是以中人以上為對象，而荀子的性惡論是以中人以下為對象。若依此延伸推論，我們可以說道家只談論上人，而法家的論述重點則是如何管理中人以下（若是徹底執行，則可包含上人）。換句話說，諸子所論述的重點階層不同，因此諸子的思想不僅可以共存，而且是互補的關係。

藉由王充的上人、中人及下人的觀念，讓我們知道過去我們對諸子的理解並不精確。孟子的性善說與荀子的性惡說，在人性的闡述上並非對立的關係。雙方的差異只在於將焦點放在哪個階層而已。孟子談論的是中人以上，而荀子談論的是中人以下。不同的諸子思想，有可能並存於同一國家內。或許我們可以說，諸子的思想是「各司其職」。

劉向、劉歆的諸子觀念

西漢末年劉向、劉歆父子的諸子觀念，便是將「各司其職」的概念套用在官吏制度之中。由於訴求對象不同，因此諸子的思想是能夠並存的。

劉向、劉歆的諸子觀念首先展現在宮中藏書目錄《七略》上，後來又為《漢書．藝文志》所繼承。〈藝文志〉將漢代之前的諸子統稱為「十家者流」，並將其細分為「諸子一百八十九家」。所謂的「十家」，包含儒家（司徒之官）、道家（史官）、陰陽家（羲和之官）、法家（理官）、名家（禮官）、墨家（清廟之守）、縱橫家（行人之官）、雜家（議官）、農家（農稷之官）、小說家（稗官）。

儒家被認為是「司徒之官」，司徒是相國、丞相（宰相）的別稱，這是統管官吏的官吏，因此儒家論述的是官吏之事。道家被認為是「史官」，史官是掌管天文的官吏，熟悉天地造化的道理，因此道家論述的是天地自然之理。陰陽家被認為是「羲和之官」，傳說中羲和是為太陽駕車的車夫，而太陽象徵天象的秩序，因此陰陽家是一群藉由陰陽五行理論探究天地真理的人物。法家被認為是「理官」，理為正道之義，有匡正、制裁的意思，因此法家是掌管審判的人物。名家被認為是「禮官」，掌管禮儀必須咬文嚼墨，因此名家是一群論述名義與實質關係的人物。墨家被認為是「清廟之守」，清廟的基本概念是祭祀清明仁德之人，其中帶有批判周朝充滿虛偽不實的含意（雖然是虛構的理論，但他們如此相信）。所謂的清明仁德之人，指的其實是周的開朝始祖文王，可見在其認知之中，文王的時代還沒有虛偽不實的問題。縱橫家被認為是「行人之官」，行人是執掌賓客禮儀的官吏，因此縱橫家是一群擅於遊說他人也擅長應付說客的人物。雜家被認為是「議官」，議官負有諫議之責，因此雜家是一群擅長在各理論中作出取捨並加以整合的人物。農家被認為是「農稷之官」，農稷是掌管農業的官吏（稷為百穀之神）。小說家被認為是「稗官」，稗官是負責記錄正史漏記之事的官吏。稗的原意為碎米，亦是街坊巷弄的俗稱，因此小說家是一群專門散播街坊巷弄間流言蜚語的人物。

除了這十家之外，還有「兵家」及「數術者」。根據《漢書・藝文志》的解釋，「兵家」源自管理軍隊的司馬一職，而「數術者」則源自「明堂（舉行儀式的場所）羲和（如前述）史卜（禮儀官）」之職。

〈藝文志〉藉由簡單扼要的說明，界定了諸子思想在官吏制度中的區別。這套概念的前提，是認為諸子思想的本質是在闡述統率官吏的王或天子的存在意義。諸子思想便是在這樣的本質之下「各司其職」。

筆者必須再度強調，如今我們對諸子百家的理解只是「闡述各式各樣的思想」，但在西漢末年劉向、劉歆父子眼中，以及東漢王充眼中，卻沒有那麼單純。我們所認知的「諸子百家闡述各式各樣的思想」的觀念，出現於科舉制度趨於成熟的宋代。明代的諸子觀念，更是帶來了最直接的影響。

在科舉制度所產生的官吏開始談論政治的時代，儒家早已成為政治思想的主流。這時的官吏們已不再抱持「各司其職」的觀念，而是以整體的觀點進行綜合性的論述。這些人以他們的眼光回溯從前的歷史，將諸子區分為兩種，一種是秉持儒家或道家思想的先驅，另一種是除此之外的思想家。除了儒家、道家的思想之外，雖然這些官吏們對其他各種思想也抱持一些興趣，但他們認為這些已不是自己賴以安身立命的思想，而是一些被時代淘汰的陳舊思想。而且由於沒有「各司其職」的觀念，因此在論述儒家思想時，他們只認為孟子或荀子想要談的就是人性本善或本惡的問題。

若以這種明代之後產生的諸子觀念回溯戰國時代的諸子事蹟，將無法解釋諸子在各國的言行及其盛衰歷史的意義。正因為有「各司其職」的觀念，所以各種思想才能夠並存。後來「各司其職」

的觀念消失了，世人開始進行綜合性的論述，絕大部分的思想當然難免步上淘汰的命運。

不過有些思想的式微，與「各司其職」的觀念並沒有太大的關係。問題的癥結就在於論述的訴求對象是都市、領土國家，還是天下。以都市為訴求對象的諸子思想，在領土國家的時代便早已式微。而以領土國家為訴求對象的諸子思想，則在談論天下的統一帝國時代中遭到淘汰。

大部分的諸子思想都在統一帝國的秩序漸趨穩定的過程中逐漸消失，唯獨儒家與道家歷久不衰。

在統一帝國建立其秩序之前，是許多主張正統的勢力互相鬥爭的時代。在那樣的時代裡，各主張正統的勢力都極力保護其學術思想，以作為宣揚權威的工具。各式各樣的思想在那個時代裡萌芽，並藉由「各司其職」的機制而成為維護國家秩序的理論依據。每個國家所主張的正統思想當然都不相同。

筆者在此處特別想要一提的是孔子的定位問題。舉例來說，《論語》被認為是孔子的語錄集。但其內容除了少部分帶有城市國家時代的氛圍之外，絕大部分都是以領土國家時代建立的社會秩序為前提。前者反映孔子的時代，後者卻反映的是數代後的弟子們的時代。

弟子們在諸國受到的待遇，也是個關鍵。有些國家重用孔子的學生，有些國家則否。由於孔子被視為賢人，因此差別就在於各國站在什麼樣的立場看待孔子。是加以利用，抑或加以詆毀。

筆者在前文提過，漢代是以「各司其職」的觀念來看待孟子、荀子的思想。不過這畢竟只是漢代的觀念。孟子主要是在齊受到重用，此外也曾待過魏；至於荀子則是趙人，曾遊學於齊，並於楚任官。這兩人主要影響的國家並不相同，因此我們不能說孟子、荀子是在相同時空背景、相同國家內以「各司其職」為前提宣揚其思想。但在其各自活躍的環境內，應該還是有著「各司其職」的觀念。

戰國時代的宇宙觀

筆者曾說過，戰國時代是諸子的時代。戰國時代的每個國家，都可看見諸子的身影。而每個國家的諸子所宣揚的思想，都不盡相同。

諸國各自擁有的觀念源自於新石器時代，不會輕易消失。即使是在秦始皇統一天下後，這些觀念依然存在。正因如此，秦始皇一死，各地便陸續發生叛亂，從前的國家一個接一個重新躍上歷史舞臺。雖然統率者不見得是從前的王族，但他們都以國家復興為口號。即使是在項羽與劉邦的楚漢之爭結束後，各地區仍舊有著其根深蒂固的主義思想（雖然每個地區大概只有韓國、日本這麼大）。

遭到遺忘的天地創造神話

不過除了這些具有地方性色彩的觀念之外，全天下還是有著共通的觀念。哪些觀念屬於地方性觀念，而哪些觀念屬於共通觀念，則需一一分析考證才能作出結論。

近年來古代文物出土的速度有增加的趨勢，考古學家發現了許多戰國時代的新出土典籍。如今最受世人關注的一批新出土典籍，是出土於湖北省荊門郭店一號墓的竹簡（郭店楚簡）。在這批

「郭店楚簡」中，有一篇名為《大一生水》的文章。「大一」亦可寫作「太一」。其內容如下。

大一生水，水反輔大一，是以成天。天反輔大一，是以成地。天地（殘缺。似乎有「相輔」之詞），是以成神明。神明復相輔也，是以成陰陽。陰陽復相輔也，是以成四時。四時復相輔也，是以成滄熱。滄熱復相輔也，是以成溼燥。溼燥復相輔也，成歲而止。故歲者，溼燥之所生也。溼燥者，滄熱之所生也。滄熱者，四時（殘缺。似乎有「所生」「四時」等詞），陰陽之所生。陰陽者，神明之所生也。神明者，天地之所生也。天地者，大一之所生也。是故大一藏于水，行於時（後略）。

此文章所談的便是天地創造的神話。宇宙的根源為「大一」，天地都是由此而誕生。但這個神話的特徵，在於「大一」先創造出了水，水輔助「大一」，才創造出天，天輔助「大一」，才創造出地。像這樣的神話在漫長的歷史中早已失傳，過去我們在其他典籍中從未見過類似的概念。

最初的段落，筆者認為能夠以蛋黃、蛋白及蛋殼的概念來解讀（參照三四八頁）。「大一」就像是蛋黃，「大一」生水，而水包覆「大一」，就像是形態較像水的蛋白包覆並保護著蛋黃。接著蛋白（水）輔助蛋黃（大一）創造出蛋殼，那就是天。蛋殼（天）輔助蛋黃（大一），在蛋白（水）的中央創造出大地。最後誕生的大地，不包含在蛋黃、蛋白及蛋殼的概念中，因此被設定為最後才出現。將蛋殼當作天，是因為天隨著日夜交替而旋轉，因此蛋殼就像天一樣。

曾侯乙編鐘

像這樣的觀念相當耐人尋味，卻沒有成為全天下的共通觀念。作為楚地的獨特神話，它可說是與楚共存亡。當楚亡國時，這個神話也隨之遭到遺忘。

「大一」這個詞雖然流傳了下來，但已具有不同的意義，與天地創造的概念無關。

大地懸浮於水

「郭店楚簡」出土之地，在戰國時代楚都「郢」的北方一帶。這個地區後來落入了秦的手中。秦所使用的字體較方正，而楚所使用的字體較圓滑。「郭店楚簡」所使用的字體屬於楚的字體，因此我們能夠推測作者為楚的官吏或其後代子孫。

關於「郭店楚簡」的誕生年代，較可靠的說法是西元前三〇〇年左右，但目前尚未有定論。

曾侯乙墓出土文物的誕生年代比郭店楚簡更早，約在西元前五世紀後期。出土地點同樣是在湖北省，墳墓埋葬者為曾侯，也就是曾國的國君。不過曾是楚的從屬國，因此受到楚的影響相當大，傳承自楚的文物也相當多。在這個墳墓出土的青

漆繪衣裝箱

銅鐘上，記錄著年代，可推算為西元前四三四年，因此我們能大致知道這些古物的誕生年代。這個鐘也是來自於楚。

在曾侯乙墓中，還出土了一些塗上了漆的置衣箱。在其中一個置衣箱上，畫有十個太陽棲息於扶桑之木，以及搭弓射箭的神話人物「羿」。這是一個流傳於戰國時代的神話，根據《淮南子》〈本經訓〉及《山海經》〈海外東經〉的記載，神話的背景時代是堯在位的時代。

筆者在此簡單介紹一下這個神話。從前原本有十個太陽，這十個太陽每天會輪流由一個太陽自東方升起，於西方落下，通過地底下回到東方，沐浴後棲息在扶桑之木上。但有一次，十個太陽沒有溝通好順序，竟然一起全部升上天空，地面頓時被烤焦了。天帝於是派羿射下九個太陽。根據後人的研究，應該是原本信奉十個太陽的部族，敗給了信奉一個太陽的部族，才會發展出這樣的神話。信奉十個太陽的部族，指的應該是殷商，而信奉一個太陽的部族，指的應該是周。這個神話有一點特別值得注意，那就是太陽於西方落下後，會通過地底下回到東方。

在這個提及太陽與地表上下關係的原始傳說神話中，若加入對天地誕生及開天闢地者的描述，就成了前述「大一生水」開頭數語的基本型態。

這種大地懸浮於水上的觀念，應該是來自於鑿井抽取地下水的行為。既然挖地便能取水，可見得地底下一定充滿了水。

大鵬神話

《莊子・逍遙遊》的文章一開頭，記載著以下傳說。

北冥有魚，其名為鯤。鯤之大，不知其幾千里也。化而為鳥，其名為鵬。鵬之背，不知其幾千里也。怒而飛，其翼若垂天之雲。是鳥也，海運則將徙於南冥。南冥者，天池也。齊諧者，志怪者也。諧之言曰，鵬之徙於南冥也，水擊三千里，摶扶搖而上者九萬里，去以六月息者也。野馬也，塵埃也，生物之以息相吹也。天之蒼蒼，其正色邪？其遠而無所至極邪？其視下也亦若是，則已矣。且夫水之積也不厚，則負大舟也無力。覆杯水於坳堂之上，則芥為之舟，置杯焉則膠，水淺而舟大也。風之積也不厚，則其負大翼也無力。故九萬里則風斯在下矣，而後乃今培風，背負青天而莫之夭閼者，而後乃今將圖南（後略）。

「北冥有魚」及「南冥者，天池也」的觀念，與大地懸浮於水上的觀念有其相通之處。〈逍遙遊〉這段文章所展現的格局，實在是相當壯闊。彷彿是以至高的視點，對地表的景象進行描述。就好像是坐在太空梭上，說出「地球是藍色的」之類的感想。而且在文章之中，還提到了「風在翼下，青天在翼上」的概念。

但是到了漢代，占卜所用的占星盤，則是以俯視「青天」的方式呈現。在方形的大地之中，有著圓形的天。這種圓形的天，表現出的是自外側向內看的概念。天上星座的相對位置，並非根據由地表仰視的狀態，而是根據由至高點往下鳥瞰的狀態。換句話說，其觀察的原點是至高點。

同樣是以蛋黃為大地，蛋白為天空及承載大地的水，蛋殼為天蓋，卻會有兩種不同的觀看方式，一是自殼外往內看，一是自殼內往外看。

俯視蒼天

天蓋圍繞著地軸的周圍旋轉，而地軸貫通整片大地的中央。若自北方看，天蓋是往右轉。天蓋上布滿了繁星，而太陽位於天蓋的中央。太陽會在天蓋上緩緩移動，約花一年的時間回到原點（由地表人類的角度來看）。太陽移動的路徑，稱為「黃道」。而由於整個天蓋會轉動，因此太陽也會以一天為週期回到原本的位置。

根據天蓋的旋轉，可由正東方至正西方劃一條線，這條線就相當於天上的赤道。在這條赤道附近，有一些象徵性的星座。

到了戰國時代的中期（西元前四世紀中葉），世人為了將天蓋與地表的方位互相呼應，於是將天極的周圍切割成數等分。自外側觀察這些分割後的天蓋區塊，便可定出地表方位與天蓋方位的相互關係。

前述神話中的大鵬是背對著天，可見得是成立於西元前五世紀至四世紀的觀念。

天與地都定出了方位，地表被分為十二等分，並以地支（十二支）加以命名。正北方為子，依序往右排列，到正南方為午。由於天蓋必須與地表相呼應，因此天蓋也有了十二支的方位。為了互相比較，同樣是由左向右的順序排列。

基準的方位，利用的是冬至這一天黎明前東方天空上的代表性星座。所謂的由左向右，指的是站在地表上看的由左向右，也可以解釋為站在北極至高點俯瞰天蓋的由左向右。

恆星的位置看起來完全固定在天蓋上而不會移動，但是行星的位置卻會在天蓋上緩緩偏移（所以才稱為「行星」）。木星是行星，所以會在天蓋上緩緩移動。每一年，木星會在天蓋十二等分中移動一個等分的距離，並在十二年後回到原點。因為這個緣故，木星被認為是「歲星」（計算「歲」的星星）。不過木星在天蓋上的運行方向，是自北極至高點俯瞰天蓋的由右向左。由於方位順序是由左向右，因此木星的運行方向與方位順序的方向相反。古代的人認為這計算起來太麻煩，於是在西元前三世紀左右，設想出了一個運行方向與木星相反的虛構行星，稱為「太歲」。這顆名為「太歲」的行星還有一些別名，如「太一」及「天一」。前述的「大一」（太一）一詞在漫長的歲月後，成了行星的名字。由於在某些神話中，「大一」乘著舟在天上移動，因此才會與「太歲」的觀念合而為一。這套「太歲」的觀念，在漢代之後也一直傳承了下來。

基於「大一」與「太歲」的關係，前述遭到遺忘的「大一生水」神話，應該是誕生於「太歲」觀念出現之前的年代。

《周易》的方位配置

相較於上述的十二方位理論，《周易》則採用的是八方位理論，其內涵如下。

就跟前文一樣，將宇宙比喻為蛋黃、蛋白及蛋殼。所謂的八方位，是將這顆蛋以兩種方式對切，將其斷面圖重疊而得。

第一種對切方式，是切出包含正北、地軸與正南的斷面，並站在西方的位置觀看。第二種對切

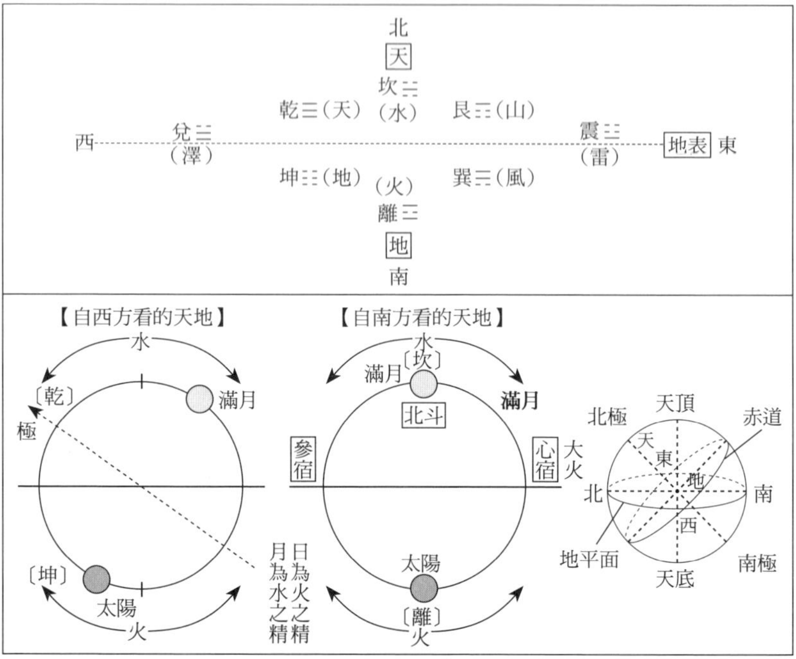

《周易》所定義的八方位　《周易》藉由陰陽的組合搭配出八卦，並將兩組八卦相乘，衍生出六十四卦。八卦所代表的八方位，是將宇宙視為一顆蛋，蛋黃為大地，蛋殼為天蓋，將此蛋以南北方向切開，並由西方看的斷面圖（下左），以及將此蛋以東西方向切開，並由南方看的斷面圖（下中），以這兩圖來定義出八個方位。下左圖極點位置為乾（天），太陽抵達最下方的位置為坤（地）。下中圖的月亮（水之精）的位置為水，太陽（火之精）的位置為火，其他各方位亦各分配至適當位置。

方式，則是東西對切，並站在南方的位置觀看（如上圖所示）。

八方位相較於十二方位，可說是比較容易理解的分割方式。人依自己身體的方向，可以很自然地區分出前後左右四方位，將每方位再對切，就可以很自然地判斷出八方位。但如果要分割為十二方位，則必須將四方位中的每個方位分成三等分，這實在是有些多此一舉。

利用前述的雞蛋結構來定義出八方位，是一種新的觀念。而且這種新觀念誕生的時期，正是前述「大一生水」神話開始流傳的時期。

《左傳》採用木星紀年的制度，那是一種利用木星以大約十二年為週期繞行天空的現象為基準的紀年方式。由於典籍中提及的木星位置可以回推至西元前三五三年至西元前二七一年的八十三年之間，因此這種紀年法應該是誕生於這段時期。而這段時期，亦是我們推測「大一生水」神話開始流傳的時期。

在《左傳》中，記載了一些《周易》八方位的原始概念，這一點也與上述八方位的推測成立時期相符。

科學技術

木星紀年制度的出現，象徵著天文觀測精確度的提升。而天文觀測技術進步了之後，隨之而來的便是新的曆法。筆者在之前的章節已介紹過，當時的人已能計算出從冬至到下一個冬至為三六五又四分之一天，七十六年為九四〇個月，共二七七五九天。換算下來，一個月為「二七七五九／九四〇」天，也就是「二九又四九九／九四〇」天。而我們現在所說的一年（一太陽年），則相當於一二•三六八個月（九四〇個月／七六年）。

古代的人能夠計算出這麼精準的數字，正是起始於這個時期。

此外，筆者已提過很多次，從春秋後期到戰國前期，是鐵器逐漸開始普及的時代。在西亞地區，鐵器是從鍛鐵技術開始發展。也就是先以較低的溫度獲得柔軟的鐵塊，再透過敲打鍛造使其成為鐵器。中國的鐵器生產歷史似乎也是從鍛鐵技術開始，但不久之後，中國人便發現只要加入碳，就能夠以較低的溫度使鐵融化。自這個時期之後，中國的鐵器便是以鑄鐵為主流。

鍛鐵軟而韌，鑄鐵硬而脆，而鋼則是介於兩者之間。又過了一小段時期之後，中國便開始生產鋼。

鑄鐵雖說需要的溫度較低，其製造過程還是相當麻煩。為了鑄鐵，當時的人發明了鼓風箱。由於鼓風箱的形狀像大鼓，因此以鼓風箱製造出來的鐵稱為「鼓鐵」。

戰國時代同時也是青銅器逐漸退居次要地位的時代。在進入戰國時代之前，青銅器的模具在製作上相當嚴謹而慎重，但是自春秋時代後期開始，出現了以相同模具大量生產有著相同圖樣的青銅器的技術。到了戰國時代中期，更發展出先以蠟製作模型，再將這個模型的材質轉換為青銅器的技術。雖然青銅器的外表越來越精緻美觀，但製作程序卻是越來越簡化。大量生產的技術漸趨成熟之後，粗製濫造的青銅器也漸漸變得越來越多。

自從出現了製造青銅針或鐵針的技術後，醫療技術也隨之進步。當時的人對穴道有了更深入的理解，也發展出了刺激穴道的導引（類似太極拳的前身）及針灸。

構成戰國時代學術著作的文字

以下針對構成戰國時代學術著作的文字，作一簡單的介紹。

漢字的書體有篆書、隸書、楷書（今隸、真書）、行書、草書等等。但是其中自隸書以下的書體，都是出現於漢代以後。原本字是寫在木簡上，到漢代才發明紙，並經過改良，以紙書寫的習慣才逐漸普及。

《說文解字》提到的書體

到了漢代，許慎作了《說文解字》，釋字採用篆書，並聲稱這是秦始皇將過去書體精簡改良而成。因此秦始皇之前的書體稱為大篆，而秦始皇改良的書體稱為小篆。

楷書是隸書演變而來，若不論筆畫線條特徵，兩者的基本寫法並無差異，都是方方正正的書體。相較之下，篆書的特徵則是較圓滑。不過就算把篆書寫得方方正正，也不會變成隸書。

行書是將楷書稍微簡化的書體，而草書則是更大膽地省略了許多筆畫，是以快速書寫為目的的書體。

過去有很長一段時間，學界是以《說文解字》為篆書的基準，並將之與後代書體互相比較，得到的結論是小篆與隸書之間有著相當大的差距。但是近年來不管是秦以前的文字還是漢代的隸書，出土文字數量都有增加的趨勢。大家這才發現，原來還是有很多篆書的筆畫幾乎跟隸書一模一樣，只是較圓滑而已。如此一來，除了方正還是圓滑之外，有許多字的隸書無法與篆書作出區隔。下文

秦始皇「統一文字」示意圖　此圖乍看之下是秦始皇統一了各國文字，但這些字的來源有些是印章，有些是竹簡或青銅器。記錄各國文字的材料不盡相同，而且哪個字屬於哪個國家的基準也不明確。事實上若詳加考證各國記載文字的工具，會發現使用在青銅器、印章、貨幣、竹簡、帛書上的字都不一樣，因此圖上這些字可說是每一國都看得到。像本圖所示意的文字統一，事實上並無法做到。當時的文字統一，似乎還是認同文字在不同場合的多樣性，只是將竹簡文字統一為秦的隸書。

帶有＊符號的字，有學者認為應該釋為「聿」字。

以方正或圓滑為特徵進行說明，正是基於這個原因。

《說文解字》認為大篆為周宣王時期的史籀所作，因此又稱為「籀文」。除此之外，《說文解字》又將經書所採用的書體稱為「古文」，與「籀文」作出區隔。《說文解字》的歷史認知，承襲了戰國時代的觀念，認為「經書」為孔子所作，而《春秋傳》為左丘明所作。不過其引據的史料都是戰國時代所作，沒有辦法繼續往上回溯。

值得注意的是，《說文解字》在回溯歷史時，對戰國時代的領土國家毫不關心，且將周視為疆域廣及天下的朝代。

《說文解字》所展現的書體觀，成了後世書體觀的基礎。但這與我們透過書體考證所得到的書體觀可說是有著天壤之別。

殷商的文字有甲骨文及金文，周的文字以金文為主。到了春秋時代，金文開始帶有地方特色。戰國時代採行文書行政制度，因而出現了行政用的書體。以下將針對這些文字進行論述。

戰國時代的文字

根據《史記》〈始皇本紀〉的記載，統一文字是秦始皇統一政策的一環。既然名為「統一」，當然意味著在「統一」之前的文字是處於雜亂而紛歧的狀態。

這個記載的實證，就是如三五四頁圖所示的文字統一圖。然而這個圖卻隱含著極大的問題。這些被認定為各國字體的文字，倘若不是由該國長期且固定地使用，此圖便沒有任何意義。而且只要搜集各種記載文字的工具，就會發現記載的工具不同，書寫風格也會大異其趣。就算是成立於相同環境下的文字，書風也會因記錄方式而迥然不同。而且原本被認定為齊的「馬」的文字，如今主流說法已認為這是完全不同的另一個字。

剛剛筆者使用了「書風」這個詞，但是嚴格來說，論述部首結構問題該使用「字形」，論述篆書、隸書等差異的問題該使用「書體」，而論述相同書體中的個人差異問題才能使用「書風」一詞。

回歸原本的話題，這個示意圖乍看之下似乎是羅列了天下各國所使用的文字，然而實際的情況，卻是在相同的國家內，同一個字還是會有許多不同的寫法。

一個字被怎麼寫，要看是刻在石頭上、鑄在青銅器上、刻在青銅器上（戰國時代有專門用來在青銅上刻字的鐵器）、鑄在貨幣上、還是寫在竹簡上。甚至是鑄、刻字的工人不同，書風也會大異其趣。

本書三五四頁圖所列代表各國的文字，其實差別只在於使用場合與經手工人不同而已。這實在稱不上是文字的「統一」圖。

那麼，當時的文字是處在什麼樣的狀況下，又是如何被「統一」的呢？

在前面的章節，筆者早已提過，漢字是由殷商開始使用，由周繼承，並在春秋時代傳播至天下各國。在殷商與周的時期，文字是由御用的工坊所獨占，因此沒有所謂各國差異的問題。但同樣是由殷商或周的御用工坊所記錄的字，在書風上還是有所不同。

進入春秋時代後，周的漢字文化逐漸在各國扎根，但剛開始的時候，還是沒有出現各國的特色。不過有個例外，那就是越等國家所使用的「鳥篆」。這是將西周傳入的金文書體各筆畫尾端延長，接上鳥的圖樣而成，因此乍看之下是相當獨特的書體。不過只要將鳥的圖樣刪去，就會發現剩下的部分跟剛傳承自西周的金文書體沒什麼不同。

另一個例外，則是各國基於對傳統的重視，用字遣詞沒有辦法跟周完全相同，因而創造出了一些新的漢字。不過這些文字都只屬於單一國家，並不存在於其他國家的文字之中，因此當然也沒有各國差異的問題。

除此之外還有一種情況，那就是各國在剛開始使用漢字時，因書寫尚不熟練的關係，導致某些字在書風上會有細微的差異。不過這只是暫時的現象，這一類的書風並沒有長久維持。

漢字的傳承方式，是由老師教授給徒弟，因此會有個人差異。即使是在同一間工坊內，書風還是會出現個人特色，更何況殷商及周的工坊並不止一處。不僅如此，而且每一處工坊似乎都有一些不擅長書寫的文字。即使是相同的意思，隨著都市或工坊的不同，流行使用的字也不同。如此一來，就出現了同意不同形的情況。到了戰國時代，各都市及工坊都由中央政權統一管理，原本各自流行的文字會往中央政權底下的工坊集中。如此一來，戰國時代的中央工坊當然會混雜了各種從前傳承下來的書風或書寫形式。

為了彰顯秦的特殊地位的書體

推動文書行政制度的主體，是消滅天下小國並設縣的大國，也就是所謂的領土國家。文書行政上使用的文字，與傳統祭祀上使用的文字，有著完全不同的使用方式。

處理祭祀用的文字時，工匠會小心謹慎地以銘文的方式呈現，由於帶有咒術意涵，因此筆畫也較繁複。相較之下，文書行政用字重視的是傳達機能。隨著大量書寫的必要性提升，筆畫也變得簡單。

自從文書行政用字出現之後，漢字的書體依使用場合而分成了兩種，一種是筆畫繁複的祭祀用書體，一種是筆畫趨向簡略的文書行政用書體。筆畫的簡化程度，會因時期而不同。因此即使是相同國家，在不同時期，就會有不同簡化程度的文字。

經過簡化的文字藉由天下的交通網絡向外傳播，為各國所共用。至於祭祀用的文字，則成為具有傳統意義的金文書體，因此各國之間的差異較不明顯。雖然有時祭祀用的傳統書體會受簡化文字所影響，但並沒有進而引導出各國的文字特色。

然而有個國家，將本書已提及過多次的制度獨創性反映到了文字上。那個國家就是秦。為了宣揚自身的特殊地位，秦所建立的制度之一，就是一套與其他國家不同的文字。而這套文字就是隸書。

自西周金文之後，文字都有著字體圓滑的特徵。即使到了戰國時代的諸國，不僅是祭祀文字，就連行政文字也是屬於字體圓滑的篆書。然而秦所使用的文書行政書體卻是方方正正，可說是相當獨特的文字。

這種方正文字在秦受到青睞的原因之一，就在於筆與墨的改良。其他國家所使用的墨較濃，而筆鋒缺乏彈性，相較之下，秦所使用的墨較淡，使用的筆較具有彈性。因為這個緣故，隸書才得以扎根。

隸書是秦的文書行政用書體。

因此我們可以說，秦始皇統一文字，並不是要把全天下各異其趣的文字合而為一，只是把風格獨特的文書行政用書體「隸書」推廣為天下共通的文字。祭祀用文字雖然較不易出現國家特色，但畢竟還是有些微差異，因此「統一」不能說是沒有意義的行為。然而最大的問題在於，「統一」到底改變了什麼？單以祭祀用文字來看，由於每個工匠的書風都不相同，我們實在很難看出具體的

「統一」成效。

秦統一文字的內涵，在於推廣「隸書」以作為文書行政用字，這一點只要考證出土文物便可一目瞭然。既然如此，為何現代人無法建立這樣的認知？

其肇因就在於近代之後的國民教育與出版文化。自秦始皇統一天下後，文字的規範化（包含《康熙字典》在內）與多樣化一直是並存的現象。雖然一方面加以規範，但另一方面對多樣化也採取寬容的態度。但是在近代的國民教育之下，大家說起文字，想到的都是標準的印刷字體。就連點、捺的方式也建立了一套標準，彷彿那也是漢字本質的一部分。在這種嚴格規範的態度下，回頭想像秦始皇的文字統一政策，會得到什麼樣的結論是可想而知的事情。前述的文字統一圖，就是誕生於這樣的氛圍之中。

戰國文字的其後發展

秦始皇統一天下後，有很多文字理應遭到淘汰，但這些文字最後還是流傳了下來，並以具體的形象呈現於世人面前。三國時代魏人所作的《三體石經》便是最好的例子。顧名思義，這是一部刻在石頭上的經典。所謂的三體，指的是古文（戰國時代文字）、篆書及隸書。石經內文的每一個字，都是以三體的方式呈現。該石經目前僅存一小部分，但藉由這一小部分，我們重新獲得了失傳的文字，可說是為研究帶來不小的貢獻。

由此可知，後人繼承文字知識的量，足以讓他們將大部分經典內文轉換為戰國時代的文字。

藉由這些文字知識，他們成功解讀了出土於西元三世紀中葉的戰國時代魏國編年體史書《竹書紀年》。這部史書曾在秦的統一天下戰爭中佚失，因此漢代的人並不知道其存在。然而出土之後，世人藉由前述的文字知識，迅速解讀出了其內容。直到北宋至南宋年間再度佚失之前，《竹書紀年》的內容為世人帶來了極大的影響。

其後有很長一段時期，戰國文字知識的繼承出現了斷層。即使是在具有多樣性的環境裡，知識同樣會遭到世人遺忘。幸好到了近年，我們發現這些文字知識憑藉著宛如細絲一般的少數文獻史料，勉強被傳承了下來。

宋代郭忠恕所作的《汗簡》及夏竦所編纂的《古文四聲韻》，是介紹罕見書體的著名典籍。這類異體字原本只是好事者用來當作噱頭的工具，或是成為佛教、道教的護符文字。然而自從中華人民共和國建國之後，這些異體字開始受到重視。其原因就在於進行文字改革（這也是一種嚴格的規範化）時，這些異體字的筆畫可以當作制定簡體字的參考依據。

在竹簡大量出土的時期，最讓學者們感到頭痛的一件事，就是看不懂的字太多。戰國時代書體知識的斷層，實在太過嚴重。然而文字改革的參與者之中，有人開始察覺前述兩本書所帶有的重大意義。這兩本書中所介紹的異體字，往往保留著戰國時代書體的面貌。自這個發現之後，竹簡的釋讀作業有了重大突破。對我們而言，《汗簡》及《古文四聲韻》簡直就像是封存了古代記憶的「時空膠囊」。

值得一提的是，最近出土了一些如《老子》之類典籍的竹簡，可與現代所知的典籍內文互相對照，讓我們能夠更直接地考證戰國時代的書體。

第九章　為戰國時代帶來變革之人

建立長度單位標準的意義

人的生活與時代息息相關，很難不受時代所影響，這是無庸置疑的事情。但是另一方面，有些天賦異稟的人能夠推動時代潮流，甚至為時代帶來變革，這也是不爭的事實。

前所未有的社會變動與改革者

筆者在前文已提過很多次，春秋戰國時代歷經了前所未有的社會變動。尤其是春秋後期到戰國中期，變動更是特別顯著。諸子（諸學者，或稱諸子百家）便是誕生於這樣的環境之下。在諸子之中，有些人物為國家制度帶來了變革，而這種制度上的變革就稱為「變法」。變法顧名思義是改變「法」，而「法」指的就是必須遵守的制度。

由於「變法」往往會制定出新的制度，所以比起字面上的「改變制度」，或許認定為「創造制度」會更加貼切。之所以稱為「變法」，其背後象徵的是自戰國時代到漢代的歷史觀。在王道之下原本就存在著「法」，只是因舊「法」淪喪的關係，才必須「變」為新「法」。

魏的吳起（後來投靠楚）、韓的申不害、魏的商鞅（後來投靠秦）都是著名的變法推動者。

這些人的目標，都是所謂的富國強兵。要富國，就必須建立土地制度；要強兵，就必須建立法律制度。流傳後世的各變法內容雖然相當零星瑣碎，但大致上已被整理歸納，成為研究分析的對象。

以下將介紹的是商鞅的變法。挑商鞅的變法加以介紹，是因為這套變法留下了較多的史料紀錄。

首先筆者想針對長度單位標準的建立作一概略性的整理。長度單位標準的建立，與土地制度的建立有著密不可分的關係。

說得難聽點，新石器時代的人也會蓋房子。既然會蓋房子，這意味著他們能將木材裁切成合適的大小，並加以組合搭配。而他們利用來判斷大小是否合適的基準物，就成了長度的單位。

長度單位標準的建立與度量衡

「尺」這個字據說是象形字，源自於以手掌在手帕上測量長度時的模樣。以手掌的什麼部位來測量，也會影響長度，而這長度就成了後來的單位「尺」。在出土的古物中，也包含了一些測量長度用的尺。殷商時期的一尺為十五到十七公分，戰國到東漢時期的一尺則為二十二到二十三公分。前者使用的應該是手掌的全長，而後者則應該是將兩隻手掌並排後的橫寬。

前者與後者有所差距，並非是前者的制度轉變為後者，而是每個地區對尺的定義本來就不一樣。

到了戰國時代，這個尺的長度與其他基準單位之間的關係開始出現綜合性的論述。文書行政制度普及之後，中央政權必須派遣官吏治理地方，如果基準單位不同，不管做什麼事情都不方便。因此各領土國家都制定出了容量與重量的單位。

有趣的是在建立基準的過程中，基準逐漸與王的權威觀念扯上了關係。在音樂理論上，音名與音階的關係在春秋戰國時代獲得了嚴謹的定義，並由此衍生出了天數為九、地數為六、人數為八的觀念。此外，「編鐘」為受到矚目的基準樂器，其設計上的基準便為尺的正數。在九、六、八的觀念開始出現的時期，也同時出現了在方位圓上排列出十二方位的作法，因而衍生出將基準方位定為尺的正數，並藉由三分損益法（不斷定義出音階的方法）讓尺成為設計基準的方法。最重要的基準，就是尺的正數。

這裡的「尺」的長度，就是上述的二十二到二十三公分。由於占有重要地位的青銅樂器「編鐘」就是以「尺」為基準所設計而成，因此在漢字傳播及帶有銘文的青銅器的普及之下，「尺」與樂器之間的關係逐漸在各國形成固定的觀念。

伴隨著音樂理論的推廣，度量衡也逐漸建立了標準。在這過程中，「尺」（二十二到二十三公分）成了各國的共通單位。

基於同樣的道理，容量及重量單位也因與「尺」之間的關聯性，而出現全國共通的基準。不過相較於其他單位，「尺」的扎根時期較早，而且是以十進位法的概念進行計算。相較之下，容積及

環鈞制	（中原）受寽制	（中原）鎰鈞制	（齊）鋝鋝鍰制	秦權	漢兩銖制	相當於g
					1鼓(4石)	120kg
				1石	1石(4鈞)	30kg
72環		20鎰		30斤	1鈞(30斤)	7.5kg
				24斤	24斤	6kg
				20斤	20斤	5kg
				16斤	16斤	4kg
				12斤	12斤	3kg
				8斤	8斤	2kg
12環	1受(50寽)				5斤	1.25kg
				4斤	4斤	1kg
6環				2斤	2斤	0.5kg
		1鎰(32釿)			1.5斤(24兩)	384g
3環					1.25斤(20兩)	320g
				1斤	1斤(16兩)	256g
		16釿			12兩	192g
1環2鈞					8兩	128g
1環(10鈞)						106.6g
9鈞		8釿	12埒(1鍰?)		6兩	96g
6鈞			8埒		4兩	64g
		4釿	6埒		3兩	48g
4鈞						42.6g
			5埒			40g
3鈞6銖						36g
3鈞			4埒		2兩	32g
2鈞4銖	1寽	2釿	3埒		1.5兩	24g
1鈞半			2埒		1兩(24銖)	16g
1鈞2銖		1釿			18銖	12g
1鈞(16銖)					16銖	10.6g
			1埒		12銖	8g
		半釿			9銖	6g
8銖					8銖	5.3g
					6銖	4g
		4分			4.5銖	3g
					3銖	2g
2銖					2銖	1.33g
1銖					1銖	0.66g

戰國時代的重量單位　每個地區的重量上下單位換算規則都不相同。將這些上下換算的數值及各地區單位之間的換算值彙整之後，會發現多為九、六或八的倍數。九、六、八分別是象徵天、地、人的數字，根據《漢書・律曆志》的記載，全宇宙的秩序皆源自這三個數字。戰國時代中原地區的各種單位制度中，十進位法的制度有著最古老的歷史，可追溯至殷商及周的時代。這個制度經過細分後被用在貨幣的計算上，但在同一時期，各地開始盛行九、六、八的數字觀念。

重量單位扎根時期較晚，而且受到了戰國中期開始興盛的「九、六、八」概念的影響。其結果導致重量單位的上下換算方式是九或六或八的倍數，容積在計算上也是採用這些數字的倍數。

上下換算的單位數值雖然依領土國家而不同，但相互之間有著共通的基礎數值及概念，因此各國之間的換算並不困難。

《漢書・律曆志》之後的度量衡

漢代度量衡單位相互換算的關係，記載於《漢書・律曆（歷）志》之中。《漢書》裡的這套說明，企圖歸納出整個宇宙的秩序原理。其背後的意義，是想要具體呈現出皇帝的權威。若回溯至戰國時代，諸國對其君王應該也有一套類似的權威觀念。雖然我們無法得知其全貌，但透過一些數字的使用，已可看出端倪。

值得一提的是，《漢書・律曆志》中的這套度量衡系統，到了六朝時代之後，「度」（長度）「量」（容量）及「衡」（重量）各自起了不同的變化，其結果導致相互之間的關係變得錯綜複雜，與《漢書・律曆志》中的記載已不相符。歷史上雖推行過數次「制度復古」計畫，但沒有一次成功。度量衡的計算方式是徹底融入生活中的制度，要加以改變是難上加難的事情。

到了唐代，為政者另外建立了一套符合《漢書》〈律曆志〉記載的度量衡基準，與原本已融入百姓生活中的度量衡基準並存，形成雙軌並行的制度。「尺」被分成了「大尺」（融入生活中的尺）及「小尺」（理念上的尺）兩種單位。例如歷史上由朝鮮半島傳入日本的「高麗尺」，其刻度便是「小尺」的$\sqrt{2}$倍，相當於正方形邊長與對角線的關係。

現在我們將話題拉回戰國時代。

度量衡單位的建立，當然也包含土地的面積單位。這關係到春秋戰國時代社會變動的基礎。隨著鐵器普及，農耕用地的面積增大，利用牲畜協助農耕的技術不斷改良，各地的土地區劃也變得越來越精確。由於前述的尺（二十二到二十三公分）成了各國的共通單位，因此面積單位也是建立在這個基本單位之上。

土地區劃制度的推動，為旱田的縱橫小路及水田田埂的劃定帶來了相當大的幫助。一旦劃定之後，就算長度單位有所改變，也不致造成太大影響。例如一「步」原本為六尺，到了唐代則減少為五尺（尺變長了）。

雖然秦始皇聲稱統一了度量衡，但若不論「換算」的時間及名稱問題，其實在戰國時代，度量衡早就「統一」了。那是因為鐵器普及所促成的制度改革，是建立在各國共通的基礎概念之上。那麼，為什麼秦始皇要特地聲稱「統一」呢？其目的只是為了刻意突顯各國之間的差異。如此一來，就能更加彰顯唯一能夠消除各國差異的秦的正統性。就跟戰國時代諸國一樣，秦始皇非常在意諸國之間的差異性。

值得一提的是，戰國時代的貨幣為秤量貨幣。必須以砝碼測量貨幣的重量，才能決定其價值。因此要統一貨幣，就必須將貨幣全部鎔化後以新的形狀重新鑄造。事實上推動貨幣統一的人不是秦始皇，而是二世皇帝胡亥。秦始皇的統一政策只到度量衡就結束了。或許是因為秦始皇認為，只要藉由度量衡制度統一重量單位就夠了。這點經常遭到誤解。

商鞅變法

商鞅是秦孝公（在位期間西元前三六一年至西元前三三八年）時期的著名變法推動人物。其變法內容之一，就是開墾農田及劃定「阡陌」。孝公十二年（西元前三五〇年），秦遷都咸陽，將都市及農村重編為四十一縣（有些史料上記載為三十一縣），並且開墾農田及劃定「阡陌」。所謂的「阡陌」，指的是用來區隔農田的棋盤狀細長道路（田埂）。這個制度可說是後來都市規劃中的「條里制」的濫觴，亦是鐵器普及下的產物。如何整頓伴隨著鐵器普及而大量增加的農田，是變法中的重要課題。那個時期的天下諸國，都在推動著擁有相同基準的土地劃分政策。

商鞅變法與阡陌

這一類土地劃分政策是在國家的主導下進行。但是早在戰國時代領土國家開始著手整頓之前，土地的開墾早已形成潮流。而且現代人對當時的農田形態，抱持著相當大的誤解。

要論述這個環節，得先由水田說起。在一場由日本人藤原宏志等人所參與的中日共同調查研究中，研究人員在草鞋山馬家濱文化遺跡內發現了一些水田痕跡。這是一個相當令人震驚的發現，因為這些水田的概念與過去我們所熟知的水田概念完全不同。

這裡的水田，說穿了只是利用了地形上微妙高低差所產生的一些窪地進行耕種。由於研究人員在長江中游流域的城頭山遺跡內也發現了類似的水田痕跡，因此我們幾乎可以確定，這是新石器時

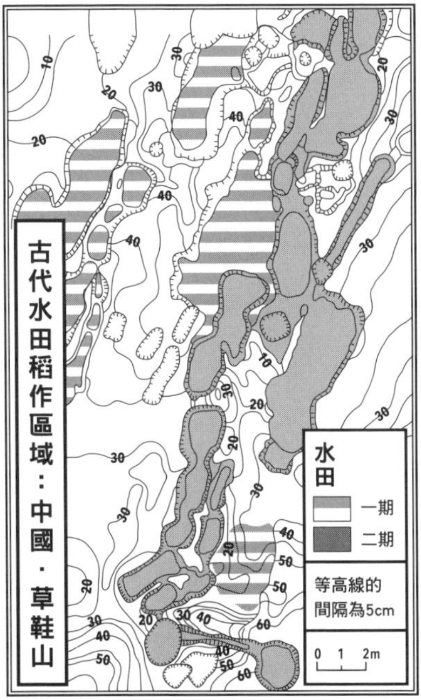

引用自《探尋稻作起源研討會——中國草鞋山古代水田稻作》）

代水田的普遍型態。

即使到了青銅器時代，一般百姓所使用的工具還是石器，因此這些窪地水田一直維持著其原始的面貌。然而自從鐵器開始普及之後，水田的形狀有了巨大的變化。

由於鐵器能夠製造得相當鋒利，適合用來大量砍伐樹木。不僅如此，而且以原料方面來看，鐵礦也比青銅礦多得多。正因為原料充足，所以才能迅速普及。足夠的木材及足夠的鐵礦，結合成了大量的鐵製工具。其結果造成森林砍伐效率大幅提升，過去人跡罕至的森林地帶也逐漸受到開墾。

而且在這個時期，世人開始能夠大量生產車輛，牲畜的利用技術也提升了。利用牛耕作水田的技術漸趨成熟，耕地也變成了方方正正的形狀。

同樣的變化，也發生在旱田地區。

在如此戲劇化的改變之下，利用鐵器及牲畜的農業技術開始扎根，農夫能夠負荷的耕種面積大幅提升，其收成足以餵飽更多都市人口，因此都市的數量也快速增加。

逐漸發展成熟的國家，開始對這些大量增加的農耕地進行統一管理。官吏制度便是建立在這個基礎之上。如何管理農耕地，如何增加農耕地，以及如何在戰爭狀態下確保耕作人力，成了施政的重點。變法的推動者們，都是以解決這個難題為主要目標。

商鞅變法與爵位的整編

在那個以城市國家為社會秩序基礎的時代裡，世人關心的是都市與都市之間的關係，以及都市與其附屬都市或農村之間的關係。自從漢字藉由周向外推廣傳播並扎根後，諸國皆採用周的作法，以「伯」或「叔」這一類帶有家人意義的字眼來稱呼附屬於城市國家底下的小都市或農村的領導者。其代表的是一種象徵性的關係。君主統治都市，而身為其家人的「伯」或「叔」則在一旁輔佐。

這種君主與「伯」「叔」之間的關係，同樣存在於不使用漢字的國家之中。進入青銅器時代後，勢力足以影響許多國家的「大國」越來越多。原本只有周才使用的漢字，先傳播至周的諸侯國，接著又傳播至楚、吳、越這些國家。在這個過程中，各國開始以漢字來定義自古以來都市與都市之間的關係，以及都市與其附屬都市或農村之間的關係。楚、吳、越這些國家原本就是承襲自新石器時代文化圈的大國，因此在接納了漢字文化後不久，這些國家便一一稱「王」了。在這些國家的自我意識之中，從來便不認為自己是從屬於「周王」的諸侯。

如果獨有自我意識而無漢字文化，當然不會在意這些漢字到底有何意義。正因為漢字文化開始扎根，且擁有自我意識，才會開始在意「王」所代表的意義。

長江中游流域的楚，下游流域的吳及越，以及位於楚、吳、越之間的徐，都是自行稱王的國家。

在此種秩序的建立過程中，大國開始吞併小國，設縣並派遣官吏加以統治。在背後支撐著這股潮流的現象，就是鐵器的普及。隨著鐵器的普及，農耕土地大量增加，都市也隨之增多。因此而增設的縣，其數量甚至遠超過小國遭消滅後設置的縣。

在這樣的局勢之下，各文化圈都需要一套新的秩序，以維持中央與縣的關係。

建立秩序結構的範圍，還是以沿襲自新石器時代的文化圈為基礎。這些領土國家的大小，都跟現在的日本差不多。但此時世人需要在意的不再是城市國家與城市國家之間的關係，而是中央藉由官吏制度對地方進行統治的關係。

爵位的制度，就是因應這種時代的需求而誕生。

上面所列的爵位表中，最值得注意的一點，就是爵位又可分為低階的八等民爵及高階的九等官爵。官爵所建立的階級秩序包含中央派往各縣的官吏，而民爵建立的階級秩序則以受官吏支配的居民為對象。

若從低階往高階看，會發現除了官爵中最低階的第九等之外，官爵是相似的名稱兩兩成對。客卿、正卿是從前的時代所遺留下來的稱呼，指的是輔佐城市國家君主的人物。從前城市國家內的階級包含卿、大夫、士等等，客卿、正卿便是由從前的「卿」而來。左庶長、右庶長原本是對從屬部族領導者的稱呼。左更、右更及小（少）良造、大良造則擁有統治數個都市的權限，前兩者的身分

自此以上算是擁有爵位者▼

對應五等爵（漢代）：列侯、關內侯／大庶長、駟車庶長／大上造、少上造／右更、中更、左更／右庶長、左庶長

對應四等爵（戰國）：大良造、少良造／右更、｜、左更／右庶長、左庶長／正卿、客卿

漢二十等爵	戰國時代秦國的十七等爵	〔賜予〕	〔對應軍隊地位〕
列侯	｜		
關內侯	｜		
大庶長	｜		
駟車庶長	｜		
大上造	大良造	稅邑六百家	大將
少上造	少良造	〃	〃
右更	右更	〃	〃
中更	｜		
左更	左更	〃	〃
右庶長	右庶長	〃	〃
左庶長	左庶長	〃	〃
｜	正卿	〃	〃
｜	客卿	〃	〃
五大夫	五大夫	稅邑三百家	
公乘	公乘	田八頃宅四十畝	二千五百主
公大夫	公大夫	田七頃宅三十五畝	五百主
官大夫	官大夫	田六頃宅三十畝	將
大夫	大夫	田五頃宅二十五畝	屯長
不更	不更	田四頃宅二十畝	卒
簪裹	簪裹	田三頃宅十五畝	〃
上造	上造	田二頃宅十畝	〃
公士	公士	田一頃宅五畝	〃

戰國時代秦國商鞅變法十七等爵　爵位分為兩種，一種是官爵（上表右側），一種是民爵（上表左側）。官爵最下位的五大夫帶有實習官員的含意。五大夫以上共分八等，每兩等名稱相似，呼應戰國時代的四等爵制度（原本為五等爵，但子與男視為同等）。其後隨著疆域拓展，爵位也跟著增加，變成了二十等爵。由漢代的二十等爵看來，是以五等爵的概念為基礎。

較低，後兩者的身分較高。

官爵中位階最低的五大夫，具有實習官員的意義，多由官員子弟擔任，以顯示這些人從一開始就擁有官爵。

若將客卿、正卿、左庶長、右庶長、左更、右更、小良造、大良造依名稱的類似性加以區分，可分為四等。其呼應的對象，就是號稱源自於周朝的五等爵。但前文已提過，周朝只有象徵都市與都市或都市與農村關係的稱呼，而沒有象徵建立領土統治概念的中央政權與地方關係的「爵位」。從前並沒有這樣的爵位，但後來的人需要這樣的爵位，於是乎建立出了一套彷彿自古以來就有這些爵位的理論。這麼做的目的，是為了塑造以古代制度為典範的形象。

《孟子》中記載，在公、侯、伯這

三等爵之下，還有子、男這兩爵，而子爵與男爵的地位相同。會出現這樣的情況，是因為諸國在建立制度的過程中，雖然各自設定了四或五等爵，但現實中需要的爵位只要四等就夠了。最好的佐證，就是前述商鞅所建立的爵位制度。官爵實質上只有四等，只是各分為上下兩階，再加上一個實習的爵位。

如果不考慮實習的爵位，就是四等；如果將實習的爵位也納入計算，就是五等。基於上述理由，典籍內開始使用五等爵的觀念，來介紹西周至春秋時代都市與都市或都市與農村的關係。因為典籍中這麼寫，所以後世的人都以為從前的時代真的曾經實行過五等爵的制度。

領土國家的擴張與爵位的變質

商鞅的爵位制度是他自魏帶進來的觀念，雖然為了配合秦的傳統而稍作修正，但基本的架構似乎並沒有更動。事實上我們對魏的爵位制度所知不多，但我們知道秦律似乎沿用了一些魏律。

不管是魏、秦，或是其他領土國家，其疆域都是以沿襲自新石器時代的文化圈為基礎。雖然同一文化圈內可能會出現一個以上的國家，但這些國家在主張其領土統治正當性時，一定是以奠基於該文化圈的疆域範圍為訴求對象。

這些領土國家對其領地不再採取像過去城市國家時代一樣的間接統治，而是派遣官吏進入都市內進行直接統治。這讓階級秩序的重新整編成了當務之急，而爵位制度便相應而生。商鞅的爵位制度，就是在這樣的環境下誕生。

然而筆者已在前文概略提過，在官吏統治制度開始盛行之後，尤其是在昭襄王的時代，秦的國家疆域一點一點地慢慢擴大。就連楚的根據地湖北、湖南地區，也被秦納入了版圖（西元前二七八年）。在統治上，秦對這些占領來的土地進行了分割處理。分割的方式，是以「郡」為單位。如此一來，實施官吏統治的地區，跨越了具有相同文化傳統的文化圈範圍。而這個現象，對爵位制度也造成了影響。

疆域擴大的結果，造成十七等爵位已不敷使用。雖然過程中有很多環節已難以考證，但是到了繼承秦朝制度的漢朝，爵位已變更為二十等。這二十等爵位所涵蓋的地區（以官吏進行直接統治的區域）並非帝國的全部疆域，因為有相當廣大的區域是所謂的諸侯王國。若將這些諸侯王的統治之國剔除，則剩下的部分幾乎跟昭襄王時代擴大的秦國版圖並無多大差異。因此即使我們將焦點從漢朝回推至戰國的秦昭襄王，一樣能夠探討十七等爵變更為二十等爵的理由。

只要比較商鞅的十七等爵與二十等爵，其變更的理由便呼之欲出。請諸位讀者再一次檢視三七二頁的爵位表。二十等爵少了客卿與正卿，卻多了駟車庶長、大庶長、關內侯及列侯。駟車庶長、大庶長是占領未受漢字文化影響的地區時設立的爵位，列侯則是占領原本已有爵位制度的他國領土時設立的爵位。

這些地區由於都在自古以來的傳統支配範圍之外，因此雖然同樣會派遣官吏進行統治，但官吏所須負的統治責任較重，情況較接近封建制度。

對於這些占領的地區，除了必須自秦派遣官吏進行統治之外，還須讓該地區的原掌權者搬遷至秦的領地內，一方面維持其地位，另一方面卻又剝奪其統治實權。而對於長久以來效忠於秦的人物，也須給予類似的地位以為獎勵。因此才會出現了關內侯這種身分。

在這爵位剛成立的時候，應該帶有上述意義，但是後來原意逐漸喪失，只剩下單純的象徵階級尊卑序列的機能。

由以上的說明便可以得知，在當時的觀念中，傳統支配地區與新征服的地區在地位上並不相同。這個立場反映在法律上，於是出現了關於「夏子」的規定。所謂的夏子，指的是秦的女人生下的孩子。原本的概念，是將秦的男人認定為夏子，而在新征服的地區出生的孩子不是夏子。但被派遣到該地區進行統治的秦國官吏是夏子，該官吏與當地女人所生的孩子也是夏子。繼續推究下去，秦的女人倘若嫁給征服地的男人，生下的孩子也是夏子。而那個孩子倘若是女性，不管嫁到哪裡，其生下的孩子當然也是夏子。

秦就是藉由這種血緣上的制度，對征服地進行統治。

秦始皇即位後，曾經下了一道「逐客令」。李斯強烈反對，還為此發表了一串長篇大論。最後秦始皇被李斯說服，而沒有實施這道命令。「逐客令」中的「客」，指的就是夏子以外的人，而李斯也包含在其中。

這個關於「夏子」的規定，想必是源自於魏。因為韓、趙、魏這三國都將自古以來的傳統支配地區稱為「夏」。商鞅將這一套帶到了秦，並宣揚秦才是真正的「夏」的觀念，就這麼移花接木，使其成了秦的制度。

藉由上述法律制定的緣由及後來的演變，我們可以感受到沿襲自新石器時代的傳統文化圈，對當時的諸國有多麼重要。但另一方面，我們也看到了其文化圈的特殊地位，會因現實的需要而呈現不一樣的風貌。

商鞅在推動改革的過程中，樹立了很多政敵。秦孝公一死，商鞅立刻遭到逮捕，死於車裂之刑。

楚的變法

秦的爵位如同上述，算是比較清楚且史料比較完整的紀錄。相較之下，遭秦消滅的諸國到底採用什麼樣的爵位制度，大部分難以考證。

楚的爵位

雖說除了秦之外的諸國爵位難以考證，不過有個例外，那就是楚。關於楚的爵位，我們多少還能找到一點歷史紀錄。

不過這些爵位紀錄絕大部分不是來自於戰國時代的楚，而是來自於秦朝末年打著復興楚國口號的項羽勢力。

秦始皇去世後，許多武將都發動了叛變。這些人各自以戰國時代諸國的復興為口號，楚義帝（懷王）也是其中之一，而旗下的活躍將領為項羽及劉邦。

在記載義帝及項羽事蹟的史料中，經常出現楚的爵位名稱。特別有名的是五大夫、七大夫、國大夫、列大夫、執帛、上聞、執圭（珪）、卿等等（可與三七二頁所列的商鞅爵位互相比較）。

我們無法得知這些爵位的上下關係，只知道上執圭是接近頂點的爵位。《戰國策・齊策二》中，昭陽在回答問題時提到，若能立下「覆軍殺將」的功績，將獲得上柱國的官位及上執圭的爵位。此外又提到上柱國的位階僅次於令尹（相當於宰相）。

除了上執圭之外，似乎還有執圭這個爵位。《戰國策・東周策》中，提到景翠的爵位為執圭，官位為柱國。此外，〈楚策四〉也提到陽陵君當上執圭。

關於執圭這個爵位，還有另外一段記載。《戰國策・楚策一》中，提到了秦大舉進攻楚（西元前二七八年，筆者在前文亦曾提過）。楚軍於漢中迎戰秦軍卻慘遭敗北，通侯、執圭的死亡人數約七十餘人。由這個人數來看，執圭的受封者地位應該相當於縣級的治理者。若是如此的話，上述的楚爵名稱中應該包含了不少民爵。

除了項羽曾重新採用楚爵之外，遭漢武帝消滅的南越所採用的制度也是楚爵。南越建國於秦始皇過世之後，根據地在現在的廣東省廣州市，勢力遠及越南北部及福建地區。在越南及海南島，都曾出土刻著執圭名稱的印章。

南越的君主曾經「稱帝」，但是這個「帝」所採行的制度，似乎是繼承了戰國時代楚國的制度。

吳起變法

吳起是楚悼王時代推動變法的著名人物。推動變法的時期，是西元前三八七年至西元前三八五年。當時魏的文侯（在位期間西元前四四二年至西元前三九五年）改革已結束，進入了魏武侯的時代。魏文侯似乎對法令進行了簡單的整頓，而吳起也是文侯底下的官員之一。當時整頓的法令成為魏律的基礎，而這套魏律後來又被秦採納。在魏文侯的時期，吳起在魏任官，但是到了武侯的時期，吳起遷移到了楚。

由於史料上只有簡單的記載，我們無法得知詳細情形，只知道吳起修改後的法令相當嚴格，甚至限制了爵位的世襲。

既然有限制爵位世襲的紀錄，代表在那之前爵位是採世襲制。不以吳起變法的法令為前提的爵位，其目的應該只是為了簡單定義出楚王與各都市治理者、派往各都市的官僚們的尊卑秩序而已。換句話說，就是定義王與諸侯關係的爵位。但除了這樣的爵位之外，終究還是需要為地位不及諸侯的官吏們定義出尊卑秩序，如此一來，就會形成類似前述商鞅變法中的爵位制度。

在吳起變法的紀錄中，我們所看見的傳統爵位，還是僅以定義諸侯身分為宗旨的原始爵位概念。

但是這傳統的爵位概念，也面臨了新時代的變革浪潮。傳統的爵位概念，帶有託付特定領地治理權的含意，但是新的爵位概念，指的卻是「擁有領地治理權但不專指特定領地」的身分。換句話說，受封爵位的人雖然擁有治理的權限，但實際治理的領地卻會不斷變更。在新的爵位概念下，楚的重臣們雖然不用擔心與楚王之間的尊卑序列會有所改變，卻失去了原本可以由自己任意操控的世襲領地。若以秦爵來看，這就相當於關內侯。

時代潮流已由重視大國與小國的關係，轉變為重視中央與地方（縣）的關係。在這樣的時代潮流之下，這種「名義上擁有縣級治理者身分」的爵位便相應而生。

楚就跟秦一樣，除了傳統的統治地區之外，還占領了新的地區。首先將淮水地區納入了直接統治的版圖內，接著又占領了吳越之地，以及南方的湖南之地。對於這些新占領的地區，楚派出了重臣，企圖徹底統治。

但在吳起實施變法的時期，楚的統治疆域尚未超出傳統文化圈的範圍太遠。也就是以湖北地區為據點，並對湖南及河南地區進行直接統治。吳起的改革，就只到這個階段而已。商鞅變法也是以統治陝西一帶為前提，兩者在這一點上頗有相似之處。

否定爵位的世襲制度，等於是斷絕了楚國重臣們的俸祿基礎。吳起這麼做，想必是為了建立一套排除血緣關係的人才錄用制度。

但就跟商鞅一樣，吳起在推動變法的過程中樹立了很多敵人。重用吳起的悼王一死（西元前三八五年），楚登時發生叛亂。吳起遭受圍攻，為求活命而趴在悼王的屍體上，叛亂者射殺吳起的箭，同時也射中了悼王的屍體。

吳起死後，這些叛亂者也被冠上「對王的遺體不敬」的罪名而遭到處死。據說遭牽連者多達七十餘家。這樣的結果，讓當初反對吳起的勢力大幅遭到肅清。

後來楚的變法有何發展，文獻上並無任何記載。如同前文所述，楚爵中應該也有如商鞅變法中所見的民爵階級，但其尊卑序列到底是怎麼排的，可就不得而知了。

從王的巡視到皇帝的巡視

變法家在實施政策的時候，是以各領土國家的富國強兵為首要目標。因此其關注的焦點，總是天下之中的特別地區。但在這之前的階段，他們會周遊天下，尋找適合輔佐的君主。當時天下已建立起交通網絡，能夠讓他們自由來去。

天下的物資流通與金屬貨幣的出現

交通網絡的通暢，會促進物資的流通。各領土國家的經濟，都是建立在這些流通於全天下的物資之上。而在背後支撐著物資流通的基礎，就是金屬貨幣。

其實早從新石器時代之後，物資的流通範圍便相當廣大。藉由以物易物的商業行為，大海的產物也可以被運送至內陸地區。例如廣東省曾出土殷商形式的青銅器，但從前殷商勢力的直接統治地區距離廣東省相當遙遠，會發生這樣的現象，正是以物易物的商業行為所帶來的結果。若將時代往後推，漢代的銅鏡在日本被挖出來，也是相同的道理。在以物易物的商業行為中，並不需要以貨幣作為媒介。

話雖如此，但自從有了貨幣作為流通的媒介之後，物資經由交易行為而流通的數量，有了大幅度的成長。

金屬貨幣的出現，象徵著以天下為舞臺的物資流通機制已漸漸成熟。而最初的金屬貨幣，出現於西元前五世紀左右。剛開始的金屬貨幣因還保有以物易物的觀念，因此做得相當龐大。藉由這些沉重的金屬貨幣，我們可以想像其前身應該是以一塊塊的青銅器作為交易物。進入西元前四世紀後，小型的金屬貨幣才逐漸增加。

但是對於這種新型態的交易模式，站在國家的立場卻必須設定一些限制的條件。因此各領土國家都發行了其獨自的貨幣，使其在領土內流通。貨幣上多半會記載製造地點，如果是處於戰亂中的地區，有時還會出現同時有數個國家在該地製造貨幣的現象。

在中原地區的韓、魏、趙的勢力範圍內，流通的是模仿農具形狀的「布錢」。在山東的齊及河

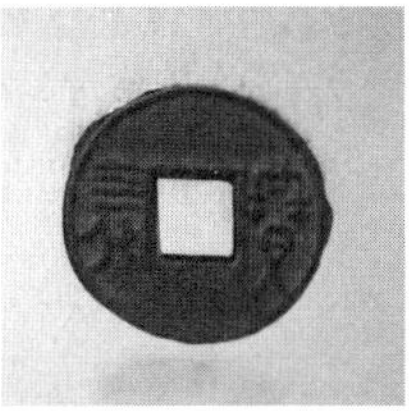

圓錢（秦）

蟻鼻錢（楚）

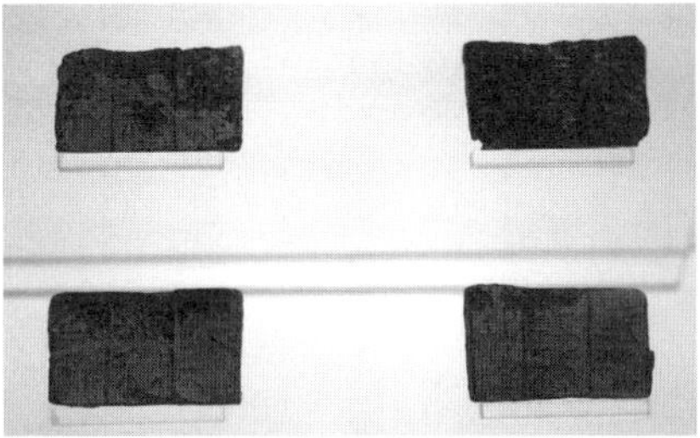

金版郢稱（楚）

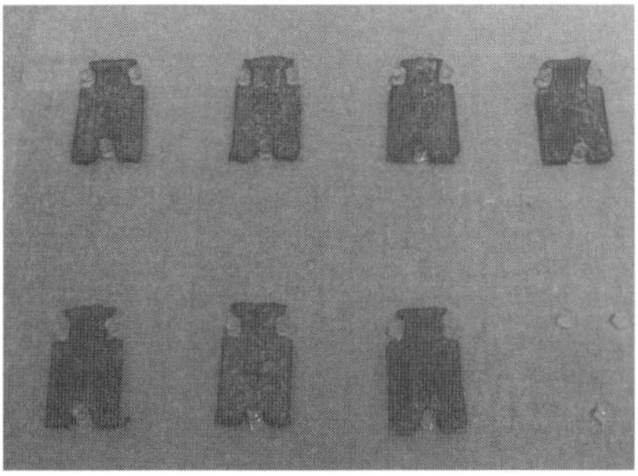

布錢（主要流通於中原地區）

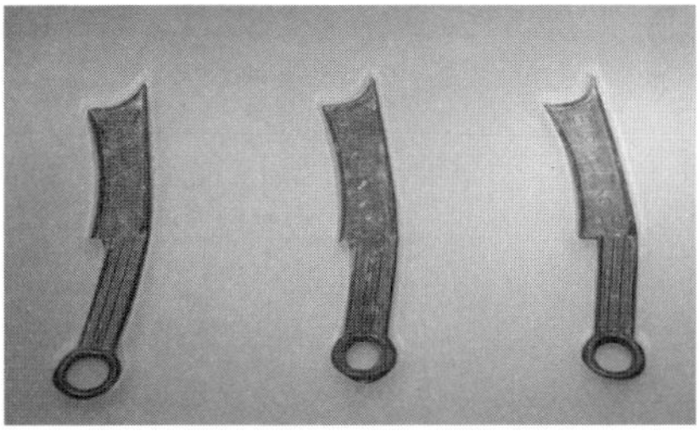

刀錢（主要流通於齊燕地區）

戰國時代的金屬貨幣

北的燕的勢力範圍內，流通的是模仿刀子形狀的「刀錢」。在楚的勢力範圍內，流通的是以小青銅塊做成的「蟻鼻錢」（因形狀像螞蟻的臉）。在秦的勢力範圍內，流通的則是「圓錢」。

為了方便秤重，這些金屬貨幣不是上頭有孔，就是做成了容易堆疊的形狀。這些易於秤重的特徵，抹除了國家所設的限制，讓貨幣形狀的差異變得不再重要。交易時的價值看的是貨幣的總重量，不管使用哪個國家的貨幣都一樣。

由此可知，戰國時代的貨幣的使用狀況與諸國政策反其道而行，早已實現了統一。

不過貨幣的大小並非毫無意義。每個國家的貨幣大小都不同，而這反映的是該國的重量單位。這一點，在前述的度量衡章節中已經說明過了。雖然每個國家採用的重量單位不同，但在上下單位的換算數值上，卻是形成容易換算的狀態。這證明了不僅每個國家都開始使用貨幣，而且物資在全天下流通的機制已經趨於成熟。

每個國家重量單位的上下換算方式不同，是基於想要呈現出國家獨特性的理念。但是相互之間容易換算的關係，卻違反了國家的理念，營造出實質上的貨幣統一效果。

秦始皇在統一天下後，致力於制定出一套「為統一建立模式」的制度。他唯一沒做的一項統一大業，是貨幣的統一。但他沒這麼做，是因為貨幣早已接近實質上的統一，根本不需要他動手。但是到了二世皇帝的時代，胡亥太過拘泥於「模式」，想要讓全天下所有的貨幣都變成秦幣的形狀。這個政策引發的經濟問題造成了天下大亂，可說是導致帝國瓦解的元凶之一。

值得一提的是，在殷商及周的時代，還曾以「寶貝」作為交易時使用的貨幣。這是藉由以物易物的連鎖效應，自遙遠的地方輾轉流傳過來的珍貴物品。若以「經由交換而轉手流傳」的觀點來看，這確實可說是貨幣的濫觴。但筆者在前文已介紹過了貨幣誕生的背景，而在使用「寶貝」的時代，還沒有這樣的背景能夠讓「寶貝」成為支撐廣大物資流通機制的貨幣。就像日本也是一樣，貨幣觀念真正開始普及，是在以「宋錢」作為天下共通貨幣的時代。由此可知，「寶貝」的功用多半還是當成裝飾品為主吧。

從殷商君王的田獵到秦始皇巡視天下

筆者在前面的章節（二〇三頁）曾經提過，自漢代起開始廣為人知的大禹治水傳說，若追溯其典故，會發現那指的只是禹巡視天下而已。這樣的內容會被引申為治水，是因為典籍的文章開頭部分有「治水」等寥寥數語的說明。而這個簡單的說明，卻將治水導向令人聯想到諾亞方舟的巨大洪水。

原本禹巡視天下的形象，與《日書》中記載的行神（旅行之神）禹的形象不謀而合。而記載了禹的行神形象的《日書》，成書於戰國時代末期。

筆者在前文已提過，戰國時代的諸國已形成廣大的經濟圈，且世人以金屬貨幣作為交易的媒介。在這個廣大經濟圈的形成過程中，世人往來各地的行為變得越來越頻繁，於是出現了守護旅行之人的神明。那個神明，就是行神禹。當時的世人通行於剛形成的貿易路線上，將禹當成了守護神。既然是行神，當然會出現在天下各地的紀錄中。這些紀錄經過彙整之後，演變為禹巡視天下的概念。

除此之外，戰國時代還是鐵器普及的時代，因此也出現了藉由大規模土木工程完成治水大業的治水之神。本書在前面的章節（一〇八頁）已介紹過《左傳》「昭公元年」中記載的治水神話。臺駘任官頗有建樹，疏通了汾水及洮水，堰止了大澤，居住在大原（高平）之地。當時到處都有類似的治水神話，但這裡的治水，並不是治像諾亞方舟神話中描述的那種滔天洪水，只是實施了一些基礎的治水工程。而這個治水神話，到了漢代開始與禹的行神形象合而為一，還搭配上了另外形成的大洪水神話。

除了行神會巡視天下之外，各國君王也會巡視其領地。天下各地都有受到崇敬的聖山，例如山東的泰山正是最好的例子。當齊王要舉行正統儀式時，據說會選擇神聖的泰山當作舉行地點。

若將時代往回推，在出現領土國家之前，是城市國家的時代。當時的各國君主也會舉行在領地內巡視的儀式。就連殷商的君王也不例外。前面章節曾提到殷商君王的田獵活動，這其實就是一種巡視領地的儀式。田獵的範圍僅限於一天之內可以往返的範圍，換句話說，只在城市國家的領地之內。每當實施田獵的時候，都會舉行由「大國」殷商以其神靈之力向其他從屬「小國」威嚇的儀式。各「小國」為了順利向殷商納貢，以及經常要向殷商君王問安，因此都會在殷商的郊外建立中繼用的村落。殷商君王以神靈之力進行威嚇的對象，就是這些村落。

進入戰國時代之後，君主進行巡視的範圍變得更大了。由於領土國家的誕生，君主在巡視特別地區時，沒辦法只以一個都市為對象。雖說各領土國家的疆域是以新石器時代的文化圈為基礎，但領土國家的疆域可能只占文化圈內的部分地區而已。因此這些國家勢力認定君主應該巡視的範圍，往往超越其實際的領土國家疆域。

在這樣的觀念下，齊藉由回顧歷史的方式，建立起了一套讚揚齊的田氏與魯的孔子的「模式」。齊利用了孔子的賢人身分，編造出了孔子巡視（周遊）天下的故事。而孔子巡視的這些國家，正是齊巴不得將之納入版圖的殷商故地（參照二三九頁）。

筆者在前面已提過很多次，只要有一個國家提出強調其正統性的主張，其他國家就會跟著編造出一些加以詆毀的負面訊息。而《史記》的〈孔子世家〉似乎是將戰國時代流傳的各種孔子事蹟加以拼湊而成，因此其內容可說是褒貶參半。在帶有貶意的內容中，包含孔子在各國流浪的說法，而其流浪的國家僅限於殷商故地，因此跟巡視天下的禹比起來差得遠了。這就是〈孔子世家〉中記載著孔子「腰以下比禹矮了三寸」這種說法的由來。

戰國時代的諸國一邊將這些謠言當成「史實」看待，藉以宣揚自己的理念，一邊讓自己的君主在領地內進行巡視，並設法讓領地向外擴張。

《尚書・禹貢》一文中，以沿襲自新石器時代的文化圈為基礎概念，描述禹巡視天下的事蹟，其中還提到「奠高山大川」一語。所謂的奠高山大川，指的是鎮壓山川之神，這應該就是一種以神靈之力進行威嚇的儀式。不過在具體詳述九州的田地及賦稅狀況時，除了作者認定為魏國領土的冀州之外，其他各州並未包含暗示威嚇儀式的詞句。而且在描述五服制度的部分，也將特別地區與其他地區分開論述。由此可知，〈禹貢〉所描述的治水，是將天下分成數個區域來討論，而其中的每個區域都與《左傳》中的臺駘治水的範圍大小差不多。

換句話說，在其概念之中，禹是分別在這些區域內實施治水，並利用天下的交通網絡移動到下一個區域。

而秦始皇巡視天下的紀錄，就像是除去了治水部分的〈禹貢〉內容。秦始皇挑出戰國時代的諸國舉行神靈威嚇儀式的象徵性地點，親自前往該地舉行神靈威嚇儀式。而他首先造訪的地點，就是自己的祖先長眠的陵墓之地。

在所有秦始皇造訪過的地點中，流傳後世的名聲最響亮的就屬泰山了。而泰山在這些地點中，也是最讓秦始皇抱持謹慎心態的地點。其理由，就在於這個靈地原本由齊所有。在秦的統一大業上，齊不僅是頑強抵抗到最後且主張正統的國家，而且若將時代往回推，齊更是曾經有資格與秦並立為「帝」的超級強國。因此在齊的靈地舉行威嚇儀式，有著象徵天下統一的重大意義。

貿易路線不僅是經濟動線，也是資訊傳遞的動線。戰國時代的人以貨幣作為交易的媒介，在貿易路線上往來活動的情況變得非常熱絡。許許多多的說客藉由這些動線前往天下各地，尋找賞識的掌權者，一展自己的長才。這些人擅於彙整各地資訊，並且不斷往來諸國進行遊說，因此各地的訊息都可以在極短的時間內傳遍天下。

漢代的司馬遷，也曾為了進行實地考察而利用這些交通網絡遊走於天下各地。

第十章　經過重新比對與考證的春秋時代及夏商周三代形象

在文書行政制度出現之前

以上我們回顧了戰國時代的世人對夏、殷商、周這三代的歷史認知，並且對殷商、西周、春秋、戰國等時代作了一番論述。

大和的大國與殷商、周

勉強能夠為我們提供參考依據的史料紀錄，大多誕生於戰國時代。說得更精確些，是在出現文書行政制度之後。但要分析戰國時代，倘若仰賴的是誕生於漢代的《史記》，則會在許多事情上遭受漢代的天下觀念所誤導。這一點，筆者已在前文提出了具體的論述。

若要將時代回推至春秋時代，那就更麻煩了。不僅是抱持天下觀念的漢代《史記》，就連抱持領土國家觀念的戰國時代諸典籍，也會因其理念基礎為領土國家而非城市國家，因而在許多事情上造成誤導。這一點，筆者也已在前文提出了具體的論述。

那麼，春秋時代到底是一個什麼樣的時代？一個沒有天下觀念也沒有領土國家觀念，只有城市國家觀念的時代，到底具有什麼樣的面貌？

本書在許多章節都已討論過了與此相關的議題。以下除了這些已經提過的內容之外，筆者還想補充一些值得探討的細節。

一般人所理解的春秋時代，是個採行「五等爵」制度的時代。但筆者在前文已說明過，這其實是戰國時代的思想家們揑造出來的虛構制度。

在對這一點有了基本的理解之後，筆者建議諸位讀者能夠以日本的古墳時代、飛鳥白鳳時代及律令時代作為比較的對象。

在古墳時代，大和地區有一個大國，而各地有許多小國，大國（大和政權）對小國具有影響力。這有點類似春秋時代每個沿襲自新石器時代的文化圈內，有一個或數個大國，對同一文化圈內的小國具有影響力。

根據史料記載，古墳時代的「倭國五王」曾派遣使節至中國，向中國要求封自己為「都督諸州諸軍事」（掌握日本及朝鮮半島部分地區軍事權限的官名）。雖然只是要求而已，但由此可以看出其拓展疆域的野心並不只在日本國內而已。同樣的狀況，也發生在春秋時代之前的西周時代。周的勢力範圍，橫跨新石器時代中原文化圈的西部區與東部區，對兩個地區同時擁有影響力。

飛鳥白鳳時代，就像是進入律令時代之前的準備時期。飛鳥時代的中央政權，會將小國的君主任命為「國造」。除此之外，還會賜予中央豪族「臣」或「連」等稱號，並賜予地方豪族「君」或「直」等稱號。簡言之，就是在日本之中，區分出中央與地方，並賜予各氏族的領導者不同的稱號。

中國的西周時代與春秋時代，國與國之間的關係似乎也大同小異。中國的狀況如下。

在西周時代，王坐鎮於首都鎬京，而副都雒邑則由周公負責管理。在王的底下，有一些大氏族的領導者，擁有伯或叔之類家族稱謂。除此之外，還有一些小國君主，統稱為「諸侯」。在這些「侯」的底下，也有一些類似周的伯或叔的人物，因此進入春秋時代後，這些人也都被稱為伯或叔。

值得注意的是，像「五等爵」這種以官吏式尊卑序列為概念的爵位制度，並不存在於範圍跟日本差不多的地區中的「大國」時代。

在這種注重「大國」與「小國」關係的社會裡，並不需要「五等爵」制度。但是在日本飛鳥白鳳時代，除了地方豪族的「君」「直」及中央豪族的「臣」「連」之外，中央政權還需要另外制定出「大臣」「大連」之類的稱號，以作為特別尊貴的諸侯階級。

中國的西周時代及春秋時代，同樣有著這一類特別尊貴的諸侯階級。這是本書的觀點。特別尊貴的諸侯階級，就是所謂的「公」。不過這與戰國時代諸國在彙整過去歷史時，為了貼標籤而設定的「公」有所不同。

到春秋時代為止的畿內

西周時代及春秋時代的「大國」，當然也有如同日本飛鳥時代的「中央地帶」，也就是畿內。

所謂的畿內，指的是城市國家能夠採行直接統治的範圍。

相較之下，到了戰國時代的秦，在疆域廣及半壁天下之後，將沿襲自新石器時代文化圈的領土國家秦國的原本範圍（陝西渭水一帶）稱為「內史」，這也是畿內的意思。到了漢代，又細分為京兆尹、左馮翊、右扶風，但畿內的地位是不變的。

不管是日本、朝鮮半島或越南，都不曾將這麼廣大的區域認定為畿內。

因此當我們以這些地區為參考對象時，不能忘記這中間的差異。

城市國家時代的「大國」畿內，與領土國家時代的畿內，是不可同日而語的。因此當我們在考證春秋時代（城市國家時代）大國秦的畿內時，推估範圍當然必須比領土國家時代的秦的「內史」要小得多。

想當然耳，若將時代繼續回推至西周或殷商，也是同樣的道理。

西周時代的畿內，是在首都鎬京周圍一帶及副都雒邑周圍一帶，其範圍應該與日本古墳時代的畿內範圍差不多大吧。

在西周及春秋戰國時代，只要超越了這個畿內的界線，便只能採行間接統治。到了戰國時代，在文書行政制度的推動下，中央才能夠派遣官吏治理這些原本採間接統治的地區。在文書行政制度誕生之前，各國的畿內指的是城市國家能夠直接統治的地區，而這個地點反映了戰國時代之前的歷史，各自被設定在新石器時代文化圈內的某個位置。

不管是首都或是副都，都會被設定在某特定區域之內，這是它們的共通點。無論是大國支配小國的時代，或是中央派遣官吏統治地方的時代，只要統治範圍越大，首都與副都的距離就越長；而統治範圍越小，首都與副都的距離就越短，這是可想而知的事情。

首都與副都

以周的情況來說，由於勢力影響範圍除了陝西一帶，還延伸至河南一帶，因此首都鎬京與副都雒邑之間的距離相當長，約相當於日本的京都到東京的距離。雖然時空背景大相逕庭，但有點類似日本鎌倉時代鎌倉幕府（關東）與所司代（京都）之間的關係，或是足利時代足利幕府（京都）與關東管領之間的關係。

除了這樣的主副關係之外，周的疆域還涉及消滅殷商以占據其土地的歷史問題。若以成立於新石器時代的文化圈（參照本書扉頁前地圖）來看，殷商的主要統治地區為中原區的東側，其影響力廣及周圍一帶；周的統治地區則為中原區西側的陝西一帶。後來周向東進軍，占領了殷商的根據地。周的首都鎬京位於中原區西側，對甘青區發揮牽制作用；副都雒邑則位於中原區的中央，牽制過去殷商的主要統治地區。雒邑似乎一直是由周公一族的子孫所治理。第一代周公的兒子受封於魯，魯的地點在海岱區的邊角，具有牽制位於海岱區北方的齊的意義。

中原區大致上可分成東西兩個區域，雒邑的位置就在西區進軍東區的出口。

以上就是副都雒邑的地理位置所具有的意義。

值得一提的是，傳說中存在於殷商之前的夏，戰國時代每個國家的認知都不相同。

例如戰國時代的秦，將中原西區認定為夏朝故地，並藉由強調對陝西地區進行直接統治的事實，讓自己的國家與「夏」畫上等號。

魏則是將山西至河南一帶設定為夏朝故地，並認為歷史上的夏都就在河南地區。

韓則是強調原本春秋時代盤踞於山西地區的晉的首都一帶是夏朝故地。

由上述諸國對夏的歷史認知亦可看出，周的勢力能夠廣及陝西及河南兩地，在那個大國掌控小國的時代裡可說是相當特殊的例子。當然，其疆域再怎麼大得超乎常識，跟漢代所認知的「天下」相比，還是小得多。

西周時代的世界觀

西周金文中稱頌文王、武王的詞句

在考證戰國時代之前的首都與副都問題時，我們在西周金文中發現了一些相當有趣的內容，以下稍作介紹。

有些西周金文會提及文王及武王的開朝功勳。形容文王功勳的詞句為「受茲大命」（承受上天命令）「受天有大命」（承受上天的大命）「匍有上下」（擁有感應天界與人間的力量）等等；形容武王功勳的詞句為「克大邑商」（戰勝大都市殷商）及其結果的「匍有四方」（平定「四方」）。

到了西周後期，文王、武王的功勳被合而為一，使用的詞彙為「丕顯文武膺受大命匍有四方」

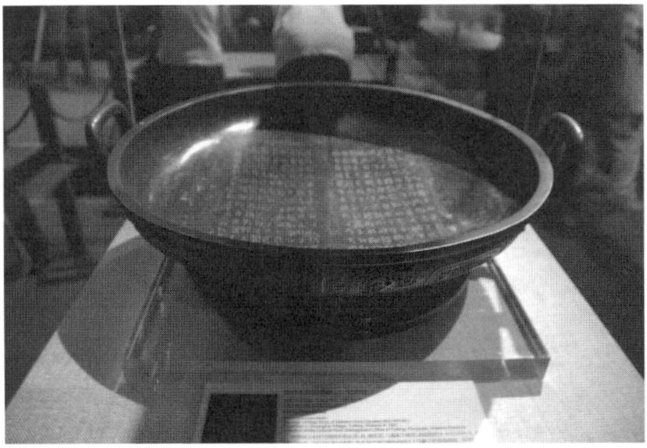

史墻盤（陝西省扶風縣莊白村出土，周原文物管理所藏）

（出自青銅器「師克盨」銘文）等等。這是將文王的「膺受大命」與武王的「匍有四方」放在一起了。其中的「匍有四方」一句，在其他青銅器中，有時會被改為「亦則殷民」（令殷商之民歸順。出自青銅器「師詢簋」銘文），或是「率褱不廷方」（讓不曾朝貢的方國（諸侯國）變得恭順。出自青銅器「毛公鼎」銘文），由此可知「匍有四方」指的是周消滅殷商的「克殷」之意。

在西周初期，「四方」不屬於周，而是屬於殷商。這裡的「四方」，指的並非東西南北四個方向，而是四個較具代表性的「方國」（諸侯國）。根據甲骨文的記載，我們知道殷商將諸侯國稱為「方」。

要知道上述青銅器銘文（金文）中的表現方式在後來有了什麼樣的演變，可以參考前面章節（六九頁）曾經介紹過的《逸周書・世俘》。這篇史料詳細記載了周武王消滅殷商的過程，其中提到「武王遂征四方。凡憝國九十有九國，馘磿億有十萬七千七百七十有九，俘人三億萬有二百三十，凡服國六百五十有二」。這指的是繼承文王功勳的武王的實際戰果。

光看這些數字，便知道內容經過渲染誇大。但若撇開誇飾的部分，這個段落讓我們得知一件事，那就是這裡所指的「國」，就是「四方」（四個方國）涵蓋的特定區域中的大小都市及農村。

逨盤及其銘文（陝西省寶雞市眉縣楊家村出土，寶雞青銅器博物館藏）

青銅器「史墻盤」銘文讚頌周文王功勳，最後有「匍有上下，迨受萬邦」（擁有感應天界與人間的力量，獲得許多國家）之語。這應該是前述「膺受大命」的進一步解釋。這裡的「萬邦」，也是誇大的形容，指的應該就是《逸周書・世俘》中稱為「國」的大小都市及農村。不過「史墻盤」中的「萬邦」，或許涵蓋整個周的統治地區，範圍比上述殷商的「四方」還要廣大。關於這一點，下文還會有更詳細的論述。

「四方」（原本臣服於殷商的四個方國）的所在位置，應該是在河南一帶。

陝西省眉縣青銅器銘文中的「四方」「四域」與「狄」

近來於陝西省眉縣出土的青銅器「逨盤」銘文中亦有著類似的詞句。這座青銅器約誕生於周宣王時期。

丕顯朕皇高祖單公，桓桓克明慎厥德，夾召文王武王達殷。膺受天魯命，匍有四方，並宅厥堇疆土，用配上帝。

現代文：偉大顯赫吾之高祖單公，以其威儀實現（周所賜予的）「德」（指一種靈力，與後世所稱的「德」不同，必須藉由征伐各地來獲得），輔佐文王及武王討伐了殷商。（周文王）承受上天賜予的天命，（周武王）擁有四方，建立基業於其疆土之上，成為上帝的輔佐者。

這裡的「四方」，就跟周初相同，指的是殷商的「四方」。

「逨盤」銘文在這一段後面接的是：

雩朕皇高祖公叔，克逨匹成王。成受大命，方狄不享，用奠四域萬邦。

現代文：我偉大的高祖公叔，輔佐成王。成王以軍隊證明了（文王以來的）大命，討伐不服從周的狄（外族），安定了四域萬邦。

這個部分描述的是周武王死後發生的叛亂。具體的詳情，記載於《史記》〈管蔡世家〉及〈宋世家〉內。周的一族中，受封的管叔與蔡叔負責統治殷商遺民，但周武王一死，管叔與蔡叔竟與殷商遺民一起反叛周公。周公平定了這場叛亂後，重新任命衛管理殷墟，將殷商的族人封於宋，並允許蔡復國。到了西周末年，與管相鄰的鄭，開始將其勢力自陝西地區向外延伸。

筆者在前面的章節曾經提過，《左傳》「昭公元年」中記載了一段韓氏的祖先傳說。根據這段記載，成王消滅了唐（晉位於山西中部的根據地）。《史記・晉世家》裡，也記載了這件事。根據

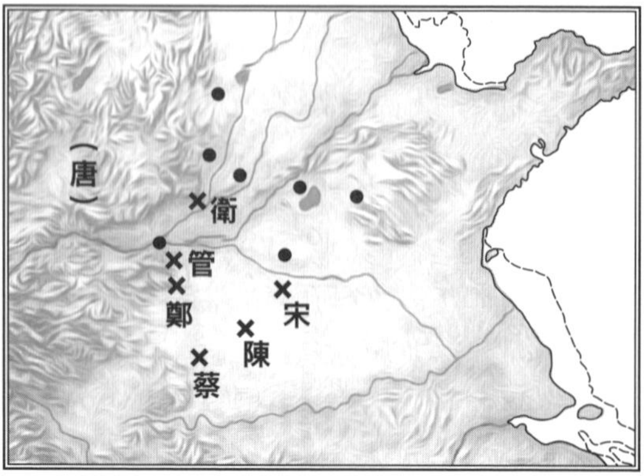

殷商故都　圖中的●是後人認定為殷商故都的位置。參照譚其驤主編《中國歷史地圖集》第一冊。這些認定是否合理，必須經過考古學的驗證。這些都市在周的初期是由管叔與蔡叔負責治理，但周武王一死，管叔與蔡叔與殷商遺民一起反叛。叛亂遭到鎮壓後，這些地區重新被託付給衛、宋、蔡等國（×處）。到了西周末年，鄭開始自首都的方向將勢力往管的領地內延伸。圖中的●處與殷商故地中的「四方」有何關聯，以及與《左傳》中提及的宋、陳、鄭、衛這「四國」有何關聯，尚待嚴謹的考證，可說是今後考古學上的一大課題。

《史記》中的記載，唐是因發動叛亂，所以才遭到平定。

周武王朝河南方面進軍，在牧野大破殷商軍隊，終於消滅了殷商。當時周所採取的戰略是與位於山東的齊雙向進擊，這點相當有名。

原本從屬於殷商的山西方國，在殷商遭到消滅後，依然不肯歸降於周，甚至還有響應殷商遺民發動叛亂的趨勢，因而遭到周進軍討伐。因此前述銘文中提到的「狄」，指的應該就是位於山西地區的唐。

若從周的首都所在的陝西地區出發，大致上來說有兩條路可走，一條是抵達黃河彎曲部位後轉而往北，就可抵達山西地區；另一條則是繼續東進，就可抵達河南地區。因此周的勢力一方面揮軍北上消滅山西方國，另一方面揮軍東進鎮壓殷商的叛亂。

「逨盤」銘文中所稱的「用奠四域萬邦」，指的便是成功消滅山西的「狄」與平定殷商遺民的叛亂。在「史墻盤」銘文中，亦有「匍有上下，迨受萬邦」（擁有感應天界與人間的力量，獲得許多國家）之語。由此可知「四域」指的是周所統治的整個疆域，其中當然包含「狄」及殷商遺民居住的地區。換句話說，殷商的「四方」只占了「四域」的一小部份而已。

值得一提的是，光看「狄」這個字，我們無法得知其具體指的到底是哪個異族。在所謂的「典籍」開始出現的戰國時代，每一部典籍中的「狄」之類稱呼異族的字眼，其代表的具體定義皆不相同。舉例來說，受後世思想影響較深的典籍認為「狄」應該是位於北方的異族，但是《春秋》中所稱的「狄」，卻是分布於山東至河北地區一帶。換句話說，西周所製作的「逨盤」與齊人所作的《春秋》，在「狄」這個字的定義上是南轅北轍的。

在周的時代，「四域」指的是特定的區域。就算在周成王的時代多加了山西地區，其本質還是沒有改變。「四域」之中有「萬邦」，而殷商的「四方」只是「四域」的一部份。

「四方」一詞的意思經常被誤以為是「天下」。倘若將「天下」的意思認定為勢力可及的範圍，則把殷商的「四方」當成殷商的「天下」倒也不算是錯。但這個「天下」的範圍，與戰國時代之後的「天下」可說是天差地遠。這個「天下」的意思，只是戰國時代各領土國家所稱的特別地區。事實上山東的齊與陝西的周也曾在短暫的時期中臣服於殷商，若以此來定義「天下」，則「四方」只是這個意指特定地區的「天下」中的一部分而已。

相同的道理，「四域」指的是對周而言的特別地區。若將「四域」認定為「天下」，倒也不是不行，但這個「天下」與戰國時代的「天下」比起來，可是小了非常多。

附帶一提，日本的典籍中的「天下」，也只涵蓋日本地區而已。因此雖說殷商及周的「天下」

相當狹窄，但與日本的「天下」倒也相去不遠。

有一座青銅器名為「𤼈公盨」，由於出土狀況不明，因此我們很難確認其誕生的年代到底是西周還是戰國時代。在這座青銅器的銘文中，也記載了「天下」一詞（不過在斷句上也可能是「…天，下…」）。倘若這座青銅器是西周之物，我們可以拿它與其他西周時代的青銅器互相比較。倘若是戰國時代之物，則可以與戰國時代誕生的諸典籍內容互相比較。

此外，筆者早已談過，在戰國時代的「天下」之中，各國的中央政權都在其疆域內建立起了文書行政的網絡。相較之下，西周時代專指特定地區的「天下」，還是建立在「大國」與「小國」的關係基礎上，尚未出現文書行政制度。

秦公簋、秦公鎛銘文中「下域」「四方」與「蠻夏」

在考證西周時代的「四域」一詞上，誕生於戰國時代的青銅器「秦公簋」可以為我們提供一些線索。

秦公曰，丕顯朕皇祖，受天命，鼏宅禹迹。十又二公，在帝之坏。嚴恭夤天命，保業厥秦，虩事蠻夏。余雖小子，穆穆帥秉明德，烈烈桓桓，萬民是敕，咸畜胤士。藹藹文武，鎮靜不廷，虔敬朕祀，乍𠷎宗彝，以昭皇祖。其嚴□各，以受屯鹵，多釐眉壽無疆，畯疐在天，高弘有慶，竈有四方。

現代文：

秦公說：「偉大吾之皇祖，承受天命，建立基業於禹的舊址之上（皇祖的神祕靈力）。祖先十二公，隨侍在帝的身邊。莊嚴恭敬，安定秦國，統領蠻夏（藉由十二公的神祕靈力，確認現在的安定事實，並預言未來的統治）。我雖然是小子（謙稱），但我謹慎地守護明德，藉由威儀匡正百姓，眷養眾士。從前顯赫榮耀的文公、武公，鎮壓不服朝廷者（秦文公、秦武公在現實上的戰果。藉此實現了安定秦國的現實）。朕恭謹地舉行祭祀，製造宗廟祭器，宣揚皇祖的威名，使其莊嚴神魂回歸宗廟，承受各種賜予之物，靈力無限廣大，保有永遠的地位，值得隆重慶賀，必將擁有四方（除了現實的安定秦國領土之外，秦公並祈禱能夠在現實中統治殷商的四方，也就是所謂的蠻夏地區）。」

除此之外，在「秦公鎛」（除了舊有的「秦公鎛」之外，還有另一新出土的「秦公鎛」。此處指的是舊有的「秦公鎛」，在一三七頁便已曾提及。至於新出土的「秦公鎛」，以下稱為「新出秦公鎛」，另有詳文解釋）銘文中，也有類似的詞句。其開頭部分是「秦公曰，丕顯朕皇祖，受天命，竈有下國」。筆者在十二公的部分以（）補充了一句「確認現在的安定事實，並預言未來的統治」，正是因為此處讚頌皇祖的功勳，已提到了「下國」的竈有（掌握之意）。

簡單來說，銘文中的意思是基於皇祖的神祕靈力，將保佑掌握「下國」的統治權，而這個「下國」包含現實中所統治的「秦地」，以及未來將會統治的「蠻夏」，也就是「四方」。

筆者在前文曾提過（三三〇頁），秦與趙有著祖先同源的傳說。趙的根據地在山西北部，而筆者也曾提過（一一五頁），《左傳》將山西南部一帶認定為夏朝的故地。根據秦律，秦的女人所生的孩子便是「夏子」。上述「秦公簋」也記載「鼏宅禹迹」（建立基業於禹的舊址）。顯然秦是將秦地的東側區域認定為夏朝故地，並企圖藉由祖先的傳說來主張統治的正當性。所謂的蠻夏，指的是同樣自詡為夏朝子孫的中原一帶各族。其背後的含意，是這些人根本不是真正的夏朝子孫。

有一點值得注意，那就是銘文中使用的是「下國（域）」，而非「天下」這個字眼。筆者認為這代表「天下」一詞尚未普及，或是根本還沒出現。

對了，「秦公鎛」銘文中的「國」，使用的就是「國」字，而非「或」「域」等字。這一點筆者也曾說明過，「國」這個字誕生於戰國時代。自西周時代起，都市稱為「邦」，而包含「邦」在內的特定範圍稱為「域（或）」。但是自從開始出現領土國家之後，世人開始注意其範圍的分界線，因而出現了「國」字（將「或」包圍起來）。

新出「秦公鎛」

銘文中的「蠻方」

「域」「百蠻」

「四方」

除了前述舊有的「秦公鎛」之外，還有另一新出土的「秦公鎛」，其銘文如下。

秦公曰，我先祖受天命，賞宅受國。烈烈邵文公、静公、憲公不墜于上，卲合皇天，以虩事蠻方。公及王姬曰，余小子，余夙夕虔敬朕祀，以受多福，克明厥心。盭和胤士，咸畜左右，藹藹允義，翼受明德，以康奠協朕域。盜百蠻，具即其服，作厥龢鐘，靈音鉠鉠雝雝，以匽皇公，以受大福，屯魯多釐，大壽萬年。秦公在位，膺受大命，眉壽無彊，匍有四方，其康寶。

現代文：

秦公說：「吾之先祖承受天命，奠定基業建立邦國（以上是先祖藉由其神祕靈力獲得的功勳）。威武顯赫的卲文公、静公、憲公感應於天上，顯著地依皇天之意行事，統領蠻方（以上是三位君主的功勳，包含神祕靈力的運用及現實的戰果）。」公（秦公）與王姬說：「我雖然是小子（謙稱），但日以繼夜恭謹地舉行祭祀，因此可享受多福，並且彰顯內心的誠摯。教化眾士，眷養左右，謹慎地遵循著道義，才能獲得明德，讓我的邦國順服安定（秦公的過去功勳，指現實的成果）。祈求能夠令百蠻臣服（希望能在未來將統治之地獲得現實中的戰果），因此製作了此巧妙靈鐘。其靈音鈇鈇雝雝（狀聲詞），能夠取悅皇公，享受巨大的福分，擁有許多賜予之物，靈力永遠不會消失。秦公在位長長久久，承受上天的大命，永永遠遠鎮壓四方（希望能在未來將統治之地獲得現實中的戰果）。子孫都該將此當成珍寶。」

文章的結構與「秦公簋」「秦公鎛」（舊）頗為相似。

「百蠻」與「四方」的意思應該相近，只不過「百蠻」指的是人，而「四方」指的是土地。至於「蠻方」，指的應該是早期歸降的方國。「蠻方」與不肯歸降的「百蠻」，都居住在「四方」之中。

關於這個新出「秦公鎛」的誕生時期，大致上有兩派說法。第一派說法是將銘文中提到的卲文公、静公及憲公認定為《史記》〈秦本紀〉記載的文公、竫公（〈始皇本紀〉內為「靜公」）及寧公（〈始皇本紀〉內為「憲公」），並推測製作者為寧公的兒子武公。另一派說法，則是認為上頭的銘文與前述「秦公簋」「秦公鎛」（舊）的字體極為相似，因此誕生的年代應該是在這兩具青銅器的銘文上提到的「十二公」的時期之後。過去學者認為既然是在「十二公之後」，應該是在大約春秋末年，但筆者仔細比對各青銅器的關聯性，認為「十二公之後」應該繼續往後推到戰國中期。

但是老實說，這個新出「秦公鎛」的誕生時期到底是春秋前期的武公時期，還是更晚的時期，筆者也難以下定論。

新出「秦公鎛」的銘文中有「宅」字，卻沒有「禹」字。禹是傳說中夏朝的始祖，「秦公簋」「秦公鎛」（舊）皆提到了「蠻夏」，而「蠻夏」的「夏」指的當然也是夏朝。諸國開始打起復興夏朝的口號，是在進入戰國時代之後。新出「秦公鎛」的銘文中沒有「夏」這個帶有戰國色彩的字眼，具體證明了其用字遣詞具有較古老的歷史。

偏偏在銘文中，卻又有著一般被認為是戰國時代用語的「義」字，這讓筆者有些摸不著頭緒。不過，即使是相同的字，在不同的時代也會有不同的意思。例如「德」這個字，在西周時代是「咒力、靈力」的意思，但是到了戰國時代，意思已與一般人所認知的「德」相近。在這個銘文中的「德」，不管採用哪一種意思都說得通。至於「義」，就算其意思與我們知道的不同，也一點都不奇怪。因此我們不能單靠「義」這個字的使用來武斷認定其誕生時期。

筆者曾提過很多次，周有兩大都市，分別是首都鎬京（宗周）與副都雒邑（成周）。前者負責威壓周的根據地陝西地區一帶，後者則帶有牽制殷商故地的作用。政權結構上，周王坐鎮於鎬京，周公負責管理雒邑。

「何尊」銘文中的「中域」

這種周的勢力由宗周一帶往成周一帶延伸的概念，可見於前文提過的一些青銅器銘文上。但是這種以陝西一帶為主、雒邑一帶為副的想法，曾在某個時期出現了變化。那就是武王過世而年幼的成王即位，雒邑的周公旦負責輔佐幼主的時期。

支撐著周朝的氏族組織，擁立成王即位為王。同樣的道理，氏族組織也擁立周公旦為成王的輔佐者。換句話說，氏族組織並不希望周公旦即位為王。

西周初期的出土古物之中，有一座名為「何尊」的青銅器。其上頭的銘文，記載著武王過世後，周公旦在雒邑輔佐及養育成王的事蹟。銘文節錄如下。

> 唯王初遷宅於成周。復稟（武）王豐福自天。在四月丙戌，王誥宗小子於京室曰：『昔在爾考公氏，克弼文王，肆文王受茲大命。惟武王既克大邑商，則廷告於天曰，余其宅茲中域，自茲乂民。

現代文：王（成王）首次搬遷至成周（雒邑）。（此句有兩字字跡不清）返回（宗周）祭祀武王，祈求上天賜予豐福。四月丙戌之日，王在京室之內告訴宗族晚輩說：「從前於（此句有一字難以釋字）的時候，考公氏輔佐文王，文王才能承受（這裡有缺字，應該是「大命」）。武王征服了大邑商（殷商），於（首都鎬京的）廷上告祭於天，聲稱『我（會跟過去一樣）奠基於中域（鎬京一帶），並任用（新得之地的）殷商之民』。」

這一段銘文，是在記錄成王搬遷至雒邑，並且回顧武王時期的歷史。在回顧武王歷史的部分，出現了「中域」兩字。

筆者在之前的章節便曾提過，西周的青銅器不論是哪一代，都常常讚頌文王的受天命及武王的鎮壓「四方」（殷商故地）。

除此之外，還常強調文王「匍有上下」（掌握了感應天界與人間的法則），這指的其實是文王統治陝西地區一事。換句話說，每一代的青銅器都是以「周的根據地（中域）在陝西地區」為前提，讚頌將統治範圍往河南地區推進的功勳。

筆者在前文（一三三頁）提過，《左傳》「昭公九年」中出現了「中國」（中域）一詞。這裡的「中國」，便是呼應了前述「何尊」銘文中的「中域」。

各文化圈中的王朝更迭

以上介紹了西周時代的世界觀。戰國時代的秦也繼承了這一套世界觀，並以此為基礎常識。

基於天下觀所論述的霸主更迭

秦的勢力原本來自甘肅地區，掌握了陝西渭水一帶的西半部，後來又將東半部也納入版圖。在這個時期，西周的首都一帶落入了秦的掌控。因此我們只要將新石器時代文化圈中的中原區劃分為東西兩區，就可以看清楚陝西一帶的「大國」更迭現象。統治這一帶的「大國」，由周變成了秦。

晉的勢力則由山西汾水一帶崛起，成為山西至河南一帶的第一大國。基於其勢力的壯大，此地也發生了王朝更迭的現象。

在山東方面，齊依然是第一大國。這裡並沒有王朝更迭的情況。但齊原本在周的諸侯之間呼風喚雨，連周也不敢對它小覷。然而後來另一股勢力開始對諸侯造成影響，那就是晉。換句話說，晉的壯大間接遏止了齊在河南一帶創造王朝更迭現象的野心。

在湖北方面，楚原本只是弱小部族，後來氣勢越來越盛，終於將周圍一帶納入掌控之中。雖然西周時代的情況並不明朗，但這裡也發生了王朝更迭的現象。

在江蘇方面，吳的勢力自春秋中期開始興盛。雖然之前的情況難以考證，但這裡也算是發生了王朝更迭的現象。吳後來還曾染指鄰近文化圈，攻破楚的首都（西元前五〇六年），威壓中原諸侯。

後來吳被越消滅（西元前四七三年）。以浙江地區為根據地的越往北推進，占領了吳，並繼承了吳的勢力範圍。這也可以視為發生在長江下游流域的一場王朝更迭。

過去的霸主更迭論，論述的對象也是齊、晉、楚、吳、越等國，但其內涵卻與上述的認知頗有不同。

霸主更迭的概念，是建立在天下觀之上，而且其論述的本質，在於哪個地方的大國，對周造成了什麼樣的影響。換句話說，所謂的霸主更迭論，其實是建立起了一套以周為核心的諸國關係，並給予各地大國比周低一等的地位。

戰國時代的霸主觀，與這種霸主更迭的觀點頗不相同。雖然當時已有天下的觀念，但是當世人提起「霸主」時，其共通的認知是「因帶有某些缺陷而無法成為王」的人物。由於其結論往往是該領土國家首先稱王的人物才真正擁有成為君王的資質，因此對霸主的評價總是比王低了一些。說穿了，不管是本國疆域的從前統治者，或是主張正統的敵對勢力的祖先，都比不上王。其論述的關鍵重點，在於如何讓自己所屬的特別地區在天下之中占有特別地位。這些論述的本意，絕非認為天下霸主的更迭是為了輔佐高高在上的周。

春秋時代的周朝首都

站在「周朝是疆域廣及天下的王朝」的觀點來看，西周時期的周朝首都是陝西鎬京，到了春秋時代則變更為中原的雒邑。在漫長的歷史中，周朝首都變更一事被解釋為周將首都遷往東方，也就是所謂的「東遷」。

然而史實卻是周朝的諸侯發生內鬨，分成了擁護鎬京攜王與擁護雒邑平王的兩派人馬，而平王的勢力最後獲勝了。

在西周時代，雒邑一直扮演著協助周將中原一帶納入勢力範圍的副都角色。但是在平王即位後，雒邑由副都轉變為首都，原本西周時期的首都鎬京所在的陝西地區，遭到了棄置不理。

就在這個時期，漢字文化在諸國逐漸扎根萌芽。

這時世人在論述事情時，開始將「周朝的首都為雒邑」當成了前提。在論述之餘，世人也開始關注從前時代所留下的歷史紀錄。本書在七一頁曾經介紹過的《逸周書》，正是一例。這部典籍中，記載著周武王朝著東方進行遠征，最後征服了「（殷商的）四方」的事蹟。雖然「四方」確實為周所征服，但是這個「四方」卻是殷商的稱呼。

周在臣服於殷商的期間，並沒有吸收漢字文化，是在消滅殷商的過程中，才繼承了這些漢字。因此在剛開始的時候，周是將殷商所使用的詞句囫圇吞棗地照用。「四方」這個稱呼，也是源自於殷商。

因此在西周初期的金文中，我們能夠找到「四方」這個詞。在使用上，多半是周武王鎮壓了殷商的「四方」。

在這些金文中的「四方」，意思當然並不是西周的首都周邊一帶。但是這些紀錄流傳至後世，到了春秋時代，周王開始居住於「四方」的附近。如此一來，便讓世人的心中產生了「四方就在周朝的周圍」的錯覺。

而這個扭曲的觀念，又傳承至戰國時代。

戰國時代位居中原地區的國家，例如韓，開始想要好好利用「四方」這個概念。自己的國家位在中原地區，成了最大的助力。本書在前面的章節已介紹過（一二九～一三三頁），《左傳》將陝西地區定義為「中國（域）」，有時也稱之為「西土」。這個概念後來由《史記・周本紀》所繼承

（參照七二頁）。此外，另一文獻《尚書》〈堯典〉則是將「四方」一詞改為「四表」，並將「匍有上下」（意指文王掌握陝西地區）一詞中的「上下」，設法誘導至意指河南一帶。

西漢的首都在長安（西安），東漢的首都在洛陽。各種典籍中的注釋，都是出現於東漢之後。想當然耳，典籍中的「四方」一詞，成了東南西北四個方向。讀者們讀了本書之後，理解了「四方」的本來意義，當看到古籍中的「四方」時，懂得思考這可能指的不是東南西北，而是「四個國家」。但是傳統的解釋，還是常常將「四方」認定為「東南西北」。這種傳統解釋方式的背景，來自於統一帝國的觀念。既然殷商是疆域廣及天下的王朝，倘若依照原本的意義來解釋「四方」，會顯得有些不倫不類。既然如此，乾脆變更為「東南西北」這個遼闊的概念。而周朝的遷都，更促使這樣的解釋變得合理。倘若周的首都一直是鎬京，而且遺留下許多能夠清楚界定「四方」意義的史料，情況應該會有些許不同。然而現實卻是周遷都至雒邑，扭曲了「四方」的意義，也連帶讓後世的人對周所統治的區域產生了誤解。

漢字的魔力

以周為尊的青銅器銘文

我們知道殷商的人已開始使用漢字，也知道這套漢字系統由周繼承。周自殷商學會了將漢字鑄入青銅器中的技術後，一直獨占這個技術而沒有外傳，只將鑄了字的青銅器分賜給諸侯。獲贈青銅器的一方，原本並不清楚這些漢字所代表的意義。經過代代的賜予，這些諸侯才逐漸對漢字有一定程度的理解。然而就算有了一定程度的理解，由於沒有在青銅器上鑄字的技術，因此無法製造出鑄了字的青銅器。這些諸侯能夠製造青銅器，但無法在上頭鑄字。

青銅器的銘文內容，都包含了以周為尊的思想。周的諸侯代代都獲賜這樣的青銅器。

西周末年，周的首都一帶陷入兵荒馬亂的局面，王室工匠們因而逃散至各地。藉由這樣的契機，在青銅器上鑄字的技術才流傳開來。

那些原本就已對漢字有一定程度理解的諸侯國，開始利用漢字來記錄自己國家的事情，促成了廣大漢字圈的形成。這些諸侯國內，還保有許多在還不懂漢字的時代獲賜的青銅器。雖然有相當數量的青銅器隨著前人進入了墳墓，但留在世上的也不少。這些諸侯國在提升漢字理解水準的過程中，會慢慢對這些歷代青銅器上的銘文進行整理。其結果等於是一代又一代接觸以周為尊的文章內容。越是耳濡目染，越是覺得周朝高高在上。

若以軍事力量來看，周的權威早已式微。但若以漢字理解能力的延伸現象來看，周的權威可說是有增無減。春秋時代就是這樣的時代。

代代獲賜青銅器的諸侯國，大多分布於河南至山東一帶。這些諸侯國很難擺脫掉「以周為尊」的觀念，彷彿遭漢字的魔力操控了心靈。

相較之下，那些青銅器上不曾記載其與周朝關係的國家（或是雖有記載但只有隻字片語的國家），甚至是根本沒有獲賜這類青銅器的國家，則不會產生「以周為尊」的觀念，也就是沒有遭漢字的魔力操控心靈。

例如位於長江中游流域的楚，以及位於下游流域的吳、越，都對周朝的權威頗不以為然。因此這些國家都在很早的時期便稱王了。不僅如此，這些國家還要求那些屈服於自己的勢力之下的周朝諸侯，必須在青銅器上記錄以自己的國家為尊的文章。這麼做是為了對抗周朝的權威，宣揚以自己為尊的權威地位。

在前面的章節中，筆者曾經比較過春秋時代與日本古墳時代的共通特徵。早在古墳時代之前，中國的漢字便已有傳入日本的先例。最具代表性的例子，就是刻著「漢委奴國王」的金印。但是「漢委奴國王」一詞，是站在中國的立場所寫出的漢字。

據說在邪馬台國的時代，大和政權曾以銅鏡分賜各地。這樣的做法，正與西周分賜青銅器有三分相似。獲賜銅鏡者看不懂漢字，這點也是相同的。

同樣的道理，獲賜銅鏡者後來也漸漸對漢字有了一些理解。

到了古墳時代，日本人已能自行製造刻了銘文的銅鏡。但這些日本銅鏡只是中國銅鏡的仿製品，製作者不見得看得懂漢字。此外也出現了刻有銘文的鐵劍，當時的大和朝廷及其周邊勢力似乎已能理解其文意。其內容為系譜等簡單文字，這點也與部分西周時代金文具有相似性。

進入飛鳥時代後，日本人對漢字的理解能力有顯著的提升。這個時期的日本與中國的春秋時代社會頗具共通性，適合互相比較對照。不僅如此，而且飛鳥時代也是佛教開始傳入日本的時代，隨著致力於對佛經的解讀，日本的社會也進入了高度的文字社會。

到了白鳳時代，制定律令的聲浪越來越高漲。這個時代則與中國的戰國時代頗具共通性，適合互相比較對照。

不過在理解以上的論述時，有一點必須注意。雖然同樣是漢字的傳播，但戰國時代諸國的語言最後都與漢語同化，相較之下，日本的語言卻與漢語有著天壤之別。在語言的隔閡上，中國與日本完全不可同日而語，當然不能放在完全相同的立場上進行比較。

漢字耗費了相當漫長的歲月，才突破語言的障礙，在日本及朝鮮半島扎根萌芽。若以開始採行文書行政制度的時期（中國為戰國時代）來看，日本晚了一千年。

從目前可知已開始使用漢字的殷商末期，到開始採行文書行政制度的戰國時代，相隔了大約一千年。從開始採行文書行政制度的戰國時代，到日本及朝鮮半島開始採行文書行政制度，也相隔了大約一千年。

四處生根的漢字

春秋時代是漢字開始廣範圍扎根的時代，因此我們能看到許多關於各地的紀錄。相較之下，西周時代由於周獨占了在青銅器上鑄字的技術，因此我們幾乎找不到任何地方性的紀錄。

然而從西周時代到春秋時代，以社會結構而言其實沒有太大變化。差別只在於文字是否普及，至於社會結構則幾乎可視為相同。那是一個以城市國家為核心單位的社會。大國與小國之間的關係，也是基本上大同小異。

由此可歸納出一個觀念，那就是只要研究春秋時代，就可以順便掌握西周時代的狀況。雖然西周時代幾乎沒有留下地方性的紀錄，但春秋時代多少留下了一些。因此我們只要以手邊能夠蒐集到的史料進行考證，多少能夠想像得出西周時代是個什麼樣的時代。

更進一步來說，只要我們能蒐集戰國時代的史料，剔除戰國時代的世人加油添醋的內容，就能夠重新建構出春秋時代的真正面貌。而只要我們能復原春秋時代的社會面貌，就等於是復原了西周時代的社會面貌。

過去春秋時代被認為是理想的王道思想已經淪喪的時代，但如今我們知道因漢字的普及，春秋時代反而是周王的權威更加鞏固的時代。

春秋時代所具有的意義還不止這個。如今春秋時代對我們而言，更是一個能夠提供珍貴史料，協助我們讓虛偽的「王道」時代恢復原本面貌的時代。

遭到理想化的周公旦與太公望

周公旦

周公旦是西周時代初期的人物。一般人觀念中的周公旦，是在比孔子（春秋末期）更早的時代裡實施理想王道政治的賢人。然而這所謂的理想王道政治，卻根本不曾存在過。戰國時代的諸王只是利用周公旦這個人物來塑造出古代的理想政治，藉此證明自己是擁有正統地位的君王。

那麼周公旦實際上是個怎麼樣的人呢？周公旦是在周消滅了殷商後，負責統治雒邑的人物。當時的氏族組織，是由數個血緣（親屬）集團所組成。繼位的君王，便是從這裡頭選出。根據甲骨文研究成果，我們知道殷商的君王是從數個血緣集團中輪流推選出來的。相較之下，西周的君王似乎全來自於某個特定的血緣集團。然而就算是這個擁有君王權力的血緣集團，也只是周的整個氏族組織中的一部分而已。由這個血緣集團所選出的君王在即位時，必須由其他血緣集團的族長舉行承認的儀式。而周公旦似乎正是負責舉行這種儀式的族長。

由此可知，周公旦屬於支撐周的氏族組織中相當重要的氏族，而且身為一族之長。這個氏族一方面肩負其重要的職責，一方面又負責統治副都雒邑。每一代的族長，都被稱為周公。

然而到了西周末年，情況有了變化。周於西元前七七〇年分裂成了擁戴平王的東周及擁戴攜王的西周。對周公一族來說最大的影響，就是平王於雒邑即位。後來西周為東周所滅（西元前七五九年），但陝西一帶陷入嚴重混亂局面，不再受周統治。如此一來，雒邑便出現了周王與周公並立的窘境。在這樣的局勢下，周王成了雒邑及其周邊一帶的實質統治者，而周公反而成了待在周王身邊的輔佐者。供給周公生活所需的都市，雖被安排在雒邑的近郊，但這與春秋時代其他大國中的輔佐者所受的待遇並無多大差別。

雒邑是具有統管殷商故地機能的副都。在西周時代，周公是雒邑之主；但是到了東周時代，周公成了雒邑之主的輔佐者。

沿襲自新石器時代的文化圈之中，西周原本掌控中原區的東區與西區。但是到了東周時代，周已無法維持這個體制。

周公的職權，可說是有了徹底的改變。到了戰國時代，周公旦的血脈更失傳了，原本周王一族被改立為周公。周王的首都遭滅後，有一段時期是由周公一族繼承了周的傳統。西周（指戰國末期自周分裂出來的小國）滅亡於西元前二六四年，而周公之國滅亡於西元前二五五年。

根據《史記・魯世家》記載，周公旦的兒子受封於魯。在本書前面的章節中，也曾如此介紹過。但受封的恐怕不是真正的兒子，而是周公一族的旁系族長。魯的建國目的，在於牽制位於山東的齊。

太公望

除了周公旦之外，還有一個人物的真正面貌與一般人認知的形象大相逕庭，那就是同樣生活在西周時代初期的太公望。

事實上在《史記・齊世家》中，總共收錄了三種關於太公望呂尚與周文王如何相遇的傳說。以下這段是其中最膾炙人口的一種。

呂尚蓋嘗窮困，年老矣，以漁釣奸周西伯。西伯將出獵，卜之，曰「所獲非龍非彲非虎非羆；所獲霸王之輔」。於是周西伯獵，果遇太公於渭之陽，與語大說，曰：「自吾先君太公曰『當有聖人適周，周以興』。子真是邪？吾太公望子久矣。」故號之曰「太公望」，載與俱歸，立為師。

現代文：

呂尚不僅窮困潦倒，而且年事已高，在釣魚時遇上了周西伯（文王）。當時西伯正要出外打獵，臨行前占卜吉凶，得到的回答是「這次將獵到的不是龍螭也不是虎羆，而是霸王之輔」。於是西伯出發打獵，果然在渭水的北岸遇上了呂尚。兩人交談後，西伯非常開心，說道：「從前我的先君太公（季歷）曾說，將有聖人來到周，使周得以興盛。那位聖人應該就是你吧？先君太公期望你的到來不知已多少年了。」因而稱呂尚為「太公望」，將他帶回，尊他為老師。

這個傳說最不合理的一點，就是太公望呂尚竟然會獨自出外釣魚。當時的社會還是以城市國家為基本單位，個人不可能在毫無協助且毫無準備的情況下出門旅行。何況呂尚是一族之長，沒有理由因窮困潦倒而出外流浪。就好像電視劇中的「水戶黃門」的身分是德川光國，但真正的德川光國不可能做出那些事。而且請不要忘記，那可是個連貨幣經濟都還未成形的時代。

第二個傳說如下。

太公博聞，嘗事紂。紂無道，去之。遊說諸侯，無所遇，而卒西歸周西伯。

現代文：太公望是個博學多聞的人，曾在紂王底下任官，但因紂王無道而離去。後來他曾遊說諸侯，但懷才不遇，最後終於來到了周西伯（文王）的身邊。

這個傳說也有不合理之處，那就是「遊說諸侯」。這讓人聯想到戰國時代遊說諸王的說客。不過這個傳說最值得注意的一點，是它與第一個傳說不同，描述太公望曾經在紂王底下任官。

站在這個角度來看，會發現第三個傳說更加耐人尋味。

呂尚處士，隱海濱。周西伯拘羑里，散宜生、閎夭素知而招呂尚。呂尚亦曰「吾聞西伯賢，又善養老，盍往焉」。三人者為西伯求美女奇物，獻之於紂，以贖西伯。西伯得以出，反國。言呂尚所以事周雖異，然要之為文武師。

現代文：

呂尚是名處士（隱遁之士），隱居於海濱。周西伯（文王）遭囚禁於羑里，散宜生、閎夭兩人認識呂尚，於是將他找來幫忙。呂尚也說：「我聽說西伯是賢能的君主，又懂得奉養老人，不如我就隨你們去吧。」三人為西伯蒐集了美女與珍奇異寶，獻給紂王，終於讓西伯得以返國。雖然呂尚事奉周的情況有些奇特，但西伯還是請他擔任文韜武略的老師。

這個傳說中描述呂尚為隱遁之士，這也有點說不通。呂尚是族長，沒有理由自己一個人躲起來過生活。一但他隱遁了，就會失去生活上的經濟來源。就算解釋為遭族人流放，但散宜生、閎夭找這樣的人來幫忙，也有些匪夷所思。不過這段傳說中最值得注意的一點，是呂尚原本住在海邊這個設定。所謂的海邊，指的應該是山東一帶。呂尚是山東地區的族長，與周合力一同攻打殷商。

本書在前面的章節中介紹過的《逸周書・世俘》，也有關於太公望的紀錄。武王向從屬於殷商的「四方」諸地區宣布「成辟」（即位）後，開拔大軍至殷商的勢力範圍交界處，太公望後來也抵達了。太公望統治山東地區，因此是與周聯手對殷商前後夾擊。

如此推論下來，再度印證了一件事。周封建魯國，是為了對齊這個大國起牽制作用。

此外，在第三則傳說中，提及太公望曾將西伯（文王）從殷商的紂王手中救出來。這或許也可以解釋成位於山東的齊與位於陝西的周，早在周文王時期便建立起了合作關係，紂王正是因為察覺危險，才將文王扣著不放。

此外，既然文王曾遭到拘留，而太公望曾協助釋放文王，這意味著周與齊的統治者都曾經必須前往殷商朝見紂王。換句話說，在紂王的時期，殷商的影響力遠及東方的山東地區及西方的陝西地區。但這股強大的勢力，最後還是敵不過來自東西雙方的夾擊。

領土國家化過程中的大國豪族與小國豪族的差異

春秋時代雖是城市國家的時代，但是在鐵器逐漸普及之後，農地受到整頓且數量大幅增加，許多的都市相應而生。在這些都市裡，有著來自四面八方的人，漸漸形成不同於傳統的人際關係。

孔子與魯國豪族

孔子正是生活在這樣的時代下。

筆者在前文便已提過，孔子的思想發源於魯這個都市，隨著認同者逐漸增加，而往鄰近都市擴張。但是在擴張的過程中，孔子的弟子們所提出的思想不再是以都市為基礎。因為這些人已活在領土國家的官吏統治制度之下。

孔子收了許多天賦異稟的人才為弟子，而這些弟子又教育出更多弟子，使原始的儒家思想得以壯大。因此在孔子的思想中，有一部分是為了迎合新的時代需求而產生的觀點。但是另一方面，孔子生活的時代還沒有發展出由中央派遣官吏至地方進行直接統治的文書行政制度。隨著文書行政制度的施行，為了順利處理諸般事務，勢必需要一些法律規範，而這種法律規範（律令）當然也還沒有誕生。

根據許多學者的研究成果顯示，現行的《論語》版本包含較古老的部分，以及後人增補的部分。較古老的部分能夠用來考證孔子時代的社會風氣，而後人增補的部分則可看出弟子們的思想演變。

《論語》的內容，彷彿是將生活於城市國家時代的孔子，當成了生活在領土國家時代的賢人。而對魯國豪族的描述，也是建立在這樣的設定之下。

戰國時代的諸領土國家之中，有一些國家企圖利用宣揚孔子思想來達到其目的。其中最具代表性的國家，就是齊。齊的田氏在春秋時代，充其量不過是齊的豪族大夫之一而已。但後來田氏取代了君主的地位，到了戰國時代甚至稱王。為了強調稱王的權威性，田氏利用了孔子的名聲。

齊是山東大國，曾與西邊的周聯手夾擊殷商，可說是協助周消滅殷商的大功臣。春秋時代是個強國逐漸開始將周圍小國剷除後置縣，逐步推動官吏制度的時代。齊在春秋時代也消滅了許多小國，因此底下的豪族大夫往往統治許多個縣，其權勢甚至比一些小國國君還大得多。

當初的田氏，正是這種權勢薰天的大夫。因此春秋時代的田氏最後成為領土國家的君主，可說是必然的結果。

相較之下，魯雖然是為了牽制齊而誕生的強勢國家，但魯並沒有成功地消滅周圍小國並置縣以壯大國力。因此魯底下的豪族，能夠掌控的縣少得可憐，與齊的田氏相較之下，權勢實在是不可同日而語。

話雖如此，但是在一個國家之中，畢竟有著君主與大夫之間的關係。魯君與豪族大夫的關係，就相當於傳統都市中君主與豪族之間的關係。因此只要能對魯的內部情況有一定程度的理解，應該能夠利用來當作考證都市內部人際關係的線索。

當我們在探討歷史意義時，齊的田氏所具有的意義，與魯的豪族大夫所具有的意義，當然是截然不同的。

然而在一般人的眼中，魯的豪族大夫與齊的田氏沒有多大差別。所謂的沒有差別，指的是一般人認為齊的田氏與魯的豪族都同樣是「官吏」。但是以這樣的觀點，很難看出田氏在春秋時代所掌握的權勢有多麼強大，也很難觀察出在成為領土國家君主的過程中，田氏所展現出的掌權者面貌。不僅如此，而且也很難以傳統城市國家內部鬥爭的角度，理解春秋時代魯君與豪族大夫之間的關係。

若以日本的情況來比喻，就像是在律令國家時代逐漸掌握權勢的藤原氏，或是與權勢擦肩而過的蘇我氏，不該與地方小國裡的豪族相提並論，是一樣的道理。

而促成這種「魯的豪族大夫與齊的田氏沒有多大差別」觀念的始作俑者，就是前述企圖利用孔子名聲來達成目的的諸國。生活於城市國家時代的孔子，彷彿被當成了生活在領土國家時代的賢人。在這樣的背景設定下，前述的觀念便相應而生。

在戰國時代，齊的為政者想盡辦法要讓田氏與孔子扯上關係。在魯這個國家裡，孔子所事奉的季氏是掌握最大權勢的豪族，連魯君也對季氏不敢小覷。當時居下位者殺害居上位者，典籍中會使用「弒」這個字眼。而齊人所作的《公羊傳》抱持濃厚的革命思想，認為只要理由正當，大夫就算「弒」其君主也沒什麼不對。在這部《公羊傳》內，卻記載著魯的君主想要「弒」季氏。這樣的說法，彷彿是認定原本居下位的季氏應該成為君主，而原本居上位的魯君只配當區區的大夫。換句話說，這影射魯君早已喪失身為君主的資格。《公羊傳》假托孔子之名，想要將這樣的觀念塑造成由孔子所提出的預言。

關於「弒」的用法，可與本書二四七頁提過的「獲麟」問題一併思考。孔子是魯的賢人，但其角色的職責只是為了襯托出齊的賢人田成子的正統性。

因此在看到這類詞句時，我們必須學會思考其背後的意圖。

同樣是透過孔子的名義論述從前的時代，正統性與齊不同的國家，主張的論點當然也是南轅北轍。說明的立場，會因正統性的需求而改變。

魯的三桓

晉的豪族大夫雖然與齊的田氏同樣是在戰國時代嶄露頭角的大夫，但其抱持的論點卻是大相逕庭。這些晉的豪族大夫就跟齊的田氏一樣，擁有許多縣的統治權，而且最後成為了領土國家的君主。這些取代了晉的君主成為諸侯，最後甚至稱王的豪族，就是魏氏、趙氏與韓氏。由於這三股勢力將晉瓜分了，因此合稱為「三晉」。魏氏、趙氏與韓氏所建立的國家，在戰國時代將中原區的東部分成了三塊。當時包含中原區西部的秦在內，其他地區主張正統的勢力，大多都成功以一整個文化圈的範圍建立起領土國家。因此將文化圈一分為三的情況，反而能夠建立起其他主張正統的勢力所難以仿效的「模式」。對魏氏、趙氏與韓氏而言，強調「三分」已成了其主張正統性所不可或缺的環節。

《公羊傳》主張孔子讚頌田氏的論點，當然遭到了推翻。在魏氏、趙氏與韓氏的眼裡，孔子對齊的田氏是不屑一顧的。就連與孔子產生關聯的魯國豪族大夫，重點也在於「三」這個數字。例如韓人所作的《左傳》，便是藉由「三」的概念建立起宣揚韓氏正統性的「模式」。

在魯這個國家裡，桓公（西元前七一二年至西元前六九四年）的後代分成了三族，合稱為「三桓」。這三族分別為季氏（季孫氏）、孟氏（仲孫氏）及叔孫氏。後來這三族的勢力聯手流放了魯哀公，而孔子正是在季氏的底下任官。

「三桓」的數字「三」被當成了重點，但事實上魯國除了「三桓」之外，還有其他擁有君主後代身分的豪族。例如臧氏（臧孫氏）是魯孝公（西元前七九五年至七六八年）的後代子孫。除此之外，還有來自宋的孔氏等等外來氏族。然而在《左傳》裡，卻只把「三桓」提出來論述。

其背後隱含的意圖，在《左傳》「哀公二十七年」的記載中流露了出來。這個段落相當於《左傳》全書的總結，其中提到了魏氏、趙氏與韓氏三家分晉的來龍去脈。

魯的三桓，流放了魯的君主哀公。這是一起將孔子也牽扯在內的政治事件。晉的三晉，則是將晉一分為三。在比較魯與晉這兩起類似的政治事件時，孔子成了關鍵人物。

《左傳》中到處記載著孔子的預言，但每一處孔子的預言，肯定都有其他人物的補充預言。而結果總是孔子的預言遭到訂正，而其他人物的預言才成了真。換句話說，《左傳》裡的孔子預言給人一種不可靠的印象。

而孔子所涉及的事件，是三桓流放了魯君。在這種環節相扣的結構下，形成了「預言不準確（沒有先見之明）的孔子參與了三桓事件」這個概念。其背後影射的含意，指的是魯的三桓雖然也是「三」，卻不是真正的「三」。

因此當我們在閱讀這個「模式」下的「三桓」事件時，必須慎重思考其背後隱藏的意圖。然而歷代的《左傳》注釋，卻只將「三桓」事件當成了史實看待。而且就跟前文所述齊的田氏的狀況一樣，三桓與三晉被當成了地位差不多的一國豪族大夫。事實上三晉是大國豪族，各自擁有許多縣的統治權，在戰國時代都變成了領土國家。相較之下，魯的三桓所掌控的縣相當少，其擁有的權勢與三晉可說是天差地遠。倘若只是對《左傳》內的「模式」囫圇吞棗地信以為真，也沒有察覺孔子在其中扮演的角色，將看不清楚上述的歷史意義。

任何國家都有豪族

由於魯的豪族往往會被拿來與孔子的問題一併論述，因此筆者必須特別將上述的觀念提出來討論。但是除此之外，魯的豪族也給了我們一些眉目，讓我們能夠將時代往回推，對城市國家時代的人際關係有更進一步的瞭解。

筆者在前文已經提過，支撐殷商跟周的氏族組織都是由數個血緣（親屬）集團所組成。筆者也提過，由王的後代子孫所建立的氏族往往會引發一些問題。照理來說，同樣的現象也會發生在其他國家。說得更明白點，假如沒有類似的現象，那反而不合理了。

因此「國內有著豪族」這個概念，可以套用在西周或殷商時代的諸侯，甚至是更早期的任何城市國家上。透過春秋時代的魯國紀錄，我們能夠反推出這個結論。

但筆者必須再次強調，在與孔子相關的事件記載中，對某些豪族的相關論述都是受到了戰國時代或漢代的人對孔子的觀感所影響。除了「都市裡有著豪族」之外的任何訊息，例如明顯受到後代觀念所影響的個人言論，都不能真的認定為該時代人物的言論。這就好比我們看見電視上的水戶黃門說了一句話，也不會認為歷史上的德川光國真的說出了這樣的話。

《春秋》的參考史料

《春秋》的紀錄是以「踰年稱元法」的方式排列。只要將《春秋》中各國君主去世的紀錄篩選出來，就可以算出各國君主的在位年代。後來的《史記》編纂者便是以這樣的方式計算年代，並將《春秋》記載的事蹟填入。

但是在《史記》的這個改編自《春秋》的事蹟年表中，還參雜了許多「並非源自《春秋》的事蹟紀錄」。由於這些事蹟紀錄所採用的都是「立年稱元法」，因此與「踰年稱元法」的事蹟紀錄之間會產生年分的誤差。

而這些「並非源自《春秋》的事蹟紀錄」，足以成為留下紀錄的國家曾經製作編年體史書的佐證。

事實上，《春秋》這部史書應該也是以類似的編年體史書為參考史料。根據推測，其主要的參考史料應為齊與魯的編年體史書。

誕生於戰國時代的《公羊傳》中，曾提及誕生於相同時期的經典《春秋》所參考的史料。例如在《春秋》「莊公七年」記載著「夏，四月，辛卯夜，恒星不見，夜中星霣如雨」。而《公羊傳》對這一句的解釋如下。

《不修春秋》曰，雨星不及地尺而復。君子修之曰，星霣如雨。何以書？記異也。

現代文：

《不修春秋》中說「星辰像下雨一樣墜落，在距離地面大約一尺的時候又回到天上」。君子將這一段修改為「星辰墜落，像下雨一樣」。為什麼要記載這件事？因為「異」的關係。

在這段敘述的前後，都記載著魯的夫人姜氏密會齊侯的行徑。夫人姜氏是齊侯的妹妹，關於這個人，筆者已在前文提過了。《公羊傳》除了記載夫人姜氏密會其兄之外，也在其他段落中暗示夫人姜氏密會其父（也稱齊侯），這點筆者也在前面的章節談過。《公羊傳》是齊的田氏政權所編纂的典籍，因此其中經常出現詆毀春秋時代齊的姜姓君主的內容。關於《不修春秋》的記載，被夾在詆毀姜姓君主的詞句之間，基於這個緣故，我們不能因為《公羊傳》中提到《不修春秋》，就依其字面上的意思認定這是一本誕生於《春秋》之前的史書。不過《公羊傳》刻意在這裡提到《不修春秋》，還是一條值得深思的線索。

這意味著《春秋》在編纂上確實使用了一些參考史料，而且對《公羊傳》作者而言是個基本的前提。

筆者已提過很多次，《春秋》的作者並不是孔子。但其參考用的史料，在孔子的年代應該已出現在世上了。我們不能肯定孔子是否涉及這些史料的編纂，但我們相信這些史料是確實存在的。不僅存在於魯，而且存在於其他各國。《不修春秋》就是在這樣的時代背景下，在典籍中被提及。

聖德太子的時代

讀者可以試著拿日本的聖德太子作為比較的對象。聖德太子的時代，若以漢字傳播的觀點來看，約相當於從春秋時代開始進入律令時代的過渡期。《日本書紀》記載，當時的為政者曾編纂過史書〔推古二十八年（西元六二〇年）〕。根據其紀錄，聖德太子（皇太子）與蘇我馬子（嶋大臣）在討論之後，編纂了「《天皇記》及《國記》《臣連伴造國造百八十部并公民等本記》」。由這書名結構來看，與《史記》極為相似，可說是為《日本書紀》立下了先典。但其中的具體內容，如今已難以考證。

記錄內容似乎相當多樣化。當時的史書到底有著什麼樣的面貌，實在令人充滿了好奇。

日本當時已與中國有所接觸，而在聖德太子的時代，接觸的對象是隋朝。包含《史記》在內的歷代典籍，隋朝都保存了下來。相較之下，孔子時代（春秋末期）與諸國有政治接觸的國家中，當然不會有任何一個國家保留了全天下的典籍史料。因此將春秋末期的孔子時代與日本的聖德太子時代互相比較，有其偏頗之處。這一點，我們必須隨時謹記在心。但是單以編年體史書的出現時期而言，將孔子時期的中國與聖德太子時期的日本互相比較還是有其意義。

這個比較能夠提供我們一定程度的線索，讓我們找出日本的律令政治沒有採行科舉制度的理由。中國必須等到唐宋變革之後，經由科舉所產生的官吏才變成推動政治的主要力量。即使是中國，從文書行政制度扎根到出現科舉官吏，也耗費了超過一千年的醞釀時間。

科舉制度要普及，有一個不可或缺的條件，那就是出版事業必須先普及至全天下（這也不是一朝一夕就可達成的事情）。

由此觀點來看，本書所介紹的時代實在是具有重大意義。

刻板印象與多重觀點

「刻板印象」（Stereotype）這個詞的意思，是固定的模式或常套的慣用手法，但經常引申為多數人在沒有確切根據的情況下心中懷抱的幻想式常識。這個常識由於凝聚了大多數人的共識，因此往往不會有人懷疑其正確性。

探尋「史實」底下的史實

在這種前提下，假如「史實」的真相會破壞該常識，這個「史實」很可能將面臨不被承認為「史實」的命運。每個人為了保護心中的美麗幻想，都會下意識地抱持抗拒心態。但是反過來說，「史實擁有神聖地位」也是一種刻板印象。其身為刻板印象的理由，就在於只重「史實」而疏於分析。

以上這兩種刻板印象往往會互相交雜，呈現相當奇妙的面貌。

本書的做法，是先將「史實擁有神聖地位」這種令人心醉神迷的刻板印象灌輸給讀者，接著解釋中國歷史到戰國時代為止的「史實」，與現代人的刻板印象有何不同。

現代人對歷史的刻板印象中，到戰國時代為止的部分多半來自於《史記》及東漢之後的經典注釋。注釋及解釋也分成很多派系，其中對現代人影響最深遠的，是我們統稱為宋明理學的一套學問系統。清朝的考證學及日本江戶時代的學問，都脫不出其窠臼。

清朝的考證學雖然以擺脫宋明理學的箝制及復興古典思維為口號，但其回溯的古典思維，也只到東漢的注釋為止。因此乍看之下，會給人一種想要將東漢的天下觀回推至三代的印象。但以天下觀而言，在他們的理解之中，東漢時代跟明代並沒有什麼差別（參考本書六〇頁）。

這些注釋及解釋的特徵，就在於將漢代之後的漢族居住地定義為「中國」，並強調其不可切割的整體性。相較之下，到戰國時代為止的「中國」，指的卻是沿襲自新石器時代的文化圈裡宣揚自我主張的範圍。建立於這種環境下的刻板印象，反映在戰國時代的史書上。

本書介紹了戰國時代各地區所抱持的刻板印象。尤其是對夏、殷商、周這三代的見解，各國可說是相去甚遠。

本書在提到「史實」時，往往會加上括號「」，那是為了提醒讀者，那往往也只是刻板印象。「史實」底下有著什麼樣的史實，也是本書探究的重點。「史實」都寫在典籍上，要找出這些「史實」相當簡單，但要確認其內涵卻也不是一件容易的事，更遑論是要挖出「史實」底下的史實了。

與其將焦點放在漢代的刻板印象上，不如放在戰國時代的刻板印象上。雖然同樣是刻板印象，但戰國時代的刻板印象至少距離史實較近一些，有助於理解沿襲自新石器時代的文化圈內的共識。本書的一大重點，就是確認這些「史實」。確認其存在，並確認其無法遭到否定。

「史實」底下的史實，也是本書的論述方向之一。這個部分還需要經過不斷考證與分析。

皇帝的「天下」與周邊國家的疆域

距今大約半個世紀前，鈴木俊與西嶋定生共同編纂了《中國史的時代區分》（東京大學出版會，一九五七年）一書，其中收錄了前田直典的《東亞地區古代時期的終結》一文。前田直典是個相當優秀的學者，可惜在二戰後不久便英年早逝了。這本書中雖然收錄了前田直典的文章，但長久以來一直沒有受到重視。

前田提出了以下觀點。中國歷經了戰國時代之後，在西元前三世紀由秦統一天下，建立起了中國古代的統一國家。相較之下，日本及朝鮮的古代統一國家的形成，卻是大約在西元四世紀，至少晚了中國七、八個世紀。在東北亞，二世紀的鮮卑及三世紀末的高句麗是否算是形成統一國家尚有爭議。

前田接著表示，中國的古代時期約結束於九世紀前後，而朝鮮及日本則結束於十二至十三世紀。中國跟朝鮮、日本的差距縮短至三、四世紀。到了近世，日本更是處於與中國幾乎齊頭並進的狀態。

當時學界較感興趣的主題，是對社會結構及發展層次的掌握與探討。而前田的論述重點，卻是中國在東亞歷史的發展初期獨占鰲頭，其後東亞各國才步上相同的發展之路，但周圍各國的發展逐漸加速，最後趕上了中國。

前田在論述最初的時代區分時，以官吏制度（由官吏進行地方統治）為基準指標，比較「國家」（領土國家）的成立時期。本書在一部份的論述上也繼承了這樣的觀念。本書將「基於文書行政制度進行地方統治」及「擁有屬於自己的律令」分別放在冊封體制的雛形、冊封體制的建立及冊封體制的轉換這些時期之中，並說明其各自的意義。東亞冊封體制開始成為研究的議題，要歸功於將前田的業績呈現在世人面前的西嶋定生。

但是自前田之後，強勢的主流觀點卻沒有考慮中國、朝鮮半島及日本的疆域差異性。本書對這樣的觀點提出了異議。沿襲自新石器時代的文化圈是重要的關鍵，只要把握住這個文化圈的立場，就能夠對包含戰國時代及其以前的歷史進行論述。每個文化圈的大小，都與日本的國土相當。想想日本曾有一段時期同時存在彌生文化及後繩文文化，便可明白文化圈的範圍大小會受限於人類能夠移動的範圍大小。

西嶋定生繼承了前田的觀點，認為東亞冊封體制起始於中國這個統一國家與周邊各國之間的關係。但是西嶋所著眼的儒家經典，卻是成書於更早的戰國時代。在戰國時代中，各領土國家皆站在沿襲自新石器時代的文化圈立場上，宣揚其正統性的主張。對於夏、殷商、周這三代的歷史描述，也是在這樣的框架之內，依附各國不同的理論基礎而呈現不同的面貌。而這些主張及理論，都會反映在儒家的經典內。

為了避免引起誤會，筆者必須聲明一點，那就是筆者並非認為超出了文化圈的地區不會對該文化圈造成影響。畢竟戰國時代的世人，已有「天下」這意味著整個漢字圈的觀念。何況在漢字圈形成之前，各種物品便會因以物易物的交易行為，而散布至非常遙遠的地方。早在日本及東北亞藉由文書行政制度加入漢字圈行列之前，物品便早已在東亞的廣大區域上四處傳遞。關於這個廣大區域的詳細內涵，當然也有考證分析的價值。但我們不能只鳥瞰整個廣大區域，卻忽略了沿襲自新石器時代的文化圈的重要意義。

本書雖然基本上繼承前田的觀點，但在一些細微（雖然細微但相當重要）的部分主張不同的看法。最大的差異，就在於本書顧及了「天下」這個廣大區域，與沿襲自新石器時代的傳統文化圈之間的差異性。

除此之外，本書還刻意避開了建立在所謂的「王朝史觀」上的說明方式，以及容易造成誤解的說明方式。

王朝史觀認為傳說中的三代都是天下太平的理想王朝。形成這種王朝形象的肇因之一，就在於把戰國時代至漢代所建立的各種制度，認定為遙遠的古代便已出現的制度。但是如此一來，社會型態彷彿從遠古時代便處於毫無變化的停滯狀態，因此王朝史觀往往被認為是一種停滯史觀。

不管是王朝史觀，或是與其呈現一體兩面關係的停滯史觀，基本上都不注重對歷史真相的探尋。本書不斷介紹相關「史實」，用意之一就是為了明確點出這個差異。

為了不讓停滯史觀成為停滯史觀，有效的方法是利用鐵器普及等各式各樣的指標，對歷史的每個環節進行驗證。這些指標在跨越不同國家的比較上，也是相當有效的工具。如此大膽的提議，來自於前田的研究成果。

然而這個提議卻隱含著極大的陷阱。在以皇帝為尊的中國朝代，注重的是放眼整個廣大疆域（天下）的思想；但是在這個廣大疆域形成之前，注重的卻是沿襲自新石器時代的各文化圈的獨特性。前田的提議沒有考量到這一點，因此本書特別將這一點提出來探討。

中國的正史反映的是一種體制觀。這種體制觀以中國皇帝的統治疆域為特別地區，並將周圍的其他土地視為野蠻地區。周邊的國家則基於不同的「模式」而建立起了不同的體制觀，只是時期比中國要晚上許多。倘若站在中國正史的立場上論述國家關係，將只會看到以中國皇帝為中心的體制觀，而看不見其他國家的體制觀。同時代朝鮮半島及日本的體制觀，將會遭到淹沒。同樣的道理，若站在中國正史的立場上回溯歷史，將只會拘泥於以中國皇帝為中心的體制觀，而忽略了戰國時代各領土國家所建立的體制觀。

值得注意的一點，是前述體制觀容易遭忽略的戰國時代領土國家的疆域，以及同時代周邊國家的疆域，範圍都只相當於一個或兩個沿襲自新石器時代的文化圈（雖然也有像戰國時代的三晉一樣分裂得更小的情況，但在特別地區的設定上大同小異），這是其共通的特徵。

基於這個特徵，本書以前田的觀點為基礎，透過鐵器普及、官吏制度下的地方統治、文書行政制度的誕生等等基準指標，在文中對（時代上有所差異的）中國戰國時代及日本律令時代進行了交叉比較。不僅如此，而且也比較了相當於律令時代準備期的孔子時代，與日本的聖德太子時代。不論就史書、神話或爵位等各方面來比較，其結果都是相當值得深入探究。

日本江戶時代儒學家的中國古代史認知

日本的律令制度後來名存實亡，這是眾所皆知的事情。但其「模式」留存了下來，被江戶時代的人利用在建立幕藩體制的理念上。江戶時代的諸藩雖然大小有別，但其面積跟中國古代的城市國家大致上相差不遠。在那些靠藩提供經濟援助的儒學家之中，有些人不稱日本為日本，而稱日本為「中國」。其用意在於重建日本律令時代特有的中國觀及夷狄觀。山鹿素行、淺見絅齋、佐藤一齋這些靠藩或幕府提供經濟援助的儒學家，正是將日本稱為「中國」的代表性人物。會出現這種風潮，原因就在於律令施行地區在傳統上依然保留著其「模式」。其造成的結果是這些江戶時代的儒學家們所生活的環境，較接近從前戰國時代領土國家的實際狀況，更勝於其他學者所主張的中國皇帝式的廣大領域思想。

《論語》〈子罕〉篇中有這麼一段：

子欲居九夷。或曰，陋，如之何？子曰，君子居之，何陋之有？

現代文：

孔子感嘆世道衰微，打算搬遷到東方的九夷之地。有人問他：「九夷之地是風俗鄙陋的地方，為什麼要去那裡？」孔子回答：「只要有德君子居住在那裡，就能感化居民，使其成為禮義之邦，哪裡還會鄙陋呢？」（現代文參照日本儒學家宇野哲人的解釋）

日本江戶時代的京都學者伊藤仁齋針對《論語》中的這一段，提出了這樣的看法：「夷狄若能知禮義，也能成為『華』；『華』若禮義淪喪，也會成為夷狄。不管是舜或文王，原本也是夷狄之人。孔子的心已開始嚮往九夷，雖然九夷所指為何我們不得而知，但或許就是像我們日本這樣的地方吧。」這可說是一種站在日本人立場的看法。日本近代法學家穗積重遠聲稱沒有日本人會支持這樣的看法，但若對照本書所提示的觀念，這種宛如「笑話」一般的言論，聽起來似乎也有幾分道理。

筆者之所以會這麼說，是因為我們應該站在戰國時代宣揚正統性主張的觀點，來看這則《論語》〈子罕〉篇的短文。簡單來說，孔子對中原心灰意冷，因此打算搬遷到東方的齊地。事實上關於齊利用孔子建立起宣揚正統性的「模式」，本書在前面的章節已舉過不少例子。仁齋將其中的「九夷」（暗指東方的齊）替換成了「日本」，剛好與從前齊藉此宣揚正統性主張的想法不謀而合。

宋明理學是在中國皇帝的體制下發展而成的產物。這套學問系統確實對江戶時代的學者們造成了極大的影響，但這些學者們所身處的環境是藩，是日本，而不是中國皇帝眼中的廣大疆域。因此這些學者們改為以領土國家日本的觀點，取代中國廣大疆域的觀點。

中國古代史認知與觀察城市國家的眼力

日本、朝鮮半島、越南這些國家與中國皇帝的國家之間的最大差異，就在於疆域的大小。本書曾提過一個與此相關的話題，那就是金屬貨幣的出現。戰國時代因形成了天下規模的交易網絡，才促成了貨幣的流通。

只要將觀察的對象轉移至日本，其背後的意義便相當明顯。日本也曾經想要推行唐朝的貨幣制度，因而製造了獨自的貨幣，但是流通的效果卻不盡理想。貨幣制度在日本扎根，是在宋錢的流通開始普及的時代。所謂的宋錢，當時是包含中國在內的廣大經濟圈諸國所共通使用的貨幣。

貨幣的普及帶動了印刷技術的成熟，而印刷技術的成熟促成了出版文化的發揚光大。而這個出版文化，成了科舉制度的基礎。科舉制度在日本沒有辦法扎根，正是因為日本並不具備相同的基礎。

不過隨著支撐出版文化的購買能力逐漸上升，到了江戶時代，日本開始大量出版各種中國書籍。依附於藩底下的儒學家們，正是靠這些書籍來獲得學問。在這個時期，日本終於也製造了獨自的貨幣。

到了這個階段，日本、朝鮮半島、越南及中國的學者，可說是立足在相同的基礎之上。話雖如此，但畢竟國家制度、社會狀況及國家規模都大相逕庭，因此就算站在相同的基礎上求學，對中國古代史的認知也不會完全相同。

二次大戰後，增淵達夫曾主張春秋戰國時代的「山林藪澤」是蘊藏鹽鐵等礦物的重要資源，伴隨著戰國時代貨幣經濟的發展，形成支撐君主權力的經濟基礎。其論述的依據，來自於西漢古籍《鹽鐵論》。若將研究史繼續往前回溯，日本江戶時代的學者大田錦城的研究中也有關於山林藪澤的論述（《梧窗漫筆》〈商鞅之言云云〉）。不過大田受提供自己經濟援助的藩的立場影響太深，其研究的時代設定為古老的城市國家時代，但論述的主旨卻是山林的利用方式。當然我們大可以嘲笑他在認知上有所偏差，但是關於那些「史前」的歷史，就連筆者在本書的論述上也是頗感力有未逮。而且大田的文章中隱含一個不容忽視的重要觀點，那就是將都市的範圍限制在其周邊一帶的有限空間內。今後在城市國家時代的研究展望上，這個觀點勢必將再度受到重視。

在日本、韓國等大大小小的現代國家之中，也有像日本江戶時代一樣，各藩擁有自我表達空間的情況。日本將這種自我表達的空間稱為「國風」（譯註：或稱國振或國柄，指各國〔藩〕的風土習俗）。日本史的「國風」特色較為明顯，但中國史卻很難看出類似的現象。我們能看到的，只有繼承了新石器時代文化圈傳統的監察區域或軍事區域的獨特自我表現方式。而這些區域的大小，都足以跟整個日本相匹敵。舉例來說，在滿洲族的清朝統治之下，漢族有一段時期致力於地方分權，各文化圈的獨特性便在這個時期展現了出來。而這類獨特性，具體表現在獅子之類雕塑物的造型上（台灣的宜蘭縣有個「河東堂獅子博物館」）。中國缺少像日本江戶時代那樣以藩為單位的獨特性。是真的沒有，還是我們視而不見？在這個議題的分析研究上，本書所談及的春秋時代城市國家，也就是剛吸收了漢字文化的諸城市國家的具體考證，勢必能提供相當大的幫助。而在分析的過程中，日本的「國風」現象應該多少有一些參考比較的價值。

筆者必須不厭其煩地再次強調，在人與社會的歷史關係上，有村落，有統合村落及小都市的大都市（就是所謂的「城市國家」），有統合大都市的「大國」，有大國開始以官吏統治地方而演變成的「領土國家」（相當於現代日本或韓國的概念），也有統合數個領土國家的國家（如現在的中國或歐洲）。就算只將目光放在現代，也能看見以上這每一種型態。這些型態不僅存在於現代社會之中，而且其衍生出的齟齬與摩擦可能就是導致全世界戰禍不斷的肇因。

在本書介紹過的時代中，若扣除戰國時代，剩下的都是講究人與都市或農村之間關係的時代。都市或農村是人與人產生交集的社會的最小單位。正因為如此，都市或農村能夠提供我們一些訊息，幫助排解我們心中的錯誤認知或齟齬。藉由回顧這最小單位社會的歷史，吸收過去人類所經歷過的各種體驗，藉此培養冷靜觀察社會問題的眼力。若能做到這一點，想必能對消弭世界上各種誤解與誤會貢獻一己之力。

這說起來容易，做起來卻不是那麼簡單。例如在文字被當成祭祀工具的時代，我們要瞭解祭祀的儀式並不難，但要摸清每個人心中的念頭卻是難上加難。同樣的道理，到了文書行政的時代，要整理各領土國家所戴的面具很容易，但要看清面具底下的真正面貌卻是難如登天。本書正是基於此點，再加上特別強調運用歷史紀錄時的謹慎心態，因此就算是在論述最關鍵的都市或農村問題時，也往往只能採保守而委婉的說法。要找出具體的真相，仰賴的是一步一腳印的考證作業，這需要的是恆心與毅力。為了消弭所有不該存在的誤會，如今我隱隱期待能在這些持之以恆的努力所換來的成果中，找出伊藤仁齋的「玩笑」（他說得非常謙虛）及大田錦城的研究的定位及意義。

主要登場人物略傳

夏禹及殷商的湯王

禹是行神，也就是旅行之神。在戰國時代，天下的物資流通情況變得活絡，人的移動變得頻繁，道路的建設也趨於完善。在這些道路網絡上旅行的人，將禹當成了守護神。因為這個緣故，禹被認為是出現在天下各地的神，由此而造就了巡視天下的傳說。除此之外，每個沿襲自新石器時代的文化圈內，都有其獨特的治水神話。其原因就在於鐵器在戰國時代開始普及。各地區的治水之神都帶有其地方特色，而有些神話將行神禹與治水結合在一起。這種帶有地方性色彩的治水之神禹，與天下的行神禹的概念又互相重疊，創造出了天下的治水之神禹的傳說。雖然成為了天下之神，但禹畢竟帶有地區性色彩。而這樣的禹又在特定的文化圈內被認為是夏朝的始祖。基於禹治天下之水的傳說，到了漢代，夏朝被視為是疆域廣及天下的朝代。禹是一個傳說中的人物，其形象會因地區及時代而出現各種變化，相較之下，殷商的湯王雖然也被理想化，卻是個實際存在過的人物。湯王在殷商的甲骨文中被稱為大乙，而在戰國時代的金文中則被稱為成湯。

周文王與武王

消滅殷商的是武王，而在武王之前為周鞏固基礎的是文王。周在武王時期繼承殷商的漢字文化，制定「武王」這個王號，並追謚其父為「文王」。在那之前，周王被殷商稱為周侯。周文王承受天命（大命），擁有感應天界與人間的力量，並獲得名為「德」的神靈之力。武王繼承了「德」，依其天命而征服隸屬於殷商的「四方」之地。文王承受天命而武王征服殷商的「四方」，成了周王代代傳頌的事蹟。以此為基礎，戰國時代的諸國為了建立繼承周朝權威的「模式」，將文王與武王當成了象徵性的人物。自武王之後，代代的西周王都繼承了名為「德」的神靈之力，以及「四方」的統治權。後來「德」的意思轉化為一般普遍的認知，世人將注意力集中在新的天命（革命）上，因此基於承受天命而受到讚頌的文王，更是成為讚頌的焦點。

周公旦與周成王

西元前一〇二二年，周武王去世，殷商遺民開始在各地發動叛亂。此時帶領周度過這個危機的人物，正是周公旦。所謂的周公，似乎是在支撐周的眾部族中，負責輔佐王族的另一部族的族長。因此周公不能繼位為王，只能輔佐周王及統治雒邑（洛陽）。在成王年幼的時候，曾有一段時間搬遷到雒邑接受周公扶養照顧。武王征服了殷商的「四方」，而雒邑這個都市在「四方」的統治上占有重要意義。周公一族原本負有統治雒邑的權責，但是在名為「東遷」的混亂期之後，雒邑成了周的首都，因此過去的殷商「四方」之地改為由周王親自治理。周王在雒邑的附近另外建了周公的都城，周公的職責變成在名義上輔佐周王。由於周公旦沒有篡奪王位，因此到了戰國時代之後，周公旦被當成了負責鑑定即位之王有無品德的賢人。這種解釋下的角色形象逐漸轉變為理想化的「史實」，形成了革命的象徵性概念。

共伯和與周宣王

西元前八四一年，周厲王因內部鬥爭而遭流放。其後負責掌管政務的人物，就是共伯和。由於雒邑是由周公一族統治，因此共伯和是在與周公一族取得共識的情況下，在年幼的宣王正式即位前負責處理朝政。原本厲王遭流放的那一年被定為元年，但不久之後，厲王的紀年又重新受到採用。這或許代表著承認了厲王在遭禁錮狀況下的在位身分。西元前八二六年，厲王去世而宣王即位，該年改稱元年。由於這段過程與周公旦、成王的狀況極為類似，因此到了戰國時代，共伯和的時期也被認定為賢人當政的時期。戰國時代的王若要依循成王模式，就會以「成王」為號；若要依循宣王模式，就會以「宣王」為號。依循成王模式的國家，會以宣王沒有從正月元旦開始稱元年為由，藉此貶低宣王，而依循宣王模式的國家，當然也會想出辦法貶低成王。到了漢代，世人甚至搞不清楚共伯和是人名，因而產生了「共和」指的是賢人周公與賢人召公輪流執掌政務的說法，將該時代當成了理想的時代。「共和國」這個翻譯上的用語，也是源自於「共和」一詞的意思。

周幽王與平王

開朝始祖會被理想化，相反地，遭消滅的君主則會被醜化。商紂及傳說中的夏桀正是最好的例子。周朝因諸侯鬥爭而分裂為鎬京（西安附近）及雒邑（洛陽）兩邊，鎬京的一方遭消滅後，導致分裂的幽王也遭到了醜化。後人想出了紂王因美女妲己而墮落的傳說，同樣的情況，周幽王則是因美女褒姒而為惡。褒姒因此而被冠上了妖婦的形象。另一方面，在雒邑鞏固周朝局勢的平王獲得了正面評價。周的東遷（副都雒邑變成首都）在後代被形容成了具革命性的壯舉。《史記・孔子世家》記載，魯的反叛者公山不狃欲召孔子前來輔佐，孔子原本打算答應，說了一句「如有用我者，吾其為東周乎？」（如果有人能重用我的話，我將開創媲美東周（周的東遷）的大業）。

五霸

自新石器時代之後，各文化圈都誕生了「大國」，這些「大國」有時會侵略鄰近文化圈。進入春秋時代後，原本只有殷商及周的都市才使用的漢字，開始普及至各地。周的勢力範圍內的「大國」君主，開始能夠以漢字確認其在周王底下的「侯」的地位。至於周的勢力範圍外的「大國」君主，則為了與周王抗衡而自稱為「王」。但進入戰國時代後，世人卻無視這樣的歷史淵源，各個施行文書行政制度的領土國家，為了毀謗敵對領土國家的王，開始回溯春秋時代的有名君主，各自為他們貼上自己認定的標籤。例如在齊的田氏底下任官的孟子，為了毀謗從前遭田氏奪走地位的姜姓君主及敵對諸國祖先，將齊桓公（姜姓）、晉文公、秦穆公、宋襄公及楚莊王認定為五霸，並主張五霸為「三王（指三代）之罪人」。至於楚人荀子，則為了讚頌自己所事奉的楚王，因此以楚莊王、齊桓公、晉文公、吳王闔閭及越王句踐為五霸，其中楚莊王為楚王的祖先，而其他四霸則在荀子的年代早已亡國了。因為是讚美之意，所以荀子的評價是「信立而霸」。

孔子

孔子於西元前五五二年出生於魯，也於西元前四七九年去世於魯。雖然生平渡過不少流浪的時期，但還是栽培出了許多弟子。這些弟子及弟子的弟子活躍於戰國時代的各國政治界。在春秋時代末年，都市已有大量增加的趨勢，都市間人口移動也變得頻繁，為政者變得難以依循傳統人際關係的模式來經營都市。孔子活在那樣的時代裡，思想的本質在於闡述如何以新型態的人際關係來建立都市經營的基礎，以及該注意的細節。但領土國家逐漸成形，孔子的弟子們慢慢轉變為站在領土國家官吏的立場發表論述。因此由弟子們編纂而成的孔子語錄集，混雜著較古老的文章及弟子時代的文章。被認為是語錄集之一的《論語》也不例外，其中既有剛誕生於都市中的遊俠思想（例如將「智、仁、勇」並列，或是特別強調「勇」），也有戰國時代大國中央政權所抱持的思想（如特別強調「仁」），前者較舊而後者較新。後代的官吏們，也會各自站在自己的立場對《論語》的內容加以解釋。

老子與墨子

春秋時代由於都市增加，出現了很多以都市為主題的思想。但是到了戰國時代，由於文書行政制度趨於成熟，每個領土國家都開始派遣官吏治理地方都市，都市的言論受到中央所箝制，反而是每個領土國家的政權中心都出現了以其正統君主為尊且各有強烈獨自特色的思想。這些國家的正統君主有些原本只是大夫階層，有些則是春秋時代各地大國君主的子孫。前者以居下位者往上爬為理論基礎，推崇賢人政治，宣揚革命思想。後者則否定居下位者往上爬的現象，並譏諷賢人政治。疆土較小的國家，則是繼承了以都市為主題的思想，特別強調小國的立場。「老子」的思想闡述的是上人的宇宙觀，揶揄賢人政治。主要盛行於楚，為了避免上人階層凌駕君主的地位，因此論述的是與政治無關的世界。只要對中人以下嚴厲執行法律，國家就可以安定和諧。彷彿站在遙遠彼端對天地進行觀察的理論，誕生於戰國時代中期之後。雖然假托了春秋時代的「老子」的名義，但我們甚至無法肯定是否真的有這個人。至於「墨子」，則是站在小國立場的思想。為了避免小國遭大國侵略，因此強調和平主義。其思想的核心為「兼愛」，指的是不分彼此地愛所有人，這其實是一種源自於小國內同族團結觀念的傳統思想。另一方面，「墨子」對法的運用在戰國時代變得嚴格。當論述天下的思想成為主流之後，「墨子」的思想便式微了。但是在天下的中央官吏都秉持儒家思想論述政治時，「老子」的思想卻得以與官吏的世界保持一定距離，因此代代都受到一定的尊重。

孟子、荀子與韓非子

孟子出生於陬，在齊的威宣王（在位期間西元前三五六年至西元前三二〇年）底下任官。魏惠成王（在位期間西元前三七〇年至西元前三一九年）時，曾在西元前三四二年的馬陵之戰後發表評論。據說曾以孔子之孫子思為師。主張仁義比利益重要，而且秉持性善論，並強調君主必須要掌握人心。在其語錄集《孟子》中，以實例論述齊威宣王有身為王的資質，而魏惠成王沒有。在《孟子》的開頭篇章中，有一段孟子批判魏惠成王（梁惠王）的記載。孟子以「五十步笑百步」來比喻魏惠成王的政績沒什麼了不起。孟子的性善論，是以「上人、中人、下人」中的中人以上為對象，後來於楚任官的荀子則是以中人以下為對象，主張性惡論，並強調刑罰的重要性。韓非子（荀子的弟子，出生於韓而任官於秦）以此為出發點，主張應該藉由法律建立秩序。

戰國四君

官吏式文書行政制度趨於成熟，且（包含下剋上氏族的）諸國王統問題逐漸穩定之後，世人開始將品德的有無當成繼承王位的條件，並強調並非只是基於血緣關係而選擇君王。在這樣的風氣下，一些身為君王近親且受族人及臣民所崇敬的人物，立場變得有些尷尬。因為這些人被認為有資格即位為王，但其立場卻必須擁立其他人為君王。在這些人物之中，有些人為了不使國家覆滅而致力於建立諸國同盟。自漢代之後，世人對秦始皇的評價下跌，當初那些曾對抗秦的諸國賢人反而受到了肯定。在《史記》之中，記載了齊國孟嘗君、趙國平原君、魏國信陵君及楚國春申君，這四人都官封宰相，合稱為戰國四君。孟嘗君為了齊而建立反秦同盟，卻遭湣宣王疏遠而流亡國外。湣宣王這麼做的結果，反而害齊差點亡國。至於其他三君，則是在秦已對諸國造成難以撼動的軍事威脅之後，違逆魏王的意圖，建立起反秦同盟，讓秦的東征計畫一時受挫。為了建立同盟，信陵君有很長一段時間不敢回魏。

魏惠成王與孫子

戰國時代因鐵器普及而都市增加，官吏的體系變得龐大，文書行政制度也迅速發展。中央為了順利統治地方而制定了律令，中央集權式官吏組織趨於成熟。魏惠成王是率先以新型態官吏組織統治者的身分稱王的人物。《史記》以魏為國名，但事實上魏是氏名。魏氏在春秋時代成為晉的豪族大夫，與趙氏、韓氏一起瓜分了晉。西元前四〇三年，魏文侯的諸侯地位獲得了周王的承認。文侯（文）的兒子為武侯（武），武侯的兒子為惠成王（既是惠王又是成王）。這種文、武、成的君位繼承順序，仿效的是從前的周文王、武王及成王。魏惠成王自稱夏王。由於殷商滅夏，周又滅殷商，魏惠成王回溯這段歷史，自詡為夏朝復興者，以此建立起一套「模式」。使用的曆法為夏正，這也是假托夏朝所作的曆法。強迫周移交權威的儀式引來諸國反感，大敗於以齊為首的諸國聯合軍。這場戰爭就是所謂的馬陵之戰。在這場戰爭中引導齊方獲得勝利的最大功臣，就是齊的孫臏（田朌）。孫臏為田氏一族，《孫臏兵法》據說是他的著作，至於《孫武兵法》，則被認為是同為田氏一族的孫武（孫子）的著作。

齊威宣王、湣宣王與宋王偃

周宣王被認為是復興周朝的名君，戰國時代有許多君主都為了沾他的光而以宣王為號。第一個以宣王自居的王，是齊威宣王（既是威王也是宣王）。齊威宣王於馬陵大敗魏惠成王的軍隊，粉碎了他開始採行踰年稱元法的野心，自己卻也於西元前三三八年採行踰年稱元法並宣布成為天下之王。威宣王的兒子湣宣王（既是湣王也是宣王）也以宣王為號。藉由族人孟嘗君的才能，齊成為天下數一數二的強國，但湣宣王無法好好善用孟嘗君，攻打宋的戰略失敗，引起他國紛紛介入，導致齊陷入幾乎亡國的危機中。宋是殷商的子孫所建立的國家，宋王偃利用了殷商的古老制度，封自己為人間之「帝」。齊湣宣王便是以這個「稱帝」的行徑為藉口，發兵攻打宋。宋王偃遭齊軍殺害，但殷商子孫對齊頑強抵抗，就連其他覬覦殷商故地的國家，也深陷於這場泥沼化的戰爭中而難以自拔。最後獲得漁翁之利的國家，是自遠方發動攻擊的秦。秦攻打楚的後背，占領了湖北及湖南地區，奠定了成為天下第一強國的基礎。齊威宣王（既是威王也是宣王）與湣宣王（既是湣王也是宣王）在《史記》中被當成了三個人，也就是威王、宣王與湣王。其最大的原因，就在於沒有搞懂威宣王稱王前與稱王後的年分差別。當時有三種年分，分別為威宣王稱王前的在位年分（A）、稱王後的在位年分（B）、以及這兩者的合計年分（C）。《史記》將（C）當成威王的年分（這本身也是正確的），將（B）當成宣王的年分（這本身也是正確的），因而誤以為這是兩個人。如此一來，就產生了年代上非常大的誤差。只要理解了湣宣王也是宣王的觀念，對年代重新進行整理，就可以讓矛盾完全消失。

秦昭襄王與屈原

秦昭襄王（在位期間西元前三〇七年至西元前二五一年）繼承了秦孝公時代商鞅變法的成果，重用將軍白起等人，將全天下的一半疆土納入了秦的版圖。秦始皇能夠統一天下，正是因為繼承了這個廣大的疆土。周於昭襄王的時期遭到消滅（西元前二六四年。東周公之國也於西元前二五五年亡國）。諸國組成了聯合軍，將昭襄王的軍隊困在函谷關以西的地區，但昭襄王轉為將注意力集中在惠文王於西元前三一六年征服的四川地區的治理上，使該地成為穀倉地帶，獲得了充足的兵糧後，發兵自湖南以西攻入楚境，占領了楚的根據地湖北、湖南地區。此時屈原（楚的望族屈氏的族人）投身洞庭湖而死。楚人將反秦抗爭運動與對屈原的讚美合而為一，使屈原成了代代受到尊崇的人物。收錄了楚國詩歌的《楚辭》之中，有不少作品被認為是屈原之作。

伯夷、叔齊的傳說

戰國時代諸國之王，擅長利用夏、殷商、周三代的歷史典故，以宣揚自己國家對領土的統治正當性。諸國對三代的認知都是以沿襲自新石器時代的文化圈為前提，將其故地設定於有限的區域之內。除了身為王的正統性主張之外，有些王會誇耀其血統而否定革命思想，有些王則會因原本是大夫階層身分而一面強調其權威一面宣揚下剋上理論。就算同樣是以繼承周的權威為基本概念，有些國家會推崇文王而否定武王以下諸王，有些國家則會將焦點放在文王、武王之後的漫長時期。此外，有些國家甚至會對周消滅殷商的歷史給予負面評價。伯夷、叔齊的傳說，正是從這種負面評價中產生。據說伯夷、叔齊都是孤竹君的兒子，哥哥伯夷察覺父親想將君位傳給弟弟叔齊，因不想與弟弟爭位，故在父親過世後，伯夷讓位給叔齊，叔齊卻也讓位給伯夷，兩人都離開了孤竹國。後來武王打算討伐殷商，伯夷、叔齊認為這有違臣道，因此極力勸阻，但武王沒有採納。周消滅了殷商後，伯夷、叔齊兩人認為「食周粟」是一件很可恥的事情，因此躲藏在首陽山上，最後餓死了。這樣的傳說，源自於否定革命的思想。後代有些人批評這種傳說太荒誕不經，有些人則稱讚這兩人不事二朝的高貴節操。

吳太伯的傳說

戰國時代出現一種觀念，那就是將沿襲自新石器時代的文化圈中，自己所屬的文化圈定義為特別地區，並以漢字圈為天下，認定特別地區與其他地區有所不同。雖然會將非自己所屬地區認定為野蠻之地，但另一方面，卻又盛行對漢字圈給予一定程度的正面評價。基於這種風氣，戰國時代出現了一些把諸國祖先都當成神，而他國之神遜於自國之神的神話。例如中原地區的人，會把楚的祖先祝融定義為地位低於堯的神。同樣的道理，也出現了長江下游的吳的祖先源自於周的族人的傳說。這個傳說與伯夷、叔齊的傳說有些類似。太伯、虞仲將周的君位讓給了弟弟季歷，前往了荊蠻之地。《史記》的諸世家中，以吳太伯世家為首。出土於江蘇省的青銅器「宜侯夨簋」的銘文上，提及了殷商故地以東的封建事蹟，由此可知周朝初期封建行動的痕跡，也以古物流入的形式延伸到了長江下游流域。《左傳》「哀公十三年」中，記載著一段吳人自詡為周室之長的事蹟，但這不曉得是吳的真正主張（由吳所主導的傳說所發展而成的主張），或是《左傳》自行編造的話題（以貶低吳為目的的話題）。後來加入漢字圈行列的日本，也受了這個傳說的影響，出現了以天皇為太伯子孫的傳說。但這個傳說的本質，同時隱含了賦予漢字圈特別地位的觀念，以及貶低周圍以突顯自我的觀念。即使是在日本，後者也引起了一些人的反感。秦始皇時代的徐福遠渡日本的傳說，應該也是源自於相同的背景，但這只被歸類為「歸化、渡海」的傳說，因此沒有引起太多的關注。

歷史關鍵字解說

甲骨文與金文

甲骨文是「龜甲獸骨文字」的簡稱。殷商時代的人會先為龜甲或獸骨加工塑形，先在上頭挖出燒炙用的凹槽，將火棒抵在該處使其產生裂痕，再由其裂痕的形狀來占卜吉凶。占卜完之後，會在上頭刻一些文字，這就是甲骨文。分析整理祭祀儀式上的人名及各種用語，不僅有助於我們瞭解當時的祭祀活動，也對重建殷商時代的國家結構有著相當大的幫助。至於金文，指的是青銅器銘文。青銅器的做法，是將外範和內範組合在一起，再將熔化的銅灌入中間的空洞區域。只要在外範或內範上製作出凸字，完成的青銅器上就會出現彷彿是刻在上頭的文字。在凸字的製作上，是先在皮革上寫字，將字挖去以製作成凹版，並將外範或內範挖去一部分，填入柔軟的黏土，再將凹版押在上頭，就可以形成凸字。這個技術說穿了沒什麼了不起，卻由殷商傳承至周，一直沒有洩漏出去。周對甲骨文並不太感興趣，對於這個金文技術的繼承卻是相當看重。周的諸侯國及長江流域其他文化圈大國也對青銅器極度重視，在周陷入混亂的西元前八世紀，製作金文的技術外流之後，諸國都爭相學習這項技術。因為這個緣故，春秋時代形成了廣大的漢字圈。不過在這個時期，漢字還僅是祭祀上的工具。

天命與德

上天會降下命（令）。承受天命的王，會獲得名為「德」的神靈之力。德會代代繼承，天命也會受到一再重申。周朝的人認為文王承受了天命，擁有感應天界與人間的力量，並獲得了德。武王繼承了德，以這股力量平定了殷商的「四方」。這是一種庇佑臣民軍事功動的靈力。後來的成王一方面重申天命，一方面平定了造反的殷商遺民與山西地區。天命有時也寫作大命，文王所承受的天命被特別強調為「膺受天魯命」（上天的賜予之物，出自「逨盤」）。即使是在春秋時代就稱王的楚，也聲稱楚成王承受了天命。到了戰國時代，世人認為周德漸衰而新的天命即將降世。這個理論逐漸普及後，到處都出現「有德者」，各自秉持著一套天命的理論。其結果讓「德」這個字成為君王的基本條件（後來又引申為普遍的人格特質）。換句話說，「德」的原意為君王之德。原本利用「德」征服殷商「四方」的思想也遭到變更，成了君王之德感化了「天下之內、君王領地之外的野蠻之地」。原本必須透過征伐才能在領土內獲得的「德」，在官吏體制下成了不須征伐就能自然擁有。而且在勢力均衡的狀況下，對其他國家也能不靠征伐而靠「德」加以感化。直到秦始皇統一天下後，王成了皇帝，領地成了天下，但「德」依然維持著「感化野蠻之地」的意義，因此其適用範圍也被轉移到了天下之外的地區。但是當時的學者費了相當長的時間，直到王莽的時代，才成功扭轉隱含戰國時代思想的典籍，讓「皇帝的天下」與「從前只占天下一部分的君王領地」看起來像是同一件事。

文武之胙

周消滅殷商後，周文王承受天命，擁有感應天界與人間的力量，並獲得名為「德」的神靈之力。武王繼承了「德」，征服殷商的「四方」。周朝代代傳頌以上的事蹟，並宣揚對文武的繼承。其延續下來的繼承儀式之一，就是踐踏「文武之胙」。胙的意思是祭祀用的肉，這是一種當時相當普遍的祭祀之物，據說可以藉此獲得祖先的靈力。在執行儀式時登上的階梯，稱為「阼階」。現行的《論語・鄉黨》篇中說「鄉人儺，朝服而立於阼階」（鄉人在舉行驅鬼儀式時，要穿上朝服，站在阼階上），指的便是一般百姓以「胙」祭祀的儀式。魏惠成王與秦惠文王為了宣示自己已繼承周王權威，也利用了文武之胙。踐踏文武之胙（祚）的儀式稱為「踐祚」，這個儀式代代傳承了下來，從繼承王位的儀式，又變成繼承皇帝之位的儀式。至於那些被魏與秦搶先了一步的諸國，則主張文武之胙對周朝權威繼承沒有任何意義，並且設法強調胙的一般性意義。前述《論語》的內容，應該就是由這一般性的意義普及而來。

桀紂

陝西大國周消滅了中原大國殷商時，周並沒有將太多心思花在毀謗殷商最後一任君王帝辛（紂王）上。周主要宣揚的事情，是周文王承受天命，擁有感應天界與人間的力量，以及武王征服殷商的「四方」。但是到了戰國時代，開始盛行革命理論，於是出現將周消滅殷商的事蹟與革命理論合而為一的傳說。原本一般認為只有周才承受的天命，被修改為從前殷商的湯王也曾經承受過，但因殷商的王德淪喪，因此天命遭到變革而轉落於周（這就是所謂的革命）。而王德淪喪的象徵性人物，正是紂王。在這個革命傳說誕生之後，接著又出現了殷商也是藉由革命而建立王朝的傳說。於是有了夏朝的傳說，夏朝是比殷商更早的王朝，禹承受天命，而傳到桀王時王德淪喪，因此遭殷商的湯王消滅。有一句成語叫「殷鑑不遠」，意思就是殷商之人應該以不久前夏朝的毀滅作為自我警惕的借鏡。像這樣的說法，也是成立於革命傳說誕生之後。

周易

所謂的易，原本是一種連續占卜事情會不會發生的占卜方式。在殷商的甲骨上，除了甲骨文之外，還會排列著一些符號。這些符號的意義包含會發生、不會發生、從發生轉變為不發生、從不發生轉變為發生。這許多符號排列在甲骨上，可見得占卜次數並不止一次。這就是「易」的最原始做法。到了戰國時代，占卜次數改為以三次為原則，象徵變化的符號也逐漸消失，改為每三次便以文字說明其變化的狀況。發生（—）與不發生（原本為∧，後改為--）的二擇一占卜連續進行三次，共會有八種結果。這八種型態便合稱為「八卦」。所謂的周易，就是以這八卦為基礎的占卜學問系統。但周易的內容隨著時代而越來越複雜，到了漢代時，占卜者重視的已不是八卦本身，而是將八卦兩兩相合而成的六十四卦。將八卦套用在方位上的方法也分化成了兩種，一種是戰國時代傳下來的方法（後天方位），另一種是創始於三國時代的方法（先天方位）。

陰陽五行

殷商時代的占卜是以發生與不發生的二擇一占卜為基礎。到了戰國時代，這套做法變成了陰（--）與陽（—）這兩個抽象概念。另一方面，殷商有著象徵神話中的十個太陽的十個符號（傳說太陽共有十個，每天輪流升上天空），這就是十干（天干）的濫觴。到了戰國時代，十干又被兩兩區分，配上陰陽，這五組陰陽並與

五種元素相結合。所謂的五種元素，指的就是木、火、土、金、水，也就是五行。後代日本人的「訓讀」（漢字的日本式讀法）以陽為兄（え），以陰為弟（と），讓陰陽五行「木のえ、木のと、火のえ、火のと、土のえ、土のと、金のえ、金のと、水のえ、水のと」與十干互相對應。因此甲的訓讀為「き（木）のえ」，癸的訓讀為「みず（水）のと」等等。至於五行的排列方式，可分為將五行搭配四方位以生成十二方位並依序排列的五行生成說（水↓火↓木↓金↓土）、照其相生（如木燃燒便為火）順序排列的五行相生說（木↓火↓土↓金↓水）、照其相勝（如土可以阻擋水）順序排列的五行相勝說（木↓土↓水↓火↓金）等等。

十二支（地支）

十二支的原始概念已難以考證。經常與其搭配的十干（天干），源自於象徵神話中十個太陽的十個符號（代表十個太陽），因此有人說十二支是象徵月亮每年盈虧十二次的十二個符號（代表十二個月亮）。殷商時代的人將十二支與十干互相搭配，十二與十的公倍數為六十，因此共有六十種組合。這六十干支被分配在每一天上，週而復始，從殷商時代一直延續到現代而沒有間斷。自戰國時代起，又出現了將十二支分配在每一年上的排列方式；自漢代起，則變更為將六十干支分配在每一年上，這種做法也是一直延續到現代。自從開始採用這個排列方式之後，由於每六十年為一個循環，因此出現了以六十歲為「花甲」的說法。有些傳說中古代國家的史料紀錄，若是以六十干支作為年代記錄方式，必定是後代的偽作。自漢代之後，又出現了將各種動物（鼠牛虎兔……狗豬）與十二支互相搭配的概念，這套概念也一直傳承到現代。

春秋列國

新石器時代原本就存在許多村莊，這些村莊後來蓋了城牆，就成為都市。每個都市的周邊，都會有一些附屬的村莊。這些都市雖各有盛衰，且有時會遭外族征服，但基本上這樣的狀態一直延續到了春秋時代。春秋中期之後，鐵器逐漸普及，都市快速增加，都市間的居民移動也變得頻繁，大國的政權中心開始派官吏治理地方。在這些都市受到大國政權中心的直接統治之前，是各自有其擁戴君主的城市國家。而所謂的春秋列國，就是一些較具代表性的國家。漢字原本是殷商使用的文字，後來由周繼承。周將鑄了銘文的青銅器分賜給諸侯，而在青銅器上鑄字的技術則由周所獨占。到了西周末年，漢字隨著這項鑄字技術流傳各地並扎根萌芽。因為這個緣故，我們想要知道這些城市國家的歷史，只能仰賴周及其他漢字扎根之國所流傳下來的紀錄。

漢代的《史記》便是以這些流傳下來的零星紀錄，將周、魯及其他十二個諸侯國特別挑出來，彙整成〈十二諸侯年表〉。這些被列在《史記》上的國家，便合稱春秋列國。留下紀錄的原因是特別受到重視，與國家大小不見得有直接的關係。

君王與霸主

擁有附屬村莊的城市國家（都市國家）在各地誕生之後，沿襲自新石器時代的每個文化圈都出現了一些統率諸小國的大國。大國之一的殷商使用漢字，將自己的君主稱為王，而將其他國家稱為方（諸侯）或羌（外族）。周消滅了殷商並繼承漢字後，也稱自己的君主為王，稱其他國家為諸侯。進入春秋時代後，漢字在各地扎根，黃河流域諸國依然維持著以周王為尊的體制。但是在長江流域，有些國家開始利用剛學會不久的漢字，將自己的君主稱為王。到了戰國時代，每個成立於新石器時代的文化圈都形成了一至三個領土國家，這些領土國家都稱其君主為王。戰國時代的諸王各自認為自己才是最尊貴的王，因此一方面貶低其他春秋時代的大國，一方面又推崇漢字發源的殷商及周，並宣揚自己已繼承了其權威。他們讚頌殷商及周的開朝始祖為理想的君王，並為春秋時代的大國貼上霸主的標籤。霸主統御世人靠的不是王道，而是霸道。靠著這樣的說明，戰國時代的諸王讓自己與所謂的霸主分出了高下之別。

盟書

盟誓這個行為本身從遠古時代便已存在，但由於文字並不普及，當然沒有所謂的盟書。進入春秋時代後，漢字開始在各地扎根，各國才開始製作盟書。盟誓是一種在神明面前立下誓約的祭祀儀式。盟書又稱載書，「載」字原本指的也是一種祭祀儀式。由「盟」這個字的結構來看，是「明」（祖先之靈）降落在「皿」（器皿）之上。盟誓的內容會記錄在盟書上，參加者在回到自己的國家後，能夠在祭祀場所再次確認。對盟書內容進行確認是祭祀官的工作。各種祭祀官之中，負責書寫的人稱為「史」。進入戰國時代後，「史」經過重新整編，成為中央的官僚及地方的下吏。此時的中央與地方，是以文書行政制度進行聯繫，而支撐文書行政制度的法律就是律令。由於此時的國家中央政權不再需要盟誓或盟書，因此盟誓與盟書遭到了輕蔑，被用來當成詆毀（舉辦盟誓的）霸主的工具。相反地，沒有製作盟書的殷商及周的時代，被美化成理想的君王朝代。有句話叫「執牛耳」，意思是居於領導地位。但古代盟誓的做法，會因地方而有所不同。在有些地方，「執牛耳」是主盟者的工作；在有些地方，「執牛耳」是依從者的工作。現代「執牛耳」一詞的意思，源自於前者。

律令

在西周時代，令（同「命」）原本是由上天所賜降，也就是所謂的天命。至於在都市之中，則有一些約定俗成的規矩。當時人與人之間的約定，是在祭祀場所訂定與重申。春秋中期之後，鐵器逐漸普及，促使農田與都市增加，都市間人口往來移動頻繁。為了以文書行政的方式管理這些來自四面八方的人，需要一些新的規矩。進入戰國時代之後，這些規矩形成了有系統的法律制度，稱為律。在這個時期的令，則指的是天子（王）的命令。兩者合而為一，就成了「律令」。原本的刑，也是依附在約定俗成的規矩之下，但是當律令制度成熟後，刑變成了必須依據律令來執行。在行刑前的審判制度，也逐漸完備。過去罪人必須在祭祀場所定其罪狀（這似乎是法的原義），自從律令制度出現後，改為依據律令來定罪。像這樣的法律系統，形成了維繫中央與地方的基礎。雖然律令制度是由人所訂定，但是在名義上，令（命）承襲了天命的傳統，是一種天上之音的具體化概念，而律則是宇宙秩序的具體化概念（因音律象徵著宇宙秩序）。

爵位

每個以都市為核心的國家都有君主，這些君主都有輔佐者及近臣，共同維持國家的正常運作。國家是由大都市、中小都市及農村所組成。君主住在大都市裡，而中小都市及農村也各有掌權者。這些掌權者與君主之間，有著一種疑似親屬的關係。以大國身分睥睨周邊國家的殷商，稱方國（諸侯國）的君主為「伯」。至於周，則是將君王的輔佐者稱為「公」，而將從屬的中小都市掌權者稱為「伯」。一般成員有的稱為「子」，有的稱為「男」。對於不同文化圈所派來的使節，則以「子」的身分看待。漢字在諸國普及後，周的這套稱呼法也被諸國沿用。有些周的「伯」或「男」，在東遷的混亂時期中，於東方殖民成功，因而晉升為諸侯。到了戰國時代，中央必須為地方建立尊卑秩序，因此有了爵位的需求。諸國於是站在領土國家的立場，將過去史料中記載的「公」「伯」「男」「子」與代表諸侯的「侯」重新整理定義，成為爵位的尊卑順序，這就是所謂的五等爵（公、侯、伯、子、男）。不過五等爵只是基礎概念，戰國時代實際被採行的爵位制度為秦的十七等爵（進入統一天下的帝國後改編為二十等爵）等等。

郡縣制

自春秋中期起，諸國開始在領地內設置縣。剛開始時縣的獨立性很高，與諸侯國相差不多。但後來縣逐漸在中央的統治下受到管理。大國在其領地內設置縣，而君主或大夫便是以這些縣為自己的權力基礎。對縣治理得當的大夫，進入戰國時代後其子孫便能成為領土國家的君主。而若是君主治理得當，則其子孫當然也能成為領土國家的君主。以文字資訊傳遞的觀點來看，西周時代周王分賜青銅器予諸侯的行為，成為資訊傳遞的媒介；到了春秋時代，由於形成廣大的漢字圈，諸國開始將盟誓內容記載於盟書上，因此確認盟書內容的祭祀場所成為了資訊傳遞的媒介。到了戰國時代，大國的政權中心派出官吏至縣（遭消滅的小國）的祭祀場所，開啟了中央與地方的文書行政制度。支撐文書行政制度的法律基礎就是律令，律令的出現象徵著文書行政制度已進入成熟期。從前祭祀場所的文字書寫者（史），成了中央與地方的官吏。大國不再賦予縣（小國）自治權，而是改為賦予臣子身分地位，以作為賞賜。這套賦予身分地位的制度，就是爵位。有了爵位後，待遇便受到保障，有些爵位的待遇甚至超越一縣之長。君主會利用邊境防衛任務或變更封地，讓這些臣子沒有機會宣布獨立。當領土國家的版圖跨越了新石器時代文化圈的傳統支配疆域，領土國家就會將這些占領來的新土地分割後設置郡。所謂的郡，原本指的是偏僻的土地，被用來封給身分較低的臣子，因此這對遭侵略的國家而言可說是一種譏諷。自這個時期起，爵位的系統更加擴大，有些爵位的待遇是以統治郡規模的土地為前提。秦始皇統一天下後，將其版圖劃分成了三十六郡。到了漢代，除了爵位制度之外，天下之中的一部分的郡又被獨立出來為諸侯國，以謀求天下的和諧安定。

鐵器與牛耕

中國到底從什麼時候開始使用牲畜來耕種，已難以考證。但要有效地將牲畜使用在耕種上，農地必須為方形。近年來考古學家不斷發現從前的水田遺跡，其中又以長江下游的草鞋山馬家濱文化遺蹟，以及長江中游的城頭山遺蹟，這兩處古老時代的水田特別受到關注。這兩者都是相當原始的水田型態，利用的是自然形成的窪地。像這樣的窪地水田要發展成方形水田，必須仰賴鐵器普及的力量。春秋中期之後，由於鐵器普及，世人開始能夠改變自然地形，規劃出廣大的耕作田地，並利用牲畜有效地進行耕種。這種田地規劃方式是以面積為計算單位，在漫長的歲月中一直傳承了下來。度量衡制度在六朝之後不斷出現變革，因此面積單位的數值並不相同，但面積單位本身卻是沒有變的。隨著農耕法及水利技術的進步，水田耕作改為先種出秧苗，再以插秧的方式種入水田內。

諸子百家

傳統的城市國家遭到消滅，中央開始派遣官吏對地方進行統治之後，世人被區分為三個層級，分別為高級官吏、基層官吏及受統治的百姓。雖然這三個層級之間互相有流通性，但是在戰國時代，出現了將這三個層級分別認定為上人、中人、下人的觀念。每個領土國家依其統治上的需求，分別針對上人、中人以上、中人以下、下人等範圍提出論述。即使是同樣論述政治的儒家思想，孟子的性善論是針對中人以上，而荀子的性惡論是針對中人以下。法家談論的是統御中人以下的法令問題，道家則是針對上人提出哲學思維。即使道家主張無為自然，但中人以下還是受到法令約束，因此國家能維持安定。操控國與國之間戰爭或外交關係的人被稱為縱橫家，研究兵法的人被稱為兵家，擅長詭辯的人被稱為名家。這些人各自有其論述的空間，因此能在同一個國家內以「各司其職」的概念和平共存。除了以上各家之外，還有像墨家這樣，站在小國或都市立場發聲的人。但是進入統一帝國之後，墨家便漸漸式微了。在後來的時代，科舉官吏論述古代典籍孰優孰劣，變成由個人談論數種思想，因此首重何種思想成了大問題。在這些科舉官吏的心中，戰國時代的諸子各自秉持迥然不同的思想，已偏離了「各司其職」的概念。戰國時代的諸子曾齊聚各國首都，回答君王的疑問。流傳後世的最有名例子，就屬齊的稷下（城內居住區的名稱）。「稷下」這個名詞，也成了後世學者心中理想之地的代名詞。

針灸及導引

在原始醫術的世界裡，我們很難判斷什麼東西的發明對醫學的發展有所幫助。不過有一點可以肯定，那就是在新石器時代，醫療上的工具只能以石頭、木材或獸骨來製作。後來雖然出現了青銅器，但青銅太軟，沒有辦法製作出細針。要製作出細針，必須等到鐵器普及之後。戰國時代對經絡的知識已相當豐富，也出現了以針刺激穴道的治療方式。除此之外，透過漢代前期的出土古物，我們得知導引在漢代已是一套有系統的醫學技術。導引的歷史，似乎可回溯至戰國時代。這是一種藉由呼吸法及運動來調和體內之氣的治病法。

鑄造貨幣

殷商時代及周朝時代的人懂得將銅熔化後以杓型模具壓製成餅狀銅塊，以方便搬運至各地。但是隨著搬運量增加，而且銅餅被用來在天下流通網絡上交換各種物資之後，有人開始將銅餅的重量分得更細，在流通網絡上藉由買賣以獲取利潤，這就是貨幣的原始概念。最早的貨幣，似乎是中原地區的布錢。剛開始的貨幣較巨大，但隨著物資流通的日益頻繁與區域擴張，開始出現較小型的貨幣，其他地區也逐漸出現重量相仿的貨幣。中原的布錢模仿青銅農具的造型，山東、河北地區的刀錢則是模仿刀子的造型。長江下游的楚，將銅製成粒狀，稱為蟻鼻錢。至於秦，使用的則是圓錢。雖然多少有些誤差，但每一枚貨幣的重量大致相等，這個重量是依據各國使用的重量單位所制定。除了貨幣之外，楚也使用金。在使用上，會將金版切割成適當的大小，再依其重量判斷價值。每一國的重量單位都是以上述銅餅細分後的重量為基礎，而且上下單位換算的數值也有一定的規則可循，因此各國之間的換算並不困難。因為這個緣故，雖然乍看之下各國貨幣大相逕庭，但實際上每一國貨幣都具有國際貨幣的機能。秦二世皇帝的貨幣統一政策拘泥於貨幣的形狀，反而造成經濟的混亂。自這個時期之後，戰國時代諸國的貨幣都從歷史舞台上消失了。

季節與曆法

要發展農業，就必須知道季節變化。因此當古人開始耕種之後，便出現了原始的曆法。而判斷季節變化，必須有其基準。在沒有文字的時代，最貼近生活的基準就是月亮的盈虧。月亮盈虧十二次約等於一年，但沒有辦法與一太陽年完全相同。因此月亮的盈虧與季節變化之間到底有著什麼樣的關係，一直是古今中外世人所關心的大事。中國在最原始的階段，春天之後的十個月才算是曆法上的正式月分。即使是開始使用漢字的周朝，也將十一月記錄為「十月又一」，這意味著剛開始的十個月與後來的月分是不同的概念。在新石器時代之後的很長一段時期，世人對季節變化與月亮盈虧的關係，只知道「冬至一過就算正月」這個大致上的基準。因此一年有時十二個月，有時十三個月，並沒有嚴謹的曆法規則，甚至偶有一年十四個月的情況。殷商將週期為三百六十日的祖先祭祀活動與曆法相結合，周則將月亮的盈虧分成四段以搭配曆法，因此在判斷季節上有了比較嚴謹的標準，但偶而還是會出現一年十四個月的情況。到了西元前四世紀，世人已能計算出從冬至到下一個冬至為三六五・二五天，並制定出二十四節氣以作為季節變遷的指標。當時的曆法，已能推演至未來。除了太陽與月亮的運行規則之外，就連木星的運行規則也與曆法有關。這種高精度的曆法誕生於廣大的漢字圈內，成為共通的基礎知識，但沿襲自新石器時代的各文化圈皆有其獨自立場，各自認為自己的曆法才是最好的曆法。藉由對史料紀錄的整理，當時的人又算出了一個月約等於二九・五三天，因此只要將三十天的大月與二十九天的小月交叉排列，在某些位置多放幾個大月就行了。不僅如此，而且他們還成功地找出合適的大小月排列規則，制定出了以七十六年為週期的大小月配置表。這個配置表雖然是共通基準，但每個國家的曆法都會在一些細節上故意與其他國家有些不同，例如以西元前幾年幾月幾日為七十六年週期的起點，或是因月亮盈虧與季節變化的關係上每兩、三年必須插入一次的閏月應該插在哪裡等等。藉由強調差異性，各國曆法都是獨一無二的曆法，因此曆法成為了正統性的象徵。秦始皇統一天下後，以秦曆為天下曆法。自秦之後，計算上的常數及閏月的配置隨著時代而越來越精確。但是西漢的武帝時代，反而因太過拘泥於理念，導致曆法上的常數出現較大的誤差。

合縱連橫

合縱指的是縱向的同盟關係，連橫指的是橫向的同盟關係。這兩者都與強大的秦有關，差別只在於該與各國組成縱向（南北）同盟以抵抗秦，還是該與秦組成橫向（東西）同盟以追求安定。然而實際出現這種局勢，是在西元前二七八—前二七七年，秦占領了楚的根據地湖北、湖南一帶之後。在這個時期之前的諸國同盟，是基於魏、齊、楚、秦等國爭相自詡為天下第一的正統王朝，做出了一些牽連周朝的行徑，因此其他諸國才會組成同盟與之抗衡。在這種情況下的合縱連橫，其定義與前述頗有不同。而且在一些史料中的「縱」，是以西元前二七八—前二七七年之後的強大秦國為前提，但論述的卻是西元前二七八—前二七七年之前的狀況。因此若將所有合縱連橫的局勢都認定在西元前二七八年之後，將無法正確理解當時諸國的拉鋸關係。

戰國七雄

戰國時代的領土國家，是以沿襲自新石器時代的文化圈為基礎。中原有趙、魏、韓三國，山東有齊，河北有燕，陝西有秦，湖南、湖北至淮水流域有楚。這些都是君主稱王的領土國家。這七國的事蹟，被記錄在《史記》〈六國年表〉中。〈六國年表〉中的「六國」，指的是上述七國除去秦國。但是一覽表上共有八國，除了前述六國之外，還有自西周時代便以王自居的周，以及完成天下統一大業的秦。自漢代之後，世人延續《史記》的這個概念，將戰國時代稱為「六國」時代。但是自東漢起，由於世人對秦始皇的評價大幅下滑，開始有人認為戰國時代的秦沒資格跟周相提並論，應該跟其他六國放在一起。如此一來，就出現了戰國七雄這種說法。除了周跟戰國七雄之外，戰國時代君主稱王的國家還有中山、越及宋。

革命與禪讓

周在消滅了殷商之後，開始宣揚「周文王承受天命，擁有感應天界與人間的力量，並獲得名為『德』的神靈之力，武王繼承了『德』，征服殷商的『四方』（以四個諸侯國為代表的地區）」這套觀念。「德」藉由祭祀祖靈的儀式，可以代代傳承。但是進入戰國時代後，出現了其他稱王的君主，這些君主認為天命已降在自己身上，而從前周所承受的天命已出現「變革」了。「德」不再是王獨有之物，而是賢人（君子）的普遍特徵。不僅如此，而且「德」成了感化萬民的力量。賢人的定義，會隨著官吏體制本質的變化而有所不同。至於王朝的更迭，則被視為是一種「革命」。當發生革命時，最後的皇帝就形式上必須自行退位，將帝位讓給新興王朝的始祖。就像是依循古代典範，帝位不傳給兒子，而傳給有德者。天命受「革」之後，有德者的德就會成為新的王德。到了後世，這種將帝位讓給有德者的行為便被稱為「禪讓」。相較之下，以武力將其消滅則稱為「放伐」。革命的時候，往往在現實與理想之間尋求折衷，因此在形式上還是會舉行禪讓的儀式。進入近代之後，由於「革命」成了「revolution」的翻譯語，定義已有所不同，因此歷史上的「革命」往往被改稱為「易姓革命」（更換統治者姓氏的革命）。

參考文獻

以下首先列出的是在閱讀本書的過程中，一些值得參考的文獻資料。此處所列的書籍及論文的內容不見得與本書內容一致，但互有關聯，建議讀者可與本書互相對照比較。在排列上特別標出了關鍵字，希望有助於讀者們掌握方向及加深理解。

序言

（1）松丸道雄〈殷周國家的構造〉岩波講座《世界歷史》四，岩波書店，一九七〇年

（2）松丸道雄〈殷〉《世界歷史大系　中國史Ⅰ》，山川出版社，二〇〇三年

（3）平勢隆郎《〈春秋〉與〈左傳〉—戰國史書中的「史實」「正統」與國家領域觀—》，中央公論新社，二〇〇三年

第一章

東亞冊封體制

（4）西嶋定生〈皇帝支配的成立〉岩波講座《世界歷史》四，岩波書店，一九七〇年。《西嶋定生東亞史論集一　中國古代帝國的秩序構造與農業》，岩波書店，二〇〇二年

（5）西嶋定生《秦漢帝國—中國古代帝國的興亡—》《中國的歷史》二，講談社，一九七四年，改訂：講談社學術文庫，一九九七年

（3）平勢隆郎《〈春秋〉與〈左傳〉》（同序言）

（6）平勢隆郎《龜碑與正統—領土國家的正統主張與複數的東亞冊封體制觀—》，白帝社亞洲史選書，二〇〇四年

天下與中國

（7）安部健夫《中國人的天下觀念—政治思想史的試論—》，哈佛・燕京・同志社東方文化講座委員

會，一九五六年。後收錄於《元代史的研究》，創文社，一九七二年

（8）渡邊信一郎《中國古代的王權與天下秩序—從日中比較史的觀點出發—》，校倉書房，二〇〇三年

（9）平勢隆郎〈中國古代正統的系譜〉《第一屆中國史學國際會議研究報告集‧中國的歷史世界‧統合系統與多元發展》，東京都立大學出版會，二〇〇二年。特別是註35

（10）平勢隆郎《中國古代的預言書》，講談社現代新書，二〇〇〇年

（11）平勢隆郎《復活的文字與咒術帝國—古代殷周王朝的真面目—》，中公新書，二〇〇一年

（3）平勢隆郎《〈春秋〉與〈左傳〉》（同序言）

（6）平勢隆郎《龜碑與正統》（同東亞冊封體制）

漢代的封印工作

（10）平勢隆郎《中國古代的預言書》（同天下與中國）

第二章

《逸周書》

（12）《逸周書》（晉）孔晁注《百部叢書集成》，抱經堂叢書

（13）黃懷信‧張懋鎔‧田旭東撰《逸周書彙校集注》，上海古籍出版社，一九九五年

（14）高智群〈獻俘禮研究（上‧下）〉《文史》三五—三六，一九九二年

褒姒傳說‧西周的滅亡

（15）貝塚茂樹《貝塚茂樹著作集》一，中央公論社，一九七六年

攝政時期的象徵

（16）平勢隆郎《左傳的史料批判性研究》《東京大學東洋文化研究所報告》，汲古書院，一九九八年

西周金文的月相↓第五章天文曆法

東遷的過程

（17）貝塚茂樹‧伊藤道治《從原始到春秋戰國》《中

國的歷史》一，講談社，一九七四年
（15）貝塚茂樹《貝塚茂樹著作集》（同前）
（18）尾形勇・平勢隆郎《中華文明的誕生》《世界的歷史》二，中央公論社，一九九八年

第三章

韓的神話等

（3）平勢隆郎《〈春秋〉與〈左傳〉》（同序言）

第四章

秦的領土主張

（19）白川靜《白鶴美術館誌（金文通釋）》一九九、補一六，白鶴美術館，一九七一、七九年

◆秦公簋（舊）、秦公鎛一般被認為是春秋後期之物，但這是受簋之類「新鄭銅器」的錯誤年代觀所誤導。相關銅器有不少都是戰國之物。

齊的領土主張

（20）白川靜《白鶴美術館誌（金文通釋）》二一五，白鶴美術館，一九八二年

◆叔尸鎛（叔夷鎛）一般被認為是春秋後期之物，但這是受「新鄭銅器」影響的錯誤年代觀所誤導。從相關青銅器「庚壺」的鋪首（握柄裝飾）獸面便可看出，這是戰國之物。

魏的《竹書紀年》

（21）方詩銘・王修齡《古本竹書紀年輯證》，上海古籍出版社，一九八一年
（22）平勢隆郎《新編史記東周年表—中國古代紀年研究序章—》東京大學東洋文化研究所，東京大學出版社，一九九五年

◆特別是「索隱解釋表」。由此一覽表可看出注釋家是經由什麼樣的手法決定注釋中的諸國君主年代。

今本《竹書紀年》

（23）王國維《今本竹書紀年疏證》，收錄於前列（21）方詩銘・王修齡一書中。
（24）平勢隆郎〈今本《竹書紀年》的性格〉《九州大學東洋史論集》二〇，一九九二年

楚的疆域

（16）平勢隆郎《左傳的史料批判性研究》（同第二章）

（25）谷口滿〈靈王弒逆事件前後—古代楚國的分解（其2）—〉《史流》二三，北海道教育大學史學會，一九八二年

層累理論

（26）內藤湖南〈大阪的町人學者富永仲基〉《內藤湖南全集》九，筑摩書房，一九六九年

中山的領土主張

（10）平勢隆郎《中國古代的預言書》（同第一章）

漢繼承三代的「模式」

（27）平勢隆郎《〈史記〉二二〇〇年的虛實—年代矛盾之謎與遭隱藏的正統觀—》，講談社，二〇〇〇年（以下亦參照本書）

（3）平勢隆郎《〈春秋〉與〈左傳〉》（同序言）（以下亦參照本書）

《續漢書》（現行《後漢書》的一部分）

（28）長澤規矩也編《後漢書》二《和刻本正史》，古典研究會・汲古書院，一九七一—七二年

（29）渡邊義浩等譯《後漢書》四《全譯後漢書》四，汲古書院，二〇〇二年

文武之胙

（30）豐田久〈關於周天子與文武之胙的賜予—成周王朝與其禮儀及意義—〉《史觀》一二七，早稻田大學史學會，一九九二年

第五章

《尚書》

（31）星野恆校訂《毛詩・尚書》《漢文大系》一二，山房，一九一一—一二年，增補一九七五年

（32）赤塚忠譯《書經・易經（抄）》《中國古典文學大系》第一卷，平凡社，一九七二年

（33）池田末利《尚書》宇野精一・平岡武夫編《全釋

漢文大系》一一，集英社，一九七六年
（34）松本雅明〈原始尚書的成立〉《松本雅明著作集》七，弘生書林，一九八八年
（35）松本雅明〈春秋戰國的尚書發展〉《松本雅明著作集》一二，弘生書林，一九八八年
（36）高津純也〈戰國時期書篇發展—以松本雅明說的再考為主—〉《史料批判研究》六，史料批判研究會，二〇〇四年

殷商始祖傳說

（37）白鳥清〈殷周感生傳說的解釋〉《東洋學報》一五—四，東洋學術協會，一九二六年
（38）出石誠彥〈關於上代支那的異常出生傳說〉《民俗》四—四，一九二九年
（39）森三樹三郎《支那古代神話》，大雅堂，一九四四年
（40）小寺敦〈關於上海楚簡《子羔》中的感生傳說—由戰國時代楚地的「詩」的接納觀點出發—〉《史料批判研究》六，史料批判研究會，二〇〇四年

《周禮》

（41）本田二郎《周禮通釋》，秀英出版，一九七七年
（42）平勢隆郎〈《周禮》與其成書國〉《東洋文化》八一，二〇〇一年

行神形象的禹

（43）工藤元男《睡虎地秦簡中的秦代國家與社會》，東洋學叢書，創文社，一九九八年
（44）〈戰國秦的領域形成與交通路〉平成三年度科學研究報告書《從出土文物看中國古代社會的地域性研究》，一九九二年。中譯版，《秦文化論叢》第六輯，秦始皇兵馬俑博物館編，西北大學出版社，一九九八年
（45）〈戰國楚的領域形成與交通路〉平成五年度科學研究報告書《〈史記〉〈漢書〉再考與古代社會地域性研究》，一九九四年

甲骨文

（46）島邦男《殷墟卜辭研究》，中國學研究會，一九

五八年。汲古書院，一九七五年
（47）陳夢家《殷墟卜辭綜述》，中國科學院考古研究所編，考古學專刊甲種第二號，科學出版社，一九五六年

田獵說

（48）松丸道雄〈關於殷墟卜辭中的田獵地—基於研究殷代國家構造—〉《東洋文化研究所紀要》三一，東京大學東洋文化研究所，一九六三年

商（殷）代史

（1）松丸道雄〈殷周國家的構造〉岩波講座《世界歷史》四（同序言）
（2）松丸道雄〈殷〉《世界歷史大系　中國史Ⅰ》（同序言）
（49）松丸道雄・永田英正《中國文明的成立》《視覺版世界的歷史》五，講談社，一九八五年

帝乙・帝辛時期的祭祀→甲骨文

天文曆法

（50）新城新藏《東洋天文學史研究》，弘文堂書房，一九二八年。中華學藝社，一九三三年。臨川書店，一九八九年
（51）飯島忠夫《支那曆法起原考》，岡書院，一九三〇年。第一書房，一九七九年
（52）平勢隆郎《中國古代紀年研究—從天文與曆法的考證出發—》，東京大學東洋文化研究所，汲古書院，一九九六年

第六章

秦的東侵

（22）平勢隆郎《新編史記東周年表—中國古代紀年研究序章—》（同第四章）

漢字的傳播

（48）松丸道雄〈關於殷墟卜辭中的田獵地〉（同第五章）
（53）西嶋定生〈東亞世界與日本〉《西嶋定生東亞史論集》四，岩波書店，二〇〇二年
（3）平勢隆郎《〈春秋〉與〈左傳〉》（同序言）

盟書

(54)滋賀秀三〈關於中國上代刑罰的一次考察—以誓與盟為線索〉《中國法制史論集　法典與刑罰》，創文社，二〇〇三年

(55)平勢隆郎《春秋晉國「侯馬盟書」字體通覽—山西省出土文字資料—》東洋學文獻中心叢刊別輯一五，一九八八年

(56)平勢隆郎《復活的文字與咒術帝國—古代殷周王朝的真面目—》，中公新書，二〇〇一年

(57)呂靜〈關於盟誓中的載書的一次考察〉《東洋文化》八一，二〇〇一年

孔子與《公羊傳》等

(3)平勢隆郎《〈春秋〉與〈左傳〉》（同序言）

獲麟

(58)公羊注疏研究會《公羊注疏譯注稿》，汲古書院，一九八三—九八年

(59)岩本憲司《春秋穀梁傳范甯集解》，汲古書院，一九八八年

(60)岩本憲司《春秋公羊傳何休解詁》，汲古書院，一九九三年

(61)岩本憲司《春秋左氏傳杜預集解》，汲古書院，二〇〇一年

(10)平勢隆郎《中國古代的預言書》（同第一章）

孔子的真相

(62)宮崎市定《論語新研究》，岩波書店，一九七四年。《宮崎市定全集》四，岩波書店，一九九三年

(63)和辻哲郎《孔子》，岩波文庫，一九八八年

遊俠

(64)宮崎市定《中國古代史論》，平凡社，一九八八年

◆收錄戰前論文。

(65)增淵龍夫《中國古代社會與國家—秦漢帝國成立過程的社會史研究》，弘文堂，一九六〇年。新版，岩波書店，一九九六年

五霸

（66）宇野精一《孟子》《全釋漢文大系》二，集英社，一九七三年 等等

◆建議參閱原文。

（67）金谷治・佐川修《荀子（上下）》《全釋漢文大系》七－八，集英社，一九七三年、七四年 等等

◆建議參閱原文。

（17）貝塚茂樹・伊藤道治《從原始到春秋戰國》（同第二章）

第七章

合縱連橫・孟嘗君

（68）同整理小組編《馬王堆漢墓帛書參》，文物出版社，一九七五年

◆包含《戰國縱橫家書》。有照片版。

（69）工藤元男・早苗良雄・藤田勝久譯註《戰國縱橫家書－馬王堆帛書－》，朋友學術叢書，一九九三年

（70）藤田勝久《史記戰國史料的研究》，東京大學出版會，一九九七年

（18）尾形勇・平勢隆郎《中華文明的誕生》（同第二章）

（27）平勢隆郎《〈史記〉二二〇〇年的虛實》（同第四章）

三星堆文化

（71）西江清高〈從史前時代到初期王國時代〉松丸道雄等編《世界歷史大系 中國史》一，山川出版社，二〇〇三年

（72）宮本一夫《從神話到歷史》本系列叢書《中國・歷史的長河》一，講談社，二〇〇五年

屈原與《楚辭》

（73）橋川時雄《楚辭》《東洋思想叢書》九，日本評論社，一九四三年

（74）星川清孝《楚辭研究》，養德社，一九六一年

（75）藤野岩友《巫系文學論》，大學書房，一九五一年

（76）竹治貞夫《楚辭研究》，風間書房，一九七八年
（77）石川三佐男《楚辭新研究》，汲古書院，二〇〇二年
（78）藤田勝久《史記戰國史料研究》，東京大學出版會，一九九七年

平原君・信陵君・春申君

（79）《史記》中華書局評點本，一九五九年
（80）《越絕書》附札記，百部叢書集成原刻景印，藝文印書館，一九六六年
（81）《越絕書》樂祖謀點校，上海古籍出版社，一九八五年

第八章

諸子百家

（82）貝塚茂樹《諸子百家─中國古代思想家們─》，岩波新書，一九六一年
（83）貝塚茂樹等譯《諸子百家》《世界古典文學全集》一九，筑摩書房，一九六五年
（84）小倉芳彥〈諸子百家論〉岩波講座《世界歷史》四，一九七〇年

郭店楚簡

（85）HIRASE Takao 'The Ch'u Bamboo-Slip T'ai-i sheng shui from Kuo-tien Considered in Light of the Emerging Debate about T'ai-sui', "ACTA Asiatica" 80，2001.（〈古典學的再建構〉東京大學郭店楚簡研究會編《郭店楚簡的思想史研究》一—五）東京大學文學部中國思想文化學研究室，一九九九年
（86）郭店楚簡研究會編《楚地出土資料與中國古代文化》，汲古書院，二〇〇二年
（87）平勢隆郎〈王莽時期關於木星位置的劉歆說的復原及其相關問題〉《日本秦漢史學會報》五，二〇〇四年

《莊子》

（88）阿部吉雄・山本敏夫・市川安司・遠藤哲夫《老子・莊子（上）》《新釋漢文大系》七，明治書院，一九六六年

（89）市川安司・遠藤哲夫《莊子（下）》《新釋漢文大系》八，明治書院，一九六七年
（90）金谷治譯註《莊子》，岩波文庫，一九七一年
（91）赤塚忠《莊子（上・下）》《全釋漢文大系》一六—一七，集英社，一九七四年、八六年

《周易》

（92）渡邊千春《周易原論》，自家，一九二一年
（93）藤村与六《易的新研究》，關書院，一九三二年
（94）津田左右吉《左傳的思想史研究》《東洋文庫論叢》二二，一九三五年。《津田左右吉全集》一五，岩波書店，一九六四年
（16）平勢隆郎〈《左傳》易與三統曆〉《左傳的史料批判性研究》（同第二章）

曆→第五章天文曆法

鐵器

（95）窪田　郎《鐵的考古學》《考古學叢書》九，雄山閣出版，一九七三年
（96）潮見浩《東亞初期鐵器文化》，吉川弘文館，一九八二年

醫學

（97）北京中醫學院主編・夏三郎譯《中國醫學史講義》，燎原書店，一九七四年　等等

文字

（98）松丸道雄解說・松丸道雄等釋文《甲骨文・金文—殷・周・列國—》《中國法書選》一，二玄社，一九九〇年
（99）裘錫圭〈殷周古代文字中的正體與俗體〉《中國古文字與殷周文化研討會—關於甲骨文・金文—》東方書店編，一九八九年
（100）平勢隆郎〈關於戰國時代六國文字中『勻』等字的略化〉論集編輯委員會《中國古代的文字與文化論集》，汲古書院，一九九九年

第九章
度量衡與制度

（101）《漢書》中華書局評點本，一九六二年

（102）小竹武夫譯《漢書》，筑摩書房，一九七七—七九年
（103）羅福頤《傳世歷代古尺圖錄》，新華書店，一九五七年
（104）小泉袈裟勝《歷史中的單位》，綜合科學出版，一九七四年
（105）小泉袈裟勝《尺》《物品與人類的文化史》二二，法政大學出版社，一九七七年
（106）平勢隆郎〈數的秩序與九・六・八〉《考古學雜誌》五〇〇，二〇〇三年

商鞅

（107）鎌田重雄《秦漢政治制度研究》，日本學術振興會，一九六二年
（108）西嶋定生《中國古代帝國的形成與構造—二十等爵制的研究—》東京大學出版社，一九六一年
（109）好並隆司《商君書研究》，溪水社，一九九二年

郡縣制

（65）增淵龍夫《中國古代社會與國家》（同第六章）
（16）平勢隆郎《左傳的史料批判性研究》（同第二章），尤其是第二章

原始（窪形）水田

（110）研討會執行委員會事務局編《稻作起源探討研討會—中國・草鞋山的古代水田稻作》，一九九六年
（111）全日空ANA機內誌《翼之王國》二〇〇三年三月號
（112）唐津市教育委員會編《菜畑遺跡—唐津市菜畑字松圓寺的繩文・彌生時代稻作遺跡之調查—》唐津市文化財調查報告五，一九八二年

鐵器普及與農耕

（113）木村正雄《中國古代帝王的形成—特別是其成立的基礎條件—》，不昧堂書店，一九六五年
（114）原宗子《古代中國的開發與環境—〈管子〉地員篇研究—》研文出版，一九九四年
（115）原宗子《〈農本〉主義與〈黃土〉的發生—古代中國的開發與環境2—》研文出版，二〇〇五年

（116）平勢隆郎〈關於春秋戰國時代楚國領域的擴大〉《日中文化研究》七，勉誠出版，一九九五年

夏子

（117）工藤元男《中國古代文明之謎》，光文社文庫，一九八八年

（43）工藤元男《睡虎地秦簡中的秦代國家與社會》（同第五章）

楚的爵位

（118）李開元《漢帝國的成立與劉邦集團—軍功受益階層的研究—》，汲古書院，二〇〇〇年

金屬貨幣

（119）加藤繁《中國貨幣史研究》《東洋文庫論叢》五六，一九九一年

◆戰前的研究。

（120）林巳奈夫〈戰國時代的重量單位〉《史林》五一，史學研究會，一九八六年

（121）松丸道雄〈西周時代的重量單位〉《東洋文化研究所紀要》一一七，東京大學東洋文化研究所，一九九二年

（122）江村治樹〈中國古代青銅貨幣的誕生與發展—刀錢與布錢的文本特徵—〉《綜合文本科學研究》一—二，二〇〇三年

（52）平勢隆郎〈夏正、楚正與稱元法〉《中國古代紀年研究—從天文與曆法的考證出發—》（同第五章）

從殷商的田獵到秦始皇的巡視

（48）松丸道雄〈關於殷墟卜辭中的田獵地〉（同第五章）

（43）工藤元男《睡虎地秦簡中的秦代國家與社會》（同第五章）

（123）鶴間和幸《秦始皇—傳說與史實的縫隙間—》，吉川弘文館歷史文化圖書館，二〇〇一年

（124）藤田勝久《司馬遷之旅—探尋〈史記〉的古蹟》，中公新書，二〇〇三年

第十章

讚頌文武的表達方式

（125）豐田久〈關於周朝的君主權結構〉松丸道雄編《西周青銅器與其國家》，東京大學出版社，一九八〇年

眉縣青銅器

（126）《文物》二〇〇三年第六期（七篇相關論文）

（127）陝西省文物局・中華世紀壇藝術館編《盛世吉金—陝西寶雞眉縣青銅器窖藏》北京出版社・北京出版社出版集團，二〇〇三年

秦公鎛等

（19）白川靜《白鶴美術館誌（金文通釋）》一九九、補一六（同第四章）

中域等

（3）平勢隆郎《〈春秋〉與〈左傳〉》（同序言）

漢字與咒術

（128）白川靜《中國的神話》，中央公論社，一九七五年

（11）平勢隆郎《復活的文字與咒術帝國》（同第一章）

不修春秋

（129）中江丑吉《中國古代政治思想》岩波書店，一九五〇年

（130）Joachim Gentz "Das Gongyang Zhuan – Auslegung und Kanonisierung der Frübling – und Herbstannalen (Chunqiu)", Otto Harasowitz, Wiesbaden 2001.

皇帝的天下疆域形成與周邊國家疆域形成之差

（4）西嶋定生〈皇帝支配的成立〉岩波講座《世界歷史》四（同第一章）

（131）前田直典〈東亞古代的終結〉鈴木俊・西嶋定生編《中國史的時代區分》，東京大學出版社，一九五七年

（6）平勢隆郎《龜碑與正統》（同第一章）

江戶時代儒學家的中國古代史認知
（132）木村英一・鈴木喜一等譯《論語・孟子・荀子・禮記（抄）》，平凡社，一九七〇年
（133）宇野哲人《論語新釋》，講談社學術文庫，一九八〇年
（134）穗積重遠《新譯論語》，講談社學術文庫，一九八一年
（135）伊藤仁齋《論語古義》關儀一郎編輯，服部宇之吉・安井小太郎・島田鈞一監修《日本名家四書註釋全書》論語部壹，東洋圖書刊行會，一九三三年 等等

中國古代史認知與都市國家的觀點
（62）宮崎市定《論語新研究》（同第六章）
（136）松本雅明《詩經諸篇誕生相關研究》，東洋文庫，一九五八年。《松本雅明著作集》一・二，弘生書林，一九八六年
（137）白川靜《詩經—中國的古代歌謠》，中公新書，一九七〇年

其他
（138）渡邊卓《古代中國思想研究—「孔子傳的形成」與儒墨集團的思想與行動—》，創文社，一九七三年
（139）武內義雄《老子原始—附諸子攷略—》，弘文堂書房，一九二六年
（140）武內義雄《論語之研究》，岩波書店，一九三九年
（141）金谷治譯註《論語》，岩波文庫，一九六三年
（142）金谷治譯註《荀子（上・下）》，岩波文庫，一九六一—六二年
（143）金谷治《孟子》，岩波新書，一九六六年
（144）金谷治譯註《莊子》，岩波文庫，一九七一—八三年
（145）金谷治《管子研究—中國古代思想史的一面—》，岩波新書，一九八七年
（146）金谷治《孔子》《人類智慧遺產》四，講談社，一九八〇年
（147）蜂屋邦夫《閱讀老莊》，講談社現代新書，一九八七年

（148）蜂屋邦夫《孔子─中國的智慧源流─》，講談社現代新書，一九九七年
（149）戶川芳郎•蜂屋邦夫•溝口雄三《儒教史》《世界宗教史叢書》，山川出版社，一九八七年
（150）池田知久《馬王堆漢墓帛書五行篇研究》《東京大學文學部布施基金學術叢書》二，汲古書院，一九九三年
（151）池田知久等《〈馬王堆漢墓出土帛書周易〉二三子問篇譯注二》，東京大學馬王堆帛書研究會編，一九九七年
（152）池田知久等《〈馬王堆漢墓出土老子乙本卷前古佚書經法〉論篇譯注》，東京大學馬王堆帛書研究會編，一九九八年
（153）池田知久等《〈馬王堆漢墓出土老子乙本卷前古佚書經法〉四度篇譯注》，東京大學馬王堆帛書研究會編，一九九七年
（154）池田知久《郭店楚簡老子研究》，東京大學文學部中國思想文化學研究室，一九九九年
（155）池田知久《郭店楚簡儒教研究》，汲古書院，二〇〇三年
（156）小野澤精一《韓非子（上•下）》《全釋漢文大系》二〇•二一，集英社，一九七五年、七八年
（157）町田三郎譯註《韓非子（上•下）》，中公文庫，一九九二年
（158）金谷治譯註《韓非子》，岩波文庫，一九九四年
（159）冨谷至《韓非子》，中公新書，二〇〇三年
（160）高本漢（Karlgren）／小野忍譯《左傳真偽考》《支那學翻譯叢書》六，文求堂書店，一九三九年
（161）小倉芳彥《中國古代政治思想研究─〈左傳〉研究筆記─》，青木書店，一九七〇年
（162）小倉芳彥譯《春秋左氏傳（上•中•下）》，岩波文庫，一九八八─八九年
（163）鎌田正《左傳的誕生與其發展》，大修館書店，一九九二年
（164）小倉芳彥〈春秋左氏傳研究〉《小倉芳彥著作選》三，論創社，二〇〇三年
（165）平岡武夫《經書的誕生》，全國書房，一九四六年。改版，副標題「天下的世界觀」，創文社，一九八三年

（166）內野熊一郎《秦代經書經說的研究》，東方文化學院，一九三九年

（167）內野熊一郎《漢初經書學的研究》，清水書店，一九四二年

（168）日原利國《春秋公羊傳的研究》，創文社，一九七六年

（169）日原利國《漢代思想的研究》，研文出版，一九八六年

（170）安居香山・中村璋八《緯書的基礎研究》，漢魏文化研究會，一九六六年。國書刊行會，一九七六年

（171）安居香山《緯書與中國的神祕思想》，平河出版社，一九八八年

（172）安居香山・中村璋八編《重修緯書集成》，明德出版社，一九七一—九二年

（173）瀧川龜太郎《史記會注考證》（附〈史記資材〉），東方文化學院東京研究所，一九三二—三四年

（174）武田泰淳《司馬遷—史記的世界》，講談社，一九六五年

（175）池田四郎次郎原著・池田英雄校訂《史記解題・史記研究書目解題》（後者為明德出版社，一九七八年再版），長年堂，一九八一年

（176）佐藤武敏《司馬遷的研究》，汲古書院，一九九七年

（177）藤田勝久《司馬遷與其時代》，東京大學出版會，二〇〇一年

（178）傅斯年〈論所謂五等爵〉《中央研究院歷史語言研究所集刊》二—一，一九三〇年。《傅斯年全集》三，聯經出版事業公司，一九八〇年

（179）王世明〈西周春秋金文中的諸侯爵稱〉《歷史研究》，一九八三年三期，一九八三年

（180）珠葆〈長安澧西馬王出土「鄦男」銅鼎〉《文物與考古》，一九八四年一期，一九八四年

（181）陳槃〈春秋大事表列國爵制及存滅表譔異〉《中央研究院歷史語言研究所專刊》五二，一九六九年

（182）好亞隆司《秦漢帝國史研究》，未來社，一九七八年。

（183）顧頡剛（他）編著《古史弁》，上海書店，一九

九二年。（一～五冊，北平樸社，一九二六～一九三五年。六～七冊，開明書店，一九三八～一九四一年。）
（184）錢穆《先秦諸子繫年》，商務印書館，一九三六年。增訂版，香港大學出版社，一九五六年。聯經出版事業公司，錢賓四先生全集甲編五，一九九八年。
（185）楊寬《戰國史》，上海人民出版社，一九五五年。第二版，一九八〇年。增訂版，臺灣商務印書館，一九九七年。

年表

中國的年代依據的是平勢隆郎《新編史記東周年表—中國古代紀年研究序章—》（東京大學東洋文化研究所，東京大學出版會，一九九五年）及同上《中國古代紀年研究—從天文及曆法的分析開始》（東京大學東洋文化研究所，汲古書院，一九九六年）。世界的年代依據的是樺山紘一等編《世界的歷史2　中華文明的誕生》（中央公論社，一九九八年）及同上《世界的歷史5　希臘與羅馬》（同上，一九九七年）。

到西元前二二一年為止的史料紀錄，包含許多年代上的矛盾問題。例如《史記》所記錄的事蹟中，能夠確認年代的有二九〇〇處，但其中卻有超過八三〇處有著年代矛盾的現象。如此不尋常的比例，意味著需要進行整體性的重新整理。上述兩部筆者的著作中，前者便是整體性的重新整理的成果，後者則是以此為基礎，再加上關於曆法的分析，以定出殷商末年及西周時期諸王的在位年分。

筆者對《史記》的年代整理，最大的特徵就在於筆者將過去各種年代矛盾的發生原因逐一釐清並附上說明，而且一個理由往往能解決數十甚至是上百處矛盾。換句話說，筆者既能解釋修正後的年代為何正確，也能解釋修正前的矛盾為何錯誤。這與過去各派說法只注重強調自己對而別人錯的立場有著很大的不同。

西元前	中國	世界
一七五〇前後		巴比倫公布漢摩拉比法典。
一六世紀	殷商的湯王即位（消滅了夏朝？）。	

一〇六八	周的君主季歷去世，兒子昌（後來追諡為文王）即位。
一〇六五	殷商君王文丁去世，帝乙即位（自此時期起，直到西元前一〇二三年帝辛去世，能夠藉由網羅以三六〇日為週期的周祭〔祭祖活動〕紀錄排列出年表）。
一〇四四	殷商君王帝乙去世，帝辛（紂王）即位。
一〇三四	周的君主昌（文王）去世（在位三十五年），兒子發（武王）即位。這一年的正月丙子之日（儒略曆前一〇三四年一月二十九日）為滿月（望）。《逸周書・小開解》中提到文王在即將去世前的三十五年正月丙子之日拜了滿月。
一〇二四	周武王為了討伐殷商而布陣於牧野。齊的太公（太公望）也助周舉兵。
一〇二三	周武王於牧野大破殷商軍隊，殷商遭到消滅（武王十二年）。周將殷商的「四方」納入勢力範圍。
一〇二二	周武王去世（在位十三年）。周公旦代王執政。不久之後，殷商與周的族人率領淮夷百姓造反。平定後，周將殷商故地封給康叔（衛國誕生），將殷商族人微子啟（長子口）封於宋（宋國誕生）。同一時期，山西汾水一帶也發生叛亂，平定後，周將此地封給唐叔虞（大國晉誕生）。
一〇〇九	周成王即位，取代周公旦（攝政在位十三年）執掌王政。

一〇〇二　周成王去世（以王的身分執政後在位八年），康王即位（自此時期開始，到平王為止，能夠藉由網羅相關西周金文年分紀錄排列出年表。相關年分紀錄包含王的在位年分、月相〔將月亮盈虧分為四時期的術語〕、日干支條件皆具備者，以及含有「辰在」〔朔日前一天的日期〕等限定性較明確的敘述紀錄）。

九九八　大衛王遷都耶路撒冷。

九九三　周康王去世（在位十年），昭王即位。

九八五　周昭王南征不歸（在位九年），穆王即位。

九七六　確認周昭王去世。這一年有日蝕，為穆王十年。

與這一年有關的年分紀錄包含以下三者。①穆王在位期間為四十六年，有一段紀錄為「穆王十年，確認昭王去世，穆王則於四十六年去世」，後世的紀錄把這一段誤解為「於穆王十年算起的第四十六年去世」，於是得到了「穆王於五十五年去世」的結論。例如《史記・周本紀》便是紀錄穆王於五十五年去世。②《竹書紀年》繼〈夏紀〉之後為〈殷紀〉及〈周紀〉，〈殷紀〉記載周文王於殷商王文丁的時期即位。自文王的即位年分算起，將殷商王文丁的在位期間（我們無從考證文丁的總在位年數，但我們知道文丁於周文王即位後的第四年去世）、殷商王帝乙的在位期間（二十二年）、殷商王帝辛的在位期間（十一年。〈殷紀〉只到帝辛十一年為止。周武王於這一年即位，《竹書紀年》的〈周紀〉便是由這一年開始）、以及周武王以下周朝諸王的在位期間（武王在位十三年，周公在位十三年，成王在位八年，康王在位十年，昭王在位九年，穆王在位十年時確認昭王去世），單純地將數字加總起來，剛好為一百年。《竹書紀年》原始版本雖已佚失，但藉由注釋，已復原了大致上的架構。在這些注釋紀錄中，有一句「從文王受命至穆王共一百年」（並非西元前一〇六八年至西元前九七六年的年數差）。③《竹

	書紀年》中似乎有著「昭王九年南征不歸，穆王十年，確認昭王去世，這天因日蝕而天昏地暗」的紀錄，後代注釋將穆王十年以昭王的在位年來計算（十九年），因此有「昭王十九年，天昏地暗」的紀錄。相當於穆王十年的西元前九七六年（儒略曆）五月三十一日癸未朔這一天確實有日蝕。
九四〇	周穆王去世（在位四十六年），共王即位。
九〇三	周共王去世（在位三十八年），懿王即位。這一年有日蝕（儒略曆七月三日己卯朔）。由於這場日蝕發生在清晨，給人彷彿黎明來了兩次的錯覺，因此《竹書紀年》（指相關注釋）「懿王元年」中有「天空再度呈現黎明狀態」（《開元占經》卷三等）的紀錄。
八七六	周懿王去世（在位二十八年），孝王即位。
八六三	周孝王去世（在位十四年），夷王即位。
八五四	周夷王去世（在位十年），厲王即位。
八四一	周厲王遭流放（在位十四年），共伯和執掌政務（就是所謂的「共和」）。後來厲王的流放雖獲得赦免，但政權遭剝奪，只有在位年分還持續使用。
八二六	周宣王即位。這一年是自西元前八四一年共和元年算起的第十六年。在戰國時代諸國的歷史認定中，有些國家主張共和結束於前一年的十五年（暗示宣王採行了踰年稱元法），有些國家則主張結束於這第十六年（暗示宣王並沒有採行踰年稱元法）。推崇成王的國家主張十六年，推崇宣王的國家則主張十五年。

八二三　秦的秦仲遭玁狁（戎）殺害。周宣王召見秦仲的兒子莊公（參照西元前三二四年、前二五五年的內容）。

七八一　周宣王去世（在位四十六年），幽王即位。

七七九　周幽王三年，晉文侯即位。《竹書紀年》自此年開始由〈周紀〉進入〈晉紀〉。與《竹書紀年》相關的注釋（如《史記》周本紀集解釋等）記載「自武王滅殷商到幽王共二五七年」。武王於武王十二年（西元前一〇二三年）滅殷商，於隔年去世，也就是滅殷商後的第二年。自武王之後的在位狀況為周公十三年、成王八年、康王十年、昭王九年、穆王四十六年、共王三十八年、懿王二十八年、孝王十四年、夷王十年、厲王十四年、共和十六年（不是十五年而是十六年）、宣王四十六年、幽王三年。以上合計起來，剛好是二五七年（並非西元前一〇二三年至西元前七七九年的年數差）。

七七六　雅典舉辦第一屆奧林匹亞祭典。

七七三　鄭桓公三十三年，幽王任命鄭桓公為司徒。鄭桓公為周宣王的弟弟，原本受封於西周之地，自這一年起為了建立新據點而搬遷至雒邑以東的位置（中原鄭國的誕生）。

七七二　周幽王遭殺害（在位十年），攜王即位。

七七〇	周平王於東都雒邑即位。周分裂為西周與東周。與《竹書紀年》相關的注釋（《左傳》昭公二十六年正義）記載，申侯、魯侯與許文公先於申擁立平王。平王原本便為太子，因此在這一年於雒邑自稱天王。相對於此，虢公翰在一年前擁立王子余（攜王），因此形成二王並立的局面。攜王、平王的二王並立便是由這一年開始。	
七六九	秦襄公十二年，襄公討伐周的異族玁狁（戰國之後稱為戎或犬戎），戰死於岐。秦文公即位。	
七六二	西周攜王十一年，虢的族人虢季氏子組以攜王的紀年製作了青銅盤（虢季氏子組盤）。	
七五九	晉文侯二十一年，文侯殺死西周攜王。在這之前，虢的一族倒戈支持東周平王，形成了東周的壓倒性優勢。這一年，虢的族人虢季氏子伯以東周平王的紀年製作了青銅盤（虢季子伯盤），銘文中讚頌討伐玁狁（應該是包含西周勢力在內的稱呼）的功勳。	
七五四	秦文公十六年，文公收容了周的餘民，一直到岐，並將岐以東的土地獻給東周。東周將岐以西的土地封給秦（陝西大國秦國的誕生）。	
七五〇前後		希臘語字母誕生於腓尼基文字。
七四五	晉文侯去世，兒子昭侯即位。文侯的弟弟成師受封曲沃（曲沃桓叔）。	

七二四	曲沃莊伯（桓叔的兒子）殺死晉孝侯（昭侯的兒子）。自此之後，晉的宗家與曲沃分支形成長期對立的局面。戰國時代的韓王一族便是莊伯的旁系子孫。	
七二一		亞述王薩爾貢二世消滅了以色列王國。
七一九	秦寧公二年，秦遷都平陽。	
六七九	齊桓公廣邀諸侯於鄄舉行會盟（山東大國齊國將勢力推進至中原地區）。	
六七八	曲沃武公（莊伯的兒子）殺死晉侯緡，消滅了宗家，取代晉侯的地位（大國晉由君主旁系的曲沃一族繼承。值得一提的是，在《左傳》等典籍中稱晉的宗家君主為「侯」，稱曲沃一族取代後的君主為「公」，這是戰國時代後的稱呼法，青銅器銘文上都是「侯」）。	
六五一	齊桓公廣邀諸侯於葵丘舉行會盟（周王賜了文武之胙。這件事在戰國時代被用來當作貶低文武之胙價值的理由。意味著文武之胙是賜給霸主之物，與王無關）。	
六三八	宋襄公率領諸侯迎擊楚，卻打了大敗仗（泓水之戰。此戰之後，湖北大國楚對中原地區的威脅性大幅提升）。	

六三二	晉文公率領諸侯擊敗楚（城濮之戰。阻止了長江中游大國楚的往北侵略），廣邀諸侯於踐土舉行會盟（這裡的文公與西元前七五九年的文侯並非同一人）。周賜予黃河以北之地（山西大國晉在中原地區建立據點）。	
六一二		米底王國與新巴比倫王國合力消滅亞述王國。
六〇六	楚莊王討伐陸渾之戎，逼近了雒，在周都的郊外陳兵示威，詢問鼎的大小輕重〔這個紀錄包含了兩個意義。第一，位於長江中游的大國楚對周的傳統權威形成了威脅；第二，站在戰國時代的中原立場對楚作出譏諷（若要覬覦周的權威，應該重視的是德，而不是鼎的輕重這種旁枝末節）〕。	
五九七	楚所統率的軍隊打敗了晉所統率的諸侯聯軍（邲之戰）。	
五九四		梭倫在雅典實施改革。
五八六		新巴比倫王國採行巴比倫囚虜政策（—前五三八年）。
五六六前後		瞿曇悉達多（釋迦）誕生。
五五五		阿契美尼德王朝波斯帝國誕生。

五五二	孔子出生於魯。	
五四六		庇西特拉圖於雅典採行僭主政治。
五〇九		羅馬開始實施共和政治。
五〇六	吳王闔閭的軍隊攻陷楚的首都（長江下游的大國吳攻入了中游的大國楚的首都）。	
四九六	晉的豪族范氏與中行氏於氏族鬥爭中敗北，在齊的援助下堅守於朝歌（這場鬥爭開始於前一年。兩氏在朝歌守了數年之後，於西元前四九〇年放棄朝歌逃往齊。侯馬盟書與溫縣盟書便是誕生於這場鬥爭的時期）。	
四九〇		第二次波斯戰爭。
四八二	吳王夫差與晉所統率的諸侯會盟於黃池（長江下游的大國與中原地區的大國爭奪主導權。晉的代表人物為趙氏宗主趙簡子）。後來由於越王句踐攻打吳，吳王只好退回。	
四八一	齊的田成子（田常）將齊簡公軟禁後殺害（戰國時代諸國對這件事抱持的歷史認知有著明顯差異。以田氏稱王的齊藉由「獲麟」事件象徵這是天大的喜事，其他國家則認為這是一樁凶禍。「獲麟」指的是捕獲麒麟，是吉是凶各國看法不一）。	

四七九	魯國孔子去世。	
四七八		雅典組成提洛同盟。
四七三	越王句踐殺死吳王夫差，消滅了吳（越成為長江下游的大國。這個地區發生了王朝更迭）。	
四七一	越與齊、晉所統率的諸侯會盟於徐州（長江下游的大國越與山東的大國齊、中原的大國晉爭奪主導權。據說越王在這時期曾向周王進貢，周王賜下了文武之胙。但這個傳說的背後隱含著對文武之胙的貶低意味〔文武之胙是賜給霸主之物，與王無關〕，何況越王做出向周王進貢的舉動實在有些匪夷所思）。	
四五一	晉的趙氏、韓氏與魏氏（三晉）消滅了知氏（西元前四五三年，知氏曾與韓氏及魏氏聯手攻打趙氏，但韓氏及魏氏於這一年倒戈支持趙氏。自此之後，晉的政局便由三晉所主導）。	伯里克里斯於雅典實施「市民權法」。
四五〇		羅馬制定「十二表法」。
四三一		雅典進入伯羅奔尼撒戰爭。
四〇三	趙氏、韓氏與魏氏將晉一分為三，成為取代晉的諸侯，獲得周王承認。	
三九九		雅典的蘇格拉底去世。
三九〇		凱爾特人入侵羅馬。

三八八	齊太公田和（齊的太公有兩人，其一為姜齊太公（太公望，參照前一〇二四年），其二為田太公）獲周王承認為取代西周時代以來姜姓君主的齊國新君主。	
三八五	楚悼王去世，推行變法的吳起遭殺害。	
三八〇	越王翳自越國故地（浙江）遷都至吳國故地（蘇州）。	
三七五	韓哀侯消滅鄭，遷都於鄭。	
三六七		羅馬制定「李基尼亞與塞克斯提亞法」。
三五一	魏惠成王自稱為夏王（採用名義上為夏曆的曆法），率領諸侯向周施壓（就是所謂的「逢澤之遇」。逢澤是西元前一〇二三年周武王討伐殷商時渡過黃河的地點，因此具有「討伐殷商」的象徵性意義）。	
三四七		雅典的柏拉圖去世。
三四三	自稱夏王的魏惠成王獲周王賜予「文武之胙」（祭拜周文王、武王之祭肉，代表自文武兩王繼承權威的「模式」。否定這個儀式的國家則主張這是賜給霸主之物，與王無關），聲稱獲得了周的權威委讓（兼具夏王與周王的權威）。	

三四二	以齊為主的聯軍於馬陵擊潰魏軍，粉碎了魏王成為天下之王（開始採行踰年稱元法）的野心（雖然詳細年分不明，但這場戰役後不久，魏惠成王接見了孟子）。當時齊威宣王也率領諸侯舉行了「逢澤」之會，讓魏的儀式變得毫無意義（利用這個「模式」讓魏藉由「逢澤之遇」所宣揚的夏王權威轉移到了齊）。	
三三八	齊威宣王開始採行王的元年（史上首次採用踰年稱元法。建立由自己繼承周朝權威的「模式」）。這一年，秦孝公去世，推行變法的商鞅遭殺害。	希臘於喀羅尼亞戰役中敗北，馬其頓王國掌握霸權。
三三五	秦惠文君受周賜予「文武之胙」（「文武之胙」的意義有些許變化。象徵獲得周王權威，進入稱王的準備程序）。這一年，秦首次發行圓錢（各國青銅貨幣的形狀皆不同）。	
三三四	魏惠成王開始採行王的元年（正式採行踰年稱元法）。	亞歷山大三世開始東征。
三三〇		阿契美尼德王朝波斯帝國滅亡。
三二九	楚威王大破越王無疆的軍隊，並於徐州打敗齊軍〔楚鞏固了其在長江下游地區的優勢地位。自此之後，越投靠於齊，以位於山東半島南邊根部的瑯琊為首都，在齊的支援下持續反抗楚。此時期楚制定出其獨自的曆法（楚正），以強調楚王的權威〕。	
三二六	韓宣惠王開始稱王（採用踰年稱元法）。	

三二四	秦惠文君（惠文王）開始採行王的元年（採用踰年稱元法。曆法為名義上的夏正與楚所獨自制定出的楚正兩者融合而成，命名為顓頊曆。兼具夏王與楚王的權威。《史記・老子韓非列傳》中記載著一則預言，指出「秦與周首次會合（參照前八二三年）後歷經五百歲（第五百年，也就是這一年）將分離（指秦稱王），又歷經七十歲（第七十年，也就是前二五五年）將出現霸王（指周將遭到消滅）」。這個預言記載於魏惠成王自稱夏王的前三五一年（孔子去世後的第一二九年）」。這個紀錄帶有否定魏惠成王儀式價值的意義。另外，趙武靈王也開始採行王的元年（於前一年即位，採用踰年稱元法）。	
三二三	齊威宣王將薛地封給靖郭君田嬰（孟嘗君之父）。	
三一八	秦王舉行「逢澤之會」，建立由自己獲得夏王權威的「模式」（參照前三五一年的魏及前三四二年的齊）。因為這個緣故，諸國聯合攻秦（蘇秦「合縱」）。	
三一七前後		旃陀羅笈多建立孔雀王朝。
三一四	燕王噲為了以周公與成王的模式讓太子登上王位，故意將政務交給宰相燕文侯子之（建立獲得周王權威的「模式」）。但政局卻因該由誰當太子而分裂，隔年甚至導致齊的介入。燕王噲與燕文侯子之皆遭齊軍殺害。國家一度陷入滅亡危機，最後勉強支撐了下來。	
三一二		塞琉古王國於敘利亞建國。

三〇四		埃及的托勒密王朝誕生。
三〇一		安提柯一世於依普斯戰役中敗北陣亡，亞歷山大傳承下來的領土遭瓜分。
二九七前後		埃及於亞歷山卓興建圖書館。
二九六	趙在齊的協助下消滅中山。	
二八八	燕、趙、楚、魏、韓等國聯合攻秦〔蘇代「合縱」。孟嘗君也助了一臂之力。若依秦曆，前一年尚未結束。此時的「合縱」指的是東邊齊帝（齊王）與西邊秦帝（秦王）包夾下的五國聯軍。自此之後，秦有頗長一段時間無法入侵東方。秦因此將軍隊派往南邊，消滅了蜀，奠定糧食生產的基礎。〕	
二八六	齊湣宣王伐宋。宋王偃遭到殺害。自此之後各國皆介入宋地紛爭，造成局勢一片混亂，連齊也無法從這場混亂中倖免。西元前二八五年，齊的首都遭攻陷（主導者為燕將樂毅），隔年湣宣王避難至莒，卻遭進入莒的楚國臣子殺害。	
二八〇	齊將田單復興齊國，迎接齊襄王。	

二七八	秦攻陷楚的郢都，隔年又征服湖北、湖南一帶（自蜀地南下攻打湖南的軍隊獲得了極大戰果）。楚王撤退至淮水流域重整軍勢。據說屈原就是在這時期投身汨羅江（自此之後，秦成為擁有半壁天下的最強國家）。	
二六四	秦消滅了周。周（亦稱西周）的遺民前往投靠東邊相鄰的周公之國（亦稱東周）。	羅馬與迦太基爆發了第一次布匿戰爭（—前二四一年）。
二六〇	秦於長平大破趙軍。據說這場戰役的前後共有四十五萬趙兵遭斬首。接著秦又包圍趙都邯鄲（此時依趙曆還是年末，但依秦曆已進入新年）。	
二五八	楚派出宰相春申君，魏亦派出宰相信陵君接應，兩國合力救趙（此時趙的宰相為平原君。這就是春申君、信陵君與平原君促成的「合縱」。魏安釐王原本忌憚於秦，不敢真正派出援軍，信陵君卻違背其意，此舉造成信陵君不敢回到魏。此時秦已進入了新的一年。這次的「合縱」讓秦的東侵暫時受挫）。	
二五七	楚消滅了魯（直到遭消滅為止，魯一直是採用立年稱元法。這證明了採用踰年稱元法的《春秋》並非魯的史書）。這時期楚消滅了遷移至瑯琊的越。	
二五五	秦消滅東周（參照前三二四年）。	

二五〇	春申君受封於吳（越）故地〔後來這個地方被稱為東楚，成為楚義帝的領地。相對於此，以淮水一帶為中心的區域（西楚）則為項羽（西楚霸王）的領地〕。	
二三八		阿薩息斯王朝帕提亞帝國誕生。
二三七	楚考烈王去世，幽王即位，春申君遭謀殺。受春申君任命為蘭陵縣令的荀子也遭革職。荀子原本住在齊，後來才搬遷至楚。荀子的弟子有活躍於秦的李斯及韓非子。	
二三一	趙的北部發生大地震（於秦為新年），隔年發生了大飢荒。	
二三〇	秦消滅韓（趙因地震與飢荒而無力派出援軍）。	
二二九	秦俘虜了趙王遷（於秦為新年），趙的王子嘉於代自立。	
二二七	燕派出荊軻至秦，企圖暗殺秦王政（秦始皇），結果失敗了。秦攻打燕，燕王喜逃往遼東（於秦為新年）。	西西里島成為羅馬的第一個省。
二二五	秦消滅魏。	
二二四	秦消滅楚（直到遭消滅為止，楚一貫採用立年稱元法）。楚的昌平君自立（秦稱其為昌平王或昌平君，楚則自稱昌平王）。	
二二三	秦消滅楚的昌平君。越君（秦稱其為越王或越君，越自稱越王，越王與楚之間的關係不明）於吳（越）故地（東楚）自立。	

二二二　秦消滅越君（越王），消滅遷移至代的趙，消滅遷移至遼東的燕。

二二一　秦消滅齊，秦消滅衛（《史記》記載衛滅亡於二世的時期，是基於年代矛盾所造成的誤解。直到遭消滅為止，衛一貫採用立年稱元法）。秦統一天下。

＊《春秋》向來被認為是魯的編年體史書，但這個觀念並不正確。《春秋》是一部採用踰年稱元法的史書，而踰年稱元法在《公羊傳》等書中被認為是王的制度，但我們知道魯國是侯國，一貫採用立年稱元法。可參照前三三八年、前三二六年、前三二四年、前二五七年、前二二四年、前二二一年等紀錄。關於《春秋》所參考的史料，可參閱本書四二三頁。關於以爵位貼標籤的方式，可參閱本書二七七頁。至於戰國時代曆法與《春秋》之間的關係，則可參閱本年表前言所提及的拙作等。

＊關於青銅器銘文上的「月相」為何出現，開始使用二十四節氣後為何消失，以及朔、望等示意定點的詞為何一直流傳到後世等等，可參閱本書九二－九四頁。至於與後代趨吉避凶觀念的比較，則可參閱拙作《復活的文字與咒術帝國》（中央公論新社，二〇〇一年）四二－四四頁。

＊關於將包含「月相」等條件限定性較強的曆日紀錄，有系統地排列在與季節對應不若現代嚴謹的觀象受時曆法上，而且還對應到青銅器編年向來區分的前、中、後三期，這部分請參閱本年表前言所提及的拙作及本書八六頁。「月相」有常見的表記法與較罕見的表記法，這肇因於製造殷商、周的青銅器的官方工坊並不止一處，工坊（包含都市）一旦不同，文字及表記法也會有所差異。這部分請參閱本書三五六頁。至於深植在世人觀念中的問題，則參閱本書三五八頁。

ISBN978-957-05-3153-4

中國・歷史的長河

02

從城市國家到中華

殷商與春秋戰國時代

初版一刷—2018年7月
初版二刷—2021年1月
定價—新台幣560元

作　　者　平勢隆朗
譯　　者　李彥樺
發 行 人　王春申
總 編 輯　張曉蕊
責任編輯　王育涵
封面設計　吳郁婷、吳郁嫻
內頁編排　菩薩蠻
地圖繪製　吳郁嫻
印　　刷　沈氏藝術印刷股份有限公司
出版發行　臺灣商務印書館股份有限公司
地　　址　23141新北市新店區民權路108-3號5樓
電　　話　(02) 8667-3712
傳　　真　(02) 8667-3709
讀者服務專線　0800056196
郵　　撥　0000165-1
郵件信箱　ecptw@cptw.com.tw
網路書店網址　www.cptw.com.tw
臉　　書　facebook.com.tw/ecptw
局版北市業字第993號

從城市國家到中華：殷商與春秋戰國時代／平勢隆朗著；李彥樺譯 .-- 初版 -- 新北市：臺灣商務，2018.7
　面；14.8x21公分
ISBN 978-957-05-3153-4（平裝）

1. 商史 2. 周史 3. 春秋史 4. 戰國史

621.4　　107010124